国家社会科学基金项目经费资助

|博士生导师学术文库|
A Library of Academics by
Ph.D.Supervisors

人的发展经济学

许崇正 著

光明日报出版社

图书在版编目（CIP）数据

人的发展经济学 / 许崇正著．--北京：光明日报出版社，2022.8
ISBN 978-7-5194-6745-6

Ⅰ.①人… Ⅱ.①许… Ⅲ.①发展经济学 Ⅳ.①F061.3

中国版本图书馆 CIP 数据核字（2022）第 153965 号

人的发展经济学
RENDE FAZHAN JINGJIXUE

著　　者：许崇正			
责任编辑：梁永春		责任校对：郭嘉欣	
封面设计：一站出版网		责任印制：曹　净	

出版发行：光明日报出版社
地　　址：北京市西城区永安路 106 号，100050
电　　话：010-63169890（咨询），010-63131930（邮购）
传　　真：010-63131930
网　　址：http://book.gmw.cn
E – mail：gmrbcbs@gmw.cn
法律顾问：北京市兰台律师事务所龚柳方律师
印　　刷：三河市华东印刷有限公司
装　　订：三河市华东印刷有限公司
本书如有破损、缺页、装订错误，请与本社联系调换，电话：010-63131930
开　　本：170mm×240mm
字　　数：453 千字　　　　　　　　　　　印　张：26
版　　次：2022 年 8 月第 1 版　　　　　　 印　次：2022 年 8 月第 1 次印刷
书　　号：ISBN 978-7-5194-6745-6
定　　价：99.00 元

版权所有　　翻印必究

序一
人的全面发展：马克思主义经济学的创新发展[①]

许崇正

● 当前要发展和完善马克思主义经济学理论体系，就必须深入研究人的全面发展理论，把人的全面发展问题作为马克思主义经济学的一个主要研究对象、逻辑起点并贯穿始终。

● 西方经济学把人的自由发展作为手段，目的是为了追求利润最大化。马克思提出人的全面发展理论，是把人的全面发展作为目的，而自由竞争、追求效益乃至市场经济只是手段。

● 使人得到全面自由的发展，是马克思本人所毕生追求的。马克思主义经济学的创新发展，在当前应该由主要对生产关系的研究，部分转向对"全面发展的人"的研究。

从古典经济学到现代西方经济学，都是以"经济人"假设作为经济学的逻辑起点的，而这正是西方经济学的致命弱点。我认为，马克思主义经济学的创新发展，在当前应该是由主要对生产关系的研究部分转向"全面发展的人"的研究，即研究社会经济生活、经济活动、经济行为、经济运行与人的发展的关系。

重视和加强人的全面发展研究是坚持和发展马克思主义经济学说的需要

自第二次世界大战以来，西方一些哲学流派和经济学、心理学、教育学流派向马克思主义发出了很多挑战，人的问题是首当其冲的论题。不少流派攻击和歪曲马克思主义是"非人道的"，是"见物不见人"的，是"机械的物质决定论"，是"经济决定论"。在我国的理论研究中，长期以来也一直存在着一种倾向，即拒绝承认人的问题是马克思主义经济学的中心问题，否认马克思主义

---

① 许崇正：《人的全面发展：马克思主义经济学的创新发展》，发表于《光明日报》2007年7月3日（理论版）第10版。现将此文原封不动作为本书序一。

1

经济学有自己的人的自由发展原则,认为人的学说、人的自由发展都是资产阶级的、反马克思主义的东西。事实上,在马克思、恩格斯创立历史唯物论和马克思主义经济学,提出并论证未来共产主义理想和创立科学社会主义理论的时期,他们一直高度重视人的自由全面发展问题,以科学的态度进行着不懈的研究、探索。这说明,马克思、恩格斯人的自由全面发展的理论与历史唯物论、马克思主义经济学之间有着内在的密切关系,它实际上构成了马克思、恩格斯创立的历史唯物主义和经济学理论的一个重要组成部分。然而,在100多年的马克思主义经济理论研究中,人们恰恰忽视了这一点,这不能不说是一大憾事。当前,要发展和完善马克思主义经济学理论体系,就必须深入研究人的全面发展理论,把人的全面发展问题作为马克思主义经济学的主要研究对象、逻辑起点并贯穿始终。

众所周知,在《德意志意识形态》至《共产党宣言》时期,马克思、恩格斯之所以未能形成一个关于人的全面发展的完整成熟的理论,究其原因,不能不说与当时马克思、恩格斯还未能对政治经济学进行深入系统的研究,对人类发展的全部历史以及对资本主义经济运动规律进行深入剖析有关。而在《资本论》及其《1857—1858年经济学手稿》中,马克思、恩格斯对人的全面发展问题的论述,之所以能日臻完善和科学,取得完整的理论形态和理论体系,正是由于马克思深入系统地研究了政治经济学,揭示了整个资本主义及其社会经济运动规律。这说明,马克思、恩格斯人的自由全面发展的理论,与马克思主义的政治经济学有着密切的关系,是马克思主义政治经济学的重要问题。例如,马克思在《1857—1858年经济学手稿》和《资本论》中,自始至终都十分注意把人的全面发展问题、人和自然的和谐发展的关系问题作为重要问题进行讨论研究。恩格斯在《反杜林论》中,探讨"简单劳动和复杂劳动"以及写"生产"一章时,也正是密切结合人的全面发展问题进行研究的。恩格斯的《自然辩证法》以大量篇幅和章节论述了人和自然的关系,人如何利用自然、如何与自然界和谐相处,从而使人和人类得以持续健康发展。因此,马克思主义政治经济学,特别是社会主义政治经济学的研究,没有理由不把它作为中心问题。

关于人的问题,资产阶级经济学一直把它作为主要的研究对象。从古典经济学的代表斯密开始,到马歇尔,以至现代西方的福利经济学派、货币学派等,无一不把人的问题作为自己经济学说研究的对象或研究中心。"剑桥学派"的创始人马歇尔,在他的代表作《经济学原理》一书中,开宗明义:"政治经济学是一门研究财富的学问,同时也是一门研究人的学问……因此,一方面它是一种研究财富的学科，另一方面也是更重要的方面，它是研究人的学科的一个部分。"然而，新中国成立以来的社会主义经济学教科书及许多著作，却始终回避对于人的问题的研究，把人的发展问题排斥在经济学研究的视野之外。事实上，经济学中的所有制问题，生产、市场、价格、分配、生活质量乃至需求、消费等等，无一不与人和人的发展密切相关，如果马克思主义经济学不将人和人的自由全面发展作为研究对象，又怎能建立起一个科学的、完善的、富有生命力的马克思主义经济学理论体系呢？就现实的社会经济秩序而言，一方面客观经济过程以其独特的形式培养和选择它所需要的经济主体，不断地调整自己，以促进人的发展；另一方面，它又以同样独特的方法，造就它所必须遵循的能够不断促进人的发展的行为规则。这是因为，经济主体的行为是与人们对自身不断发展的意欲和需求，以及与人们物质的意欲和需求这一伴随人类俱来的生存、发展意志联系在一起的。这种要求生存和不断发展的意欲和需求，在马克思看来，恰恰是推动社会进步的重要杠杆之一。

人的全面发展理论是马克思经济学对西方经济学重大超越的标志

我始终认为，正是在人的全面发展的问题上，马克思经济学远远超越了西方经济学。这主要表现在以下六点。

（1）无论是古典学派还是以后的福利学派、预期学派等，虽然也强调人的自由发展，但是这种发展是建立在旧式分工的基础之上的，是以维护旧式分工为前提的。而马克思人的全面发展理论，强调人的发展必须打破旧式分工，建立新式分工，从而深刻揭示和把握了未来。

（2）古典学派从维护自由竞争的市场经济出发，虽然也强调人应该自由地发展，但是对人的自由发展的内涵是模糊的。他们更多强调人的政治自由，人应有天赋自由的权利，但对人的自由发展的内涵并没有下定义，特别是经济学定义。而马克思通过长期对政治经济学和经济学说史，通过对早期资本主义造成人的片面发展的研究，高瞻远瞩地提出了人的全面发展理论及该理论的本质、科学内涵：随着市场经济和科学技术的飞速发展，必然要求人能够适应不同的劳动需求。他们把不同的社会职能当作互相交替的活动方式，在自由选择、交替变换的职能中使人的先天和后天的各种能力得到自由发展，从而把人的自由全面发展既牢固地建立在政治基础上，又牢固地建立在经济基础上。100多年前马克思所揭示的这一特征，恰恰是今天知识经济时代的特征。

（3）西方经济学把人的自由发展作为手段，目的是追求利润最大化。马克思提出人的全面发展理论，是把它作为目的，自由竞争、追求效益乃至市场经济只是手段。

（4）新旧古典学派包括预期学派、弗伦堡学派、哈耶克学派，虽然强调人的发展，但更多的是强调资本创造价值，按资本要素分配价值。人的才能、智慧、创造力，并不占有重要和主要的地位，占重要和主要地位的是资本、劳动、土地要素，特别是资本要素。因而相应地在分配上提出了"三位一体"的分配方式，在新旧古典学派的分配公式里，同样人的才能、智慧、创造力并不占有主要和重要位置。占主要和重要位置的是按资本要素分配。而在马克思的价值论中人的才能、智慧、创造力、复杂劳动占重要和主要地位，因而在他的分配模式中，人的才能、智慧、创造力也相应地占有重要和主要地位。马克思既强调人的才能、智慧创造价值，又强调人的才能、智慧、创造力参与价值分配，以及在价值分配中的重要地位，这是新旧古典学派所没有的，也无法达到的。100多年前的马克思所提出的人的全面发展思想已经被当今知识经济时代所证实，并日益在世界各国变成现实。发达国家正日益由传统的物质资本积累转到以人的智力提高为主的人力资本积累，日益抛弃主要依靠资本创造价值，主要按资本分配，而转向知识创造价值，主要按才能、智慧、知识、创造力分配。传统工业社会中，占主导地位的生产资料所有制正转化为知识经济几权相统一为主的所有制形式。这一趋势正在日益影响不发达国家，就是佐证。

（5）凯恩斯经济学及其学派从克服财富分配不均，遏制乃至消灭资本坐收利息，消灭坐收利息阶级的伦理经济思想——价值观出发，反对古典学派自由竞争的自由市场经济理论，主张政府干预经济，以创造需求、创造消费的一系列理论，阻碍了人的自由选择和发展，阻碍了经济自由。而马克思经济学提出的人的自由全面发展的伦理经济价值标准及其科学理论内涵，既坚持人的自由选择、自由发展，又鲜明地表明了马克思经济学不是政府干预的经济学，而是自由选择的经济学，这不能不说是对凯恩斯经济学的一大超越。

（6）无论是古典学派、新古典学派、凯恩斯的国家宏观经济调控理论，还是法兰克福学派以及刘易斯的发展经济学理论、罗宾逊的经济增长理论，他们在理论观点上尽管有很大不同，甚至根本对立，但有一点是共同的，他们的发展观，都是单纯的经济增长观，追求物质财富，都普遍忽视了经济增长、经济发展与自然资源价值、生态环境以及与人的发展的密切关系，从而在创造了历史上前所未有的经济发展奇迹的同时，也造成了极大的破坏和危害。唯有马克思高瞻远瞩，早在130多年前就通过对人的全面发展理论的研究，在《资本论》及其他一系列著作中大篇幅地论述了自然资源的作用、人和自然的相互关系、人的自由全面发展的理论。这其中所包含的丰富的以人的发展为目的、以人为本的可持续发展经济思想，远远超越上述西方经济学各流派。也早于以自由看待发展的诺贝尔经济学奖获得者阿玛蒂亚·森130多年。

总之，100多年前，马克思始终把对人的自由全面发展的研究，作为他创立的经济学的主要关注对象和核心之一，提出了人的全面发展理论，并对人的自由全面发展从概念、内容，从经济学的层面上做了科学系统的界定和论述。这正是马克思经济学超越西方经济学，始终有着强大魅力的主要原因所在。可以说，马克思当之无愧地是以人的发展为目的的可持续发展理论学说的奠基人和最伟大的贡献者。

笔者认为，马克思主义经济学的创新发展，在当前应该是由主要对生产关系的研究部分转向"全面发展的人"的研究，它至少应包括三方面：社会经济的发展程度如何制约着人的发展程度；人的发展水平和素质如何影响、制约和决定着社会经济的发展程度；人的发展既是经济发展的手段，更是我们经济发展的目的、目标。

（作者系南京师范大学中国经济研究中心主任，教授）

序二
人的发展经济学基本框架探讨[①]

许崇正

实现人的自由全面发展，是马克思、恩格斯的重要思想，也是马克思经济学的重要内容。就目前来看，国外虽已初步建立了"人的发展经济学"学科，但对其研究对象尚未涉及；国内学者在这方面的著述还不多。基于此，本文拟结合我国当代国情，就人的发展经济学的研究对象、理论体系及其意义谈点个人浅见。

一、人的发展经济学与现有经济学等学科的区别

每门学科都应该有它特定的研究对象，唯此才能构成一门科学。人的发展经济学也是如此。

笔者以为，人的发展经济学研究的领域既不同于一般的经济学，如宏观经济学、微观经济学，也不同于人口经济学、人本经济学、生产力经济学、劳动力经济学，更不同于工业经济学、农业经济学、商业经济学等部门经济学。

众所周知，传统的经济学是研究对稀缺物质资源的有效配置的，它通过研究人类社会的经济关系，阐明其各个发展阶段上物质财富资料生产及其运动的规律。而人的发展经济学的视角则不同，它以人的自由发展为研究中心，侧重研究人的自由发展的经济关系，阐明人的自由发展的经济运动过程，以及这一过程中与经济活动、经济运行、经济行为的相互关系及其变化的规律。这就是说人的发展经济学的研究对象与宏观经济学、微观经济学、人口经济学、人本经济学、生产力经济学、劳动力经济学等虽然有一定的关联性和交叉性但又有着很大的甚至质的区别。

[①] 许崇正：《人的发展经济学基本框架探讨》，发表于《光明日报》2009年9月8日（理论版）第10版。现将此文原封不动作为序二。

人的自由全面发展既是经济发展的目的，又是经济发展、经济活动的主体，同时人的自由发展是经济发展的重要、主要手段，更是调节和优化多种资源配置的手段。从这一点出发，它与宏观经济学、微观经济学的重大区别在于，后者看重的是物质财富的增长、利润的增长，是"经济人"的利益（私利），是社会资源的稀缺，主要是物质资源的稀缺，它所调节和配置（分配）的社会物质资源，主要是围绕"经济人"的私欲而展开的。前者虽然也把人放在研究的中心位置，但它主要是研究人的需要、特别是人的物质需要，由此引申到围绕人的福利、人的快乐而产生的经济活动。

人本经济学仍然未能跳出传统经济学围绕物质财富增长的怪圈；而人的发展经济学对人与经济关系及其运动的研究，主要是以人的自由发展对经济影响的规律为研究中心。因此，人的发展经济学与人本经济学有着根本不同的研究对象。人的发展经济学虽然（必然）也研究人的需要、人的福利的增进、人的快乐，但是最主要研究的是人的自由发展的需要，人的自由发展的福利，人的自由发展的快乐，以及它们对经济发展的影响和调节。这就是说，人的发展经济学相对人本经济学是一种更高层次的经济学。

人口经济学是研究人的关系、阐明人口生育运动规律的；而人的发展经济学是研究人的先天自主创造意识（潜能）而引发的人的自由发展是如何主导、影响及调节经济发展、经济运行、经济活动和经济行为的。

生产力经济学研究生产力内部的矛盾性，阐明这些矛盾运动的规律；而人的发展经济学只研究生产力中的人的能力因素，特别是人的自由发展因素及其运动与一国经济运行、经济发展的规律。

劳动力经济学研究作为生产物质财富的劳动力的经济关系，阐明作为物质财富生产力的劳动力的生产与再生产的运动规律；而人的发展经济学研究的是人的先天自主意识和人的自由发展对经济运动的影响规律。

部门经济学是研究国民经济的某一部门的物质经济关系，研究物质、经济规律在国民经济某一部门的特殊表现；而人的发展经济学是将人的自由发展作为与物力相对应的概念，研究人的自主意识、自由全面发展的运动规律及与经济的关系。

人的发展经济学研究对象简言之即是：研究社会经济生活、经济活动、经济行为、经济运行与人的自由发展的关系。它包括如下八个层次：其一，经济的发展实质应该是人的发展，特别是人的自由程度（状况）的发展；其二，经济的发展程度如何制约、影响着人的自由全面发展程度；其三，人的自由发展水平如何影响、制约和决定着一国社会经济的发展程度；其四，人的自由发展是如何作为最主要的生产要素来优化配置一个国家、一个社会的资源的；其五，衡量一个社会、一个国家经济发展的最主要指标应该是人的自由发展的程度（状况）；其六，一个社会、国家经济发展的目的、目标应是人的自由发展；其七，人的自由发展是如何作为经济发展的最重要、最主要的手段；其八，研究人的自由在发展中所起的"建构性作用"和"工具性作用"。

二、关于人的发展经济学的基本框架

那么，人的发展经济学这门学科研究的基本框架（理论体系）又如何呢？笔者认为，它大体上包括以下几方面。

研究人所具有的自主创造意识、潜能和人的欲望。人的自主创造意识、潜能和欲望应该是人的发展经济学这门学科的逻辑起点。在经济学发展的400多年的历史中，关于人的欲望，一些经济学家也曾进行过研究，如马歇尔在其《经济学原理》中，就曾把它作为该书第三篇的逻辑起点。马克思在他的几本经济学手稿中，特别是《资本论》中也对此给予了高度重视。马克思曾反复指出：人本身具有"先天的自主意识""创造意识""创造潜能""沉睡的潜能"，正是这种先天自主、创造的潜能、"沉睡的潜能"决定了人必须自由全面发展。

研究人的自由全面发展与生产力的关系。每一时代的生产力都是那个时代社会、经济、政治、思想的基础，同样，每一时代的生产力也都是那个时代人的发展程度的基础。因此，人的发展经济学应该研究人的自由全面发展与生产力的关系。这就是说，人的发展经济学不是一般地研究生产力，而是具体地结合人的自由全面发展去研究生产力，研究人的自由全面发展与物质生产力的关系，与科技进步的关系，从而推动生产力的发展。

研究人的自由全面发展与分工的关系。分工也是社会经济的基础。没有分工就没有经济的发展，也就没有社会的发展，同样也就没有人的发展。因此人的发展经济学应该研究人的全面发展与分工的密切关系。这就要深入研究分工的起源，劳动分工和劳动者分工的区别和联系，消灭旧式分工、建立新式分工的客观必然性。

研究人的自由全面发展与社会经济形态的关系。人的自由全面发展是建立在一定的社会经济基础之上并以它为前提的。人的发展经济学既然把人的自由全面发展作为研究对象，也就必然把社会经济形态作为研究内容，深入探讨社会经济形态与人类活动的关系，以及在不同经济形态下人的发展的特征。

研究人的自由全面发展与所有权（所有制）形式的关系。所有权理论和社会主义所有权（所有制）形式问题，虽然一直是社会主义政治经济学研究的对象和范围，但我国传统经济学对所有制的研究一直忽视乃至排斥人的自由全面发展与所有制的关系。人的发展经济学应该把人的自由全面发展与所有制、所有制形式的关系纳入自己的研究内容，从而以它的研究成果，促进、带动政治经济学对所有制理论的研究，促进我国经济学的发展。

此外，人的发展经济学还应研究人的自由全面发展与社会主义商品生产、金融市场、外汇市场等方面的关系，与生活质量、人的需要和消费的关系，研究人的发展经济学学术思想史等。

（作者系南京师范大学中国经济研究中心主任，教授）

序三
从人的发展经济学视角看中国特色经济学的建立[①]

许崇正

2008年的国际金融危机，成为世界资本主义体系从经济增长的"大稳健"时期跌入长期停滞的转折点。自那时以来，新古典经济学派和新自由主义经济政策受到了猛烈冲击。与此同时，中国改革实践取得的巨大成就，吸引了国内外的经济学研究者对中国经济发展的独特性加以关注和总结，如法国的调节学派、美国社会经济结构学派（SSA学派）和日本的人的发展经济学派等。他们认为，中国取得的成就有自己的独特之处，并不是市场自发的结果。

中国的经济发展有自己独特的道路，解释这一独特道路，当前主流的经济学尤其是西方的主流经济学是难以胜任的，需要建立中国特色的经济学。笔者以为，这一中国特色的经济学体系，必须以马克思主义经济学为指导，在深入研究新中国成立60多年来特别是改革开放30多年来走过的道路，在研究中国传统文化和习俗的基础上，才能建立起来。这一经济学体系不仅要与西方主流经济学体系有重大区别，而且必须是对其的超越，因为它既要总结中国已经走过的道路，更要揭示和指引中国经济的未来发展道路，这一未来道路必须是和谐的、健康的发展道路，必须是符合不断促进人的自由全面健康发展的道路。构建这一经济学体系是一个宏大的工程，其中，需要在以下两方面有所回答和建树。

首先，建立中国特色经济学必须构建新的经济调节模式。

目前，西方新古典和新自由主义的市场调节模式已出现危机，完全的政府调节模式也存在缺陷，建立中国特色经济学体系，必须选择第三种调节模式，这一调节模式要以人的发展为核心。人的发展经济学的研究目的，恰恰就是为

[①] 许崇正：《从人的发展经济学视角看中国特色经济学的建立》，发表于《光明日报》2015年11月18日（理论版）第15版。现将此文原封不动作为本书序三。

了找到一条以人的发展为核心、为目标、为调节模式的中国经济健康发展的道路。因此，经济新常态下，建立以人的发展为主导的第三种经济调节模式，有助于真正建立起中国特色的经济学理论体系。

目前，国内外已有的人的发展经济学研究在资源配置调节模式方面有如下特征。

第一，人取代物和货币，成为经济发展的原动力。数据显示，近几十年来，不少国家生产力提高的源泉，已经从有形资产变为无形资产。这里的无形资产是指不能与人分离，以人的智慧知识和人的能力、人格等形式存在的资产，即人力资源。人的创造力的发展，人的潜能的挖掘发挥，人的素质的提升，是经济发展的原动力。从发达国家的历程来看，进入发展新阶段之后，能够转变为发达国家的，几乎都是通过人力资源对自然资源的替代，实现了经济发展与生态环境的协调。

第二，在调节模式方面，教育、研发、培训、医疗、护理、文化、休闲、老年服务、社会保障等行业，以及分配正义、分享经济、收入分配结构、人的精神需求、思想道德水平、人生观、价值观、人的生命健康需求、劳动保障、社会福祉的提升、以人为本的科技观、劳动时间的缩短、个人生态公正、代内公正、代际公正等，都对需求起着较强的调节作用，应成为新的调节手段的主要内容。

第三，在资源调节的评价体系上，人类发展指数、人类发展的指标体系、人类幸福指数、人的自由发展程度、人类发展方法等指标，对于引导、优化资源配置，评价资源配置的优劣得失与水平高低，起着越来越重要的作用。

第四，在财富形成（价值创造）和财富（价值）分配方面，人的才能、智慧、创造力占有越来越重要的地位，资本和土地要素地位下降。高智商的知识经济，人的认知能力，人格特征，越来越凸显其重要性，对资源的调节作用越来越明显。

第五，在财富资源的流通、消耗和储存上，物的经济正在被日益快速发展的智慧经济、互联网+等经济取代。

第六，在财富体系构成和财富资源的开发上，知识智慧体系和知识经济所占比重越来越大。

第七，在生态资源保护方面，非政府组织、非营利性社会组织、民间组织和个人的作用越来越大。

其次，需要将人的发展经济学与生态经济学相融合。

建立中国特色的理论经济学，其指导思想和理论渊源应该是人的发展经济学和生态经济学的融合。两者能够相融合是因为二者具有内在统一性，经济学是人学和生态学的内在统一，是以人为本和以生态为本的内在统一，人既是发展的主体，又是发展的终极目标，是把人的可持续性生存与全面发展，尤其是人的身心健康、幸福生活放在发展的第一位。同时，自然生态环境既是发展的第一基础，又是发展的终极目标，必须把人及整个社会的发展建立在自然生态环境良性循环和发展的基础上。这些都对推动经济的健康发展有着重大的指导作用。

近年来，经济学研究常常"忘却了人"和"忘却了自然"，某些所谓的主流经济学家没有人与人的发展和自然与生态发展的基本价值取向，研究的是"以物为本""以利润为本""以金钱为本""追求经济人私利"的经济学。在这种经济理论的指导下，经济增长往往需要付出极高的自然生态和沉重的人与社会的代价。

经济学是社会科学，从这一学科属性的内在逻辑来看，经济学以人为逻辑起点理所当然。人是生活在社会中的，任何一个单个的人都不可能脱离所处的社会和环境，经济学研究的经济规律说到底是人的社会活动规律。因此经济学的研究对象不应是单纯的"经济人"，而应是"社会经济人"。人不仅有经济利益、金钱利益，更要追求、崇尚精神价值。

以人的生产力和生态生产力的巨大牺牲为代价换取的物质财富增长，虽然使物的世界大大发展，却也使人的世界贬值和自然的世界衰败。我国的经济发展也面临着上述问题，因此，中国特色理论经济学的建立，必须立足于促进经济发展的人性化和生态化，确保实现人的可持续生存与发展，确保自然的可持续生存与高度发展。而且，我国是社会主义国家，发展并不简单等同于经济的增长，中国经济的发展必须以人的发展和人与自然的和谐发展为指导、为方向。中国特色经济学就是要找到一条以人的发展为核心、为目标的中国经济发展道路。

（作者系中国·人的发展经济学学会会长、南京师范大学中国经济研究中心主任）

序四
人的发展经济学是对马克思经济学的坚持与发展[①]

许崇正

习近平总书记指出,坚持和发展中国特色社会主义政治经济学,要以马克思主义政治经济学为指导,总结和提炼我国改革开放和社会主义现代化建设的伟大实践经验。要加强研究和探索,加强对规律性认识的总结,不断完善中国特色社会主义政治经济学理论体系,推进充分体现中国特色、中国风格、中国气派的经济学科建设。习近平总书记的讲话为我们经济学研究者指明了方向,同时也为人的发展经济学研究指明了方向。

马克思经济学的核心和本质就是研究人,研究人与人之间的关系,研究人的自由全面发展。马克思经济学的起点是人,最终目标和目的也是人和人的发展,这鲜明体现了马克思经济学的性质和特征。西方经济学是关于资本的经济学,是物的经济学,它的起点是物和资本、是交换,终点和目的也是资本,追求资本的增值和人的物欲不断增长。

马克思对人的自由全面发展的研究是建立在生产关系——人与人之间的关系和社会关系基础之上的。在马克思看来,经济发展的最高阶段是人的自由发展和人的普遍创新意识的觉醒。只要人们的普遍创新意识觉醒了,人自由全面发展了,经济发展的最高阶段必然到来。

马克思关于经济学的一系列主要著作,从早期的《1844年经济学哲学手稿》《1857—1858年经济学手稿》,到《德意志意识形态》《共产党宣言》《资本论》,无一不以人的自由全面发展作为研究经济全过程的价值取向、衡量标准。举例来说,马克思研究生产关系,是和生产力结合在一起的,而他研究生产力,不仅对物质的生产力进行研究,还对人的精神生产力进行了深入的研究。

[①] 许崇正:《人的发展经济学是对马克思经济学的坚持与发展》,发表于《光明日报》2016年8月31日(理论版)第15版。现将此文原封不动作为本书序四。

所以，马克思的人的经济思想既深刻鲜明地体现了马克思经济学的本质、理论特点、理论优势、理论创新，又鲜明体现了马克思经济学对西方古典经济学、新古典经济学以及凯恩斯经济学的重大超越。

中国学者倡导的人的发展经济学，既概括了马克思经济学的主要内容、主要特点及本质，又深刻总结了中国改革开放38年来的实践成果，并对那些过分强调市场化、金钱化和"经济人"过分追求金钱的理论进行了批判。

人的发展经济学从社会历史的视角来研究人的发展的经济过程。对于社会历史进程，马克思经济学是以生产力、社会经济形态、所有制与产权、分工、市场经济、生态文明建设等范畴来说明的。人的发展经济学继承了这一思想，不仅详细阐述了这些内容，而且充分体现了"人的发展是一个历史过程，人的发展与社会经济运动相辅相成"这一马克思的观点。例如，人的发展经济学认为，人是生产力的主体与核心，生产力的内部构成与人的能力的内部构成密切相关，社会生产力不断发展使其内部构成变化，与劳动者的发展内在相关。在生产力发展的推动下，人类的社会经济形态将经历不同历史阶段，人的发展在其中分别有不同特点。人的发展经济学还认为，从历史到现实，经济生活的根本内容是产权关系，它深刻反映了人的社会分化及其相互关系。社会分工是社会经济发展的重要方面，它对人的发展起到复杂的作用，旧式分工的消灭是人类劳动解放与人的全面发展的体现。此外，人的发展经济学指出，社会主义市场经济是包含经济制度与经济形态双重内容的历史阶段，它的建立与发展对实现人的全面发展起到必要的、多重的作用；生态文明建设有广义与狭义之分，在这个建设当中，人与自然的关系、人的生存条件以及人的自身发展都将产生重大变革。

人的发展经济学从人的发展涉及的相关领域来探讨人的发展牵连的经济关系。人的发展涉及的相关领域主要是经济、社会领域，还包括环境，基于此，人的发展经济学以马克思经济思想为基点，站在人的自由全面发展这个角度来分析并揭示三类关系：人与人之间的关系，人与自然的关系，人与自身的关系。关于人与人之间的关系，西方主流经济学在分析资源配置时对决定人类幸福的其他因素缺乏考虑，尤其是缺少对人的全面自由发展的分析，人的发展经济学对此则进行了详尽论述。比如，收入分配是社会经济活动的基本内容之一，人的发展经济学分析了人类社会现有的几类收入分配方式对人的全面自由发展的利弊，并指出按劳分配方式是最为合理的收入分配方式，同时论述了具体的制度设计。关于人与自然的关系，人的发展经济学的研究内容包括生态公正、国民生态健康与可持续生存、生态需求、绿色经济等。在其研究视野中，生态公正要求公正地协调与处理各利益主体在生态领域的利益关系，使之保持在各自权利与义务上的均衡和对应，这是人的公平发展的重要方面。政府要加强以生态为主导的宏观调控。生态环境的质量是经济增长的结果之一，生态危机是当代最重要的危机，应对这一危机就要建立"生态环境·人的发展·经济再生产"三维协调发展观。社会经济要走绿色经济发展道路，以满足人的生态需求为宗旨，确保生态资本的非减性。关于人与自身的关系，人的发展经济学研究的内容包括消费活动与生活质量、人的健康、环境与人体需要等，并坚持联系马克思主义的消费观、消费经济思想来进行探讨。从这一视角来看，人的发展经济学不是传统消费经济学的延伸，而是紧密结合人的全面发展来论述消费经济问题，并把健康指标加入消费者的效用函数，解释人的健康与经济的生产方式、自然环境质量之间的关系。

中国的经济发展有自己独特的道路，解释这一独特道路，当前主流的经济学尤其是西方的主流经济学是难以胜任的。这一中国特色的经济学体系，必须以马克思主义经济学为指导，在深入研究新中国成立60多年来特别是改革开放30多年来走过的道路，在研究中国传统文化和习俗的基础上，才能建立起来。笔者认为，人的发展经济学应该对此有所贡献。目前人的发展经济学的主要研究者、研究成果都在中国，国内也出版了世界上第一部《人的发展经济学教程》。从现有的研究群体、研究成果和教学内容来看，人的发展经济学学科体系已经基本形成，研究群体也在迅速扩大。人的发展经济学的相关研究成果也能够与现实紧密相关，回答现实提出的经济问题。例如，关于当前和未来中国扭转经济下滑的局面，摆脱"中等收入陷阱"这一问题，人的发展经济学提出，我国的经济发展质量必须依靠人的发展来提升，靠科技创新，靠"智慧经济"，靠"知识经济"，靠"共享经济"来实现。

（作者系中国·人的发展经济学学会会长，南京师范大学中国经济研究中心主任）

目 录
CONTENTS

第一篇 导论篇 ……………………………………………………………… 1

第一章 人的发展经济学的内涵、逻辑起点、研究对象 ………… 3
  第一节 人的发展经济学的内涵和定义 ………………………… 3
  第二节 人的发展经济学的逻辑起点及其意义 ………………… 14
  第三节 关于人的发展经济学研究对象 ………………………… 24
第二章 人的潜能 ……………………………………………………… 30
  第一节 人所具有的潜能 ………………………………………… 30
第三章 马克思人的自由全面发展理论 ……………………………… 38
  第一节 马克思人的自由全面发展理论的萌芽 ………………… 38
  第二节 马克思人的自由全面发展理论的形成 ………………… 43

第二篇 基本理论篇 ………………………………………………………… 59

第四章 资源配置理论 ………………………………………………… 61
  第一节 经济进程 ………………………………………………… 61
  第二节 资源创造与配置 ………………………………………… 65
  第三节 人的自由发展对资源配置的机理（机制） …………… 81
第五章 需要理论 ……………………………………………………… 84
  第一节 马克思主义人的需要理论 ……………………………… 84
  第二节 马斯洛的需要层次论与人的发展 ……………………… 88
  第三节 人的欲望的层次、内容、特征 ………………………… 91

第四节　人的行为 ························· 96
　　第五节　我国现代需求观的探讨 ················· 98

第六章　分工理论 ··························· 104
　　第一节　分工的科学概念与起源的重新认识 ·········· 104
　　第二节　劳动分工和劳动者分工之间的区别和联系 ······ 107
　　第三节　消灭旧式分工，建立新式分工 ············· 112

第七章　生产力理论 ························· 120
　　第一节　生产力概念一般规定的反思 ·············· 120
　　第二节　人的发展与物质生产力 ················· 125
　　第三节　人的发展与科技进步 ··················· 131
　　第四节　智慧生产力和社会生产力 ················ 137

第八章　产权理论 ··························· 142
　　第一节　所有权（所有制）的完整概念 ············· 143
　　第二节　"个人所有制"的内容 ··················· 152
　　第三节　企业股份制与人的自由全面发展 ············ 158

第三篇　要素篇 ···························· 163

第九章　商品生产和劳动力的非商品性 ············· 165
　　第一节　社会主义以前的商品生产和人的个体发展 ······ 165
　　第二节　人的全面发展不可少的阶段 ············· 169
　　第三节　人的充分发展是社会主义市场经济大发展的前提 ·· 172
　　第四节　劳动力非商品性与人的全面发展 ············ 173
　　第五节　社会主义商品生产下企业主的道德自律和社会责任感 ·· 179

第十章　价格 ······························ 181
　　第一节　价格的基本职能与人的全面发展 ············ 181
　　第二节　价格的最基本职能与人的全面发展 ·········· 186
　　第三节　合理价格体系的建立与人的全面发展 ········· 191

第十一章　资本范畴的认识 ····················· 193
　　第一节　资本范畴的初步认识 ··················· 193
　　第二节　资本范畴再认识 ······················ 199

第十二章 收入分配	206
第一节 按劳分配的前提	206
第二节 按劳分配的目标和目的是实现人的全面发展	215
第三节 生产要素分配与人的自由全面发展	218
第四节 剩余分享与人的自由全面发展	225
第五节 共同富裕与人的全面自由发展	228
第十三章 消费	231
第一节 消费活动	231
第二节 消费从根本上说是为了再生产全面发展的新人	242
第三节 人的全面发展制约着人的消费能力和消费水平	245
第四节 社会公共消费和劳务消费与人的全面发展	247
第十四章 生活质量	251
第一节 生活质量的含义	251
第二节 机会均等前提下公平与效率并重	253
第三节 闲暇时间与人的自由全面发展	258
第十五章 经济效益	261
第一节 马克思的经济效益理论	261
第二节 经济增长速度与结构、质量、效益相统一	265
第三节 经济效益、社会效益、生态效益相统一	272
第四节 国有企业效益分析和评价	277
第五节 我国民营企业发展中的人口红利与土地红利	280

第四篇 和谐经济篇	285
第十六章 经济的可持续发展	287
第一节 可持续发展的主要因素和主要内容	287
第二节 自然资源的作用与可持续发展	292
第三节 人和自然的关系与可持续发展	297
第四节 资本循环周转的理论与经济可持续发展	301
第五节 生态环境、人类健康和经济的健康可持续发展	305
第十七章 绿色低碳经济	321

第一节	相关文献综述	321
第二节	绿色经济的内涵与时代特征	330
第三节	绿色经济与人的发展	336
第四节	绿色发展是21世纪人生存发展的基本战略	347
第十八章	城镇、农村与环境发展相统一	351
第一节	资源、环境与经济发展相统一	351
第二节	城镇、农村与生态环境发展相统一	355

第五篇　历史篇　363

第二十章	人的发展经济学在中国的形成和发展	365
第一节	中国古代有关人的发展经济思想的渊源	367
第二节	当代中国人的发展经济学理论的形成和发展	371

主要参考文献 ································· **379**

第一篇　导论篇

第一章　人的发展经济学的内涵、逻辑起点、研究对象

第一节　人的发展经济学的内涵和定义

经济学在它几百年的发展过程中一方面其内涵和定义在不断演变（变化），另一方面经济学家关于它的定义可谓五花八门，莫衷一是。"econom"一词源于希腊语，eco的意思是"家务"，nom的意思是"规则"，"economics"的传统含义是"家政管理"。根据文献记载①，在古代社会，公共财富往往被少数人掌管，立法者习惯于把这部分财富视为掌管者自身的个人利益，人身依附关系决定了古代社会立法根本不可能关注到普遍的经济利益。法学家们十分注意给财产维护带来的种种困难，特别关注如何使财产永远保存在家庭中的方法；而哲学家们只是关注财富会给人类幸福带来何种恶果，并热衷于帮助政府制定妨碍财富增长的各种法律。最早的"经济学"概念出现在色诺芬的《经济论》一书中，他把经济学定义为改善家庭的艺术，显然与我们今天所讨论的政治经济学无关。西塞罗在《论共和国》第一部中，以多章篇幅论述政治经济学问题，他把这门科学命名为"理财学"，并给财富下了经典定义：财富是属于家庭和国家的经过加工的丰富的物资。但在《经济论》著作中，他对财富管理的理解只是更偏重在感性的直观罗列上，如大量非法税收事件的真实记录，但没有任何分析与评价，政治经济学似乎还处在萌芽状态。

到了近代社会，人类形成社会团体以后，用公共财产来满足公共需要，管

---

① 伊特韦尔，等. 新帕尔格雷夫经济学大辞典（第3卷）[M]. 陈岱孙，等译. 北京：经济科学出版社，1996：965；西斯蒙第. 政治经济学新原理 [M]. 何钦，译. 北京：商务印书馆，1964.

理由自身的财产所产生的共同利益成为必要的。因此，如何征收和管理属于公共所有的国民收入，就成为政治家们的一种重要科学知识，于是最早的财政范畴、政治经济学范畴应运而生。首先，是16世纪查理五世的大臣们用积极的国家财政管理行动，框定了政治经济学发生认识论原理：关注国家财产增值，以公共利益作为行政方针。西斯蒙第称他们是实现政治经济学第一次革命的功臣。其次，是17世纪亨利四世时期的法国，随着国家机构的发展和公共行政管理范围的扩大，"政治经济学"一词被法国学者蒙克莱蒂安首先提出，其含义指：管理、控制和自然法则。随后，英国的威廉·配第开始使用"政治经济学"一词，似乎更强调"政治"二字，并用"政治解剖"一词来描述他对爱尔兰经济的分析。同时他为了更精确地反映国家的政治经济状况，比较国家间的相对优势而使用了"政治算术"一词。17世纪欧洲很不自由，各国财政管理实行严格保密制度，使得最初的政治经济学家们被限定在职业或行业内部，既不能公开发表见解，也不能相互交换信息。18世纪是西欧资产阶级革命和资本主义制度确立的革命时代，尤其是该世纪初的法国思想启蒙运动和世纪末的法国政治大革命，推动了社会转型与国家管理活动中作为哲学和政治学体现的政治经济学确立。18世纪政治经济学的出现，集中回应了17、18世纪最具决定性的问题——社会转型和社会调节问题。它的核心理念是利益需要比利益感觉更重要，经济乃是社会的坚实基础，唯有它才能考虑和实现社会的协调性。率先从科学的经济学组织的角度，表达政治经济学的学科寓意乃是18世纪重农学派的贡献。魁奈概括了对财富的性质和再生产与分配的讨论，并在《经济表》中赋予政治经济学的学科含义，被米拉波表述为政治经济学"似乎由关于农业和公共管理与财富性质和取得财富的方法的论文构成"。① 到了18世纪70年代，政治经济学几乎专指与国家资源相联系的财富的生产与分配。英国经济学家詹姆斯·斯图亚特第一个把"政治经济学"用于书名中，并把它解释为关于"如何保证所有的居民得到维持生存的必需资金，消除可能引起生活不稳定的各种因素，提供满足社会需求的一切必需品以及居民就业"② 的知识。学界公认，亚当·斯密是近代西方政治经济学最具影响力的创始人，他在《国富论》一书中把政治经济学定义为"政治家或立法家的一门科学"，并提出双重目标："为人民提供充足的

---

① 伊特韦尔，等. 新帕尔格雷夫经济学大辞典（第3卷）[M]. 陈岱孙，等译. 北京：经济科学出版社，1996：969.
② 伊特韦尔，等. 新帕尔格雷夫经济学大辞典（第3卷）[M]. 陈岱孙，等译. 北京：经济科学出版社，1996：969.

收入和生计……以及给国家和社会提供充分的收入,使公务得以进行。"斯密还将政治经济学直接表述为:一门研究国民财富性质和原因的学问①。尽管斯密的表述存在一定的抽象性和虚假性,但比起今天的西方经济学过于偏重工具理性的倾向,似乎要清醒得多。此外,斯密认为,经济学是一门旨在"富国裕民"②的科学。在之后,西蒙斯第认为,经济学是"研究一定的国家绝大多数人能够最大限度地享受该国政府所能提供的物质福利的方法的科学"③。杰文斯认为,"经济学就是研究如何以最小痛苦换取最大快乐的学说"④。古典经济学的集大成者阿费里德·马歇尔认为,经济学"一方面是一种研究财富的学问,另一方面,也是最重要的方面,它是研究人的科学的一个部分"⑤。马克思认为,经济学是研究物质资料的生产、交换、分配、消费等经济关系和经济活动的规律及其应用的科学。萨伊认为政治经济学是"阐述财富的科学",是"阐明财富是怎样生产、分配与消费的"⑥。麦克库洛赫认为,"政治经济学是研究具有交换价格的,并为人所必需,有用或者喜爱的物品或产品的生产、分配和消费的规律的科学"⑦。罗宾斯对经济学的定义:"经济学是把人类行为当作目的与具有各种不同用途的稀缺手段之间的一种关系来研究的科学。"⑧"经济学对于各种目的而言完全是中立的;只要达到目的需要借助于稀缺手段,这种行为便是经济学家关注的对象。经济学并不讨论目的本身。它假设人们在下述意义上是有目的的,即人们拥有一些可以界定并可以理解的行为倾向。经济学要回答的问题是:人们达到其目标的过程如何受制于手段的稀缺——稀缺手段的配置如何依赖于最终的估价。"⑨ 这就是著名的稀缺论定义。这一定义,对西方经济学产生了深远的影响,一大批经济学家,如萨缪尔森、理查德·里普瑟和彼得·斯坦纳都以某种形式在重复罗宾斯的定义。例如,萨缪尔森认为,"经济学

---

① 伊特韦尔,等. 新帕尔格雷夫经济学大辞典(第3卷)[M]. 陈岱孙,等译. 北京:经济科学出版社,1996:969.
② 斯密. 国民财富的性质和原因的研究(上卷)[M]. 郭大力,王亚南,译. 北京:商务印书馆,1981:1.
③ 西蒙斯第. 政治经济学新原理[M]. 北京:商务印书馆,1977:414.
④ 蒋自强,张旭昆. 三次革命和三次综合——西方经济学演化模式研究[M]. 上海:上海人民出版社,1996:239.
⑤ 马歇尔. 经济学原理(上卷)[M]. 朱志泰,译. 北京:商务印书馆,1964:1.
⑥ 萨伊. 政治经济学原理[M]. 北京:商务印书馆,1997:15.
⑦ 胡代光,周叔莲,汪海波. 西方经济学名著精粹(第1卷)[M]. 北京:经济管理出版社,1997:5.
⑧ 罗宾斯. 经济科学的性质和意义[M]. 朱泱,译. 北京:商务印书馆,2001:20.
⑨ 罗宾斯. 经济科学的性质和意义[M]. 朱泱,译. 北京:商务印书馆,2001:26.

是研究人和社会如何进行选择，来使用可以有其他用途的稀缺的资源以便生产各种商品，并在现在或将来把商品分配给社会的各个成员或集团以供消费之用"①。

需要指出的是，所谓稀缺论只不过是商品观或者财富观的变通表达而已——在稀缺资源的限制下寻找商品或财富的最大化逻辑。

以上简述回顾的是部分经济学家对经济学的定义。那么人的发展经济学的定义是什么呢？由于人的发展经济学是一门新建学科，我们国内是从20世纪80年代上半期开始研究的，到20世纪90年代初，即1990年出版了《人的全面发展与社会经济》等学术专著。国外研究的历史也不长，其他社会主义国家包括苏联，没有这方面的研究成果。日本、美国、法国等研究也只有二十多年。目前，我所能见到的国外著作中关于人的发展经济学的内涵定义，只有日本经济学家二宫厚美、成濑龙夫等于1994年出版的《人的发展经济学》和日本经济学家池上惇、二宫厚美等于2005年出版的《人的发展政治经济学》。在这两本书中，他们分别对人的发展经济学的内涵及定义做了表述。在1994年出版的《人的发展经济学》中，他们对人的发展经济学的内涵和定义在书的序言中，是这样表述的：人的发展经济学的基本观点，大约有以下五点：第一，发现领悟人的发展潜在力在社会发展中的形成与发展的视角；第二，劳动能力的发展，生活、消费能力的发展，民主主义统治能力的发展；第三，怎样才能孕育创造出民主主义的各种要素；第四，强调了自由时间的扩大及随之而来的劳动时间短缩这一重要课题；第五，提出着眼于把人的发展当作自身的劳动对象课题的发展保障劳动。保障人权的社会制度与担负人的发展的专门劳动者的出现之间的关系，并研究民主主义的人权制度同与其有着各种不可分割关系的发展保障劳动的性质。

另外，在1994年出版的《人的发展经济学》这本书的第七章关于人的发展经济学还做了这样的表述：人的发展经济学主张，在斯密时代也许是通过市场经济来达成人权的经济基础与人的发展机会的提供的，而现在只通过市场经济是无法达成的，必须补充生存权的保障，公平竞争的保障，学习权的保障，创造权利的保障等等，否则就不能达成。并且人的发展经济学同时主张，具有支持不同相关理论及制度的主动性公务劳动，合作社劳动，非营利组织的劳动（这些可以一并称为发展保障劳动），正是由它们担负开发个人的个性，构筑相

---

① 萨缪尔森，诺德豪斯. 经济学 [M]. 第12版. 北京：中国发展出版社，1992：12.

互个性的关系，互相支持人性的经济基础及人的发展的社会关系才能够发展。从某种意义上说，当没有人权法则及支持它的劳动时，斯密的理想就不能实现，应当在认同市场经济意义的同时，通过强调公共支援，协同组织的关联来主张市场经济的限度。以此明确了人的发展经济学的必要性①。

　　以上是日本的几位经济学家在1994年关于人的发展经济学内涵、定义的表述。11年后，日本经济学家池上惇、二宫厚美等于2005年出版了《人的发展政治经济学》这本书，在这本书中他们认为"人的发展经济学所关注的概括为两点：从人的发展角度开辟经济学的新天地，同时，从经济学视角明确人的发展规律和人的发展所需要的社会条件、环境等"。并认为，"人的发展经济学是将人的创造活动及营利活动纳入视野，综合性地掌握非营利性组织与个人以及进行营利性事业的组织与个人的经济学"。并指出："本书所展开的人的发展政治经济学是基于这样的事实出发的——人不只靠货币财富的积累、金钱的衡量、物质财富的价值来生存，经济社会当然也不能只靠这些来维持。其次，本书还指出，当推进金钱累积的活动达到一定的成熟阶段时，他就会考虑产生要保护自身的体制及习惯。那就意味着以货币财产的社会资源，不能够为了当前紧急需要的'人的生命与生活的充实'而进行分配。这种倾向，在成熟社会与发展中国家，会使人们的生活变得悲惨，会威胁到人的尊严。"

　　但是，这种动向是由这样的历史事实所支撑的——人，是无法长久拥有非人性化生存的希望的，即使想，那也不可能。世界是这么发展而来的，就是在社会上确立了人们的生存权及人生的自由选择权，并将它作为正义的原则发展而来。况且，人类的历史，只有金钱是不够的，是通过智慧与创意方法，高度热情与伦理性、诚意来实现健康、生存意义、幸福的，以自己的意愿自由地创造人生，可以说是以这样的人的发展的经验踏实地积累而来的。

　　同时，在另一方面，在企业与劳动者之间围绕着金钱的价值所取得的金钱欲、物欲的形式，存在着严峻的生存竞争，而且在生存竞争中，作为人类智慧的科学技术、艺术文化新的成果，只是作为令金钱的价值增值的手段而被开发利用着。并且这些成果在商业主义支配市场经济的基础下，变成了无数的新商品和服务，撩拨着人们的欲望。这些人类的欲望，也只是倾向于把它们摆放在让金钱的价值增值的手段位置上，在这种倾向中，人无力地存在着，只想一心获取金钱，只能看到小的存在②。

---

① 二宫厚美，成濑龙夫，等. 人的发展经济学［M］. 东京：青木书店，1994.
② 池上惇，二宫厚美，等. 人的发展政治经济学［M］. 东京：樱井书店，2005.

在这个意义上，人的发展经济学自20世纪90年代以来，变得显眼起来，它重新评价生存的权利、公正的竞争、企业伦理与环境伦理、政治伦理。

人的发展政治经济学，是在20世纪90年代日本经济学的发展中，特别是在基础经济科学研究所的共同研究中诞生的，是通过研究生存竞争发展而来的。而且，它进行的很多的严厉批判，相反却获得高度评价，经过有关理论上的问题点的争论，到现在逐步实现了独立发展。

从商品开发的经济学到关注人的发展经济学这个经济学思想范畴的转换，现代市场经济启示了尽管一方面通过高效率的技术发展及分工合作带来了生产力的进步；另一方面，当保障教育、医疗之类的人权的制度不被支持时，是不能充分扩展自由的。

这样，就被问及如何让这个"人的发展的经济学的两个流派"交流，谋求品质更高的新的经济学的结构，本书将这个新课题作为"人的发展经济学"进行系统化展开的尝试，希望成为日本的经济学所做出的国际贡献的证明。并指出，"人的发展经济学，尽管大体上认同这种商品的双重性，但是同时，重视处于市场交换背后的人的主体"①。

以上是日本几位经济学家在1994年和2005年分别写的两本书中关于人的发展经济学内涵定义的表述。

另外，更值得我们一提的是获得诺贝尔经济学奖的印度裔美国经济学家阿马蒂亚·森，他在20世纪90年代，提出了"人的自由发展与经济学"，并就人的自由发展与经济，写出了许多经典辉煌的经济著作，如《以自由看待发展》（1998）；《理性与自由》（2002）；《贫困与饥荒——论权利与剥夺》（1981）；《集体选择和社会福利》（1970）；《伦理学与经济学》（1998）；《理性的傻瓜——对经济学的行为主义基础的批判》（1977）；《饥饿与公共行为》（1989）。在上述的多数著作中，森都反复强调要用自由看待发展，森认为，要把发展的视角定位在自由之上，通过对自由的专注，他为我们提供了有力的概念基础。在森那里，自由被界定为与生活质量类似的实质意义上的人的潜在能力。这一自由概念具有多重面孔，是实质自由与形式自由、积极自由与消极自由、过程自由与机会自由的统一。自由是人类最可贵的本性，对应于人的二元性（福利与主观能动），人拥有两种自由："福利自由"和"主观能动自由"。自由的反面是剥夺，"剥夺"是不自由的基本样态，指的是基本可行能力的失败。另外，

---

① 池上惇，二宫厚美，等. 人的发展政治经济学［M］. 东京：樱井书店，2005.

从自由出发，森建立了自己的"人类发展方法"。首先，他提出自由发展观，阐述了人的完全自由是发展的首要目的和重要手段的理论新框架。这种自由发展观与可持续发展观是一致的。森分析了格罗·布伦特兰和罗伯特·索洛可持续发展定义的局限性，为可持续发展赋予了新义，强调可持续发展的目标是实现"可持续的人类自由"[1]。但是，令人遗憾的是阿马蒂亚·森没有写专门的"人的发展经济学"专著，因此也没有就人的发展经济学的内涵下专门定义。

以上介绍的是国外经济学家关于人的发展经济学的定义和内涵。

结合我国的实践，和笔者多年来（从1980年上半年起）对人的发展经济学的研究探讨，笔者认为人的发展经济学的定义如下。

所谓人的发展经济学，简略地讲，就是人的经济学，而不是商品的经济学，或物的经济学，它的研究对象是研究"社会人"，研究一国经济发展、经济活动和人的经济行为、活动如何适应，满足人的最高需求（自由发展的需求）和欲望，研究如何应用人的自由全面发展这一最主要的生产要素来优化配置资源，从而使资源的配置、分配与人的自由发展达到和谐、完美的结合。

人首先是生活在社会中，因此人讲经济，追求经济利益和私利，离不开所生活的特定社会。单纯的经济人只会助长人的私欲，使个人主义无限膨胀。只有社会人才能使人在讲经济、追求私欲的同时，想到社会，想到自己是社会的成员，要有社会责任心，追求个人利益的同时，顾及他人，顾及社会。人既是发展的主体又是发展的终极目标，把人的可持续生存与全面发展，尤其是人的身心健康、幸福生活放在发展的第一位，确保人的可持续发展；同时必须把人及整个社会发展建立在自然生态环境良性循环和发展的基础之上，确保实现人的可持续生存与发展，和自然的可持续生存与高度发展的双重终极目标。一个国家的发展并不简单等同于经济增长。经济发展只是手段，人的自由全面发展才是目的和目标。经济增长并不等于人民一定得到幸福。经济的发展道路必须以人的发展和人与自然的和谐发展为指导、为方向。人的发展经济学的研究正是基于为了找到一条以人的发展为核心、为目标的经济发展道路。

以上就是笔者对什么是人的发展经济学，以及人的发展经济学内涵所下的定义。

在经济学研究的层次上，即在研究经济管理体制和经济发展之时，还存在着一个对人的研究领域。如果说在研究经济管理体制和经济发展目标这一层次

---

[1] 周文文. 伦理、理性、自由——阿马蒂亚·森的发展理论[M]. 上海：学林出版社，2006：13-14.

上已经不能回避人的问题、不能不涉及经济学中的人的发展的话，那么在经济学的每个层次和方面，几乎所要探讨的每一个问题，都是经济发展研究与人的自由全面发展研究相结合的问题。这样也就十分自然地出现了建立一种"人的发展经济学"的需要。

随着当代人类生存世界的货币化、智能化以及异质化的深度发展，实践领域不断呈现出更为复杂、不确定和矛盾的性状。它深刻地提出了科学研究的整体性和交叉性诉求，自然科学的重大发现和技术创新，离不开跨学科互动，人文社会科学的社会责任的担当，更离不开跨学科的联动。人的发展经济学正是跨学科联动产生的新经济学学科，从而彰显了人的发展经济学批判的优势和人的发展经济学的优势和生命力。人的发展经济学的任务就是研究和回答当下因生产关系、财产关系、经济关系而出现的重大社会问题。

同时经济学必须重新反思，必须把对追求物质财富和金钱的研究，把追求人的自私合理性的研究转向人的发展的研究。这样也就十分自然地出现了建立一种"人的发展经济学"的需要。

应当指出，那种否定对"人"的研究的观点，是同马克思主义经济思想相违背的。马克思主义经济学始终把人理解为社会的人、实践的人，认为经济规律归根到底是人的活动规律；人是社会的主人，研究经济学，不能离开对人的研究，从而也不能离开对经济学中的人的自由发展问题的研究。这就是说，经济学应该研究如何增加物质财富的问题，但绝不应仅限于此，经济学更应当研究人如何才能自由全面发展，人如何利用人们创造出来的财富来满足人们的物质和文化的需要，研究物质财富增加过程中人与人之间的关系，研究人的发展、行为的选择，研究人的经济行为和社会、社会道德、伦理价值秩序的协调，以及人的欲望、偏好、理性预期、人的发展和需要对经济活动、经济发展、经济秩序的影响。

当前关于人的发展经济学问题的研究，已越来越引起重视，经济发展不是目的，而是手段，人的发展才是目的，是最高的价值标准。经济学需要研究人，涉及一个价值准则问题，即建立人的某种类型的行为是否合宜的价值标准问题。把握经济行为的合理性趋向，并由此而提升到一个实践理性的原则，这无疑是对我们的经济理论研究提出了一个新的迫切任务。这也就是说，"人的发展经济学"这一课题的研究，直接关系到社会主义经济发展的方向，关系到我国经济和政治体制改革的目标。

就经济学这门科学理论本身来说，也需要与一定的人的发展经济思想相结合，才能使经济科学更加完善、完整。我们知道，经济学不仅要探讨经济发展自身的内在规律，同时它还直接涉及经济行为的主体——人的发展、人的行为、思想、欲望、预期和需求。

对人的问题，从古典经济学的代表斯密开始，到马歇尔，以至现代西方的福利经济学派、货币学派等，无一不把人的问题作为自己学说研究的对象或研究中心。只不过他们研究的是"经济人"。著名的资产阶级经济学代表、"剑桥学派"的创始人马歇尔，在他的代表作《经济学原理》一书中，开宗明义："政治经济学是一门研究财富的学问，同时也是一门研究人的学问。……因此，一方面它是一种研究财富的学科，另一方面也是更重要的方面，它是研究人的学科的一个部分。"① 只是，无论是斯密，还是马歇尔，他们研究的人是追求物质利益，追求金钱私欲，私利膨胀的"经济人"。然而，新中国成立以来的社会主义经济学教科书及其许多著作，却始终回避对于人的问题的研究，把人的发展问题排斥在经济学研究的视野之外，这不能不是个憾事。经济学中的所有制问题，生产、市场、价格、金融、汇率、分配、生活质量乃至需求、消费等等问题，无一不与人和人的发展密切相关。因此，社会主义政治经济学不将人和人的发展作为研究的对象，不将自己纳入人的学科的一个部分，又怎能建立起一个科学的、完善的、富有生命力的马克思主义经济学理论体系呢？再如，就现实的社会经济秩序而言，只有以个人的自由全面发展为目标而制定出来的秩序，才是符合事物发展规律和方向的秩序。如果我们的经济生活和经济行为不想给（或不至于给）人类带来灾难，就必须以人的发展为目标和准则，以此来调整、制约、完善我们的经济行为，使经济行为能不断为促进人的发展而努力。这就是说，一方面客观经济过程以其独特的形式培养和选择它所需要的经济主体，不断地调整自己，以促进人的发展；另一方面，它以同样独特的方法，造就它所必须遵循的能够不断促进人的发展的行为规则。这是因为，经济主体的行为是与人们对自身不断发展的意欲和需求，以及与人们物质的、精神的意欲和需求这一伴随人类俱来的生存、发展意志联系在一起的。这种要求生存和不断发展的意欲和需求，在马克思看来，恰恰是推动社会进步的重要杠杆之一。因此，对这种经济行为及行为规范要求的分析，传统经济学和西方资产阶级经济学是不能完成的，必须和人的自由全面发展相结合才能完成它。这就是说，经济学必须从"经济人假设"，从对物质利益、物质财富的追求和满足，转向

---

① 马歇尔. 经济学原理（上卷）[M]. 朱志泰, 译. 北京：商务印书馆, 1982.

"社会人"研究,转向人的发展的经济学,转向智慧生产力的发展以及经济主体——人的自由全面发展、能力的提高和对经济行为合理性的价值论证进行多向的考察,从而界定经济行为的目标和方向。

人的自由全面发展与经济发展的各自价值内容中存有共性构成因素,它揭示了二者的价值同构性,并证明了"冲突论"与"同步论"乃是这一同构性的两端效应。人的自由全面发展与经济的价值同构主要表现在:一是人的自由全面发展为人类探求的终极价值目标。人类的生存发展有着两大基本需求——物质和文化,人类不断地创造着两大文明成果,并以之作为自身繁衍的条件。现实的经济活动所产生的物质生活资料,同人的不断全面自由发展,由于在根本意义上共同反映着人类的手段和目的的关系,故而二者成为人类始终的追求,只不过是,一个是手段一个是目的。二是经济活动本身表现着对人的全面自由发展的同构。一方面,从人们认识经济和人的经济行为来看,人们对经济规律的认识,不是纯然的事实描述,而是在其认识中渗入着主体的价值选择因素,渗入着认识者的伦理价值标准;并且,任何一个经济行为的选择,又都染上了主体对或善或恶的价值取向,具有一定的价值色彩;另一方面,从客观的社会经济过程来看,一定的生产方式又以其特定的历史形态,培养和选择它所需要的经济主体;并且,又以这一经济关系造就出它所需要的社会道德规范。于是在这里,一面是主体的道德价值选择,一面是客体对道德价值的酿造;一面是任何合规律性的经济目标和学说都力图体现主体对"真"和"善"的一并追求,一面是任何经济形态都相应引发出的与自身相伴的价值观念,并以此寻求对经济行为合理性的价值论证。由此可知,经济活动是人的活动,人的发展精神特征既受制于一定的社会经济关系,又统摄着人们对经济规律的认识和经济行为的动机欲求,从而在逻辑上证明了经济与人的自由全面发展的同构特征。

作为一种思想体系,人的发展经济学具有方法论的功能。一般说来,经济学家在建构自己的经济学体系的时候,都渗透着各自的经济思想。这是因为,在多种经济体系的背后,都隐藏着(潜伏着)更为根本的因素,即主要是经济学家的哲学和方法论指导,正是这些因素的影响,决定着多种经济体系的本质和动态。比如,资产阶级上升时期风靡欧洲思想界的"人性自私论"和自由主义哲学,导致了经济领域中的个人主义、私欲泛滥和自由竞争的古典经济学。这从反面和侧面说明了中国特色政治经济学和人的发展的学说相结合,对于经济生活、经济发展、社会发展的重要性。

刘思华先生曾指出:"而改革开放30年间,不要说新自由主义经济学'忘却了人'和'忘却了自然',就是某些所谓'主流经济学家'那里,也是根本没有中国经济学的人与人的发展和自然与生态发展的基本价值取向,宣扬'以物为本''以利润为本''以金钱为本'的经济学。在这种错误的经济理论的误导下,我国经济快速高速增长不得不付出极高的自然生态和沉重的人与社会代价。有的学者甚至认为,中国经济超高速增长,'是名副其实的黑色GDP''是名副其实的带血GDP'。当然这是一种警示之言。但我们必须看到,当今中国确实是存在着以人的生产力和生态生产力的巨大牺牲为代价换取物质财富增长,确实是物的世界大大发展,而人的世界贬值和自然的世界衰败,使我国经济发展的'反人性化'和'反生态化'问题日益严重。这就迫切需要以当代中国马克思主义经济学双重价值取向理论为指导,促进我国经济发展的人性化和生态化,确保实现人的可持续生存与全面发展和自然的可持续生存与高度发展的双重终极目的的科学发展。"[1] 这是完全正确和深刻的。

无论是古代还是现代,经济学和人的问题都是互相渗透、相互影响的。经济学作为一门社会科学,它不仅与人类协力谋生的努力有关,同时,它又与探究人的发展以及人类欲望和其他影响人类谋生方法变化的学科密切联系着。正如诺贝尔经济学奖获得者加里·贝克尔曾指出的:"经济学已经进入第三阶段,在第一阶段人们认为经济学仅限于研究物质资料的生产和消费结构,仅此而已(传统市场等)。到了第二阶段,经济理论的范围扩大到全面研究商品现象,即研究货币交换的关系。今天,经济研究的领域扩大到研究人类的全部行为及与其有关的全部决定。经济学的特征在于它要研究的是问题的本质,而不是该问题是否具有商品性或物质性。"[2]

综上所述,当前研究人的发展经济学,无论是在理论学术价值上还是在实践应用价值上都有十分重大的意义。它将克服传统经济学和现代西方经济学的缺陷和不足,发展、完善理论经济学,使中国理论经济学发生一次重大更新与革命。同时,它也是坚持和发展马克思主义经济学的需要。其应用价值,主要表现在其研究成果将有助于使中国经济沿着健康的道路发展,克服目前存在的一系列严重问题。21世纪以来,随着中国经济体制改革的深入,市场经济的发展,在经济充分发展和物质财富快速增加的同时也带来了一系列严重的经济和社会问题,如环境污染、三农问题、农民工问题、收入分配差距扩大、农村剩余劳动力的转移、通货膨胀日益加剧、人的信用和道德严重缺失、城市和乡村

---

[1] 刘思华. 生态文明与绿色经济发展总论[M]. 北京: 中国财政经济出版社, 2011: 214.
[2] 勒帕日. 美国新自由主义经济学[M]. 李燕生, 译. 北京: 北京大学出版社, 1985: 7.

差距日益增大、国际收支长期严重失衡、经济和金融危机，等等。这一系列问题必须由对人的发展研究的重视，由对"人的发展经济学"的深入研究才能加以解决。我们必须充分认识一个国家的发展并不简单等同于经济的增长。经济的发展只是手段，人的自由全面发展才是目标。中国经济的发展道路必须以人的发展和人与自然的和谐发展为指导，为方向，为目标。

另外，对于人的发展经济学的研究正是基于为了找到一条以人的发展为核心、为目的的中国经济发展道路。因此，其应用价值也是十分重大的。

第二节 人的发展经济学的逻辑起点及其意义

建立一门新的学科和学说流派，首先必须解决好研究问题的逻辑起点。不同的逻辑起点某种程度直接影响和决定着这一新学科和新的学说流派的生命力和影响力。经济学上新学科和学说流派也是如此。这是因为：一是经济学是一门思维的科学和历史的科学[1]。二是因为经济学说史上不同经济学流派的分歧主要来自它的逻辑起点不同。

探讨经济学逻辑起点。首先是应对相关文献进行回顾和述评。但笔者查了近十多年以来，国内关于经济学逻辑起点的相关文献，一共只有十多篇，一是数量少，二是有的文献发表的刊物级别太低，选来选去只选了符合列入文献回顾条件的九篇，将其整理归纳为九方面的观点。简要回顾综述如下。

（1）主张以"劳动人"作为中国特色经济学的逻辑起点[2]。

（2）将所有制确立为中国特色社会主义政治经济学的逻辑起点[3]。

（3）主张中国特色社会主义政治经济学的逻辑起点应是社会主义初级阶段

---

[1] 马克思、恩格斯曾明确把经济学定义为一门历史的科学。马克思在他自己的经济学说的研究中，始终高度重视经济发展和制度变迁的历史延续性，经济学始终被看成一门历史科学。例如，恩格斯曾经指出："谁要想把火地岛的政治经济学和现代英国的政治经济学置于同一规律之下，那么，除了最陈的老生常谈以外，他显然不能揭示出任何东西。因此，政治经济学本质上是一门历史的科学。"恩格斯. 反杜林论 [M] //中共中央马克思恩格斯列宁斯大林著作编译局. 马克思恩格斯选集（第3卷）. 北京：人民出版社，1972：186.

[2] 张春敏. 中国特色经济可创新的根据和逻辑起点 [J]. 前沿，2014（9）：105-108，167.

[3] 刘谦，裴小革. 中国特色社会主义政治经济学逻辑起点定位研究 [J]. 上海经济研究，2020（6）：5-13.

的基本经济制度①。

（4）提出社会主义公有制条件下的"变形的商品"应该是中国特色社会主义政治经济学体系的逻辑起点②。

（5）主张以人力产权为中国特色社会主义政治经济学的逻辑起点③。

（6）主张以"中国特色社会主义商品"为逻辑起点④。

（7）提出以"剩余产品"作为中国特色社会主义政治经济学的逻辑起点⑤。

（8）主张"人民主体论"是中国特色政治经济学体系的逻辑起点⑥。

（9）认为资源稀缺是经济学研究的逻辑起点⑦。

由此本文围绕论述人的发展经济学逻辑起点及意义这一主题，现主要从三方面进行论述。首先，论述经济学学说史上不同经济学流派逻辑起点不同，决定了其研究对象和理论体系的不同。其次，论述人的发展经济学要成为一门科学，必须有它自己的逻辑起点。最后，论述人的发展经济学确立正确逻辑起点的意义。

一、经济学说史上不同经济学流派逻辑起点不同

经济学说史上不同经济学流派逻辑起点不同，决定了其研究对象和理论体系不同。经济学说史上不同的经济学流派的分歧，主要来源于他们的逻辑起点的分歧。逻辑起点的不同，决定了不同经济学流派具有不同的研究对象和理论体系。

（1）马克思《资本论》（资本主义的批判）经济学的逻辑起点是商品，引申为马克思《资本论》（资本主义的批判）经济学研究对象是研究商品中所包

---

① 卫兴华. 中国特色社会主义政治经济学的主线和逻辑起点［C］. 社会主义经济理论研究集萃——砥砺奋进的中国经济（2019）.
② 颜鹏飞. 新时代中国特色社会主义政治经济学研究对象和逻辑起点［J］. 内蒙古社会科学（汉文版），2018（4）：27-31.
③ 程昊，程言君. 新时代中国特色社会主义政治经济学逻辑起点范畴研究［J］. 当代经济研究，2019（4）：34-41.
④ 王松，周绍东.《〈资本论〉与中国特色社会主义政治经济学：逻辑起点与体系构造》［C］. 中国经济规律研究报告，2017：125-130.
⑤ 王朝科. 中国特色社会主义政治经济学的逻辑起点［J］. 思想战线，2018（2）：75-83.
⑥ 白泰力. 人民主体论是中国特色政治经济学体系的逻辑起点［C］. 中国经济规律研究报告，2017：99-108.
⑦ 杨丽杰，宗刚，王劲松. 重构经济学研究的逻辑起点［J］. 商业时代，2014（15）：31-33.

含的人与人的关系。简言之，研究"生产关系"。

（2）古典经济学的奠立者和代表斯密将劳动分工作为他创立经济学的逻辑起点，由此决定了斯密古典经济学的研究对象和理论体系为：研究追求经济利益和利润最大化的"经济人"和市场这只看不见的手及其规律。

（3）古典经济学的完成者李嘉图以商品的"价值"作为他经济学理论的逻辑起点，由此决定了他的经济学理论及体系，主要关注的是交换价值的量的分析问题，工资利润、地租在社会总生产物中所占的数量比例的变化。"确立支配……分配的法则。"①

（4）继斯密、李嘉图等一批经济学家之后，被马克思称为"庸俗经济学家"的萨伊的经济学的逻辑起点是财富的生产。由此，自然引申为他的经济学的研究对象和内容就是：资本主义生产、分配、消费。由这一逻辑起点出发，萨伊继承和发展了斯密的"三要素"理论，并提出了三位一体公式，即劳动—工资；资本—利息；土地—地租。由此论证了资本主义从生产到分配、消费的完善和合理。由此，他也被奉为古典经济学的代表，斯密的继承人。

（5）与古典经济学派对立的著名经济学家西斯蒙第，是对古典经济学最严厉的批评者。他在《政治经济学研究》一书中指出了"古典学派的理论舍本求末，丢掉了人的真正利益，只关心物的进步，为了眼前的利益而牺牲了未来"②，这是古典经济学的缺陷和严重不足。他认为："古典经济学派只关心财富不关心人，是理财学或财富增长学，不是与人或物相关联的，在这种基础上建立的大厦，也就是空中楼阁。"③ 因此，他将他的经济学说的逻辑起点和出发点确立为人，由此引申出他的经济学说的研究对象是人人分享物质财富。他的理论体系就是以人的福利和分配为中心的理论体系。然而遗憾的是，他的逻辑起点的人和研究对象的人只是如何分享物质财富和物质福利的人。因此，他对古典经济学的批判只能是软弱无力的，在经济学说史的长河中一直作为非主流。

（6）剑桥学派的创始人马歇尔，在经济学说史上，也有人把他划为古典经济学派，称他为"古典经济学集大成者"。但马歇尔的经济学和斯密的经济学的最大不同，是他的研究的逻辑起点。他将他的经济学说的逻辑起点确立为人的

---

① 李嘉图. 政治经济学及赋税原理 [M]. 郭大力, 王亚南, 译. 北京：商务印书馆, 1962：3.

② 西斯蒙第. 政治经济学研究（第1卷）[M]. 胡尧步, 李直, 李玉民, 译. 北京：商务印书馆, 1989：中译本序言6.

③ 西斯蒙第. 政治经济学研究（第1卷）[M]. 胡尧步, 李直, 李玉民, 译. 北京：商务印书馆, 1989：11.

欲望，即"自我满足的欲望"或"满足永久自我"的欲望，以及满足欲望的动机。由此引申为他的研究对象是一个实际存在的人，而不是一个抽象和"经济"的人。他对经济学下的定义是：他认为经济学一方面是一门研究财富的学问，同时也是一门研究人的学问。这说明，马歇尔虽然看到了亚当·斯密从劳动分工（旧式分工）的逻辑起点出发，把经济学研究对象确立为"经济人"的重大缺陷和不足，力求改变它，但他将他的经济学逻辑起点确定在"欲望"和"动机"上，由此引申的经济学仍未能跳出研究物质财富、生产、交换、分配、消费乃至物质需求的圆圈（怪圈）。他虽然认识到经济学是一门研究人的学问，但仅停留在如何满足人的物质欲望和动机上，对人的发展，特别是自主创造意识发展没有关注和研究。

（7）马歇尔后，另一位剑桥学派的代表琼·罗宾逊，以土地和劳动为她的经济学研究的逻辑起点，由此引申她的经济学说着重考察在经济增长过程中，劳动者收入和财产收入（企业利润）在国民生产总值中相对份额的变化，提出了"收入均等化"的分配学说。

（8）与古典学派对立的凯恩斯经济学说的逻辑起点是有效需求，或叫有效需求不足，这是凯恩斯对古典经济学的批判和改正之一。由此引申他的经济学的研究对象就是如何通过政府的干预增加有效需求，从而凯恩斯的经济学成为一门政府干预的经济学。

（9）瑞典学派的代表维克·赛尔的经济学的逻辑起点是人的物质需要，由此引申他的经济学的研究对象，是交换、分配、资本及资本积累，以及货币信用。

（10）制度经济学派一直以交易作为他们的经济学的研究的逻辑起点，这一点无论是旧制度经济学派还是新制度经济学派都是如此。旧制度经济学派的重要代表人物康芒斯说：我用"交易"作为经济研究的基本单位，"交易"是制度经济的最小单位①。新制度经济学派承袭并发展了康芒斯把"交易"作为经济学研究的逻辑起点（基本单位）这一制度分析的思路和传统。科斯在以"交易"作为基本分析元素的基础上，发展（开创了）交易费用理论，张五常、威廉姆森（Williamson）等发展了企业合约理论。

所以，我们说每一经济学流派由于它的逻辑起点的不同，所以构成了它的研究对象和理论体系的不同。每一经济学流派之间的分歧，首先是逻辑起点的

---

① 康芒斯.制度经济学（上册）[M].于树生，译.北京：商务印书馆，1962：11，73-74.

分歧。

二、人的发展经济学要成为一门科学就必须有自己的逻辑起点

笔者认为人的发展经济学要成为一门科学，成为一门修正西方主流经济学的经济学说和独立的经济学科，就必须有自己的逻辑起点。而这一逻辑起点必须回归到马克思人的学说上来。

以人的自由全面发展为中心的经济学的逻辑起点是什么呢？我认为就是人的自由自主创造意识。西方经济学包括古典、新古典经济学，凯恩斯和凯恩斯学派，其他的所有的经济学流派和经济学理论，以及我国传统的和改革开放以来的主流经济学流派，都普遍忽视了经济学与人的自由自主创造意识的关系，都普遍未对其加以认真的研究。唯独伟大的经济学家马克思对此加以高度重视和研究。当然熊彼特例外，在《经济分析史》巨著中对此做过一些论述。

人先天就有一种自由自主创造的意识。马克思曾精辟地指出："生产的生活是人类族类的生活。它是创造生活的生活。在生活活动的式样中存在着一个物种的整个特征，它的族类的特征，而自由的意识活动是人类的族类特征。然而，现在这生活本身却仅仅表现为生活手段。"①

"动物和它的生活活动直接是一个东西。它和它的生活活动没有区别。它就是它的生活活动。人类则把他的生活活动本身弄成他的意识和意识的对象。他有着有意识的生活活动。他并不仅仅和一个被规定性直接合流在一起。有意识的创造生活活动直接把人类和动物的生活活动区别开。恰恰只因为如此，他才是一个人类族类的存在。""换言之，因为他是一个人类族类的存在，所以他只是一个有意识的存在，这就是说，他自己的生活对他是对象。只因为这个理由所以他的活动应该是自由的活动。"② 马克思的这一精辟思想来源于人类的宝贵财富——德国古典哲学，来源于伟大的哲学家黑格尔和康德。黑格尔的哲学名著《精神现象学》，就是阐述人的有关自由自主创造意识问题，它阐述了自由意识的产生和发展。这种阐述以两种形式表现出来，一种形式是直接阐述自由和自由意识的问题，另一种形式是间接阐述这个问题。属于前一种形式，体现在自我意识部分，其中讲到"自我意识的自由"。无论是表现为前一种形式，还是表现为后一种形式，都可以证明一点，虽然《精神现象学》并非自始至终处处直接阐述自由和自由意识，更非以表述黑格尔的自由观为唯一的主题，但自由

---

① 马克思. 经济学—哲学手稿 [M]. 何思敬，译. 北京：人民出版社，1956：58.
② 马克思. 经济学—哲学手稿 [M]. 何思敬，译. 北京：人民出版社，1956：58.

自主意识和对自由的认识，无论如何是《精神现象学》所要阐明的问题。并且，这个问题在《精神现象学》中占有重要位置。揭示人的自由、自主意识，提供对自由的理解，这正是《精神现象学》的一个重要内容，是它拥有诱人魅力的一个重要方面。黑格尔认为，真正的人必然是自在自由自主的自我意识。这样的意识是一种辩证的意识形式。换句话说，真正的人，真正的自我意识自身具有独立性、自主性，又具有依存性①。在《宗教哲学讲演录》中，黑格尔还曾说，"人具有必须创造人所是的东西，这属于人的本质的东西"②。

德国古典哲学家康德也曾经指出："在种种冲突、牺牲、辛勤斗争和曲折复杂的漫长路程之后，历史将指向一个充分发挥人的全部才智的美好社会。"康德把人的存在分析为现象的存在和本体的存在，与现象的存在是自然因果链条上无自由可言。作为人的本体的存在，"人身上具有一种独立于感性冲动的强迫而行规定自己的能力"③。康德还把人的自由自主看作道德领域的一种"公设"，并从实践理性的角度去证明人的自由和自主，以特定的方式揭示出自由和必然的对立。在康德哲学中，自由和自主是理性的核心④。黑格尔还曾指出：如同人们在繁复杂多的艺术因素中要深入寻找出"一个更高尚更普遍的目的"，让艺术的各方面共同趋向它、实现它一样，人们在社会生活中也是如此。"社会和国家的目的在于使一切人类的潜能以及一切个人的能力在一切方面和一切方向都可以得到发展和表现。"⑤ 在《历史哲学》中，黑格尔还明确指出：禽兽没有思想，只有人类才有思想，因为人类是有思想的动物，因而才有自由。黑格尔还把自由和理性的精神联系起来，指出：真正理性自由的概念便包含着被扬弃了的必然性在自身内⑥。

空想社会主义者圣西门也说："我终身的全部工作的目的，就是为一切社会成员创造最广泛的可能来发展他们的全部才能。"⑦

康德、黑格尔和圣西门的这些卓越思想，给马克思、恩格斯深刻影响和启迪，而且他们给予了进一步的发展，在他们的许多著作中都论及"人的潜能的

---

① 薛华. 自由意识的发展 [M]. 北京：中国社会科学出版社，1983：3, 22.
② 薛华. 自由意识的发展 [M]. 北京：中国社会科学出版社，1983：40.
③ 康德. 批判哲学的批判 [M]. 北京：人民出版社，2004：434.
④ 范晓丽. 从政治经济学批判到意识哲学革命——谈《1844年经济学哲学手稿》的逻辑起点 [J]. 社会科学论坛，2009（3）：4-8.
⑤ 黑格尔. 美学（第一卷）[M]. 朱光潜, 译. 北京：商务印书馆，1979：59.
⑥ 黑格尔. 历史哲学 [M]. 王造时, 译. 北京：生活·读书·新知三联书店，1956：73.
⑦ 圣西门选集（下卷）[M]. 何清新, 译. 北京：商务印书馆，1962：286.

挖掘和人的才能充分自由发展"这一思想。如在《1844年经济学哲学手稿》中，马克思指出"生产的生活是人类的生活。它应是创造生活的生活""人类的本质是自由自觉地活动""自由的意识活动是人类族类的特征。然而现在这生活本身却仅仅表现为生活手段"。在《资本论》中马克思进一步指出："全面发展的个人……，也就是用能够适应极其不同的劳动需要并且在变替变换的职能中只是使自己先天和后天的各种能力得到自由发展的个人来代替局部生产职能的痛苦承担者。""全面的活动才能使我们的一切天赋（潜能）得到充分的发挥。""从全部才能的自由发展中必然产生创造性的生活表现。"① 马克思在《资本论》中还指出：共产主义是以"每个人的全面而自由的发展为基本原则的社会形式"。在《德意志意识形态》中指出，未来社会"将使它的社会成员能够充分发挥它的各方面才能"②。

但是，无论是康德、黑格尔生活的年代，还是圣西门、马克思生活的年代，科学的发展都还没有能够揭示人的潜能（才能）到底有多大。这是个谜。因此，很长一段时间以来，许多人特别是经济学界的学者对于马克思、恩格斯著作中关于"人的才能（潜能）充分挖掘、发挥"的思想，一直认为只不过是崇高的理想而已，而未给予足够的重视，研究得也很不够。现在已经到了必须引起重视的时候了。因为现代科学的发展已经揭开了人的潜能到底有多大这个谜。

伟大的思想家马克思、恩格斯、黑格尔、康德、圣西门等一再向人们阐述：人天生具有自主创造意识的思想及其观点，被近代和现代无数心理学家经过试验和毕生研究，认为是真理。如当代美国心理学家西尔瓦诺·阿瑞提通过他几十年研究揭示了人的创造的秘密，认为："创造力作为人的特权，可以被看成对上帝创造出的人类所具有的谦卑的一种补充。神学家和宗教信徒一般都认为上帝是从无有之中、从空间和时间的虚无中去进行创造的，而人的创造力则是运用早已存在的，可以利用的材料，用无法预料的方式加以改变的。"③ 他还认为："创造力就是这种主要的手段，人类可以借助它来使自己不仅从条件反射中解放出来。而且可以从习以为常的选择中解放出来。不过创造力并不是简单的创新和无限的自由，它具有比这更多的含义。"④

---

① 马克思．资本论（法文版第一卷）[M]．中共中央马克思恩格斯列宁斯大林著作编译局，译．北京：人民出版社，1975：500.
② 马克思恩格斯全集（第3卷）[M]．北京：人民出版社，1980：458.
③ 阿瑞提．创造的秘密[M]．钱岗南，译．沈阳：辽宁人民出版社，1987：4.
④ 阿瑞提．创造的秘密[M]．钱岗南，译．沈阳：辽宁人民出版社，1987：5.

美国著名心理学家西尔瓦诺·阿瑞提了不起的地方在于他经过几十年的对人的心理的研究,得出了如下科学的结论:"具有优异的非凡创造力的人,或用于为某些人类或整个人类做出新的重大贡献的人,正像为人所知的那样,这种人很少有,在一定的人群里,他们的出现很难预料。也正像人们知道的那样,在一定的地理范围的某个特定历史时期内,具有这种水准的人又特别多。这种分布不均衡的现象表明,并非只有生物因素而且有特定的环境因素决定着创造力的发生。举四个主要的例子就够了:古希腊时期;意大利文艺复兴;有一批人给世界提出了关于人的新的概念的美国大革命;19世纪中叶以来大批犹太人天才做出了贡献的那个年代。这些例子有助于表明创造力并非偶然出现的,而是受到了自由发展环境因素的影响。如果我们弄清这些情况,就能够努力使它们再次出现,从而促进创造力的产生。"①

一位生活于公元前19年到至少公元30年的伟大的历史学家瓦尔尤斯·彼特库勒斯,经过一生对人类历史的研究,也得出了相同的结论:"为什么有着相同才干的人们,唯独出现在某个特定的时期、成群追求着一种事业、并获得相同的成功呢?"他得出的结论说他找不到任何可以肯定为正确的答案。尽管如此,他还是提出了一些假设。他认为这些天才是受到了自由发展环境竞争的鼓舞和影响。人们想超过一位出现在他们之中的天才,羡慕和钦佩促成了对他作品的模仿。但是当作品的某一既定类型臻于完美时就不可能进一步发展了。于是人们又去探索不同的事业。瓦尔尤斯还奇怪为什么——除了生在比欧西亚的平德尔是个例外——希腊文学中所有伟大的文人都是雅典人②。

可见,人天生具有自主的创造意识,具有创造力的基因,关键在于社会,在于社会是否为他们提供了一个充分自由发展的环境。只要有一个充分自由的发展环境,就会涌现出一大批具有创造力的人,并涌现出一批杰出有卓越贡献的创造天才。

由此引申的人的发展经济学的研究对象必然是:研究社会经济生活、经济行为、经济运行与人的自由自主创造意识及人的自由全面发展。简言之,研究"自主社会人"。更简之,研究"社会人"。它包括以下五个层次。

其一,经济的发展实质应该是人的自由自主创造意识及其发展;其二,人的自由自主创造意识及人的自由全面发展程度,如何影响和决定着一个国家社会经济的发展程度;其三,人的自由自主创造意识及发展如何作为最主要的生

---

① 阿瑞提. 创造的秘密 [M]. 钱岗南, 译. 沈阳: 辽宁人民出版社, 1987: 4.
② 阿瑞提. 创造的秘密 [M]. 钱岗南, 译. 沈阳: 辽宁人民出版社, 1987: 5.

产要素来参与优化配置一个国家的资源及其分配；其四，衡量一个国家经济发展的最主要指标应该是人的自由自主创造意识及发展的程度；其五，人的自由自主创造意识及发展是如何作为一国经济发展的最主要、最重要手段，发挥"建构性作用"和"工具性作用"的。

关于这一点，我们在马克思的很多著作中可以找到许多这方面论述，例如，马克思在他的《1844年经济学哲学手稿》以及以后的《资本论》中，曾多次提到，人先天就有一种自由自主的创造意识。马克思曾精辟地提出："生产生活就是类生活。这是产生生命的生活，一个种的整体特征。种的类特性就在于生命活动的性质，而自由的有意义的活动恰恰就是人的类特征。"并指出"有意识的生命活动把人同动物的生命活动直接区别开来。正是由于这一点，人才是类存在物"。

另外，众所周知，马克思在《资本论》等一系列著作中，曾多次谈到人具有巨大的沉睡潜能。社会主义和共产主义就是要使人的巨大潜能得到挖掘和发挥。而挖掘和发挥人的潜能正是马克思人的自由全面发展学说的最核心本质。

可见，我们将人的发展经济学的逻辑起点确立在人的自由自主创造意识上，是回归到马克思人的自由全面发展的学说上。

三、将自由自主创造意识作为人的发展经济学逻辑起点的意义

黑格尔在他的《逻辑学》第一部第一篇首先提出一个命题：一门科学的逻辑起点或者说一门科学的开端。黑格尔指出："开端不是什么任意的和暂时承认的东西，也不是随便出现和姑且假定的东西，而是后来它本身表明了它作为开端是做得对的。""开端的规定性是一般直接的和抽象的东西，它的这种片面性，由于前进而失去了。开端将成为有中介的东西，于是科学向前运动的路线，更因此成为一个圆圈。"① "开端是有，尚不是其他什么，这是开端本身的本性。"② 这就告诉我们，一门学科的逻辑起点是这门学科理论演进或者思维形成的根据和原则，从这个范畴和逻辑起点出发，能够衍生出构成这门学科基本元素的范畴体系，通过这套范畴体系建构一个一个的理论。这一系列的理论层层深入，共同构成这门学科的理论体系。这就是说，一门学科逻辑起点之所以十分重要。是因为逻辑起点决定了一门学科是否具有整体性和逻辑的严密性，决定了这门学科的理论体系，是否能深入系统性。马克思对黑格尔的辩证法做

---

① 黑格尔．逻辑学（上）[M]．杨一之，译．北京：商务印书馆，1996：56-57.
② 黑格尔．逻辑学（上）[M]．杨一之，译．北京：商务印书馆，1996：58.

了这样的肯定,"我公开承认我是这位大思想家的学生,并且在关于价值理论的一章中,有些地方我甚至卖弄起黑格尔特有的表达方式。辩证法在黑格尔手中神秘化了,但这绝没有妨碍他第一个全面地有意识地叙述了辩证法的一般运动形式。在他那里,辩证法是倒立着的。必须把它倒过来,以便发现神秘外壳中的合理内核"①。马克思在写作《资本论》和确定《资本论》逻辑起点时,曾吸收黑格尔的辩证法。马克思曾指出,政治经济学研究有两条道路,"在第一条道路上,空想的表面蒸发为抽象的规定;在第二条道路上,抽象的规定,在思维行程中导致具体的再现"②。第二条道路就是将认识过程倒过来,从事物最简单、最纯粹、最抽象的本质出发,演绎了物质复杂的、个别的、具体的现象。马克思成功地运用了第二条道路的方法,选择商品作为《资本论》的逻辑起点,层层深入,揭示出了资本主义生产方式的内在矛盾和发展规律。列宁指出,"虽说马克思没有遗留下'利用逻辑'(大写字母的),但他留下《资本论》的逻辑,应当充分地利用这种逻辑来解决这一问题"③。

那么将人的自由自主创造意识作为人的发展经济学研究的逻辑起点,有什么重大意义呢?其理论意义很多。简单说,就是这样做,人的发展经济学在理论上就纠正了自古典经济学以来的主流经济学流派普遍忽视经济学与人的自由自主创造意识、潜能等关系的研究,回归到马克思经济学的视野。目前,就国内外来说,马克思主义经济学作为一门完整科学的学科来说,并没有真正建立起来。原因之一就在于逻辑起点没有找好、找准。因此,马克思主义经济学在我国大学讲坛和课堂教学乃至大学生中的影响力减弱。致使马克思主义经济学教材理论体系和研究对象混乱,也就难免使马克思主义经济学影响力、说服力日益减弱。

就应用价值和意义来说,我们回顾和总结我国建国70多年来,经济虽然高速增长了,但自主研发的产品少,核心技术缺乏。显然,将研究人的自由自主创造意识、人的潜能的发挥作为人的发展经济学的逻辑起点,正是扭转这一现状的方法。从而使我国经济发展和经济活动与人的自由自主创造意识的发挥密切结合起来,加快实现我国经济结构转型,推动我国创新型经济的发展,新阶

---

① 马克思.资本论(第1卷)[M].中共中央马克思恩格斯列宁斯大林著作编译局,译.北京:人民出版社,2004:22.
② 中共中央马克思恩格斯列宁斯大林著作编译局.马克思恩格斯选集(第2卷)[M].北京:人民出版社,2012:103.
③ 中共中央马克思恩格斯列宁斯大林著作编译局.列宁全集(第55卷)[M].北京:人民出版社,1990:290.

段、新发展、新征途，建立起一个创新型国家。

第三节　关于人的发展经济学研究对象

国外已经出版了好几部"人的发展经济学"学术专著，初步建立了"人的发展经济学"学科，中国也必须建立"人的发展经济学"学科，我们中国有条件、有能力、更有需要建立人的发展经济学学科，因为马克思经济学就是研究以人的自由全面发展为宗旨的经济学。

国外虽然初步建立起了人的发展经济学学科，然而从已见到的国外几本"人的发展经济学"学术专著来看，对人的发展经济学的研究对象都普遍未涉及，有的著作对此进行回避或忽视①。可见，研究对象不探讨清楚，很难说这一学科已经完全建立起来了。这从某一方面说明了，探讨清楚"人的发展经济学"的研究对象对于真正建立起"人的发展经济学"这门学科的无比重要性和迫切性。本书现就此做些探讨，以就教于国内外经济学界同行。

每门科学都应该有它的特定的研究对象，只有有了特定的研究对象，才能构成一门科学。人的发展经济学也应如此。那么人的发展经济学的研究对象是什么呢？或者说它的特定的研究对象是什么呢？毛泽东在《矛盾论》中指出："每一种社会形式和思想形式，都有它的特殊的矛盾和特殊的本质。""科学研究的区别，就是根据科学对象所具有的特殊的矛盾性。因此，对于某一现象的领域所特有的某一种矛盾的研究，就构成某一门科学的对象。"②

人的发展经济学的研究对象是什么呢？关于这个问题，笔者已经思考了好长时间了。这是个大问题，因为人的发展经济学只有有了特定的研究对象后，才能成为科学。那么它的特定的研究对象是什么呢？换言之，什么是人的发展

---

① 注：这几本著作是2007年9月，笔者应邀赴日本京都大学参加日本"人的发展经济学"全国学术研讨会，在会议期间购买的几本著作，笔者在此次大会上应邀做了《论中国"人的发展经济学"研究的历史和现状》的学术演讲。此次会议期间，笔者不仅有幸在京都市的书店购买到了上述几本人的发展经济学的学术专著，而且参加了为期两天整的日本全国人的发展经济学国际学术研讨会。来自日本全国各大学（包括东京大学），日本经济学科学研究院、所的150多位教授出席了此次学术会议。笔者听了他们几十位教授的大会发言。两天整的人的发展经济学学术研讨会议，会场上除了大会发言者声音外，没有其他声音，150人的学术会议自始至终没有人中途退席或提前离会。此情此景至今给我留下难忘的印象。

② 毛泽东. 矛盾论 [M]. 北京：人民出版社，1966：294.

经济学的特定的有别于其他学科，特别是有别于其他经济学科的研究对象呢？

笔者认为人的发展经济学的研究对象，即研究社会人。

具体地，这就是说，人的发展经济学研究的领域既不同于一般的经济学、宏观经济学、微观经济学、新古典经济学，也不同于人口经济学、人本经济学、生产力经济学、劳动力经济学，它更不同于工业经济学、农业经济学、商业经济学等部门经济学。

众所周知，传统的主流经济学的研究对象是"经济人"，研究"经济人"如何才满足他的私欲和金钱、利润的欲望，以及物质财富资料生产及其运动规律。而人的发展经济学与强调研究"经济人"，强调以物质财富为中心的传统主流经济学的视角相反，突出人不是经济人，而是社会人，是在一定社会环境、社会制度中生存的自主社会人，突出以人的自由发展为研究中心，侧重研究人的自由发展的人与人之间的经济关系，阐明人的自由发展的经济运动过程，以及这一运动过程中，人的自由发展与经济活动、经济运行、经济行为的相互关系及其变化的客观规律。人的发展经济学的研究对象与宏观经济学、微观经济学、人口经济学、生产力经济学、劳动力经济学、人本经济学等有一定的关联性和交叉性。但是，人的发展经济学又与这些学科有很大的质的区别。人的自由发展既是经济发展的目的，又是经济发展、经济活动的主体，同时人的自由发展又是经济发展的重要、主要手段，更是调节和优化多种资源配置的手段。从这点出发，人的发展经济学与宏观经济学、微观经济学的重大区别在于，西方宏观、微观经济学看重的是物质财富的增长、利润（剩余价值）的增长，是"经济人"的利益（私利），它所看到的社会资源的稀缺，主要是物质资源的稀缺，它所调节和配置（分配）的社会物质资源，主要是围绕着"经济人"私欲，对财富占有的不断膨胀的欲望而展开的，它使人利欲熏心，整个社会物欲横流、精神堕落，人与人之间充满着虚伪和欺诈。一句话，它使我们的社会和人"一切向钱看"，为了"金钱"和"财富"的增长，个人乃至社会不择手段。前几年由美国次贷危机和华尔街金融大亨而引发的全球金融危机，就是最充分的证明。

人本经济学虽然也把人放在研究的中心位置，但人本经济学主要是研究人的需要，特别是人的物质需要，由此引申到围绕人的福利、人的快乐而产生的经济活动。人本经济学仍然未能跳出主流经济学和传统经济学围绕物质财富增长的怪圈，而人的发展经济学对人与经济关系及其运动的研究，主要是以人的自由发展对经济影响的规律为研究中心，因此，人的发展经济学与人本经济学也有着根本不同的研究对象,二者同样有着本质的、重大的区别。人的发展经济学虽然(必然)也研究人的需要、人的福利的增进、人的快乐,但是最主要研究的是人的自由发展的需要,人的自由发展的福利,人的自由发展的快乐,以及他们对经济发展及其运行的影响和调节。这就是说,人的发展经济学相对人本经济学是一种更高层次的经济学。它们虽然共同都是以人为研究中心,但是在研究层次和境界上有根本的不同。人本经济学的产生虽然有不少年,但是影响有限,原因就在于它未能使自己完全跳出西方主流经济学和传统经济学对人的物质财富需求、物质财富福利、物质享受快乐的追求的怪圈。而人的发展经济学追求、探讨研究的是社会人,是人的自由发展支配经济发展、经济运行、经济调节、资源配置的规律。所以,两者有着很大的不同点。共同是局部的、少部分的,而研究层次和内容的差异将是重大的、大部分的。人本经济学以人的快乐、福利增长为中心,只是人的福利的发展,人的物质享乐的发展。而人的发展经济学以人为中心,它的价值标准就是人的自由全面发展。财富、收入、福利、技术进步、经济现代化等固然是人的发展经济学研究内容,固然是人的需求之一,但它们最终只属于工具性的范畴,经济发展的目的是人的自由全面发展,是为人的自由全面发展服务的。

  人口经济学是研究阐明人口生育运动规律的;而人的发展经济学是研究人的自由自主创造意识(潜能)而引发的人的自由发展是如何主导、影响及调节经济发展、经济运行、经济活动和经济行为的一门学科。

  生产力经济学研究物质生产力内部的矛盾性,阐明这些矛盾运动的规律;而人的发展经济学只研究生产力中的人的潜在能力,即人的能力因素,智慧生产力、社会生产力中的精神生产力,特别是人的自由发展因素及其运动与一国经济运行、经济发展的规律。

  劳动力经济学研究作为生产物质财富的劳动力的经济关系,阐明作为物质财富生产力的劳动力的生产与再生产的运动规律;而人的发展经济学研究人的自由自主意识和人的自由全面发展对经济运动的引导和影响的规律。

  部门经济学是研究国民经济的某一部门的物质经济关系,研究物质的经济规律在国民经济某一部门的特殊表现;而人的发展经济学研究社会人,它的研究是将人的自由发展作为与物力相对应、相主导的概念,研究人的自主意识、自由全面发展的运动规律及与经济的关系。

  可见,人的发展经济学与上述这些经济学科在研究对象和内容上的区别是显然的。如果要给人的发展经济学的研究对象下个定义的话,我认为:人的发展经济学的研究对象，具体概括地说，就是研究社会人，探索如何有效地运用人的自由自主全面发展需求和规律来促进一国经济的健康、持续的发展；以及如何采用人的自由发展的指标体系对一个国家和一个地区经济发展、经济行为、经济活动进行科学有效的监督、管理；以更好地发挥人的自由全面发展作为目的和人的最高需求在调节资源配置、调节市场经济、调节经济发展、经济运行方面和促进我国社会主义经济体制改革和政治体制改革方面的促进作用；研究经济发展、经济活动和经济行为如何适应和满足人的潜能发挥，满足人的最高需求（自由发展的需求）和欲望；研究经济发展如何促进人的不断自由全面发展；研究如何应用人的自由发展这一最主要的生产要素来优化配置稀缺资源，从而使资源的配置、分配与人的自由发展达到和谐、完美的结合。人的发展经济学将研究对象确立为研究社会人，表明人不仅仅有经济利益、金钱利益，更重要的是追求、崇尚精神价值。人对金钱和物质的追求，必须在社会利益范畴、范围下活动、以便和社会利益相统一、相一致，社会利益高于个人的金钱欲望、物质欲望和一切个人私利。

或者，人的发展经济学研究对象的定义，更进一步即研究社会人，研究社会经济生活、经济活动、经济行为、经济运行，人的物质、金钱欲望与人的自由发展的关系。它包括如下几方面层次：其一，经济的发展实质应该是人的发展，特别是人的自由程度（状况）的发展；其二，经济的发展程度如何制约、影响着人的自由全面发展程度；其三，人的自由发展水平如何影响、制约和决定着一国社会经济的发展程度；其四，人的自由发展是如何作为最主要的生产要素来优化配置一个国家、一个社会的资源的；其五，衡量一个社会、一个国家经济发展的最主要指标应该是人的自由发展的程度（状况）；其六，社会经济发展的最高目的、目标应是人的自由发展；其七，人的自由发展是如何作为经济发展的最重要、最主要的手段；其八，研究自由在发展中所起的"建构性作用"和"工具性作用"；其九，研究"经济人"的极端危害性；其十，研究社会人如何在社会利益、社会核心价值的统辖下合理正确地实现物质私利和对美好生活的追求。这就是笔者对人的发展经济学的研究对象定义的一点探讨和思考，请国内外的这方面的专家学者指教。

由此可见，人的发展经济学有着自己特定的研究对象，这一特定的研究对象，决定着人的发展经济学是一门科学。

最后，要强调的是，人的发展经济学在今天被（世界上许多国家）人们日益重视，作为一门科学加以研究，绝不是偶然的，既有着必然的规律，又有着历史的、思想的、学术的、自然科学的、社会的以及人自身发展的根源和规律。

就自然科学方面说，近几年来，我们在大脑的研究和生物化学科学方面所取得的突破，使我们知道了，人的潜能（除体力外）的蕴藏量是相当可观的。人脑是由总数高达 1000 亿、分为 5000 万种不同类型的细胞组成的；这些细胞延伸的分支形成 1051 对突触（通过特定的有机化学分子起作用的"开关"），所以，人脑好比一台有 1051 个开关的电子计算机，这比目前世界上最大的计算机不知大多少倍（何况两者还不能简单地等质）。仅以记忆为例，较保守的估计也认为人脑一生中储存的信息单位可达 1000 万亿。人类至今只不过是利用自己的潜能的很少一部分，根据某些权威专家的估计，这种未曾利用的大脑的潜力竟高达 90%以上。而这些人的潜能素质，只是人自身的自然中的"沉睡着"的力量，它们若不被唤醒，就会萎缩乃至泯灭。

早在二百多年前，德国古典哲学家康德、黑格尔都曾发表了许多著作，呼吁社会科学、自然科学和文化艺术都应高度关注人、重视人、研究人以及人的潜力的挖掘和才能的发挥。他们认为对人的研究和人的潜能的挖掘，对才能发挥的研究，不仅是社会和国家的目的，更是社会科学、自然科学和文化艺术更高更普遍的目的。① 伟大的空想社会主义者圣西门、傅立叶对人和人的潜能、才能发掘、发挥也进行了广泛深入的研究，出版了大量文献，并认为这是他们的"终身的全部的工作目的"②。康德、黑格尔和圣西门、傅立叶的这些卓越思想，给予马克思、恩格斯深刻影响和启迪，并且他们给予了进一步的发展，在他们的许多著作中都论及了"人的潜能的挖掘和人的才能充分自由发展"这一思想③。

然而，如何才能使人的潜能得到挖掘及得到充分发展呢？笔者认为，人的自由全面发展正是挖掘人的潜能的最重要的手段。因此，毫无疑问，深入开展对人的自由全面发展的理论研究，无疑对于我们挖掘和发挥人的潜能，从而提高我国人民的素质，具有极其重要的意义。而挖掘和发挥人的潜能，提高人民的素质，正是我们社会主义市场经济的主要内容和实现途径。一个五彩缤纷的繁盛社会，必须建立在无数个人的潜能得到充分挖掘、无数个人的独创和自由

---

① 李泽厚. 批判哲学的批判——康德述评 [M]. 北京：人民出版社，1979：324. 黑格尔. 美学（第一卷）[M]. 朱光潜，译. 北京：商务印书馆，1979：59.
② 圣西门选集（下卷）[M]. 何清新，译. 北京：商务印书馆，1962：286.
③ 马克思. 1844 年经济学哲学手稿 [M]. 北京：人民出版社，1957：58. 马克思. 资本论：第 1 卷（法文版）[M]. 北京：中国社会科学出版社，1975：500.

全面发展之上。一个社会如果能够使每个人的才能都能得到自由、全面、充分的发展，创造力得到充分的发挥，这个社会就拥有文明发达的永不枯竭的生命源泉。否则，巨量的人口只不过是一个巨大的负担。我们今天承认"人才是立国之本，人才是创业之源，人才是现代化的灵魂"，提出要大力发挥人才的潜能，发挥人的主动性、积极性和创造性，认识到一切现代化必须以人的精神文明、人的现代化为先行，不正是从一个侧面反映出马克思人的自由发展理论的无比正确吗？不正是反映出研究人的自由发展理论即人的发展经济学的重要性和迫切性吗？

社会主义——共产主义文明，是有史以来最高发展阶段的文明形态。然而，它的崭新性质、它的历史使命，并不仅仅在于创造比资本主义更为发达的物质生产力和更高水平的物质财富、物质生活，并不是让人人都追求钱财、追求利润，让人人利欲熏心，而是要实现人的自由充分全面发展，实现人的巨大潜能充分挖掘和发挥，实现人的精神充实和提升。这才是社会主义市场经济优越于资本主义的真正所在，也才是社会主义文明对于人类历史的真正意义。

第二章　人的潜能

第一节　人所具有的潜能

自亚里士多德以来，人的潜能问题为许多思想家、哲学家、人类学家所涉及。黑格尔就曾说过："社会和国家的目的在于使一切人类的潜能以及一切个人的能力在一切方面和一切方向都可以得到发展和表现。"① 又说："一个东西是人的对象，这就等于它是人的潜在性。"还说："在真正的雕刻形象里我们可以看到一种静穆而深刻的意味，其中包含有使一切力量得到实现的潜能。"② 马克思指出："全面的活动才能使我们的一切天赋（潜能）得到充分的发挥。"③ 拿破仑曾经感叹地说："一个人最大的幸福就是他的潜在能力得到最大程度的发挥。"④

这些伟大人物一再提到人的潜能，那么什么叫人的潜能？《潜能与人格》一书的作者李哲良是这样表述的："所谓潜力，指那些表露于外而尚待发挥的才力、智力、能力等；所谓'潜能'，指那些尚待开发而蕴藏于大脑之内的智慧等。潜能概念的基本内涵就是指潜意识、下意识以及由此而转化为意识的尚待开发的思维能力、创造性潜能。"⑤

从生理到心理机能看，每个人都有一个潜能和智力的"最近开发区"。虽然不一定都能释放出来，但它总是储存着程度不同的潜在能力。据这方面专家的

---

① 黑格尔. 美学（第一卷）[M]. 朱光潜，译. 北京：商务印书馆，1979：59.
② 李哲良. 潜能与人格 [M]. 上海：上海文化出版社，1989：2.
③ 马克思. 资本论：第1卷（法文版）[M]. 北京：人民出版社，1975：500.
④ 李哲良. 潜能与人格 [M]. 上海：上海文化出版社，1989：3.
⑤ 李哲良. 潜能与人格 [M]. 上海：上海文化出版社，1989：13.

研究，潜能主要蕴藏在大脑的网络结构中，有人做过比较，仅人脑的网络结构系统就比北美洲的全部电话、电报通信网络还要复杂。但可惜的是，人脑尚有90%的潜力未被充分利用。就大脑皮层或皮质而言，即由灰质组成的大脑两半球的表面，为额叶、顶叶、颞叶、枕叶等4部分组成。视觉、听觉、动觉等神经细胞都分别集中分布在这些区域。在皮层下的则是间脑、中脑、小脑、脑桥、延髓等。这些皮下中枢，受高级神经中枢大脑皮质的支配。皮层的面积平均厚度为2.5毫米，是神经细胞集中的地方。其表面有许多深浅不同的沟裂，生理学上称之为"沟回"。大约有1/2的大脑皮质折入在这种皱褶折叠的沟回之中，同人脑的高级心理活动有密切关系。假如把大脑皮质伸展开来，成人平均可达2000~2500平方厘米，相当于一张四开报纸那么大。有人统计，一个人大约有140亿个神经元（由于计算方法不同，最近有人认为有1000亿个神经元），有9000万个辅助细胞。其组合的密度为人体任何其他组织所不及。大脑每天能记录860万条信息，人的一生可以储存1000万亿信息单位。但只有1%被大脑分析处理，另外99%的信息则被筛除。遗憾的是，人脑的相当大的一部分潜力未被发挥出来。又如人脑的4个功能部位，即感受区、储存区、判断区和想象区，单就想象区来讲，就只用了想象力的15%。再如听觉，耳朵的感受力可达20~2Hz的音波，但实际上只用了500~5000Hz的音波（最高可达1000纳米）。嗅觉本可以辨别4000种不同的气味，但实际上嗅觉的辨别力还达不到1/10的传激素。

这就是说，无论从哪些方面来讲，人的潜在能力还有相当大的一部分未被人们发挥出来。那么，这些未被利用的潜在能力到哪里去了呢？一部分退化乃至消失了，一部分却还蕴藏着等待开发利用，还有一部分则转移了。

人蕴藏着巨大的潜能，亟待人们去挖掘、发挥它。科学研究表明人的潜能，既不是上天恩赐，也不是天才伟人独家所有。在这点上，上苍是公平的。它把创造的潜能都"赏赐"给所有的子孙们。不论是君主、大臣，还是平民百姓都可能拥有这笔潜能的财富。而这个上苍并不是神，而是人类自己。心理学家维果斯基曾经提出"最近开发区"理论，他认为每个人都有一个智力区间，尽管这个区间大小各人不同，但每人总是存在着一个尚待开发区，这就是蕴藏潜能的宝库，其关键在于，就看你用与不用和怎样储备运用了。而不存在只有天才伟人才有，凡人就没有的问题。这一点，美国心理学家马斯洛经过多年研究后承认：一般人也富有创造性的潜在能力。马斯洛曾一度认为，"创造性是某些专业人员独家的特权"。但经过他的长期科学实验，他的这种看法彻底改变了，

"被我的各种各样的实验者给打碎了"。他发现所谓一般普通人、平民百姓同样具有不可企及的创造力。

马斯洛不仅发现普通平凡百姓同伟人一样都具有创造性的潜能，而且对人与人的潜在能力的考察同环境造就的人的品格结合起来，尤其是普通平民的潜能，更多是由环境造就的人格造成的，而且在日常生活中广泛显露出来。他说："听起来仿佛我们是在论述人性中固有的基本特性，出生时就赋予所有的或大多数人的潜能。其实人的潜能，实与社会上的文化、社会环境存在关联，更与环境造就的人格有密切关系。"①

不仅如此，马斯洛还发现：大多数人的潜能迸发时的特点，很像完全快乐的、无忧无虑的，这恰恰说明只有在充分自由发展的环境里，人的潜能才能迸发。

加拿大学者沃杰西乔斯基在《智能和人类的进化》一书中曾精辟指出：人们不仅要思维，而且思维意识"外化"出来，并用各种物质手段将它保存下来。这就意味着人的每一思维活动的外化都在改变、丰富和超越自己，同时也在顽强地改变、超越人性的状态和他周围的态势。沃杰西乔斯基从中归纳出三个带规律性的定理。

第一，"系统演化的潜在可能性同它的开放性是成比例的"。他说："人身上的能量在一定程度上是个常量，而信息量可以持续增长。"尤其在科学技术迅速发展的今天，越来越需要一个宏大的知识结构系统，广泛地吸收各种能量和信息。这样知识结构越宏大，人的这个系统就会变得越开放。"人的潜在的不确定性增加了，于是进化的潜在可能性也同时增长。"也就是说知识越多，人同知识之间的相互作用就越大，人演化的能力就越强，人进化的速度就越快。因此，他认为："系统的开放性同它演化的潜在可能性之间的关系相当重要。"

第二，"人类创造世界的能力同可用以解决人类造成的问题的时间成反比"。他说："人类活动威力和成效越大，人类进化的速度就越快。此外，我们行动的效率越高，人类面临的必须解决的问题就变得越紧迫。"他认为人类进化推进的加速度可能有一个极限，如果不顾这个极限，而随心所欲地"高效率、高速度"地发展，我们面临必须解决的问题就会越来越多，甚至失去平衡而出现严重的难以收拾的"乱子"。在这种情况下，灵感、智慧、潜能也许会因为"难"而大显身手，但也可能一筹莫展。不过人类的进步可能接近一个不可超越的限度，

---

① 李哲良. 潜能与人格［M］. 上海：上海文化出版社，1989：27.

但"我们很难给人脑的活动能力想象出一个类似的限度"。人的精神主题始终保持着"它们的创造者并使它们永生的本领",否则"莎士比亚、荷马和亚里士多德早已没有生命,他们的名字早已泯灭"了。他说"凭借理性活动,人类进化到新的状态,他有更宏大的知识结构,脑子里受到更多的知识训练,更有效能——潜在的智能合作"。而且,"迫使人进化到人性的更高层次"。事实上,"人已经是自己超越自认的自我调节机制。他现在必须越来越多地负担起责任——为自己的进化负责,也为支撑他的自然界负责"。

第三,"文化进化增加了人们的相互依赖性"。他认为"知识累进的结果,普通人需要掌握的知识增加了,正规教育的时间延长了。这些改变增进了社会成员之间以及同知识结构之间的馈送关系"。可见,一个人的潜能发挥和利用,除了主要靠自己主观的努力、自我实现之外,还要借助于其他人的帮助①。

"刚进入20世纪时,美国一位最著名的心理学家和哲学家威廉·詹姆斯就断定:普通人只用了他们全部潜力的极小部分。詹姆斯把这当作自己最重要的发现之一。'与我们应该成为的人相比,我们只苏醒了一半。我们的热情受到打击,我们的蓝图没能展开,我们只运用了我们头脑和身体资源中的极小一部分。'由于某种原因——也许是因为各学科都对精神病、'普通人'及动物的研究趋之若鹜,精神病理学家和行为科学家竟没有注意到这一重要的论断。不管出于什么缘故,在后来的五六十年里,几乎没人致力于研究人的潜力及如何发展这种潜力。近至1967年,曾在这一领域成为先驱的社会心理学家赫伯特·奥托博士说:'近五十年来人类潜力这一课题完全被社会科学家和行为科学家所忽视,根本没有被他们当作一个中心课题来研究'。"②

对于科学研究所揭示的人的巨大潜能,近三十年来已逐渐得到了全社会的重视,得到了部分社会学家、哲学家的重视,也得到了部分优秀经济学家的重视,并把"人类的潜能挖掘发挥"纳入经济学研究的内容和范畴之中。

1983年,法国经济学家和社会学家佩鲁在《新发展观》一书中提出了"整体的""内生的""综合的"新发展理论③。这种新发展观综合了"人的发展第一"的观点。强调社会经济的真正发展就是要把"人的个性"潜能释放出来,各种文化价值在经济增长中起着根本性的作用。真正合理地发挥人的潜能在于人必须有美好的"文化价值"。

---

① 李哲良. 潜能与人格 [M]. 上海:上海文化出版社,1989:323-325.
② 马斯洛. 马斯洛人本哲学 [M]. 北京:九州出版社,2003:136-137.
③ 佩鲁. 新发展观 [M]. 张宁,丰子义,译. 北京:华夏出版社,1987.

特别是1999年获得诺贝尔经济学奖的印度籍美国经济学家阿马蒂亚·森出版了《以自由看待发展》一书,在书中指出:"发展的目的与对发展所涉及的人们所享受的实际自由的价值评价有关。除其他因素外,个人的潜能发挥严重依赖于经济的、社会的、政治的安排。在制定适当的制度性安排时,必须超越个人全面自由的基础性意义,去考虑不同类自由的工具性作用。"

"发展的目标和手段要求把自由的视角放在舞台的中心。按这种视角,必须把人们看作主动参与——在他们有机会时——他的自身前途的塑造的,而不是被动接受某些精心设计的发展计划的成果。国家和社会在加强和保障人的潜能发挥方面具有广泛重要的作用。这是一种支持性的作用,而不是提供制成品的作用。以自由为中心的关于发展目的和手段的观点值得引起我们重视。"①

"一个人的潜在能力指的是此人有可能实现的,各种可能的功能性活动组合。潜在能力因此是一种自由,是实现各种可能的功能性活动组合的实质自由(或者用日常语言说,就是实现各种不同的生活方式的自由)。"②

"在分析社会正义时,有很强的理由同一个人所具有的潜在能力,即一个人所拥有的,享受自己有理由珍视的那种生活的实质自由,来判断其个人的处境。"③

森在书中对亚当·斯密关于人类潜能的看法的论述高度赞扬,斯密说:"不同的人所具有的天生才能上的差别,在现实中,比我们所意识到的要小得多;而那些非常不同的才能,在发展到成熟期的时候,看起来把不同专业的人们区分开来,但是才能在许多场合与其说是原因,倒不如说是劳动分工的结果。从事最不相似职业的人们,例如,一个哲学家和一个普通的街头看门人,其间的差别,似乎更多来自习性、惯例和教育,而不是天生。当他们出生到这个世界上,在生命最初的六到八年,他们可能是非常相似的,他们的父母和游戏伙伴都不会意识到有任何显著的区别。"④

森对此给予了高度赞扬。评论道:"我在这里的目的并不是审视斯密所强调的后天培养论的观点是否正确,但是会有帮助的是,注意他是如何把生产性能力和生活方式与教育训练紧密结合起来的,并假定二者都是会改善的。这种联系对人的潜在能力视角的有效范围具有中心意义。聚焦于人力资本与集中注意

---

① 森.以自由看待发展[M].任赜,于真,译.北京:中国人民大学出版社,2002:42.
② 森.以自由看待发展[M].任赜,于真,译.北京:中国人民大学出版社,2002:43.
③ 森.以自由看待发展[M].任赜,于真,译.北京:中国人民大学出版社,2002:85.
④ 森.以自由看待发展[M].任赜,于真,译.北京:中国人民大学出版社,2002:293.

人类潜在能力二者之间，事实上，存在价值评定方面的一个重要区别——这个区别在一定程度上与手段和目标的区别相关。"①

森还指出："重要的是，还要注意到人类潜在能力（潜能）扩展在导致社会变化（远远超出经济变化的范围）方面的工具性作用。实际上，即使只考虑人作为导致变化的工具所发挥的作用，其范围也是远远超出经济生产的（这是'人力资本'视角所考虑的范围），而包括社会和政治发展。为了对人类潜在能力的作用达成更充分的理解，我们必须注意到：

（1）对人们的福利和自由来说，它们的直接关联性；
（2）通过影响社会变化，它们的间接作用；
（3）通过影响经济生产，它们的间接作用。

人的潜在能力视角潜能的意义在于同时包括以上三种贡献。与此相比，标准文献中的人力资本主要是按以上三种作用的第三项来看待的。显然，这里存在涵盖范围的重叠，而且这是一种重要的重叠。但是为了自由看待发展，我们很需要超越人力资本这一相当狭隘和局限的视角。"②

森还指出："而关于人类的潜在能力（潜能）的视角则聚焦于人们去过他们有理由珍视的那种生活，以及去扩展他们所拥有的真实选择的能力，也即实质自由。"③

顺便提一下（也必须提一下），我认为任赜、于真先生在翻译阿马蒂亚·森《以自由看待发展》一书中的 capability 这个单词时将其译为"可行能力"是值得商榷的，这个单词的原意应该是"潜能"或"潜在能力"，在国外所有国家中都是这样译的。对此，我不得不加以指出，并与任赜、于真先生商榷。

日本经济学家池上淳等在 2005 年出版的《人的发展经济学》一书中对森的《以自由看待发展》一书中关于人的潜能的挖掘的论述做了这样的评价：

"森在提出'潜在能力'的概念的同时，还提出一个'潜能的发挥'或者是'发挥良机'的概念。前者是脱离贫困、扩大人生选择的范围；意思是摆动身体、行走、摄取营养、有效运用衣服、参与社区活动等；后者意味着通过参与公共政策及社会协商，创造有效运用潜能的机会，支持每个人的自由发展，

---

① 森. 以自由看待发展 [M]. 任赜，于真，译. 北京：中国人民大学出版社，2002：293-294.
② 森. 以自由看待发展 [M]. 任赜，于真，译. 北京：中国人民大学出版社，2002：294-295.
③ 森. 以自由看待发展 [M]. 任赜，于真，译. 北京：中国人民大学出版社，2002：292.

自由人生。"① 日本经济学家柳濑孝三教授在《人的发展经济学》一书的第一章《支持人的发展的社会体系的经济思想》中对森评价道："但是在今天重新回归享受能力的概念，以更为丰富的内容讲解的尝试也变得显著。"像皮库克（Alan T. Peacock）指出的那样，也是为了加强社会的创造性基础，正在强烈追求回归亚当·斯密开拓了的开端"培养享受能力的消费者的主张"。比如，阿马蒂亚·森以他的潜能研究为基础论述道，"发觉财富的特性，将它通过有个性的有效利用，能够选择人们的'有价值的生活'，然后在测算他们完成度的基础上，最应该关心的是享受它们的反省评价吧！"这样，森就是把人们是否在享受着自由与人权的问题放在了焦点上。因此，享受能力的概念对于潜在能力的概念就更为一般化了。在这里，例如，可以就斯密所看到的能够享受社交之类的社会关系的能力来说话。对森来说，在那里也必须存在能够有效地享受它的自由②。柳濑孝三教授还评价道："每个人实现自立，一边享受个性相互尊重及人权规则，在与社会之间的积极的相互作用中追求'生存的意义'及'生活的品质'，阿马蒂亚·森把这些放在人们所具有的潜在能力的基本观点中，人们享受自由、人权的潜在能力，换句话说，获得有关自由、人权的知识、技术情报，为了生存的基本的潜在能力及选择具有自我皆知的人生的潜在能力，让这些能力发展也是重要的焦点。这个想法，就像已经触及的那样，是继承斯密享受潜在能力的概念，让其做了现代式发展的东西，森在这里包含有'职业选择的自由'以及劳动与享受的双方的各种能力。而将通过潜在能力完成了成功状态（人能够做什么，或者使人能够完成什么）称之为机能（functionings）。而且在机能上不光包含'福利（well-being）'，还包含有'良机（advantages）'，也在捕捉着发挥潜在能力的机会。这样，根据个性与多样性，人们是能够展望，可以评价自身与社会的生活状态的过程的。"③

森的"潜能"概念的内涵是很丰富的，除上边的叙述外，还有许多其他的丰富内涵，正如日本经济学家二宫厚美评价道：森注意到人们将自然财富转化为人类财富时出现的多样性，把这种转化能力命名为潜能，并在平等发展潜能的保障中寻找出公共性的标准。他既不以功利主义所依据的主观性满足，也不以罗尔斯的正义论提倡的平均分配基本财产，而是试图以"财富和人的关系"中的潜能为标准导出公共图。这就是森的"潜能论"。森所说的潜能

---

① 池上惇，二宫厚美，等. 人的发展政治经济学 [M]. 东京：青木书社，2005：6.
② 池上惇，二宫厚美，等. 人的发展政治经济学 [M]. 东京：青木书社，2005：3-4.
③ 池上惇，二宫厚美，等. 人的发展政治经济学 [M]. 东京：青木书社，2005：6.

(capability)是指选择性的组合、发挥人自身的各种机能（functions）的能力。人的福利（well-being）存在于潜能的发展和发挥之中。这里的各种机能是指健康的生活、美食享受、睡得香甜、交谈愉快、欣赏艺术之类的人的属性。这种人的属性等于各种机能通过"个体产生重复着系统产生过程"的历史，人类历史把它作为至今的遗产赠送给众人。森关注的是每个人自由选择组合的能力，只有森提倡保障潜能发挥的平等①。

---

① 池上惇，二宫厚美，等.人的发展政治经济学［M］.东京：青木书社，2005：9.

第三章　马克思人的自由全面发展理论

第一节　马克思人的自由全面发展理论的萌芽

近十几年来，国内外不少学者都在不断引用马克思关于人的自由全面发展的论述，但在内涵的理解上各式各样，分歧颇大。我认为有的理解不够全面，也有的是错误的。而正确地理解马克思人的自由全面发展理论的内涵，对我们全面领会和掌握马克思的经济学说，以及建立人的发展经济学有着十分重要的意义。因此，有必要对马克思人的自由全面发展的内涵做深入、扎实的研究。

同时我认为，理解马克思人的自由全面发展理论（学说）的内涵，应该从马克思人的全面自由发展理论的萌芽梳理起。

马克思人的全面发展理论的萌芽时期，大约自马克思写作《博士论文》及其《关于伊壁鸠鲁哲学的笔记》开始，至发表《评弗里德里希·李斯特的著作》为止。可见著作和论文主要有：《关于伊壁鸠鲁哲学的笔记》《博士论文》《大陆上社会改革运动的进展》《詹姆斯·穆勒〈政治经济学原理〉一书摘要》《1844年经济学哲学手稿》《神圣家族》《在爱北斐特的演说》《评弗里德里希·李斯特的著作》等。在这些著作和论文中，马克思、恩格斯虽然都还没有正式使用"人的全面发展"这个专门的概念，但是关于人的全面发展思想已见端倪。因此，这些著作和论文对我们正确地理解马克思、恩格斯关于人的全面发展理论的形成具有重要的意义，有必要给予足够的重视。

在《关于伊壁鸠鲁哲学的笔记》和《博士论文》中，关于人的全面发展思想的萌芽表现在，青年马克思特别注意伊壁鸠鲁关于自由问题的观点，高度赞扬了他关于精神和自由独立的主张。如马克思说："伊壁鸠鲁几乎不加掩饰地说，在宣称自然是自由的时候，他重视的只是意识的自由。"① 马克思之所以高度重视伊壁鸠鲁哲学中关于精神和自由独立的主张，是因为伊壁鸠鲁哲学给他的理论观点，给他关于自由的学说提供了基础。特别值得我们注意的是，在这个时期，马克思已经把自由理解为人与人的全面交往，人对周围环境的改造斗争，以及认为哲学的根本任务在于创造世界②。"对于伊壁鸠鲁宇宙观的方法来说，具有代表性的是创造世界的问题，因为它表明，在这种哲学中精神是如何创造世界的，这种哲学与世界的关系是怎样的，哲学的精神和创造的潜力是怎样。"③ 马克思还指出："伊壁鸠鲁并不满足于自己提供关于世界的改造这一概念；他亲自上演这出戏，他为自己把刚才所做的一切具体化，说实在的，只是这时在他那里才开始世界的创造。"④ 可见，在马克思早年的《关于伊壁鸠鲁哲学的笔记》和《博士论文》中，马克思通过对伊壁鸠鲁哲学的评价，阐述了人具有对世界的改造和创造的能力，以及人的意识应该自由。

恩格斯《大陆上社会改革运动的进展》一文，也体现了马克思、恩格斯人的全面发展思想的萌芽，主要表现在对傅立叶的自由劳动的理论提出了充分的赞扬和肯定。恩格斯指出：傅立叶第一个确立了社会哲学的伟大原理，即每个人天生就爱好或者喜欢某种劳动，所以这些个人爱好的全部总和就必然形成一种能满足整个社会需要的力量。从这个原理可以得出这样一个结论，如果每个人的爱好都能得到满足，每个人都能做自己愿意做的事情，那么，即使没有现代社会制度所采取的那种强制手段，也同样可以满足一切人的需要。在合理的制度下，当每个人都能根据自己的兴趣工作的时候，劳动就能恢复它的本来面目，成为一种享受⑤。

通过恩格斯对傅立叶自由劳动理论的阐述、肯定，我们可以看出：这一时期的恩格斯已经充分认识并肯定了，人和人之间天生就有不同的兴趣和爱好；应该充分地发展每个人的兴趣和爱好，从而使人在劳动中感到享受。而每个人

---

① 马克思恩格斯全集（第40卷）[M]．中共中央马克思恩格斯列宁斯大林著作编译局，译．北京：人民出版社，1982：49．
② 余文烈．试论马克思科学实践观的形成——实践从其特殊形式到一般形式的发展 [J]．哲学研究，1984（3）：14．
③ 马克思恩格斯全集（第40卷）[M]．中共中央马克思恩格斯列宁斯大林著作编译局，译．北京：人民出版社，1982：53，55．
④ 马克思恩格斯全集（第40卷）[M]．中共中央马克思恩格斯列宁斯大林著作编译局，译．北京：人民出版社，1982：53，55．
⑤ 马克思恩格斯全集（第1卷）[M]．北京：人民出版社，1956：578．

的兴趣和爱好，在某种程度（意义）上，也就是体现每个人的专长（才能）。因此，在某种意义上说，充分地发展每个人的兴趣、爱好，也就是充分地发展每个人的专长（才能）。不过，这一时期的恩格斯虽然认识到人天生有不同的兴趣和爱好，并应充分得到发展，但是整个说来，这一时期他对人具有的巨大潜能，以及人的才能需要全面发展还未认识。或者说，这一时期的恩格斯虽已朦胧地有了人的才能需要充分发展的这样的感觉，但还远未能产生关于人的才能充分、全面发展的思想。这是因为，这一时期恩格斯还未开始对资产阶级政治经济学进行全面的批判研究，这种批判研究是在半年以后才开始的。这一时期对恩格斯思想有深刻影响的是三大空想社会主义者，特别是傅立叶、欧文的空想社会主义。不过，他既然有了"每个人的兴趣和爱好都应该得到充分发展"思想，那么离提出"人的全面发展"的思想也就不远了。恩格斯对空想社会主义的批判和继承，为他不久以后对资产阶级政治经济学即那种颂扬资本主义私有制统治的政治经济学的批判做了准备，也为他以后产生人的全面发展思想做了充分的准备。这以后是马克思写于1844年上半年的《詹姆斯·穆勒〈政治经济学原理〉一书摘要》。这个时期，马克思在恩格斯的天才著作《政治经济学批判大纲》的影响下，对政治经济学产生了兴趣，开始对政治经济学进行系统的研究。《詹姆斯·穆勒〈政治经济学原理〉一书摘要》就是这个时候写的，是他一开始研究政治经济学的成果之一。通过对政治经济学的研究，马克思初步认识到，在分工下，劳动使人片面地、畸形地发展，人活着只是为了谋取生活资料，这种劳动使人痛苦，而不是感到生活的乐趣。而在未来的社会里，由于消灭了分工，由于作为人进行生产，人就在劳动中感到乐趣。如他说："假定我们作为人进行生产。"在这种情况下，我们每个人在自己的生产过程中就双重地肯定了自己和另一个人："我在我的生产中物化了我的个性和个性的特点，因此我既在活动时享受了个人的生命表现，……感受到个人的乐趣。"① 不过，此时马克思对分工的理解还是很肤浅的，比较朦胧的，他还没有区分生产部门内部的分工和社会内部的分工，"旧式分工"这个概念的产生，还是在此以后。

然而，马克思在《詹姆斯·穆勒〈政治经济学原理〉一书摘要》这篇著作中产生的这一思想（私有制和分工使人片面地、畸形地发展，未来社会应消灭这些），在其整个思想的发展中，特别是对以后形成人的自由全面发展的理论，却是非常重要的，有着不可低估的重要意义。它表明，此时的马克思已在探索

---

① 马克思恩格斯全集（第42卷）[M]．中共中央马克思恩格斯列宁斯大林著作编译局，译．北京：人民出版社，1982：37．

和思考人为什么会出现畸形的发展，怎样才能使人不畸形、片面地发展。同时也已经充分显示了，马克思即将对这一问题展开深入的研究和进一步探索。果然，很快，马克思就在《1844年经济学哲学手稿》中，对这一问题展开了更进一步的研究和探索。

《1844年经济学哲学手稿》虽然是一部不成熟的著作，但是，由于在这部著作里，马克思第一次试图从唯物主义和共产主义立场出发，对资本主义经济制度和资产阶级经济学进行批判性考察，对自己的哲学、经济学观点和共产主义思想做综合的阐述，所以这部著作又是马克思主义科学世界观形成阶段的一部重要的著作。同样，由于在这部著作中，马克思从批判资产阶级国民经济学出发，把异化劳动作为中心内容，深入研究了工人片面发展和非人生活的各种形式和后果，从而使这部著作成为马克思人的全面发展理论萌芽时期的一部特别不可忽视的重要著作。在这部著作里，关于人的全面发展思想的萌芽主要表现在以下两方面。

首先，提出了造成人的片面发展的原因主要是分工和私有制。马克思认为，分工虽然提高劳动的生产力，增进社会财富，促使社会日益精致，同时却使工人才能贫乏，沦为机器。"一方面随着分工的扩大，另一方面随着资本的积累，工人日益完全依赖于劳动，依赖于一定的极其片面的、机器般的劳动、工人在精神上和肉体上被贬低为机器，变成抽象的活动和胃"①，越来越片面化和从属化。这样，劳动对工人来说，就变成了外在的东西。工人在自己的劳动中不是肯定自己，而是否定自己；不是感到幸福，而是感到不幸；不是自由地发挥自己的体力和智力，而是使自己在肉体上受折磨，精神上遭摧残。"因此，工人只有在劳动之外才感到自在，而在劳动中则感到不自在；在不劳动时觉得舒畅，而在劳动时就觉得不舒畅。"②

其次，针对人的片面的、畸形的发展，马克思指出了，"人类的特性恰恰就是自由自觉的活动"③。"动物的生产是片面的，而人的生产是全面的。"④ "已

---

① 马克思恩格斯全集（第42卷）[M]. 中共中央马克思恩格斯列宁斯大林著作编译局，译. 北京：人民出版社，1982：52.
② 马克思恩格斯全集（第42卷）[M]. 中共中央马克思恩格斯列宁斯大林著作编译局，译. 北京：人民出版社，1982：94，96.
③ 马克思恩格斯全集（第42卷）[M]. 中共中央马克思恩格斯列宁斯大林著作编译局，译. 北京：人民出版社，1982：94，96.
④ 马克思恩格斯全集（第42卷）[M]. 中共中央马克思恩格斯列宁斯大林著作编译局，译. 北京：人民出版社，1982：97，126-127.

经产生的社会,创造着具有人的本质的这种全部丰富性的人,创造着具有丰富的、全面而深刻的感觉的人作为这个社会的恒久的现实。"① 这是马克思关于人的"自由全面"的论述见之于文字的第一次。从这几段话里,我们可以看出,马克思这时已经有了这样的思想:认为具有丰富性的、自由全面的人,才符合人的特性;人的生产应该是全面的,不应该是片面的,只有动物的生产才是片面的。不过,在《1844年经济学哲学手稿》中,马克思关于人的"全面"性的表述虽然还是粗浅,许多地方使用的还是费尔巴哈、黑格尔的语言,但已明显带有人的发展经济学思想的痕迹。同时,结合上述引用的几段话在原著中的上下文来看,这里的"全面"已经是指"人的全面发展"的意思,是指:人不光能生产自己所直接需要的,而且能生产别人需要的,能生产整个自然界,能按照任何一个尺度来进行生产,能按照美的规律来改造自然界,创造世界,所以人的生产是全面的②。显然,这个"全面"包含了"人有巨大的潜能,人有巨大的创造力"的意思,是指"人的全面发展"。当然,这里的"全面"和以后马克思、恩格斯提出的人的全面发展,在概念上是有很大差别的,在内容上也是有很大差距的。不过,马克思既然已经有了人的"全面"性的思想,那么离形成"人的全面发展"的思想也就不远了。事实也正是这样。

这以后不久的1844年9—11月,马克思和恩格斯合写了《神圣家族》一书。在这部书中,马克思指出:人只有"表现本身真正个性的积极力量才能获得自由"③。每个人都应有"必要的社会活动场所来显示他的重要的生命力"④。从这段话中可以看出,此时的马克思已朦胧地提出了,要使每个人的生命力得到显示,才能(潜能)得到充分发挥和发展,必须为每一个人提供社会活动场所。而提供社会活动场所,实际上包含着这样的意思:必须消灭旧的分工,使人不断改变工作岗位,不片面化,以及使每个人的工作符合每个人的爱好、兴趣。这一思想,在间隔3个月后发表的恩格斯的《在爱北斐特的演说》和马克思的《评弗里德里希·李斯特的著作》中得到了更进一步的表现,表述得更加清楚。在《在爱北斐特的演说》中,恩格斯指出:"为所有的人创造生活条件,

---

① 马克思恩格斯全集(第42卷)[M].中共中央马克思恩格斯列宁斯大林著作编译局,译.北京:人民出版社,1982:97,126-127.
② 马克思恩格斯全集(第42卷)[M].中共中央马克思恩格斯列宁斯大林著作编译局,译.北京:人民出版社,1982:97.
③ 马克思恩格斯全集(第2卷)[M].北京:人民出版社,1965:167.
④ 马克思恩格斯全集(第2卷)[M].北京:人民出版社,1965:167.

以便每个人都能自由地发展人的本性。"① 在《评弗里德里希·李斯特的著作》一文中，马克思通过揭露批判资产者对工人发展他们才能不关心，而间接提出了人必须发展他们的一切才能，发挥他们的一切能力。这里，已经清楚地表明了马克思、恩格斯离形成人的全面发展思想已越来越接近。

由上所述，可以看出：马克思、恩格斯关于人的全面发展思想的萌芽的产生，其途径（来源）是不大一样的。马克思先是从古希腊哲学和德国古典哲学那里吸收了关于人的自由意识思想的合理成分，从而思想得到了启发；恩格斯则是受三大空想社会主义者，特别是傅立叶自由劳动理论的影响和对资产阶级政治经济学的初步研究，以及对英国等国家的工人贫困状况的考察，从而产生了人的全面发展思想的萌芽。以后，特别是由于马克思通过《莱茵报》和《德法年鉴》时期对工人状况和资本主义社会上层建筑弊病的初步了解，以及在恩格斯的影响下，对资产阶级政治经济学进行了深入研究。从而逐步萌芽了人的全面发展的思想。特别应该值得我们高度重视的是，马克思、恩格斯关于人的全面发展思想的产生，一开始就是针对资本主义社会下人的片面的畸形的发展而提出的，是为了寻找一条解决人的片面、畸形发展的途径而产生的。正是由于这一点，才使这一思想萌芽具有强大的生命力，为以后发展成为一个完整科学的理论奠定了基础。

第二节　马克思人的自由全面发展理论的形成

马克思、恩格斯人的全面发展理论经由萌芽时期逐步进入了形成时期。这个形成时期，整个又可分为初步形成时期和完整形成时期。

初步形成时期，是从1845年春至1847年，以《德意志意识形态》为主要标志，《共产主义原理》和《共产党宣言》是它的补充。在这三部著作里，马克思、恩格斯正式提出了"人的全面发展"这个科学的概念，并对人的全面发展问题做了比较详尽、深刻的论述。但是，他们的论述又还很不全面、很不完善，有些地方还是不太科学的，浪漫主义的色彩还很浓。这也正是我们将这一时期即1845—1847年，作为马克思、恩格斯人的全面发展理论初步形成时期的

---

① 马克思恩格斯全集（第42卷）[M]．中共中央马克思恩格斯列宁斯大林著作编译局，译．北京：人民出版社，1982：262．

理由。

《共产党宣言》之后，又经过1847—1850年前后的工人运动的革命实践，和1850年以后马克思对政治经济学长达17年之久的深入系统的潜心研究，以及对资本主义制度整个过程的深入剖析，马克思、恩格斯人的全面发展理论，在马克思主义的百科全书、马克思主义的最伟大的作品——《资本论》，及其为写作《资本论》而准备的第一个手稿《1857—1858年经济学手稿》中，最终才得到了完整的形成。在《资本论》及其《1857—1858年经济学手稿》中，关于"人的全面发展"的论述，虽然和其他著作一样，比较零散，但是内容极其丰富，论述异常之多，也比较精辟和深刻。

把从《德意志意识形态》至《资本论》中关于人的全面发展的一系列论述归纳起来，可以看出，马克思、恩格斯关于人的全面发展问题的确已经取得了一个完整的理论体系，成为马克思主义伟大真理的一个重要组成部分。

一、人的全面发展的科学含义

最早在《德意志意识形态》和《共产主义原理》中，马克思、恩格斯对人的全面发展概念的含义做了探索和论述，集中起来有这样两方面。

一是在未来的社会里，任何人都没有特定的活动范围，没有固定的职业，每个人都可以随自己的心愿在任何部门内发展，都能通晓整个生产系统①。

二是社会主义、共产主义下的人的全面发展，是指"社会全体成员的才能得到全面发展"②。即让每个人都全面发展，而不是仅让个别人、少数人（如画家等）发展自己的才能。社会主义既让画家等的才能得到充分的发展，更应创造条件，使广大人民的才能得到充分的发展。"劳动组织根本没有像桑乔所想象的那样认为每个人应当完成拉斐尔的作品，他们只是认为，每一个有拉斐尔的才能的人都应当有不受阻碍地发展的可能。"③马克思、恩格斯之所以主张不仅要让个别人（如画家等）的才能得到充分的发展，更应创造条件让广大人民的才能得到充分的发展，这是因为，在他们看来：在资本主义社会（乃至存在着分工的社会里），会绘画的人，是由于分工以及由分工产生的人们所受教育的条件造成的。"由于分工，艺术天才完全集中在个别人身上，因而广大群众的艺术

---

① 马克思恩格斯全集（第37卷）[M]. 中共中央马克思恩格斯列宁斯大林著作编译局，译. 北京：人民出版社，1971：460.
② 马克思恩格斯全集（第4卷）[M]. 北京：人民出版社，1965：71.
③ 马克思恩格斯全集（第3卷）[M]. 北京：人民出版社，1965：458-459.

天才受到压抑。"① 人和人之间天赋上的差别并不太大，只要有一定的社会环境（条件），"每个人都能成为出色的画家"，同时也"绝不排斥每一个人也成为独创的画家的可能性"②。因此，所谓人的全面发展，同时也是让每一个人的才能都得到全面发展。

由此，我们可以看出：在马克思、恩格斯人的全面发展理论初步形成时期的《德意志意识形态》和《共产主义原理》里，他们关于人的全面发展的含义的论述，总的来说还是科学的。但是，关于含义的第一方面，某些表述上还很抽象、不具体和不甚清楚，特别是有些地方浪漫主义的色彩还很浓。如他们说：在未来的社会里，"有可能随每个人自己的心愿，今天干这事，明天干那事。上午打猎，下午捕鱼，傍晚从事畜牧，晚饭后从事批判"③。这就未免太浪漫主义了。它说明《德意志意识形态》中，马克思、恩格斯受空想社会主义的影响还很深，思想中的空想社会主义的成分还很多。马克思在这里勾画的图景，是一幅与傅立叶的观点非常相似的图景。傅立叶在他的书中做了如下的描写："每个人都可以在一天之内从事7~8种喜爱的工作，工作是短短一会，最多是一个半小时到两小时……"④ 后来，马克思就驳斥了这种把劳动看成不过是一种娱乐、一种消遣的观点。如他说，在未来的社会里，"劳动会成为吸引人的劳动，成为个人的自我实现，但是这绝不是说，劳动不过一种消遣，就像傅立叶完全以一个浪漫女郎的方式极其天真地理解的那样。真正自由的劳动，例如，作曲同时也是非常严肃、极其紧张的事情"⑤。

这一缺陷，在以后的《资本论》及其《1857—1858年经济学手稿》中得到了克服。在《资本论》及其手稿中，马克思对人的全面发展的含义，较之《德意志意识形态》和《共产主义原理》做了更加科学、具体的表述。他除了充分坚持和肯定了《德意志意识形态》中关于人的全面发展，其中包括是指每个社会成员的才能都得到全面发展外，还进一步指出，全面发展的人，就是"把不同的社会职能，当作互相交替的活动方式的人"。以后，在法文版《资本论》中，马克思又更加明确地指出：所谓"全面发展的个人……，也就是用能够适

---

① 马克思恩格斯全集（第3卷）[M]. 北京：人民出版社，1960：37.
② 马克思恩格斯全集（第3卷）[M]. 北京：人民出版社，1960：37.
③ 马克思恩格斯全集（第3卷）[M]. 北京：人民出版社，1960：37.
④ 傅立叶. 傅立叶选集（第3卷）[M]. 汪耀三，庞龙，冀甫，译. 北京：商务印书馆，1982：126-127，156-157.
⑤ 马克思恩格斯全集（第46卷：下）[M]. 中共中央马克思恩格斯列宁斯大林著作编译局，译. 北京：人民出版社，1980：113.

应极其不同的劳动需求并且在交替变换的职能中只是使自己先天和后天的各种能力得到自由发展的个人来代替局部生产职能的痛苦的承担者"①。马克思、恩格斯还指出:"人的全面发展对劳动(物质)生产力和整个社会的发展有巨大的作用,并且在一定的条件下和一定的时期里,是物质生产力能否进一步大发展的决定因素。""建立在资本基础上的生产发展本身要求造就全面发展的人,只有这样的人才能使资本主义生产的进一步发展成为可能,这是一种客观趋势。"② 并指出,当今人类社会已经发展到这样的地步,"物质生产力的限制,取决于物质生产对于个人的完整发展的关系","在这个转变中,表现为生产和财富的宏大基础的,……是社会个人的发展","真正的财富就是所有个人的发达的生产力"③。

至此,我们可以看出,马克思、恩格斯人的全面发展的含义,实际上包括了四个层次(四层含义)。

第一个层次:亦即最基本的层次,是指人能够适应不同的劳动需求,把不同的社会职能当作互相交替的活动方式。而这一点,显然又是和旧式分工的消灭紧密相连的。这就是说,第一个层次(基本的层次)里,无疑包含着旧式分工的废除(消灭)。

由此,进一步引申到它的第二个层次,即在交替变换的职能中,人的先天和后天的各种能力得到了自由的发展。人们由于将不同的社会职能,当作互相交替的活动方式,从而在这种交替变换的职能中,必然使人们的各种能力——先天能力(潜能)和后天能力,都得到自由充分的发展。正如马克思指出的:"全面的活动,才能使我们的一切天赋(潜能)得到充分的发挥。"④ "从全部才能的自由发展中"必然产生"创造性的生活表现"⑤。而由于人们具备了一定的创造力,能把不同的社会职能当作互相交替活动的方式,从而人所具有的"沉睡的潜能",就能得到挖掘和发挥。这就是说,人的自由全面发展正是人的创造力得以产生的源泉,潜能得到挖掘的手段。

第一、第二个层次,基本上是从具体形态上——全面发展的个人的形态上

---

① 马克思.资本论:第1卷(法文版)[M].北京:中国社会科学出版社,1975:500.
② 马克思恩格斯全集(第46卷:上)[M].中共中央马克思恩格斯列宁斯大林著作编译局,译.北京:人民出版社,1979:486.
③ 马克思恩格斯全集(第46卷:下)[M].中共中央马克思恩格斯列宁斯大林著作编译局,译.北京:人民出版社,1980:222.
④ 马克思恩格斯全集(第3卷)[M].北京:人民出版社,1960:286.
⑤ 马克思恩格斯全集(第3卷)[M].北京:人民出版社,1960:286.

说的。这个定义的第三个层次即第三层含义则是指社会全体成员的才能得到全面发展，是从广阔的意义（形态）上说的，也是第一层次的引申和目标。由于消灭了旧式分工，由于社会为人的潜能的挖掘发挥和创造，提供了自由发展和创造力产生的环境，结果不再是个别人的才能得到自由全面发展，而必然（也应该）是全体社会成员的才能得到自由全面发展。所以，这个层次，比第一、二层次具有更广阔的意义。

这个定义的第四个层次，是由前三个层次又进一步引申而来的，是指个体和社会的和谐统一发展。而个体和社会和谐发展的标志就是，人的自由全面发展不仅是经济和社会发展的手段，更是经济和社会发展的目的和指导。人的自由全面发展的程度决定着经济和社会发展的程度。人从诞生之日起就不是抽象、孤立的个体，而是在社会中存在的个体。社会在人的劳动过程中创造并不断发展着，这是人的本质的外在表现，是人类发展水平的客观标志；同时，特定的社会条件作为每一时代的人们存在的基础和前提，既促进了个体的发展，又制约着个体的发展。因此，人的发展和社会的发展不仅是同步的，而且是同一问题的两个不同侧面，二者互为因果、互为条件。因为人的发展，要以社会的发展作为条件，而社会和经济的发展要以人的自由全面发展为目的、目标。总之，人的全面发展，必须在改造社会、促进社会发展的实践活动中才能实现，也必然在这一过程中才展现出来。个体和社会的发展正处于这样对立统一的矛盾运动之中：每一时代的个体在特定的社会中受到教育、获得发展，这种发展水平受到社会条件的推动和制约；但人的发展又不是消极、被动的，而是自觉、能动的，每一时代的人们总是通过无数个体创造性的实践活动不断超越着社会条件的制约和束缚，从而一方面使社会得到改造和发展，以适应和促进人的自由全面发展。另一方面使人类个体本身得到自由全面发展，从而使个体和社会达到和谐发展。

上述四个层次，就是《资本论》及其手稿中关于人的全面发展的含义的完整、精确的定义，也是到目前为止，我们在马克思、恩格斯的著作中所能见到的最明确、具体、科学的定义。这个定义的四个层次，以第一层次为基础和主线，构成了一个严密的系统，互相联系，缺一不可。缺少其中任何一个层次，这个定义就是不完整的、不科学的、片面的。而且，这个定义的最基本的层次，只能是消灭旧式分工，"把不同社会职能当作互相交替的活动方式"，而不能是其他。

有的同志认为：挖掘、发挥人的潜能，是马克思、恩格斯人的全面发展含义的最基本层次。他们认为，人的"全面"发展的第一层含义（第一个规定），是唤醒自然历史进程赋予人的各种潜能素质，使之获得最充分的发展，所谓一切潜能最充分的发展，在马克思对全面发展的界说中处于最基本的层次，并将社会全体成员的才能得到全面发展排除在这个定义之外。我认为这显然是不符合马克思、恩格斯原意的，是很值得商榷的。

为了更充分地说明这一点，我们有必要在此重温一下恩格斯在《反杜林论》里的两段论述。（如本章第三节所述，恩格斯在马克思、恩格斯人的全面发展思想的萌芽时期就起着重要的作用。因此，在探讨马克思、恩格斯人的全面发展含义的时候，对恩格斯的论述，我们必须给予高度的重视。）恩格斯曾明确指出：在存在着旧式分工的资本主义社会里，不仅是工人，即使是从事创造性脑力劳动、人所具有的潜能得到了很好发挥的人，和从事上层建筑的职业的脑力劳动的人，也都因分工而被自己活动的工具所奴役，成为片面发展的人。"律师为他的所僵化的法律观点所奴役，这种观点作为独立的力量支配着他；一切'有教养的等级'都为各式各样的地方局限性和片面性所奴役，为他们自己的肉体上和精神上的近视所奴役，为他们由于受专门教育和终身束缚于这一专门技能本身而造成的畸形发展所奴役。"因此，那种"无须从根本上改变旧的生产方式，首先是无须废除旧的分工"，只要"注意到……自然状况和个人能力"，就一切都解决了的观点，显然是十分幼稚的①。恩格斯紧接着指出：因为依照这种观点做的结果，必然是"整批的人依旧为生产某一物品所奴役，整批的'居民'依旧被要求就业于一个生产部门，而人类却依旧和从前一样，分成一定数目的不同的畸形发展的'经济变种'，就像现存的'推小车者'和'建筑师'一样。社会应该成为全部生产资料的主人，从而让每一个人依旧做自己生产资料的奴隶，而仅仅是选择哪一种生产资料的权利"②。可见，如果我们将人的潜能的发挥，作为马克思、恩格斯人的全面发展含义的主要和最基本的层次，那么就会得出，在存在着旧式分工的资本主义社会里，乃至在此之前的封建社会、奴隶社会里，都已经有了自由全面发展的人。因为，在那些社会里，无疑也有着一些潜能和创造性精神得到了很好挖掘、发挥的人。这样，就必然使人的全面发展和社会形态，和旧式分工的消灭，和社会主义、共产主义，都没有联系了，它可以在任何社会形态下出现。这无疑从根本上抹杀了马克思、恩格斯提出的人的全面发展这个科学概念的革命性、科学性和特定的含义，不能不与马

---

① 马克思恩格斯全集（第3卷）[M]. 北京：人民出版社，1960：331.
② 马克思恩格斯全集（第3卷）[M]. 北京：人民出版社，1960：336.

克思、恩格斯的原意相违背。

另外,我们不同意将人的潜能的发挥作为马克思、恩格斯人的全面发展概念含义的主要层次,还因为这样理解不符合事物发展的逻辑顺序。就事物发展的逻辑顺序来说,应该是先有人的活动,先有发展环境的诞生和存在,随之才能有人的创造力的涌现,潜能的挖掘、发挥。这才是辩证唯物主义和历史唯物主义的观点。当人们将不同的社会职能当作互相交替的活动,消灭了旧式分工,就迫使和需要人必须具备一定的创造力。当社会为绝大多数人诞生和提供了人的自由发展的环境,绝大多数人就可能使自己潜能和创造力得到充分的挖掘和发挥。这就是说,自由发展的社会环境和当人们把不同的社会职能当作互相交替的活动方式,正是人的创造力和潜能得以产生和得到发挥的最好源泉。正如马克思所指出:"从全部才能的自由发展中,必然产生'创造性的生活表现'。"[1] 由于人们把不同的社会职能当作互相交替的活动方式,人们也就产生了一定的创造力,从而人所具有的"沉睡着的潜能"[2] 就必然随之得到发挥和挖掘。也正如马克思所说的:只有"全面的活动,才能使我们的一切天赋(潜能)得到充分的发挥"[3]。

可见,创造性精神和人的潜能(先天能力)的发挥,是不能作为马克思、恩格斯人的全面发展含义的主要和最基本层次的,马克思、恩格斯人的全面发展概念的主要、最基本的层次,只能是废除旧式分工,把不同的社会职能当作互相交替的活动方式。

二、人的全面发展是历史的过程和历史的产物

在马克思、恩格斯人的全面发展理论初步形成时期的《共产主义原理》里,恩格斯就曾深刻地认识到,人的全面发展是大工业和科学技术发展的必然结果和趋势。如恩格斯指出:"生产的社会管理不能由现在这种人来进行,因为他们每个人都只隶属于某一生产部门,受它束缚,听它剥削,在这里,每一个人都只能发展自己能力的一方面而偏废其他各方面,只熟悉整个生产中的某一个部门或者某一部分。就是现在的工业也渐渐不能使用这样的人了。由整个社会共同地和有计划地来经营的工业,就更加需要各方面都有能力的人。"[4] 恩格斯还

---

[1] 马克思恩格斯全集(第3卷)[M]. 北京:人民出版社,1960:248.
[2] 马克思恩格斯全集(第23卷)[M]. 北京:人民出版社,1960:202.
[3] 马克思恩格斯全集(第3卷)[M]. 北京:人民出版社,1960:286.
[4] 马克思恩格斯全集(第4卷)[M]. 北京:人民出版社,1960:370.

指出:"当一切专门发展一旦停止,个人对普遍性的要求以及全面发展的趋势就开始显露出来。"①

不过,在那时,无论是恩格斯还是马克思,都还没有从整个人类历史发展的角度来考察人的全面发展,都还没有认识到人的全面发展是个历史的过程和历史的产物。这一认识的飞跃是在《资本论》及其《1857—1858年经济学手稿》中完成的。

《资本论》的第一手稿中,马克思正式提出"全面发展的个人——他们的社会关系作为他们自己的共同的关系,……不是自然的产物,而是历史的产物",它的出现是个历史的过程②。

在人类发展的早期,单个人表现出一种原始的全面性,那是因为人的生产能力只是在狭窄的范围内和孤立的地点上发展着,他还没有造成自己丰富的关系,并且这种关系也没有作为独立于他之外的社会权力和社会关系同他自己相对立。这种原始的全面性与人类的蒙昧和野蛮相伴随,是生产力水平低下的标志。

到了资本主义社会,资本主义制度是否定环节的最高峰。一方面,资本家作为价值增值的狂热的要求者,他们毫无顾忌地强迫人类为生产而进行生产,去发展社会生产力,去创造剩余价值。另一方面,资本主义的生产方式,将人的"原始的全面性"否定得一干二净,它在形成普遍的社会物质交换和全面的社会关系的同时,将整个工人阶级变成了机器的附庸,将资本家阶级变成了金钱的奴隶,总之都是异化为片面的人。正如马克思指出的:"手工制造业的分工,使一个完全的人终生为一个部分操作所吞并。"③ 随着生产力的发展,手工制造业的分工又生产出了机器。但是,机器大工业的资本主义形式,更可怕的是再生产出了那种分工,使工人变成了一个部分机器的有本人意识的附属物。这就暴露了资本主义发展的局限:它虽然力求全面发展生产力,但是,又把人这个生产力的主体推向片面的发展,"资本在具有无限度地提高生产力趋势的同时,又在怎样的程度上使主要生产力,即人本身片面化,受到限制,等等"④。

然而,也只有资本主义的生产条件,能够为一个把每一个人都有完全的和

---

① 马克思恩格斯全集(第4卷)[M].北京:人民出版社,1960:172.
② 马克思恩格斯全集(第46卷:上)[M].中共中央马克思恩格斯列宁斯大林著作编译局,译.北京:人民出版社,1980:109.
③ 马克思.资本论:第1卷[M].北京:中国社会科学出版社,1975:522.
④ 马克思恩格斯全集(第46卷:上)[M].北京:人民出版社,1979:410.

自由的发展作为根本原则的高级社会形态形成现实的基础。人类的才能的发展，虽然在开始时要靠牺牲多数的个人，甚至靠牺牲整个阶级，但是最终会克服这种对抗，而同每个个人全面发展相一致，"产生出个人关系和个人能力的普遍性和全面性"①。这是因为，大工业的发展，要求"工人有全面的流动性"，"不断从一个生产部门投到另一个生产部门"②。生产力的普遍发展和世界交往的普遍性，客观上成了个人全面发展的基础，而个人从这个基础出发的实际发展是对上述限制的不断消灭。工人阶级日益意识到这一限制，并利用资本本身来消灭资本，排除这种限制。资本再也不能控制它自身产生的巨大生产力，从而也不能阻止人类向自由全面发展的历史进程。与资本的意愿相反，在它的自身的运动中，为个人的自由全面发展，为社会主义一代新人的形成，创造了一系列必要的客观条件，这充分说明了，人的自由全面发展是一个历史的过程和历史的产物。这样，就使个人的自由、全面发展，不再是空想社会主义笔下的海市蜃楼，而是整个人类社会逻辑发展的必然趋势，必然结果。

三、人的全面发展和社会主义、共产主义的关系

人的全面发展和未来理想的社会——社会主义、共产主义有什么关系呢？早在《德意志意识形态》和《共产党宣言》中，马克思、恩格斯就对这一重大问题，进行了严肃、认真的思考，并得出了这样的结论：人的全面发展是社会主义和共产主义的一个重要特征和主要内容。他们指出：工人们在自己的共产主义的第一阶段——社会主义社会，恩格斯在《反杜林论》这部著作中，曾明确地将《共产党宣言》等著作称为"社会主义著作"。可见这一时期，马克思、恩格斯说的共产主义同时也包括社会主义。宣传中说，"任何人的职责、使命、任务，就是全面发展自己的一切能力，其中也包括思维的能力"③。"根据共产主义原则组织起来的社会，将使自己的成员能够全面地发挥他们各方面的才能。"④ "代替那存在着阶级和阶级对立的资产阶级社会的，将是这样一个联合体，在那里，每个人的自由发展是一切人自由发展的条件。"⑤ 他们还指出：让人全面发展是社会主义革命在废除生产资料私有制以后的主要结果之一。"使社

---

① 马克思恩格斯全集（第46卷：上）[M]. 北京：人民出版社，1979：109.
② 资本论（第1卷）[M]. 北京：人民出版社，1953：525.
③ 马克思恩格斯全集（第3卷）[M]. 北京：人民出版社，1960：330.
④ 马克思恩格斯选集（第1卷）[M]. 北京：人民出版社，1972：223.
⑤ 马克思恩格斯选集（第1卷）[M]. 北京：人民出版社，1972：273.

会全体成员的才能得到全面发展——这一切都是废除私有制的主要结果。"①

在《资本论》及其手稿中,马克思的论述更进了一步,不仅更为详尽、深刻,更为科学地阐述了人的全面发展是社会主义、共产主义的一个重要特征和主要内容,而且把能否实行人的全面发展作为衡量是资本主义还是社会主义、共产主义的一个重要标准。马克思认为,社会主义和资本主义是两种不同的社会制度,有着根本的区别。这种区别之一,就在于一个是最大限度地浪费个人的全面发展,一个是为个人的自由全面发展提供条件,使每个人都能自由全面发展。如马克思说:资本主义"对人、对活劳动的浪费,都大大超过了任何别的生产方式,它不仅浪费血和肉,而且也浪费神经和大脑。在这个直接处于人类社会实行自觉改造以前的历史时期,实际上只是用最大限度地浪费个人发展的办法,来保证和实现人类本身的发展"②。而社会主义、共产主义却相反。社会主义、共产主义"是以每个人的全面而自由的发展为基本原则的社会形式"③,是"自由人的联合体"④。因此,社会主义、共产主义下应该使"各种关系适应于'人的全面发展'这个规律的正常实现"⑤。如社会主义和共产主义生产的目的,很重要的一点,应该是促进人的全面发展,生产出他的全面性。同样,建设高度的物质文明和精神文明,就是要使人过着像人一样的生活,使人在物质、文化、精神各方面得到丰富的发展。而全面发展的人正是具有高度文明的人,正是和人的最丰富的发展相一致的。可见,人的全面发展在社会主义、共产主义中的地位,不能不是社会主义、共产主义的重要特征和主要内容。

四、关于人的全面发展必须具备和已经具备的客观条件

人必须全面发展,这是客观趋势。但是,这并不是说,实行人的全面发展,就不需要一定的前提条件了。马克思、恩格斯同时还认为:要使人能全面发展,又必须具备一定的前提条件。还在《德意志意识形态》《共产主义原理》和《共产党宣言》里,他们就初步认为,实行人的才能的全面发展,必须具备三个前提条件。

首先,必须建立在一定的生产力发展的基础上。马克思、恩格斯认为:人

---

① 马克思恩格斯全集(第4卷)[M]. 北京:人民出版社,1960:371.
② 资本论(第3卷)[M]. 北京:人民出版社,1953:105.
③ 资本论(第1卷)[M]. 北京:人民出版社,1953:649.
④ 资本论(第1卷)[M]. 北京:人民出版社,1953:95.
⑤ 资本论(第1卷)[M]. 北京:人民出版社,1953:527.

的全面发展，取决于个人间的联系，而这种个人间的联系，必须建立在一定的经济前提之下，即建立在一定的"生产力的基础上"①。"这样一来，现在的情况就变成了这样，个人必须占有现在的生产力总和。"② 占有生产力的总和，显然包含有以一定的生产力为基础。他们还指出："个人的全面发展只有到外部世界对个人才能的实际发展所起的推动作用为个人本身所驾驭的时候，才不再是理想、职责，等等。"③ 可以看出，此时马克思、恩格斯关于这方面的论述虽然还很笼统，但已经有了人的全面发展必须建立在一定的生产力发展基础上的思想。

其次，必须推翻资本主义私有制才能达到。"只有在集体中，个人才能获得全面发展其才能的手段。""在这个集体中个人是作为个人参加的。它是个人的这样的一种联合，……这种联合把个人的自由发展和运动的条件置于他们的控制之下。"④ 这里，马克思、恩格斯一再指出的联合集体，实际上是指"自由人的联合体"，而所谓"自由人的联合体"就是，"在那里，每个人的自由发展是一切人的自由发展的条件"⑤。就是社会要为人的自由全面发展提供自由发展的环境和自由发展的条件。

最后，必须消灭旧式分工。马克思、恩格斯在《德意志意识形态》和《共产主义原理》中，从各个不同的方面和角度论述了分工问题，得出了在共产主义关系的基础上分工将消失、每个人都将全面发展的结论。指出：未来社会"现在这种分工也将完全消失"。"通过消除旧的分工，……交换工种，……使社会全体成员的才能得到全面发展。"⑥ 他们同时还指出：分工的消灭也必须有一个前提，即"只有交往和生产力已经发展到这样普遍的程度，以致私有制和分工变成了它们的桎梏的时候，分工才会消灭"⑦。可见，马克思、恩格斯关于消灭分工和人的才能得到全面发展的思想，是建立在生产力和生产关系矛盾运动的历史唯物论的观点之上的，是通过创立历史唯物论而随之得出的科学结论。

由上所见，在《德意志意识形态》至《共产党宣言》里，马克思、恩格斯关于实行人的全面发展必须具备的客观条件的论述虽然很深刻，但又还是很不

---

① 马克思恩格斯全集（第3卷）[M]．北京：人民出版社，1972：516．
② 马克思恩格斯全集（第3卷）[M]．北京：人民出版社，1972：76．
③ 马克思恩格斯全集（第3卷）[M]．北京：人民出版社，1972：330．
④ 马克思恩格斯全集（第3卷）[M]．北京：人民出版社，1972：84-85．
⑤ 马克思恩格斯选集（第1卷）[M]．北京：人民出版社，1972：273．
⑥ 马克思恩格斯全集（第4卷）[M]．北京：人民出版社，1972：371．
⑦ 马克思恩格斯全集（第3卷）[M]．北京：人民出版社，1972：516．

全面的，主要表现在对大工业的发展造成的高度的劳动生产率、职能的科学化、生产和交换的普遍性这个主要的前提条件还未能充分认识。

在《资本论》中，马克思的认识更进了一步，不仅肯定了《德意志意识形态》等著作中提出的人的全面发展必须具备的客观前提条件，而且通过大量的分析和论证，为我们揭示了人的全面发展已经具备的客观经济条件和可能性。

马克思根据近代大工业的发展，认为实行人的全面发展已经具备的客观经济条件主要表现在以下三方面。

一是市场的扩大和交往的普遍性为人的自由全面发展提供了可能性。全面发展的个人必须具有物质和精神的全面需要和消费，这由于生产力的发展，市场的扩大和交往的普遍性，使之在社会主义下成为可能。如马克思指出："生产力或一般财富从趋势和可能性来看的普遍发展成了基础，同样，交往的普遍性，从而世界市场成了基础。这种基础，是个人全面发展的可能性。"① "交往的大大发展，交换活动量增大，市场扩大，同时进行的劳动具有全面性。"②

二是大工业的发展，使自由劳动时间增多，从而为个人全面发展创造了一方面条件。随着大工业和科学技术的飞速发展，财富的尺度已不再是劳动时间，而是可以自由支配的时间。那时，与此相适应的，由于给所有的人腾出了时间和创造了手段，个人会在艺术、科学等方面得到发展。因此，自由时间实际上是指个人得到充分发展的时间，而个人的充分发展又作为最大的生产力反作用于劳动生产。正如马克思所指出的："在必要劳动时间之外，为整个社会和社会的每个成员创造大量可以自由支配的时间（为个人发展充分的生产力，因而也为社会发展充分的生产力创造广阔的余地）。"③ 如果不是这样，仍然是以劳动时间作为财富的尺度，这只能表明财富的本身是建立在贫困的基础上的。

三是大工业的发展使新兴工业不断兴起，劳动变换加速，从而要求人必须全面发展。由于大工业的技术基础本身是革命的，它由机器、化学过程及其他各种方法，使劳动者的职能、使劳动过程和社会结合，随同生产的技术基础而不断发生着革命。因此，它必然使社会内部的分工不断发生革命，使大量的资本和大群的工人不断从一个生产部门投到另一个生产部门，从而"要求劳动有变更，职能有流动，工人有全面的流动性"④。这样人的全面发展也就成为必需

---

① 马克思恩格斯全集（第46卷：下）[M]. 北京：人民出版社，1980：36.
② 马克思恩格斯全集（第46卷：下）[M]. 北京：人民出版社，1980：268.
③ 马克思恩格斯全集（第46卷：下）[M]. 北京：人民出版社，1980：268.
④ 资本论（第1卷）[M]. 北京：人民出版社，1953：525.

和可能。马克思当时就曾认为,"人的全面发展"在资本主义下"已成为一个生死攸关的问题"①。

五、人的全面发展对社会发展,特别是对物质生产力的巨大反作用

人的全面发展虽然必须建立在消灭分工、消灭私有制以及一定的生产力发展的基础上,但反过来,人的全面发展也必然对社会的发展,特别是对物质生产力的发展起巨大的反作用。在《德意志意识形态》和《共产党宣言》里,马克思、恩格斯只能初步地认为人的全面发展有两个作用:一是人的自由全面发展是消灭私有制的条件(前提)。"私有制只有在个人得到全面发展的条件下才能消灭,因为现存的交往形式和生产力是全面的,所以只有全面发展的个人才能占有它们,即才可能使它们变成自己的自由的生活活动。"② 二是人的全面发展是阶级消灭的前提。"这样一来,根据共产主义原理组织起来的社会,将使自己的成员能够全面地发挥他们各方面的才能,而同时各个不同的阶级也就必然消失。"③ 可见,当时他们关于人的全面发展的作用的认识还是很粗浅的、很不全面的,对人的自由全面发展对生产力有巨大的促进作用这重要的一点,以及人的自由全面发展是经济和社会发展的目的和方向,还未充分认识到。

在《资本论》中马克思克服了这一缺点,指出了:人的全面发展对劳动(物质)生产力有巨大的促进作用,并且在一定的条件下、一定的时期内,是物质生产力能否进一步大发展的决定因素。如马克思指出:"建立在资本基础上的生产发展本身要求造就全面发展的人,只有这样的人才能使资本主义生产的进一步发展成为可能,这是一种客观趋势。"④ 这就是说,资本主义生产的发展,已经使人的全面发展成为生产进一步发展的"一个条件"。社会主义时期,一方面由于能创造条件让全体劳动者都全面发展,所以能进一步解放生产力,促进生产力的更快发展;另一方面,劳动者能否全面发展,同样决定着社会主义时期物质生产力能否进一步发展。

在社会主义、共产主义社会,"物质生产力的限制,取决于物质生产对于个人的完整发展的关系"⑤。"在这个转变中,表现为生产和财富的宏大基石

---

① 马克思恩格斯全集(第23卷)[M]. 北京:人民出版社,1980:534.
② 马克思恩格斯全集(第3卷)[M]. 北京:人民出版社,1960:516.
③ 马克思恩格斯全集(第4卷)[M]. 北京:人民出版社,1960:371.
④ 马克思恩格斯全集(第46卷:上)[M]. 北京:人民出版社,1979:486.
⑤ 马克思恩格斯全集(第46卷:下)[M]. 北京:人民出版社,1979:127.

的,……是社会个人的发展。"① 社会主义下大量的物质财富,只不过是人的才能的发展,"人的创造天赋的发挥"②。这就告诉了我们:在社会主义下,大工业也同样由它激烈变动的本身,已经把能否造就全面发展的人,能否让劳动者多方面发展,当作生死存亡的问题;在社会主义下,个人的全面发展,是生产和财富的宏大基石,是真正的财富,是生产力的最高发展,"真正的财富就是所有个人的发达的生产力"③。社会主义时期,社会生活过程和经济发展应该按照个人自由全面发展的需要实行改造,而个人的这种发展,不仅同样也将作为一种最伟大的生产力反过来影响劳动生产力,而且是经济和社会发展的目的和目标。

六、人的全面发展和教育的密切关系

在《德意志意识形态》《共产主义原理》中,马克思、恩格斯就认识到,人的全面发展和教育有密切的关系,教育是培养和造就全面发展的人的重要途径。如恩格斯指出:"教育可使年轻人很快就能够熟悉整个生产系统,它可使他们根据社会的需要或他们的爱好,轮流从一个生产部门转到另一个生产部门。因此,教育就会使他们摆脱现在这种分工为每个人造成的片面性。"④ 但是,他们那时对教育具体怎样培养和造就全面发展的人没有论述,说明对这一问题的思考还是不充分的。《资本论》中,这一问题得到了解决,马克思对教育具体怎样培养人的全面发展,做了具体、深刻的论述。如马克思指出,培养全面发展的人,要从儿童做起⑤。这是因为,儿童时期是人的一生中身心(包括脑力)发展的关键时期,从儿童起就实行全面发展的教育,不仅可以促进学生智力的发展,有利于开发智力资源,而且可以促成理论和实际的结合,学到比较完整的知识。

马克思还指出:要造就出全面发展的人,就必须大力发展工艺学校、农业学校和职业学校。"工艺学校和农业学校是这种变革过程在大工业基础上自然发展起来的一个要素;职业学校是另一个要素,在这种学校里,工人的子女受到一些有关工艺和各种生产工具的实际操作的教育。如果说,工厂法作为从资本

---

① 马克思恩格斯全集(第46卷:下)[M].北京:人民出版社,1979:218.
② 马克思恩格斯全集(第46卷:上)[M].北京:人民出版社,1979:486.
③ 马克思恩格斯全集(第46卷:下)[M].北京:人民出版社,1979:222.
④ 马克思恩格斯全集(第4卷)[M].北京:人民出版社,1960:37.
⑤ 马克思恩格斯全集(第23卷)[M].北京:人民出版社,1980:529-530.

那里争取来的最初的微小让步，只是把初步教育同工厂劳动结合起来，那么毫无疑问，工人阶级在不可避免地夺取政权之后，将使理论和实践的工艺教育在工人学校中占据应有的位置。"① 这样就使农业学校、工艺学校、职业学校成为教育纵向结构的一个重要组成部分，从而使教育越来越构成现代社会、生产的一个必备要素。马克思关于在未来社会的生产中，要大力发展农业学校、工艺学校、职业学校的思想，已经被现代生产和现代教育、未来教育越来越证明是一个科学的真理，是了不起的预见。仅以苏联和我国为例：苏联在1979年就有近70万名学生进入职业学校学习，占当年所有中学毕业生的三分之一。我国1980年中专在校生（不包括技工学校）124.3万人，1981年农业学校、职业中学、技工学校学生达116万人。就北京市而言，1984年初中毕业生进入各类职业中学（包括中专、中技）的达23.4%。

---

① 马克思恩格斯文集（第5卷）[M]．北京：人民出版社，2009：561-562．

第二篇　基本理论篇

第四章　资源配置理论

第一节　经济进程

市场如何配置资源，市场经济如何有效运行，对此问题的经典性论述，可追溯到亚当·斯密的"看不见的手"原理。亚当·斯密在1776年发表的标志着古典经济学体系创立与经济学第一次革命的科学巨著《国富论》中，对"看不见的手"原理即市场经济的微观运行机制，做了如下粗线条式勾画："由于每个个人都努力把他的资本尽可能用来支持国内产业，都努力管理国内产业，使其产物的价值能达到最高程度，他就必然竭力使社会的年收入尽量增大起来。确实，他通常既不打算促进公共的利益，也不知道什么程度上促进那种利益。……他只是盘算他自己的安全，……他所盘算的也只是他自己的利益。在这场合，像在其他许多场合一样，他受着一只看不见的手的指导，去尽力达到一个并非他本意想达到的目的。也并非不因事非出于本意，就对社会有害。他追求自己的利益，往往使他能比在真正出于本意的情况下更有效地促进社会的利益。"[①]

至于"看不见的手"如何调节资源配置，亚当·斯密做了如下说明："个人的利益与情欲，自然会使他们把资本投在通常最有利于社会的用途。但若由于这种自然的倾向，他们把过多的资本投在此等用途，那么这些用途利润的下降，和其他各用途利润的提高，立即使他们改变这错误的分配，用不着法律的干涉，个人的利害关系与情欲，自然会引导人们把社会的资本，尽可能按照最适合于

---

① 斯密. 国民财富的性质和原因的研究（下卷）[M]. 郭大力，王亚南，译. 北京：商务印书馆，1996：27.

全社会利害关系的比例，分配国内的一切不同用途。"① 斯密认为，在经济自由条件下，经济系统在资源配置上，受人的利欲牵引，自然地存在一种自由调节机理，引导经济资源优化配置。为此，他在政策上，极力主张自由放任，反对政府干预。

1871年英国的杰文斯、奥匈帝国的门格尔分别发表了《政治经济学原理》和《国民经济学原理》。三年后，瑞士瓦尔拉斯的《纯粹经济要义》在洛桑问世。这三本书的面世，标志着西方经济学掀开了第二次革命——边际革命的序幕。这次革命，第一，以效用价值论取代古典经济学的劳动价值论，并以此作为整个理论体系的基础。第二，强调经济学研究的出发点是消费而非生产，分析的中心是最大单位个人的商品劳务交换，即资源如何通过市场交换来实现最优配置。第三，在微积分数学公式的帮助下发展并广泛运用了边际分析方法，打开了数学方法进入经济学的通道，从而使经济学向着数学化、定量化发展。第四，把经济学由政治经济学变成了所谓的"纯经济学"，这样他们完全撇开制度分析，把经济学研究对象定为资源配置。由此可见，边际革命背离了经济学的古典传统，放弃了古典经济学有关制度分析的"副线"，把"经济学的列车开上了自由配置的轨道"②。

边际革命后来又经过几次深化，主要的有：奥地利学派维克塞尔、庞巴维克、萨克斯等人对门格尔边际效用理论的阐发与运用拓展；以意大利边际主义者帕累托和巴罗尼为代表的对瓦尔拉斯一般均衡分析的详加阐述与发展以及美国克拉克边际生产力理论的提出。经过这三次深化之后，它逐渐占据了西方经济学的主流地位。到了1890年，英国马歇尔发表了具有里程碑意义的流行经济学名著《经济学原理》，他以边际主义者的理论为基础，结合斯密、李嘉图的古典经济学，并综合当时流行的供求论、节欲论、生产费用论等，构成了一个新理论体系。在马歇尔理论体系基础上，加上庇古、克拉克、威克斯迪特等人提出的新论点，形成了以马歇尔和瓦尔拉斯为代表的西方主流经济思想。经济学说史上称之为新古典主义。自从19世纪末期以来，新古典主义的经济思想广泛流行于西方世界，统治了当时的大学讲台与经济理论界，形成了一种新古典分析之"范式"。

---

① 斯密. 国民财富的性质和原因的研究（下卷）[M]. 郭大力，王亚南，译. 北京：商务印书馆，1996：119.
② 温特劳布. 当代经济思想——若干专论 [M]. 陈玮，张廷玉，译. 北京：商务印书馆，1989：2.

在这种分析"范式"中，资源的有效配置成了他们研究的中心问题。新古典经济学家认为在所有资源配置的方式中，市场是最有效的，尤其是完全竞争性市场最能有效地引导社会资源的有效配置。对此，他们以数理形式，精致地分析了市场有效配置资源的内在机理。

资源稀缺性假设或稀缺法则是新古典经济学分析资源配置的基本前提或出发点。在他们看来，正是由于资源的稀缺性，才会产生人类社会所共同面临的三大基本经济问题：生产什么、如何生产以及为谁生产。同时，也正是由于人类欲望的无限性与资源的有效性这对矛盾的存在，才使人们不能不考虑在各种可相互替代的方法中选择一种最好的方法去使用资源。就生产者来说，资源的稀缺性导致了产品的生产存在着"生产可能性边界"，由此决定了他们只能在"生产可能性边界"内做出产品种类和数量安排上的合理选择。就消费者来讲，资源稀缺性既使人们的收入有限，又使消费者选择的对象——消费品有限，为此，消费者必须考虑以有限的收入在有限的消费品中做出恰当的选择，以求最大的心理满足即效用。

为了论证市场可以有效地配置资源，新古典经济学采用了特定的基本分析方法与基本假设。在基本分析方法上，他们从"社会达尔文"的庸俗进化论中得出启示，提出"连续原理"，反对唯物辩证法，着力论证私有制下市场经济的有效性与永恒性；他们从微积分中得到启示，广泛运用"边际增量"方法去分析各种经济问题，力图把社会经济关系化为单纯的数量关系，由此完全放弃古典经济学对资本主义生产关系的分析；他们从力学中得到启示，处处采用"均衡分析"，力图证明"市场经济是一架精巧的机构，通过一系列价格和市场，它无意识地协调着人们的经济活动"[①]。在基本假设上，新古典经济学家立足于个人自由主义与功利主义的哲学基础，为了论证上的逻辑与分析上的精致，做出一系列假设，其中最基本的有：①"经济人"的人格假设。这是古典经济学的最基本人格假设。其基本含义是把人抽象为追求个人利益最大化的化身，由此否定人作为社会存在的其他一切非经济特征。②理性选择或理性行为假设。其含义为经济人在一组可供选择的方案中，必定并且也能够选择能给他带来最大效用或收益的那个方案。为此，经济人行为必满足完全性（completeness）、反射性（reflexivity）、传递性（transitivity）这三个选择行为之基本假定。③市场完全性。即假定市场结构是完全竞争，市场信息是充分的，市场交易瞬间可成，

[①] 萨缪尔森，诺德豪斯. 经济学（上册）[M]. 第12版. 高鸿业，等译. 北京：中国发展出版社，1992：70.

不存在交易费用等。除上述基本假设外，新古典经济学还假设个人消费偏好或趣味、生产技术或生产函数、经济体制等为一组外生既定变量或背景条件，由此封闭地分析市场内生变量之间的关联以及由此引导稀缺资源在不同部门与经济主体之间的配置。

时间到了1950年，以阿罗-德布鲁模型为代表的公理化体系，给主流的新古典经济学提供了形式完美结构完整的数学模型。数学方法在经济学中的广泛传播和普遍应用使得经济学理论达到"深奥而漂亮的新高度"，同时由于数学方法具有高度的抽象性、精确性和反随机性的逻辑一致性，致使很多经济学家认为数学理性方法是唯一能够给经济学提供科学性和完整性的方法，对于实验和其他方法则采取漠视乃至排斥的态度。高深的数学表达和精巧的建模技术俨然成为经济学研究的一种时尚，经济学走向趋于数学化和模型化。但事实是，现实的经济活动有许多层面，如"经济人"的心理倾向、情绪、价值偏好、习俗、文化等都很难用数学理性方法完全予以描述和准确说明。经济现实的丰富性、多样性和易变性使得数学理性方法只能近似反映现实，数学模型对现实的把握是相对的、有条件的。数学化虽然给经济学披上了貌似严谨的公理化外衣，却是一种以牺牲经济内容来顾全数学形式的片面发展结果，与经济学的实质分析脱离联系。传统的观念中，主流经济学通常被视为一门现场观察性学科，这种方法偏好导致经济学理论难于证伪，更无法证实。由于客观经济环境的高度复杂性、多种因素的交互作用和混合影响，以及某些状态发生的偶然性，使得许多经济学命题或假定无比"微妙"和"似乎有理"，进而极大地制约了经济学理论的科学性。

几年前美国次贷危机的爆发，华尔街金融精英们滥用金融计量技术、过度金融创新下的"金融炼金术"破产，本身就证明脱离经济生活实质的、形式主义的方法论根本无法掩饰并解决人性的贪婪和恐惧等致命弱点。

主流经济学除颇受诟病的关于"经济人"的人性假定之外，还有广为争议的绝对化的环境假定。主流经济学将市场视为经济行为唯一的制度环境，并将经济自由作为最高信念。西方主流经济学中关于制度的最重要的内容可归纳为五个关于"不相关性"的理论基准：①阿罗-德布鲁一般均衡模型，意味着经济体制与经济效益不相关；②莫迪格里亚尼-米勒定理，意味着金融工具与经济效益不相关；③科斯定理，其结论是在交易费用趋于零的条件下，法定产权的初始配置与经济效益无关；④卢卡斯的货币中性理论；⑤贝克尔-斯蒂格勒模型，其基本判断是除法庭外的执法体系与经济效益无关。基于这五大理论基准，可以通过假定零交易成本、信息完全和知识完全等条件，屏蔽掉制度、文化等因素，为资源配置研究提供"理想条件"并得出"理想状态"下资源最优配置的均衡点。尽管这五个理论基准本身的正确性仍有待检验和考察，但类似问题在现代经济学其他的环境假设中普遍存在。

考虑到主流经济学有关环境假定的绝对化，遵从主流经济学指导的人们的经济实践结果必然是人与自然的不和谐，新古典经济学是研究如何将可用的经济资源分配给社会以便获得最大社会价值的一门科学。如果为达到一个社会目标必须放弃和牺牲某些东西，经济学家会尝试告诉我们如何在价值有形、效率最高的物质产品、"帕累托最优"等之间进行抉择。"帕累托最优"成为所有经济资源被分配并得到最有效利用的一种经济状态，因此，它不可能使得某些人在经济上更好而让其他人经济状况变得更差。有效市场的主要优势正是在于有能力达到"帕累托最优"的资源配置。然而，这种配置也可能出现在资源利用的生态非持续性模式中，对决定人类幸福的其他因素基本不考虑。"帕累托最优"是在不能在不使其他人经济状况变得更差的情况下，使某些人的经济状况变得更好，但在"帕累托最优"过程中，只是不改变其他人的经济状况，但对资源等环境因素没有作重点考虑。即在"帕累托最优"过程中，资源可能被过度使用，环境可能遭受破坏。由于环境计量和估价的困难，有形的环境效益被低估了，无形的环境效益在经济分析中体现得更少。新古典经济学理论及其实践应用已严重掩盖和低估了全球普遍发生的生态恶化问题。

正是由于主流经济学的错误指引及价值误导，世界自然和人文环境都遭到严重侵蚀。"工业革命"尤其是20世纪以来，世界经济尽管得到了前所未有的发展，但自然环境却遭受了野蛮的破坏，大量资源和能源被消耗，无数垃圾被排向自然，人类生活也因此面临自然的持续报复。①

第二节 资源创造与配置

一、市场配置的缺陷与失灵

主流经济学的均衡分析和静态分析的方法论谬误开始明显：第一，经济系

---

① 参见张谊浩. 西方主流经济学的范式危机 [J]. 经济学家, 2009 (8): 12-18.

统是一个复杂的整体,各个部分是不可叠加的。经济主体无法将单个现象从所处的环境中分离出来,因此局部均衡分析和局部最优化行为难以解决问题。第二,经济系统是时间和空间的高度统一,时空始终处于变化之中,变化是常态,相对静止只是一种短暂的极端现象。因此均衡分析和静态分析难以把握动态系统的本质。第三,在一个复杂的经济系统中,时间和空间高度统一,不同事件和不同的行为者一旦在时间轨迹上出现交错和滞后,会大大地影响到整个动态过程,导致均衡不能实现。第四,在经济系统中,各个行为主体的认知能力、信息掌控能力、理性态度和行为能力具有异质性,而"无差别"、典型性行为者却是主流经济学系统分析的主要方法,显然基于这种分析会产生严重偏差。第五,主流经济学的基本假定是理性"经济人",而理性是有限的,以此为基础的经济学演绎方法在使用过程中会大打折扣。总之,新古典经济学提出的资源配置理论,希望建立一套较严谨的有利于市场经济分析的范畴、工具、方法和理论模型,能够在一个封闭的体系中较精确地说明市场经济这个"黑箱"的内部结构,从而便于精确地分析、把握各种市场经济变量之间的相互关系和市场机制的运行规律。这种论证上的精致和推理上的严密,使它具有一定的伪科学性和优越性。新古典经济学的完全竞争模型是现代经济学的核心,是西方主流经济学分析市场经济问题的基本和出发点。无论是现代主流经济学还是非主流经济学,也无论是赞同者还是反对者,都不能忽视这一模型的存在。例如,斯蒂格利茨在其流行的教科书《经济学》中评价道,虽然"这一模型并不完全符合现实世界",但是,"毕竟该模型是一种方便的基准。有些经济学家相信竞争模型较好地描述了许多市场,即使描述不十分确切。甚至那些不相信真实的市场可以用竞争模型来描述的人也往往发现,该模型是个有用的出发点。"

另一方面,我们更应看到,新古典的完全竞争模型受到越来越多的经济学家和经济学者的批评,暴露出许多问题。在某种意义上,它已陷入深刻的危机。这种理论受的批评表现在以下四个方面。

1. 它的理论假设和现实不符

新古典的完全竞争模型是建立在一系列的严格假设之上的,而这些假设在很大程度上是不符合事实的。首先,"经济人"的假设与现实生活中人的行为不能完全符合。因为在现实生活中的人,除了追求自身利益之外,还有情感、安全、社会地位等方面的追求。特别是他们要受到不同的经济条件和地位的制约,在经济行为上有很大差异。其次,最大化完全理性的行为也受到了批评。西蒙等人认为在环境的复杂性和知识经济不完备的条件下,行为人只有有限的计算能力，即只具备"有限理性"。布兰德等人通过心理学的实验证明，最大化行为不是典型的，而"非理性"的行为在经济领域中更为普遍。最后，市场完全性假设不仅是严峻的，而且西方学者也承认这些假设在现实生活中是根本不存在的。

2. 完全竞争模型具有明显的封闭性和机械性

新古典经济学的整个理论是立足于牛顿力学的基础上，在分析方法上迷恋演绎主义，从原理出发，以演绎求结论，排斥经验分析。在内容上，其分析仅限定于交换或资源配置以及与之有关的决策，忽视了社会和经济环境在基本模型中的作用。就其理论分支消费者行为理论、生产者行为理论以及市场结构理论来讲，也是在一系列的假设下进行封闭式的"暗箱"分析只求封闭系统的静态均衡，不考虑系统外的物质、能量与信息交换，整个理论分析表现为一种机械的求极值均衡分析过程。

3. 完全竞争模型只是一种远离现实的抽象虚构理论模型

凯恩斯批评新古典经济学是一种"为装潢美丽的会议室和巧妙调节的市场准备的精美的雅致的技巧"。"我指责古典学派经济理论本身就是这些精美的雅致的中的一种，它试图把我们对于将来知道得很少的实施抽象掉来对付当前局势。"凯恩斯之所以认为新古典经济学只是一种分析技巧，缺乏现实应用价值，根本原因是它的理论前提，即完全竞争市场可以自由地调节资源配置，实现充分就业只是一种特例，不具有一般价值。他在《就业利息和货币通论》的开篇指出："经典学派之前提，只适用一种特例，而不适用于通常情形；经典学派所假定的情形，是各种可能的均衡位置之极限点，而且这种特例所含属性，恰不是实际经济社会所含有的。"

4. 在一系列完全性假设条件之下的竞争均衡可以实现帕累托资源配置效率最大化这个结论，在现实生活中是不可能存在的

主流经济学的严重弊病和市场失灵连新古典综合派的代表萨缪尔森也不得不承认。萨缪尔森在《经济学》一书中曾明确指出："斯密的看不见的手的学说解释了为什么市场机制的后果看起来如此有秩序。他关于市场机制的指导作用的见解启发了当代经济学家包括资本主义的颂扬者和批评者。但是在经历了两个多世纪的经验和思索之后，我们认识到了这一学术的适用范围和现实局限性。我们知道，市场有时会让我们失望，存在着市场失灵（market failure）的情况，并且市场并不总是产生最有效率的后果。"[1] 因此"在存在着垄断、污染和相似

---

[1] 萨缪尔森，诺德豪斯. 经济学 [M]. 第 14 版. 胡代光，等译. 北京：首都经济贸易大学出版社，1996：7.

的市场失灵的地方,看不见的手的显著效率特征就可能遭受破坏"①。

新古典综合派代表萨缪尔森还认为,尽管竞争是一架精巧的机构,然而它只是"一个技术经济的术语:'完全竞争'只存在于一种情况,在这种情况下,没有任何农民、企业和劳动者在整个市场上所占的份额大到是他个人能对市场价格施加影响的地步。"这就是说,市场这只看不见的手的作用必须以不存在垄断为前提。然而市场经济尤其是现代市场经济是"一个垄断和竞争的混合制度",因此"喜欢讽刺的人对于完全竞争所说的话可能和萧伯纳对于基督教所说的一样,它唯一的毛病是它从来没有实施过"。所以他告诫经济学者不要迷失于价格制度的美妙。

美国经济学家理查德·布隆克也指出:"自由市场机制的三个普遍的缺陷,即自由市场机制限制了人们在福利事业进步中明确的推动力的信仰;市场效率与分工之间缺乏联系,自由市场价格机制调节的失败包括对环境外部的保护(例如污染和过剩);以及看不见的手无法确保个体在追逐财产、地位优势等个人利益时能同时导致社会福利事业总体的进步。我们还注意到许多由于没有认识到的,或是看不见的手无法防止的,伴随经济增长而带来的社会和环境成本,并没有在 GDP 增长的利益中冲销。结果 GDP 增长作为福利事业进步的指标就存在致命的缺陷,即经济增长并不意味着社会福利一定会提高②。又说:"因为环境问题的普遍存在也是自由市场这只看不见的手的失灵而造成的。"尽管我们日益关注环境遭到破坏这一问题,但是自由市场机制并没有完全满足我们在这方面的偏好,很大程度上,这是因为环境成本以及我们对环境的偏好的表达是市场机制所无法调节的。污染和环境恶化,用经济界的行话来说,常常是"外部性"的东西。所谓外部性就是说,它所涉及的成本(或利益)并不在市场价格中得到反映。就造成人们不愿意看到的污染或环境恶化的企业就知道,这些不良影响并没有反映在它们实际成本或商品的价格中。所以,市场机制并没有迫使他们把环境成本计算在内"③。"经济支配一切,决定政治决策和社会行为的界限。自由市场作为一种主导的意识出现,加剧了竞争,并在效率的要求下产

---

① 萨缪尔森,诺德豪斯. 经济学 [M]. 第 14 版. 胡代光,等译. 北京:首都经济贸易大学出版社,1996:72.
② 参见布隆克. 质疑自由市场经济 [M]. 林季红,译. 南京:江苏人民出版社,1999:216.
③ 参见布隆克. 质疑自由市场经济 [M]. 林季红,译. 南京:江苏人民出版社,1999:171.

生一种严重的自恋式的个人主义"①。

二、政府作为资源配置手段的局限性和容易造成的不良结果

诚然，强调市场机制在资源配置中的功能与作用，是古典经济学的一条主线。还应看到，在以斯密为代表的古典经济学体系中，他们还分析了"看不见的手"发挥作用所需要的社会法律制度。对社会经济制度的分析，在某种意义上讲，是古典经济学的一条副线。斯密先在其伦理学、法律学体系中充分论证"看不见的手"的社会法律等制度基础，然后才把"看不见的手"作为自由经济制度的运行法则展开论述。他认为，经济人的自利行为是限定在严格的正义与法律许可范围的，社会秩序的前提是积极的法律制度，包括正义规则和某些行政制度的僻理。斯密一方面推崇经济自由，强调市场调节；另一方面，并不试图把经济自由与市场经济推崇到至善境地。他客观地揭示了完全自由的经济所可能产生的种种问题，如合谋、垄断破坏自由竞争，人们自利动机与行为导致诸多无益于社会的行为，收入分配不公会损害劳动者的智力、事业心和精神品质等。为此，他虽然主张自由放任政策，但并不主张绝对的自由放任。他认为在自由竞争机制作用良好的领域，政府完全不必干预经济。他批评了当时许多流行的经济政策，如长期学徒制侵犯了劳动所有权，国内关卡和对外贸易限制严重制约了技术进步、生活水平提高和国民财富增加等。由此，他从自由放任主张出发，要求废除一切特权和限制，建立一个"最明白最单纯的自然自由制度"②。尽管如此，斯密还认为政府在构建市场经济的制度基础和弥补市场失败方面具有不可忽视的作用。他勾画了自由放任的制度边界，指出在自由市场下，政府的职能或作用主要表现在：保护祖国安全，使之不受其他独立社会的侵犯；设立真正的司法机关，使社会各个人不受其他人的侵害与压迫；建立并维持公共工程③。

这就是说市场失灵引起了政府干预与制度修正，但是，在政府干预和制度修正过程中，由于政府或国家的性质、政治市场信息的不完备，以及公共选择方式所内含的缺陷等原因，又会引起政府失灵，导致市场扭曲和资源低效配置

---

① 参见布隆克. 质疑自由市场经济 [M]. 林季红, 译. 南京：江苏人民出版社, 1999：257.

② 斯密. 国民财富的性质和原因的研究（下卷）[M]. 郭大力, 王亚南, 译. 北京：商务印书馆, 1996：252.

③ 参见斯密. 国民财富的性质和原因的研究（下卷）[M]. 郭大力, 王亚南, 译. 北京：商务印书馆, 1996：252-253.

以及腐败,等等。为此,为了能够使现代市场经济有序运行,提高政府驾驭市场经济的能力和效率,还必须分析政府失灵的表现和原因,并建立一套规则制度来修正、治理政府失灵。

政府失灵的主要表现可归纳为四个方面。

(1) 在现实经济中,政府矫正市场运行的一个典型行为是管制物价。众所周知,在市场失灵方面,垄断和自然垄断可能会引起价格扭曲。同样,政府对物价的管制或矫正,也可能导致价格扭曲,因为政府管制物价通常有两种做法:其一是实行最高限价,即政府定价低于市场均衡价格,如计划经济时期,政府以计划价格收购农民粮食,又以低于成本价格的计划价格出卖给城市居民;其二是实行最低限价,即政府定价高于市场均衡价格,比如,在粮食短缺条件下,政府为了鼓励粮食生产,出台高于市场价格的粮食收购政策。这两种物价管制的结果,前者通常会造成市场商品供给短缺、票证分配、黑市交易等消费品资源低效分配与不公平分配;后者通常会引起市场商品供给过度、生产资源浪费,以及由价格保护而产生的降低生产者内部经营效率等问题。从产权角度上分析,如果政府实行最高限价,则使边际消费者愿意支付的商品价格和实际需要支付的价格之间的差额为正,这个差额对于消费者来说,就成了一种额外的福利。这是一种非排他性的收入,其实质类似于公共产权或"公地"下的资源。它的存在不仅会出现低效资源配置问题,而且会使商品销售者通过降低商品质量来弥补其价格损失。对于政府在物价方面管制效果的失灵,施蒂格勒在《管制者能管制什么?——电力部门实例》和《证券市场的公共管制》两篇论文中,从电力市场和证券市场管制的实证分析中,得出了政府价格管制无效的结论①。

(2) 政府对经济活动的干预、管制会产生权钱交换的寻租活动,由此而造成资源的浪费和生产社会成本的扩大。寻租活动(rent seeking activities)指某种经济利益主体通过各种合法或非法努力,比如游说、行贿等,促使政府帮助其建立垄断地位,以便获取超额垄断利润的活动。政府干预、管制经济活动的过程,事实不就是政治过程中的权利因素直接介入经济活动,从而干预经济当事人的市场交易。在此过程中,就为经济利益主体运用权钱交换和借助政府权力因素谋求垄断利润,实现其最大利益目标提供了前提和基础。如果政府的制度或政策安排因种种主观和客观的原因而出现失误,则围绕政府的寻租活动还会增加。例如,当政府颁发特许证方式对生产或交换活动进行管制时,如果不是

---

① 具体分析可参阅施蒂格勒. 产业组织和政府管制 [M]. 潘振民,译. 上海: 上海三联书店,1996.

采用竞争性出售的办法发放,而是由政府官员负责发放,就可能在监督机制不严的情况下出现钱权交易,即出现行贿受贿,这是一种典型的寻租活动。寻租活动之所以会造成资源浪费,扩大生产社会成本,主要是因为寻租者为了获取政府优惠政策和经济租金要进行系列的寻租、护租活动,就必须进行一定的"非生产性投资",耗费一定的生产性资源。如果寻租者所获取的垄断利润或经济租金小于其所支付的"非生产性投资",则还会引起社会净福利的降低。此外,寻租活动会导致社会经济秩序的混乱,浪费社会经济资源。概括地讲,寻租活动所引起的社会成本主要包括四方面:①寻租活动中浪费的资源;②由经济寻租引起政治寻租浪费的资源;③治理由寻租活动引起的社会秩序混乱和政治腐败而浪费的资源;④寻租成功后形成垄断所损失的经济效率或社会净福利。所以,寻租的存在,表明政府对经济的干预、规制并非无代价而是要支付一定社会成本的。

(3) 政府作为公共物品的生产者和主要供给者,可能会因其决策失误而致使公共物品供求失衡。公共物品的供给,一般是通过政治决策程序而不是依据市场来决定其供求数量和价格。在决定公共物品的生产利益供给的决策过程中,由于:①现实经济社会的复杂性和决策人自身素质的限制,使决策人很难获取有关公共物品的需求数量、种类和结构的准确市场信息;②某些机构的官僚主义导致在公共物品的生产、供给上可能不以"公共利益",而是以自身利益或特殊利益集团的利益为行为目标;③在西方国家,政府官员、立法议员是在特殊利益集团的帮助下选举出来的,这样的政府机构就有可能为特殊利益集团所左右,成为特殊利益集团的"被俘获的政府"(caputurred government),因此,在公共物品的供给上,特殊利益集团可能采用各种方式来影响、制约政府决策,以实现公共物品的生产和供给有利于他们;④由于供给物品的非竞争性和非排他性,致使供给物品的价格通常不是在市场竞争中形成,而是由政府决策人决定,这种价格难以发挥其调节市场供求关系的应有功能。在上述原因综合作用下,完全可能使政府在公共物品的生产、供给的决策过程中发生失误,引起供给物品供求失衡,导致生产公共物品的资源浪费。

(4) 官僚机构的膨胀和官僚主义作风所产生的政府低效率运行,必然会造成社会资源的空耗。在特殊利益集团、官僚和立法官员相互勾结、联盟而成的"铁三角"(iron triangle) 的作用下,官僚机构的行为最终表现为最大化预算收入,使政府官僚机构内在地存在一种自我膨胀倾向。政府官员为了做出政绩,会尽量增加自己的部下,使人员增加,机构扩大,这又会使政府的工作增加,而且政府机构之间相互也会创造出"工作"。这样，政府机构就会不断膨胀，出现无论政府工作量是增加或是减少，或者已根本没有任何工作了，政府机构的人员数目总是会按同一速度递增。这就是所谓的"帕金森定理"①。从政府运行的实践看，官僚机构的膨胀不仅在许多国家有明显的表现，即使以"最好的政府是最小的政府"② 为准则的市场经济国家也同样摆脱不了。

萨缪尔森指出："政府试图纠正市场失灵，如垄断和污染等，以鼓励效率。增进平等的政府计划通过使用税收和支出手段，对特定阶层进行收入再分配。政府依赖于税收、支出和货币管制，以促进宏观经济的增长和稳定，并在促进经济增长的同时，减少失业和降低通货膨胀。市场失灵都会导致生产或消费的无效率，从而，政府在医治经济疾病中能够起到有效的作用。但是，在评价政府医治经济疾病的作用同时，我们也必须提防'政府失灵'（government failures）——政府医治市场失灵的努力可能使弊端更加严重或引发其他问题。"③

布坎南认为："在民主社会中政府的许多决定并不真正反映公民的意愿，而政府的缺陷至少和市场一样严重。"④ 布坎南还认为："担任政府公务员的是有理性的、自私的人，其行为可以通过分析其任期内面临的各种诱因而得到理解。这一思想的主要推论是政府不一定能纠正问题，事实上反倒可能使之恶化。"⑤公共选择理论经济学家把政府的政策制定视为理性的、自私的人。"正如我们这些人一样，他们也是从个人的角度看待问题，并按个人面临的诱因行事。"⑥"一个民主的政府根本不能成为稳定经济的力量，任何强迫政府这样做的企图，最终都必然会招致经济的动荡"。⑦

公共选择理论从经济学最根本的"经济人"假设入手，把政治舞台看成一

---

① 帕金森. 官场病（帕金森定律）[M]. 陈休征，译. 北京：生活·读书·新知三联书店，1982.

② 参见周小亮. 市场配置资源的制度修正——引入制度变量下对古典新价格理论的再讨论[M]. 北京：经济科学出版社，1999：227-229.

③ 萨缪尔森，诺德豪斯. 经济学（上册）[M]. 第12版. 高鸿业，等译. 北京：中国发展出版社，1992：73.

④ 布坎南. 自由、市场和国家——20世纪80年代的政治经济学[M]. 吴良健，桑伍，曾获，译. 北京：北京经济学院出版社，1988：281.

⑤ 布坎南. 自由、市场和国家——20世纪80年代的政治经济学[M]. 吴良健，桑伍，曾获，译. 北京：北京经济学院出版社，1988：280.

⑥ 布坎南. 自由、市场和国家——20世纪80年代的政治经济学[M]. 吴良健，桑伍，曾获，译. 北京：北京经济学院出版社，1988：281.

⑦ 布坎南，瓦格纳. 赤字中的民主[M]. 刘廷安，罗光，译. 北京：北京经济学院出版社，1988：187.

个经济学意思上的交易市场,从供给和需求两个侧面着手分析。政治产品(即公益)的需求者是广大的选民或纳税人,供给方则是政治家、官僚和党派。他们的活动无论多么复杂和有差异,他们的行为都遵循一个共同的效用最大化的规则。就是说,一个选民在投票前总是要在候选人名单中选择那个能给他带来最大预测利益的人,然后才投他的票;一个政治家或官员在决策时总是对那个最能满足他自己利益(如权力、金钱、名誉等)的议案投以青睐,就是说,公众的利益有可能是手段而未必总是目的①。

三、人的自由发展作为第三种配置资源手段,社会和经济发展才能真正达到和谐

由于市场失灵,政府试图担当起纠正市场失灵的责任,然而并不尽如人意。如上所述政府配置资源同样存在诸多失灵及不良后果。那么如何解决呢?我认为必须还要有第三种手段配置优化资源,以纠正政府失灵,从而使社会经济的发展达到真正的和谐。这第三种配置资源的手段是什么呢?我认为就是人的全面自由发展。只有将人的全面自由发展作为一个社会和一个国家资源配置的手段,一个国家社会和经济发展才能达到和谐。

这就是说,从当前来说,从单纯经济增长转向人的全面自由发展,从人与自然的技术——工具模式转向和谐——有机模式,才是人类主题之真正发展,才是最终走出现代发展危机的根本。作为对增长发展的突破和对人之自由本性的追求,人的发展经济学的理论无疑切中了我们当代的发展困境问题。人的发展经济学倡导的人的全面自由发展,其哲学基础是对人所做的主体性理解,把人看作经济人、社会人、文化人的有机整合,是作为完整的主体出现的;它强调人本身的综合发展,又提倡人际间的平等发展和可持续发展。这种发展理念不仅是对终结"客体化的日常世界"(经济决定的世界)呼声的有力应和,而且,它期待着,不仅仅在未来,也在现在,人类和谐发展时代的到来。

任何理论都存在理论的历史渊源,人的发展经济理论思想也不例外。从关注人的发展到关注物,再从物到重新关注和重视人的发展,既是历史的发展过程,也是经济学理论应有的发展过程。其实将人的自由全面发展作为资源配置的第三种重要手段,在经济学史上早有论及,只不过是,一方面是没有明显的表达,另一方面是因为我们没有加以充分重视而已。首先是伟大的经济学家马

---

① 缪勒. 公共选择 [M]. 张军,译. 上海:上海三联书店,1993:1-2.

克思。马克思在《资本论》中曾经指出：在人类历史发展的进程中，人的发展、人的社会劳动生产与自然界的自然资源是同样起作用的，社会生产力表现为人与自然物质变换过程中自然资源的效用存在和人的发展，以及发挥与人的劳动生产力相互作用的结果，是人的发展以及自然资源效用的结合体①。在《资本论》中，马克思还明确指出："自由全面发展的人，联合起来的生产者，将会合理地调解他们和自然之间的物质变换，把它置于他们的共同控制之下，而不是把它作为盲目的力量来统治自己，靠消耗最小的力量，在最无愧于和最适合于他们的人类本性的条件下来进行这种物质变换。"②

虽然在上述马克思的这些论述中，没有明确地提出人的自由全面发展作为资源配置的手段，但是我们可以明显体会马克思具有这样的思想和意图。

另外，我们从马克思人的发展经济思想的内容和马克思人的发展经济思想的特点，也可以看出这一点。

1. 马克思人的发展经济思想的主要内容

马克思对经济学的研究始于哲学问题的思考，科学的人的自由全面发展是他对经济学研究的根本观点和方法。马克思用以阐释其所期望的理想人状态的关键词是"每个人""一切人""自由发展""自由个性"。他一方面从人及其劳动来理解一切社会经济现象及其本质，并据此阐明实际的经济运动；另一方面从历史发展的社会经济关系来认识人丰富的现实性，并以此来衡量经济上的一切进步。人的自由全面发展的哲学传统和经济学的统一，使他对经济关系的研究和对人的研究达到了完全的统一。

具体地说，这种统一是基于：第一，历史是人类实践活动的结果，实践中的人是历史过程的主体和出发点。第二，劳动是人类的本质，物质生产是人类最基本的实践活动，而"一切生产都是个人在一定社会形式下并借助这种社会形式而进行的自然的占有"。因此，人类经济史是人与自然之间物质变换关系和人与人之间交往关系发展的历史，历史的主要过程实质上是人的这两方面能力的提高和发展的过程。第三，人的现实性是社会关系的总和，人是自己的社会关系的"人格化"，而社会关系是人的社会关系。因此，经济学对经济关系和对人的研究是同一过程不可分离的两个方面。正是基于这种统一性，马克思在探讨社会经济运行规律的同时深入探讨了人，"人的自由全面发展"经济思想贯穿于马克思经济学说的始终。

---

① 马克思. 资本论（第一卷）[M]. 北京：人民出版社，1975：662.
② 马克思. 资本论（第三卷）[M]. 北京：人民出版社，1975：926.

(1) 劳动是人为满足自身需要而进行的活动，又是人类自身发展的必要条件和手段。马克思认为，劳动是人的基本的、有目的的活动，是人创造社会财富、不断完善和发展自身机能的过程。因而，劳动的意义不仅在于创造财富，满足人生存的需要，更重要的是它是人自身发展的必要条件和手段。"劳动已经不仅仅是谋生的手段，而且本身成了生活的第一需要。"

(2) 政治经济学是研究人与人之间生产关系的科学，人是一切经济活动的主体。第一，人是生产力最活跃的因素，在生产过程中起主导和主体作用。生产力是人们征服自然、改造自然，使之为人服务的一种物质力量，它的构成要素是人和工具，在这两个要素中，人是最基本、最根本的要素，没有人的活动，就没有生产；工具是物的要素，是人创造的结果，离开了人，工具只能是一堆废物。工具的进步和发展证明人征服自然、改造自然能力的加强。第二，经济活动的目的是人。经济活动的目的，微观上说是获得利益，宏观上讲是社会发展，但从根本上来说是满足人的需要，促进人的自由全面发展，即目的在人，而不在物。在生产资料与劳动力的关系上，人支配物，劳动者运用生产资料，创造物质财富，从而满足自己和发展自己。人的经济活动的初始目的是指向物的追求，并以此来丰富人们的物质生活，但从终极上看，追求物质丰富和经济的增长是一种基础性工作，它的最终目的不仅是物欲的满足，更是为人的全面发展（包括道德的、文化的、价值观的进步），使人被赋予人的全面价值。第三，马克思反对"以资为本"的分配原则，主张"以促进人的自由发展"的分配原则。产品的分配以人的劳动和人的才能的自由充分发展为核心，财富归其创造者所有，并归其创造者享用。社会则以人（劳动者）创造财富的多少为依据，进行分配和消费。他指出，"按资分配"是资产阶级权利，对于广大劳动者来说是不公平的，依据资本（生产资料、价值）来分配是对劳动的蔑视，创造财富的人不享有财富，违反了人的价值在劳动和创造财富中体现的原则。"以促进人的才能自由发展"的分配则是人的价值原则的体现，尊重了人的权利（而不是物的权利）和人的发展。

(3) 确立"三大社会形态"划分，历史地研究了不同社会经济形态对人的发展的不同影响。马克思提出，社会发展和人的发展是相互决定的同一历史过程，前者是这一历史过程的物质基础和历史条件，决定并影响着人的发展；后者是这一历史过程的目的、本质内容和内在动力，是衡量其进步的尺度。马克思经济学始终把对人的发展和人类解放的深刻关切作为对一切社会经济问题研究的动因和目的，而他对人的发展和人类解放的这种探索，又深深植根于对人类物质生活的生产史及其全部历史事实的经济学研究中,并揭示出人的发展和社会发展在历史发展过程中的内在逻辑规律。马克思在《政治经济学批判（1857—1858年草稿）》中,又进一步从交往形式上研究了人自身发展的历史过程,并按照个人和社会关系的发展程度,将社会划分为三大形态,亦即"人的依赖关系"的历史阶段,涵盖了原始公有制、奴隶制和封建制社会,其经济基础是自然经济;"以物的依赖性为基础"的历史阶段,相当于商品交换普遍化了的市场经济社会,其经济基础是商品经济,这时,人虽摆脱了"人的依赖性",但又受到了"物的依赖性"的限制;消灭了"异化",实现了人的本质的复归,做到人成为物的主人。这一理论开辟了从实际的历史过程考察人自身发展的真正的实证科学。社会发展三大形态理论强调生产力发展和交往形式基础上个体与社会的关系,强调了"人们的社会历史始终只是他们的个体发展的历史"。

2. 马克思人的发展经济思想的特点

从上述的分析我们可以看出,与主流经济学相比较,马克思人的发展经济思想具有如下特点。

(1) 从"经济关系人格化"出发,强调对人的动机和行为做出历史的具体的解释。从孤立的个人出发来解释一切经济现象,是古典经济学开创的西方经济学的哲学传统。无论是亚当·斯密的本性论抑或现代西方经济学的工具主义,根本上都是一致的。而马克思经济学的方法论是从社会的个人出发来解释一切经济现象。由于方法论的不同,从而对人的动机和行为及其经济观象的解释产生了根本的差别。

西方经济学排斥对经济活动中的人做出历史的具体研究。马克思经济学则认为作为社会的个人,人是一切社会关系的总和,是一定历史条件下的产物,是以往历史的结果。因此,历史地、具体地分析经济活动中的人及其动机和行为,成为马克思经济学的重要研究内容。

西方主流经济学从孤立的个人出发,把自利性和理性作为解释一切经济现象的万能钥匙,又势必排斥经济范畴的历史性质,把特定的历史的生产方式当作永恒的自然形式。马克思则从社会的个人出发来考察经济问题,则必然要考虑经济发展和制度变迁的历史延续性,经济学本质上被看成一门历史科学。马克思认定人与物的关系是物质生产的内容,作为人与人关系的中介是经济关系的构成部分,但是,他更侧重于研究物质生产过程中的人与人的关系,来丰富对人的现实性的认识,包括他们所处的社会地位、经济活动的动机和行为,并通过分析这些动机和行为实现的社会形式，揭示特定社会的经济运动规律。

（2）通过对"异化劳动"的批判，深刻揭示经济学以劳动为根据的人的发展的性质。在马克思看来，古典经济学虽然确立了劳动是财富的主体本质，但是，它的无批判的前提和非历史观的形而上学性质，使得它"把社会交往的异化形式，作为本质和最初的形式，作为同人的本性相适应的形式确定下来了"，并通过对"社会交往的异化形式"的分析肯定了私有制，从而肯定资本和劳动的关系，掩盖其非人化后果。基于上述问题，马克思在《1844年经济学哲学手稿》中展开了对政治经济学的批判。

虽然古典经济学家也有劳动价值论，但是，他们的劳动价值论是建立在把人看作"经济人"的基础上，人是一种"机器"，是会创造利润的机器，就如同奴隶是会说话的工具一样，因而，在价值的实质问题上，就弄不清楚其根源，而把参与财富创造的一切要素都加进去了，按照这一逻辑，机器同人一样是价值的创造者。马克思认为，古典经济学只关心劳动的某种经济意义，不考虑劳动的属人性质。它所理解的劳动并不是真正的人类劳动，而是异化劳动，它实质上是在劳动的概念上表述了异化劳动的规律。"劳动外在于劳动者，亦即劳动不属于它实际的主人。因而，他不是肯定自己，而是否定自己。"正是从这里异化概念第一次进入了经济学。异化劳动不仅表现为劳动产品和劳动活动的异化，而且也表现为人的本质的异化。异化劳动概念的提出，成为马克思批判地研究资产阶级政治经济学的重要成果。它既分析和说明资本主义社会的"经济事实"和经济关系，又着眼于把人摆在首位和对现存社会进行价值评判，整个资本主义的历史不过是通向使个人能够更多地自我觉悟、更少地异化的新制度的一级阶梯[①]。

因此，与西方经济学抽象掉劳动概念的人的发展性质，降低劳动范畴在揭示人的本质、人的社会经济关系乃至社会历史发展规律中所处的基础地位不同，马克思的批判强化了劳动范畴在经济学体系中的核心地位，也强化了经济学的人的自由全面发展性质。

（3）马克思的劳动价值是"以人的自由全面发展"的思想建立的。马克思认为，价值的实体是劳动，在商品价值决定和价值的计量问题上，马克思"以人的自由全面发展"，分析了人的劳动过程的二重性，找到了商品价值的真正源泉和剩余价值产生（生产）的真正源泉，即可变资本，从而把劳动价值论建立

[①] 参见刘红红. 价值·发展：人本主义经济理论[M]. 北京：经济科学出版社，2008.

在科学的基础之上。马克思从分析商品、价值、交换入手,指出了价值的本质是人的抽象劳动,商品交换的实质是人们相互交换其劳动,从而揭示了商品拜物教的本质是物的关系掩盖了人的关系。

人们去做他们有理由珍视的事情的潜在能力(capabilities)及去享受他们有理由珍视的生活的自由,它包括免受贫困、饥饿、营养不良、可避免的疾病、过早死亡,可以识字算数,参与社区活动,拥有民主、人权和自尊等。森通过分析个人自由的含义及其不同层面(包含过程层面和机会层面)与竞争市场机制的关系,扩大价值标准的信息基础,使得个人自由不再是个人效用的重复。

这样的自由概念可以追溯到亚里士多德关于生活质量和亚当·斯密关于生活必需品的论述,在此基础上考察构成人的有价值的生活的"功能性活动"。举例来说,这些活动可以包括吃、穿、住、行、读书、看电视、社会参与(投票选举、在公共媒体发表言论观点),等等。在这个意义上,能力就是一种自由——能过有价值的生活的实质自由。这样的自由观既意味着个人享有的"机会",又涉及个人选择的"过程"。假定每个人都在可行的各种活动组织中,按自己的标准选择最优组合,那么一个人能够实现的能力就可以通过他的实际选择而表现出来。

在人们拥有各种经济资源,如劳动、知识、土地等要素的基础上,市场机制可提供各种经济资源自由结合的最好机会,市场给予个人自由选择、自由交换、自由贸易的权利。但仅仅着眼于市场机制的帕累托效率将不可能实现人的自由全面发展,如果把焦点最终放在扩展自由上,使人们享受他们有理由珍视的那种生活以及扩展他们所拥有的真实选择的能力,那么就应该对竞争市场机制采取一种更为广阔的综合性视角,即自由是发展的核心。自由具有超越经济效率、经济利益的意义。例如,从人身自由、就业自由、劳动自由的角度来评价市场机制。在许多以自由市场取代传统社会经济状态的发展过程中,使用自由的劳动契约和不受限制的人身迁移制度取代了人身依附性劳动和强制性劳动体制,以自由为基础的视角可以很快注意到竞争市场机制的机会自由,竞争市场机制的优势在更广的视角中得以更好地理解。

人的发展经济学理论认为:人的自由全面发展在发展中首先具有建构性作用:自由是人们的价值标准与发展目标中自身固有的组成部分,它自身就是价值,因而不需要通过与别的价值的事物的联系来表现其价值;同时,自由也发挥手段性作用,分析促进发展的五种最重要的工具性自由:政治自由、经济条件、社会机会、透时性担保以及防护性保障。大量的证据说明,自由促进发展,而缺乏自由、压制自由会阻碍发展，其中包括贫困、市场与政府的作用、民主、饥饿、人口和粮食、文化传统等，都对自由及发展的作用影响巨大。所以，从人的发展经济学的角度来看，自由既发展的手段，又是发展的目的。自由更是是发展的机会，也是发展的目的。按照人的发展经济学理论，发展是一个与"个人自由和社会承诺"紧密联系的过程。在那里，"自由"指由社会所赋予的，人们采取各种社会、经济和政治行为的权利和能力，它不只是个人的选择权利，更是社会制度为此而提供的承诺和保障。因此，"自由的扩张"即被视为发展的主要目标，也被视为是发展的主要手段。即让人们能够在现行的政治、法律、文化制度框架下有更多的机会，做出更多的选择，实现更大的效用，这正是发展的题中应有之义。可见，人的发展经济学所提出的发展观是以人的自由发展、以制度为载体的概念，每个人都是充分享有自由的个体，而制度也不是发展之外的既定因素，而是通过传导、保障个人的选择权利，进而推进经济发展的内在因素。

以自由为中心的发展观的核心是人们所拥有的自由全面发展，这里自由与发展有不可分割的关系，这种发展观与传统发展观迥然不同——发展可以看作扩展人们享有的真实自由的一个过程。传统狭隘的发展观视发展为 GDP 的增长，或个人收入的提高，或工业化，或技术进步，或社会现代化，而这些根本不是发展目标。这些固然可以是人们追求的目标，但它们最终只属于工具性的范畴，而不是发展的目标，发展还要依赖于许多超经济因素，诸如社会制度安排、政治制度安排和公民权利等。这些都是为人的发展、人的福利服务的，以人为中心，最高的价值标准就是自由——无论是贫穷还是富裕国家的公民都应享有的自由。

因此，以自由为中心的发展观也是一个消除那些造成不能全面自由发展的因素的过程。这些因素包括贫困、专制、匮乏的机会、对公民权利的忽视等。有的情况下，自由的缺乏是与经济上的贫困直接相关的，贫困剥夺了人们满足最基本需要的自由，比如消除饥饿，得到适当的营养，得到适当的衣物和住所，以及得到适当的卫生设施的自由；有的情况下，经济不自由是与公共设施的缺乏相关的，比如缺乏有组织的医疗保障，缺乏维护社会安定和秩序的制度安排；还有的情况下，经济不自由直接源于专制政体，公众没有表达政治意愿的自由。显然，无论基于哪种原因造成的经济不自由，都需要通过发展的过程来消除其根源。在经济领域中，自由应被看作摆脱对贫困的恐惧，减少必要劳动，代之以允许个人身心发展，进行创造性劳动的自由。

自由作为发展的核心有两个基本理由：其一，它具有评价体系作用。经济发展必须要有某种指标体系来加以评价和比较，而其中一个基本指标即是人们所享有的自由全面是否得到了增进。根据这一观点，一个社会成功与否，主要应根据该社会成员所享有的实质性自由全面发展来评价。这一评价性立场不同于传统的规范性分析，后者注重的是其他变量，例如效用、程序性自由、实际收入。其二，各种不同的自由权利在促进发展和增进人类自由全面发展方面具有功能性的作用。自由不仅是评价成功或失败的基础，它还是个人创造性和社会有效性的主要决定因素。更多的自由可以增强人们自助的能力，以及他们影响这个世界的能力，而这些对发展过程是极为重要的。

人的发展经济学还特别提出五种在经济发展中发挥直接作用的基本自由：①政治自由和公民权利，即个人所能支配的政治资源。②经济设施，指人们各自享有的基于消费、生产或交易目的而使用经济资源的机会与便利性。个人所拥有的经济资源支配权不仅取决于他所占有的或可获得的资源，也取决于交易条件，如相对价格与市场运作。③社会机会，指社会所提供的教育、医疗保健等安排，它们直接影响个人有多大的自由度去选择更好的生活方式。④社会透明度，即人们所期望的公开性，这不仅是交易与市场体系运作的基础，而且对于防止腐败行为和地下交易也起着重要作用。⑤安全性，指的是提供一个社会安全网，使得社会的弱势群体不至于陷入悲惨的生活境地，这包括一些固定的制度安排，如失业救济、对穷人的补助等。这五个方面的基本自由相互之间是互相促进的，它们被经济行为主体运用的结果，就直接或间接导致资源的不同分配（配置），以及经济发展和人的自由全面发展的不断完善。

总之由于市场严重失灵，政府企图通过干预予以纠正，但是政府干预同样造成许多失效（失灵）和由此引起的寻租和腐败。由此必须要有第三种资源配置方式，来对市场配置和政府配置加以补充和纠正。这第三种资源配置方式就是人的自由全面发展。人的自由全面发展作为第三种资源配置方式，在当代既具有客观性、必然性，又具有紧迫性，它是历史发展的必然结果。

第三节 人的自由发展对资源配置的机理（机制）

首先让我们把人的自由发展对资源的配置的活动做一个环流图，如图4-1。

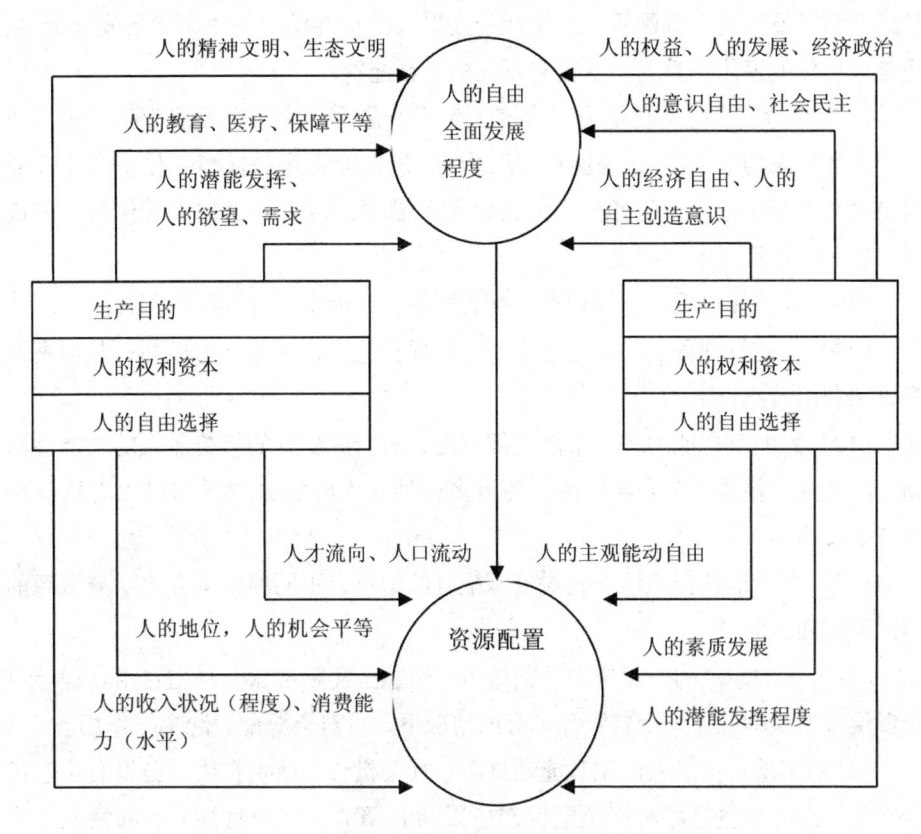

图4-1 人的自由发展对资源配置活动的环流图

该图提供了一个鸟瞰，人的全面自由发展对资源的配置是通过以下几个方面实现的。

（1）人的创造发明和核心技术配置资源。
（2）人的创造力发展、自主创新意识、自主权配置资源。
（3）人的民主、自由焕发出来的积极性配置资源。
（4）人们通过所享有的人的基本权利配置资源。
（5）人的自由选择和自由流动配置资源，使资源从一个地方到另一个地方。
（6）人的需求、人的收入和消费状况、消费力决定生产什么物品、生产多少配置资源。

（7）人的知识资本状况、技术水平、人的素质、人的创造力发挥制度等决定着如何生产物品，是高端技术生产还是低端加工业；是劳动密集型生产方式还是高科技生产方式，从而引导资源的走向而配置资源。

（8）生产的目的——为谁生产；人的发展是目的，以及是物质消费还是精神消费引导不同的资源配置。一个社会是以人的精神消费为主、素质发展为主，还是以奢侈的享乐消费为主从而有不同的资源配置。

（9）是为富人生产还是为广大穷人生产，是为广大人民发展而生产还是仅为个别少数人的享乐生产，比如，房地产，是以廉租房等保障性住房为主还是提供别墅、豪华住宅。前者为广大人民发展需要，后者为少数人奢侈享乐的需要。从而引导资源不同配置。

（10）人的无形资本：知识产权配置资源，从而引导资源不同配置。

（11）人的发展程度决定生态文明，是保护生态，还是生态破坏，从而资源配置和利用效益也不同。

（12）人的潜在能力——潜能发挥程度，对资源配置的影响。人的功能性活动、社会氛围差异、个人异质性、环境多样性、人际关系差异都可以对资源配置产生影响。

（13）自由地选择生活方式对资源配置的影响，不同的生活方式引导资源的不同配置和走向。

（14）人的想象力、思考力、创造力、情感、实际现状、自主自由意识等对资源配置的影响，参与配置资源。有的情况下，可对资源配置起主导作用。

（15）实质自由、人的主观能动自由、社会机会、政治自由、公民自由、机会平等、人的权益等可对资源配置产生影响和调节，有的时候、有的情况下决定资源的合理配置。

（16）人的经济条件，指个人分别享有的，为生产、交换、消费的目的而运用其经济资源的机会。经济条件、经济权益决定一个人所拥有的或可适用的资源。

（17）人在社会中的政治经济地位不同，决定和影响着人们拥有、占有资源的不同资源配置差异性。

（18）人的社会影响决定人们是否享受美好生活的程度，占有多少有助于人们提高生活质量的资源。

（19）代内正义，才能有平等的分配权、公平的发展权，从而影响和调节资源配置。

（20）人类代际公平，才能合理配置资源，从而不仅为当代，也为子孙保护环境和有限耕田，以及有限资源。

（21）民主的内在价值增强人们的潜在能力的发挥，增加人们的福利（提升生活质量，不仅是物质，更包括精神），影响资源的配置。

（22）民主的工具性作用，为当政者提供有效的政治制度，使之能做出适当反应，以满足广大人民的正当需求。民主的结构性作用，有助于社会价值和优先顺序的形成，影响资源的优化配置。

（23）不民主有三种形态：①缺乏透明性保证；②缺乏有效、公开监督（包括新闻监督）；③缺乏保护性保障，影响资源的有效配置，并可产生资源逆配置，即破坏性配置。

第五章 需要理论

需要应该是社会主义政治经济学，特别是中国特色政治经济学的重要内容和重要范畴。

第一节 马克思主义人的需要理论

马克思主义从唯物主义出发，对人的需要问题一直是很重视的，进行了大量的深入研究。马克思第一次比较系统地论述人的需要问题是在1844—1845年。恩格斯设想社会主义社会人的需要是在1891年。那么，马克思主义关于人的需要理论其主要论点是哪些呢？我认为，马克思主义对于人的需要的层次、人的需要的属性以及人的需要的目的，以及满足需要的条件等，都有精辟的分析。

一、关于人的需要层次

马克思主义认为人的需要的层次，有一个由低级向高级的发展过程，因而在其中呈现出阶段性。

恩格斯曾经指出，"在人人都必须劳动的条件下，生活资料、享受资料、发展和表现一切体力和智力所需要的资料，都将同等地、愈益充分地交归社会全体成员支配。"[①] 这段话至少有以下含义：①人们有生活、享受、发展和表现一切体力和智力的三个大方面的需要，从而相应地有三个方面的满足需要的资料；②这些需要是一般的（至少是现代）社会都有的，但只有在人人都必须劳动的条件下（社会主义或共产主义条件下），满足各种需要的资料才将同等地、愈益

---

① 马克思恩格斯全集（第22卷）[M]．北京：人民出版社，1965：243．

充分地交归社会全体成员支配；③人的生活、享受、发展三大方面的需要，体现了人的需要是一个不断地由低级向高级的发展过程。

马克思也曾指出："在现实世界中，个人有许多需要。"① 马克思在早期由于孤立地研究人的需要，因而只看到人的生活（生存）、享受的需要。例如，1844年马克思就曾提过人有多种需要，如肉体生存所需资料、吃的需要、衣服和住宅的需要、交往的需要、捕猎活动的需要、劳动的及劳动以外的各种享受需要等。但当他把人的需要同个人活动特点联系起来的时候，就把它分成了自然的、精神的、社会的三种需要。以后，他又用十分明确的语言，把人的衣、食、住称为人的第一需要，并指出，当第一需要满足之后，"已经得到满足的第一需要本身；满足需要的活动和已经获得的为满足需要用的工具又引起新的需要"②。这就是说，首先必须满足人民的生活需要，只有在这之后，才能产生新的需要。但是，在此要明确一个界限，即第一需要不是最终需要。马克思着重指出："固然，饮食和生育等等也是真正人类的机能，然而如果使这些机能脱离了人类活动的其他范围，并且把这些机能弄成最后的唯一的终极目的，那么，在这样的抽象中，这些机能是动物的。"③ 这之后，马克思在《哥达纲领批判》中又更加明确指出：社会主义、共产主义社会人的需要有两个方面的内容：第一，劳动是人的生活的第一需要；第二，就是每个人的"自由个性"，即人的全面性的需要。

马克思、恩格斯之后，列宁领导的十月革命取得了成功，建立了世界上第一个社会主义国家。列宁在总结社会主义初期经验的基础上，指出了社会主义社会劳动者的最高、最主要的需要是，充分发挥他们的各种才能。列宁是这样说的："共同劳动的产品将由劳动者自己来享用，超出他们需要的剩余产品，将用来满足工人自己的各种需要，用来充分发展他们的各种才能，用来平等地享受科学和艺术的一切成果。"④

斯大林也根据十月革命胜利后的苏联社会主义建设的实践，对社会主义社会人的需要又做了自己的论述。他说："不应当以过去为出发点，而应当以现在工人日益增长的需要为出发点。必须了解我国工人的生活条件已经根本改变了。

---

① 马克思恩格斯选集（第1卷）[M]. 北京：人民出版社，1972：32.
② 马克思恩格斯选集（第4卷）[M]. 北京：人民出版社，1972：32.
③ 马克思. 经济学—哲学手稿 [M]. 何思敬，译. 北京：人民出版社，1956：56.
④ 列宁全集（第2卷）[M]. 北京：人民出版社，1963：81.

现在的工人已经不是以前的工人了。"① 斯大林还提出了一个原则,他认为,马克思主义的社会主义,不是要缩减个人需要,而是要竭力扩大和发展个人需要;不是要限制或拒绝满足这些需要,而是要全面充分地满足有高度文化的劳动人民的一切需要②。

他还说:"现在的工人,我们苏联的工人,希望满足他们的一切物质和文化的需要:既要满足粮食供应方面的需要,又要满足住宅方面的需要,还要满足文化及其他一切方面的需要。"③ 最后,在晚年,斯大林又进一步把人的需要归纳为两大类:物质需要和文化(精神)的需要。

根据研究我认为,可以将人的需要的层次结构列一览图如下。

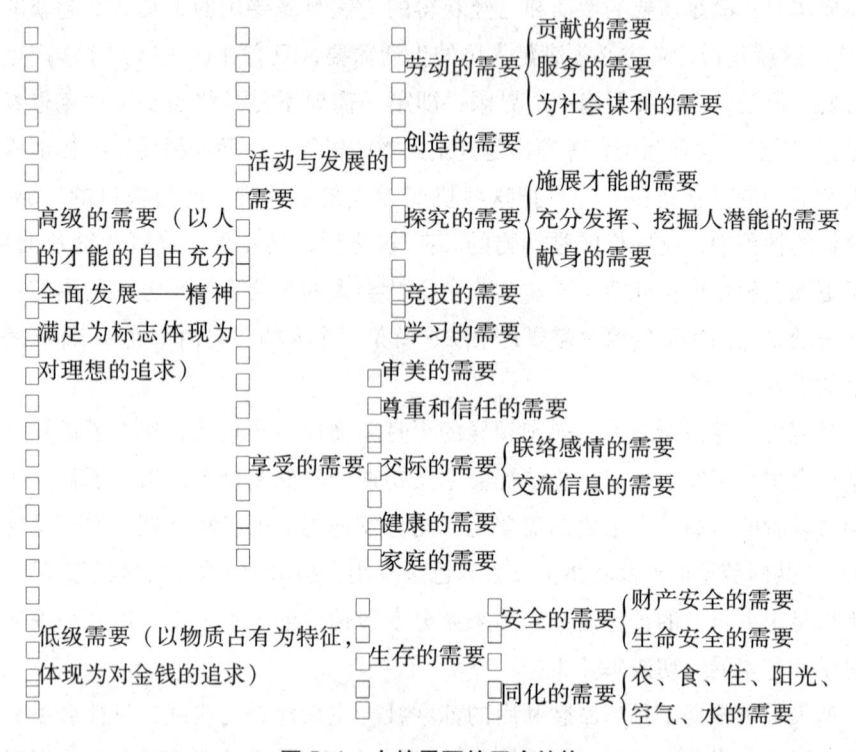

图 5-1 人的需要的层次结构

从图 5-1 我们可以看出,人的需要,就其层次结构、水平而言,可分为两大类:低级的需要与高级的需要。低级的需要包含较多的生物学因素,但其本

---

① 斯大林全集(第13卷)[M]. 北京:人民出版社,1953:318.
② 斯大林全集(第13卷)[M]. 北京:人民出版社,1953:55.
③ 斯大林全集(第13卷)[M]. 北京:人民出版社,1953:55.

质还是社会性的需要,它以对物质的需要形式表现出来,以物的占有为基本特征,在商品经济的社会里,则体现为人对金钱的追求。人的高级需要包含更为丰富的社会与精神的因素,它在对物质需要的基础上形成,以精神的满足和人的才能的全面充分的发展为标志,体现为对理想和人的本性的追求,对迫切希望发挥人的潜能的欲望的追求,从而对物质的需要有较大的调节作用。在人的高级需要中,充分全面发展人的才能的需要是核心和主要的方面。因此,人类的两大类需要具有内在的辩证的关系。低级需要是人的基本需要,在它的基础上高级需要才可能产生。但是,人的高级需要一旦稳定地形成以后,它又对低级需要的内容与形式发生强烈的影响。人的高级需要绝不是满足低级需要的工具与手段,而是具有最高调节作用的机构。

二、关于满足需要的条件和目的

马克思主义认为,满足人的需要是有条件的,这个条件主要是,应建立社会主义制度。

恩格斯曾指出:"社会生产力已经发展到资产阶级不能控制的程度,只等待联合起来的无产阶级去掌握它,以便建立这样一种制度,使社会的每一成员不仅有可能参加生产,而且有可能参加社会财富的分配和管理,……能够保证每个人的一切合理的需要日益得到满足的程度。"[1] "通过社会生产,不仅可能保证一切社会成员有富足的和一天比一天充裕的物质生活。而且还可能保证他们的体力和智力获得充分的自由的发展和运用。这种可能性现在是第一次出现了,但是它确实是出现了。"[2]

马克思说得更为明确:"我们的目的是要建立社会主义制度,这种制度将给所有的人提供健康而有益的工作,给所有的人提供充裕的物质生活和闲暇时间,给所有的人提供真正的充分的自由。"[3] 只有在自由人的联合体中,个人才能获得其全面发展的手段。马克思还认为"活动和享受,无论就其内容或就其存在的方式来说,都是社会的,是社会的活动和社会的享受"[4]。此外,马克思还强调指出:"个人是社会存在物。因此,他的生命表现,即使不采取共同的,同其

---

[1] 马克思恩格斯全集(第19卷)[M]. 北京:人民出版社,1963:123.
[2] 马克思恩格斯全集(第3卷)[M]. 北京:人民出版社,1965:322.
[3] 马克思恩格斯全集(第21卷)[M]. 北京:人民出版社,1965:570.
[4] 马克思恩格斯全集(第42卷)[M]. 北京:人民出版社,1965:121.

他人一起完成的生命表现这种直接形式,也是社会生活的表现和确证。"①

马克思还认为,要满足由社会本身产生的新的需要,就需要"培养社会的人的一切属性,并且把他作为具有尽可能丰富的属性和联系的人,因而具有尽可能广泛需要的人生产出来——把他作为尽可能完整和全面的社会产品生产出来"②。恩格斯把这种人称为"全新的人",并预言,社会主义社会"将创造出这种新人来"③。

列宁继承了马克思、恩格斯的思想,也曾明确地指出:社会主义要"充分保证社会全体成员的福利和自由的全面的发展"④。这既是社会主义制度的目的,也是社会主义制度下满足和发展人的需要的目的。

第二节 马斯洛的需要层次论与人的发展

在近代西方的心理学研究中,关于人的基本需要的研究,影响巨大并具有代表性的,首先要数马斯洛的人的需要层次论。因此,我们有必要重点对其进行论述。

一、马斯洛的需要层次论的一般问题

马斯洛是一位美国的心理学家,1954年出版了《动机与个性》一书,在其第一章的"人类动机理论"中,系统地提出了人的需要及其层次和分类。

马斯洛认为,人的基本需要可以归纳为五类,这五类需要有从低级到高级的层次。

(1)生理需要。这是人类最原始的最基本的需要,它指饥有食品,渴有饮料,寒暑有衣服和庇护所,疾病有药物治疗,这些需要如果不能满足,就会有生命的危险,所以是最强烈的,也是不可避免的最低层需要。这说明,当一个人为生理需要所控制时,那么其他一切需要都被推到幕后。

(2)安全需要。要求生活、生存的安全。每一个在现实中生活的人,都会产生安全感的欲望、自由的欲望、防御的实力欲望。

---

① 马克思恩格斯全集(第42卷)[M].北京:人民出版社,1965:121.
② 马克思恩格斯全集(第46卷:上)[M].北京:人民出版社,1979:392.
③ 马克思恩格斯全集(第1卷)[M].北京:人民出版社,1965:222-223.
④ 列宁全集(第6卷)[M].北京:人民出版社,1986:37.

（3）社交需要。社交需要亦称归属与爱的需要。当前一项需要基本满足之后，社交的需要就成为强烈的动机。

（4）尊重的需要。自尊、自重且需要别人的高度评价。满足自我尊重的需要导致自我信任、价值、力量、能力、适应性等方面的感觉。

（5）自我实现的需要。自我实现需要是人的需要层次结构里最高层次的需要。自我实现需要是指人们希望完成与自己的能力相称的工作，使自己的潜力、能力得到充分的发挥，成为所斯望的人物。马斯洛说："音乐家必须演奏音乐，画家必须绘画，诗人必须写诗，这样才会使他们感到最大的快乐。是什么样的角色就应该干什么事。我们把这种需要叫作自我实现。"

二、自我实现的需要与人的才能的充分发展

从上述马斯洛的人的基本需要的五个层次里，我们可以看出，马斯洛的人的基本需要理论是与人的充分发展有密切关系的。

在马斯洛人的需要的五个层次里，除了第一个需要是人的最低层次的需要，主要指满足基本、起码的生活需要外，其他四个层次的需要无一不与人的发展有密切关系。如在第二层次上的安全需要里，马斯洛认为，每个人都有自由的欲望，而要实现自由欲望，显然人必须自由充分地发展；人只有充分自由发展，才可能实现他的自由欲望，才可能有安全感。反之，正是人的自由欲望，决定了人渴望着才能充分地发展。又如在第三层次的需要里，马斯洛认为，自我尊重的需要，导致自我信任、价值、力量、能力等感觉。这就是说，满足自我尊重的需要，要求着人们必须使自己的才能得到充分自由的发展，只有当每个人的才能能得到充分发展时，人才能谈得上实现自我尊重的需要。特别是马斯洛的第五个层次自我实现的需要，与人的才能、潜能充分发展更是密切相关。我们不妨做一比较详细的分析。

每一个有思考能力的人都能意识到：自己身上所存在的能力和品质将是如何影响到他的前途和命运的。人人都会渴求自己具有一种生机勃勃的精神状态，期望获得充满活力与效能的心理机能；人总是希望最高程度地发展自己的智力与才能，从而能为社会作出卓有成效的贡献。这是因为，从内部的心理机制来说，健康的个性是一种和谐发展的个性。从外部活动的效能来说，健康的个性是一种富有高度效能的具有创造性的个性。因此，健康的个性，就是在体力与智力、知识与道德、性格与才能、理性与直觉、美的体验与美的表现等诸方面获得高度和谐发展的人。所谓"自我实现者"，是业已或正在施展才能或充分发挥潜能的人。用马斯洛的话来说，"这种人好像是在体现他们自己并尽其所能"，在自我充实的基础上使个人的创造能力获得相应于个人禀赋特点的方向发展。

马斯洛的"自我实现"和人的才能充分发展的密切关系还表现在，它不是从外部，而是从人的本性中派生出价值体系。马斯洛认为，数千年来，人本主义者总是企图建立一个自然主义的、心理的价值体系，试图从人自己的本性中派生出价值体系，但历史上出现的这些理论，统统宣告失败。不过，由于最近几十年间心理学在现代科技发展的推动下，由于人本主义心理学家艰苦卓绝的努力，才一举解决了哲学家为之无效奋斗了若干世纪的价值问题。在马斯洛看来，似乎有一个人类的终极价值，一个所有人都追求的遥远目标。这个目标就是被不同的著作家分别称为自我实现、自我现实化、整合、心理健康、个别化、自主性、创造力、生产力的东西。但是，所有的这些著作家都一致同意，这个目标就是使人的潜能现实化。也就是说，使这个人成为有完美人性的、成为这个人能够成为的一切。

在马斯洛看来，人的生物性潜能的实现就是人的价值，因而人的基本需要就是基本价值。基本需要得到满足，给予人们许多顶峰体验，每一个顶峰体验本身就是绝对的乐事和完美，足以证实人生不需要比他们自身更多的东西了。马斯洛还认为，人有一种内部的压力，指向个性的统一，创造力的产生，完美个性的形成。人的价值在于人的生物潜能的自我实现，这究竟有无科学根据呢？马斯洛认为是有的。他说："成百的实验已经证实，如果呈现给动物可供自由选择的对象足够多，那么就可以看出，各种动物普遍具备选择有益食物的天生能力……"

马斯洛还坚信，人的自我实现是人类共同具有的价值，生物学的资料和理论与自我实现的理论完全一致。一句话，坚持活动。肌肉发达的人喜欢运用他们的肌肉，的确，为了自我实现必须使用它们，这样才能达到主观感觉上和谐的、没有压抑的和满意的活动。这是心理健康的非常重要的方面。有智力的人必须运用他们的智慧。

进一步分析马斯洛自我实现需要的内容，我们还可以清楚地区分两个方面，人的社会美德——人道主义需要与人的潜能活动的需要。

第一方面，马斯洛强调人具有先天的人道主义的需要。在他看来，这类需要源于人的生物学的遗传本性。

第二方面，马斯洛指出，人存在先天的智能的需要。他认为，智能就是需要，因而也是固有的价值，而且两者的关系已密切到这种程度：假如智能相异，价值也会因之有所不同。在马斯洛看来，有绘画才能的画家总会去埋头作画，有诗歌才华的诗人一定会呕心沥血地创造出新篇章，有经营能力的资本家总要去发财致富。

马斯洛断言，人按其本性，表明有指向越来越完善的存在，越来越多地完全实现其人性的压力。一颗橡树籽可以说"迫切要求"成长为一棵橡树；一只老虎可以看成是正向老虎的样子"推进"，一匹马也总是朝着马的模样前进。人最终不是被浇铸成或塑造成人，也不是被教育成人的。环境的作用，最终只是容许或帮助他使自己的潜能现实化，环境并不赋予人的潜能或智能，是人自身的萌芽或胚胎的形态具有这些潜能，人总要求自我实现。

第三节　人的欲望的层次、内容、特征

西方经济学将人定义为：追求私利和个人利益的"经济人"，这是根本错误的。中国特色政治经济学当代紧迫的任务就是要在人的发展的角度为经济学还原形形色色的人，特别是还原社会人、人的社会属性。

其一，从属性来说，欲望、需要和需求揭示了动机的三种不同状态。欲望是心理学意义的名词。有学者认为："欲望表明的是人类的主观愿望与具有的心理学意义，需要表明的是欲望与对象的结合和由此形成的行为动力学意义，需求表明的是有货币支付能力需要的经济学意义。"[1] 从经济学意义上说，需要强调"要"，需求强调"求"。

其二，从外延来说，欲望、需要和需求揭示了动机的三种不同范围。欲望是人类的主观愿望与具有的心理学意义，说明人性首先是有欲望；需要表明的是欲望与对象的结合和由此形成的行为动力学意义，说明需要是由欲望推导并由欲望引起的一种动力；需求表明的是需要的经济学意义，说明需求是由需要引起的并受需要制约。由此推知，欲望引起需要，需要引起需求，需求是需要在经济上的实现。欲望包含需要，需要是欲望的一部分，需求又是需要的一部分。"没有欲望，需要无从谈起，没有需要，需求亦无从谈起，欲望是需要的基础，需要是需求的基础，反之，只谈需求，则会忽略经济学领域更加广泛的非货币含义的欲望与需要，使得经济学偏离以人为研究对象的初衷。"[2]

---

[1] 黄娟. 基于人性需要视角的中国消费潜力研究 [D]. 南昌：江西财经大学，2012：32.
[2] 黄娟. 基于人性需要视角的中国消费潜力研究 [D]. 南昌：江西财经大学，2012：32.

对于人的"欲望",心理学家对此进行了不少研究,从心理学上说,欲望(wanes)是一种因感觉缺乏而希求得到满足的愿望,是动物界普遍存在的心理现象。人的欲望是人体的机能,是人体各种器官能渴望得到满足而通过一系列复杂的心理过程表现出来的一种心理现象。欲望主要来自先天遗传,并在后天的生活实践中随身心机能和环境的变异得到补建、强化和改变。一般而言、欲望具有四个主要特征。

首先,欲望具有无限的特征。人类的欲望是无限多种的,一种欲望满足了,新的欲望就会产生,层出不穷,永无终结。欲望这种无限性,成为人类一切行为发生和社会进步的根本动力。其次是欲望的层次性。根据马斯洛"需要层次"说,人的需要或欲望是有层次的。人的欲望的层次性和依次递升性,归根到底来自它们对于人类生命存在和发展的重要性的差异。而这种差异成为人类进行行为选择的基本依据。再次,欲望强度的有限性和反复再现性。人类大部分欲望在一定时间内的强度都是有一定时间限制的。当某种欲望得到满足时,它便强度减弱,直至饱和态时的欲望消失。欲望强度的有限并反复再现,成为人类形成周而复始的循环活动的基本心理依据。最后,满足欲望的对象的可替代性。欲望的这些重要特性,使它成为人类一切行为的根本动机。满足欲望成为人类经济活动的根本出发点。经济活动的起点与发展都离不开人,人类的经济皆为了满足人的欲望和需要而产生。因此,经济学的研究对象和逻辑起点应当是人,其中包括人的欲望。

在西方的近代和现代,除了一些心理学家、哲学家探讨和论述了人的欲望和人的充分发展的关系外,更有一些经济学家对此做了同样的探讨和论述。例如:著名的英国经济学家马歇尔,就曾改变古典经济学家李嘉图等人对人的欲望的忽视,深入探讨、论述过人的欲望和人的才能充分发展的关系。

马歇尔在其所著的《经济学原理》一书中认为,"研究人的欲望及其满足,就是需要与消费的研究"①。马歇尔还指出:"我们将从对各种人类欲望的简短研究开始,从它们与人类努力和活动的关系来考虑。因为人类进步的本性是一个整体。为了便于研究,我们能够有力地把人类生活的经济方面孤立起来,但这不过是暂时和临时的;我们应当仔细地总的来看这个方面的总体。现在我们特别需要坚持这一点,因为对李嘉图及其追随者比较忽视欲望研究的反应,表现出走向相反极端的迹象。维护他们稍微偏全的重要真理仍然是重要的;这个

---

① 马歇尔. 经济学原理(上卷)[M]. 朱志泰,译. 北京:商务印书馆,1983:103.

真理就是：欲望在低等动物中是生活的主宰，但当我们探求人类历史的基本原则时，我们必须研究努力和活动的形式的变化。"① 马歇尔经过研究，将人的欲望分为两个层次。

第一层次是：多样化的欲望。

人类的欲望和希望在数量上是无穷的，在种类上是多样的，但它们通常是有限的，并能满足的。未开化的人的欲望的确比野兽多不了多少，但是，他向前进展的每一步都增加了他需要的多样化，以及满足需要的方面的多样化。他不仅希望他惯常消费的东西有较大的数量，而且希望那些东西有较好的质量；他还希望东西有较多的花色可供选择，希望有满足他心中产生的新欲望的东西。并且，随着人类的文化的提高，随着人类的智力的发达，人类的欲望就会很快变得更为精细和更为多种多样起来。

然而，当一个人的财富增加时，他的食物和饮料就变得更为多种多样和昂贵了；但他的食欲是受自然的限制的，当他花于食物的费用达到奢侈浪费的时候，满足款客和夸耀的欲望，比放纵他自己的感觉器官，次数更多。这一点，正如著名经济学家西尼尔所说的："多样化的欲望尽管是强烈的，但与优越感的欲望相比是微弱的，如果我们考虑后一种欲望的普遍性和永久性，就是：它在一切的时间影响一切的人，从我们生下地它就随之而来，直到我们进入坟墓它才会离开我们，则这种情感可以说是人类情感中最为有力的了。"这个重要的半真理，从人类对精美的和多样食物的欲望与对精美的和多样衣服的比较中，便足以证明了。

第二层次是：充分发挥和发展才能的欲望。

马歇尔认为，还有一种发挥和发展活动的欲望，遍于社会中每一等级的人，这种欲望不但导致为科学、文学和艺术的本身而追求它们，而且导致作为职业而追求它们的那些人的工作的需要迅速增大。空闲被用作仅仅是休息的机会越来越少了，对于发育、发展活动，而不是放纵感觉器官的瘾癖的那些活动有一种日益增长的欲望。另外，对于高度熟练的自由职业者的服务和技术工人的最优秀的工作的需要，大部分是发生于人们对于他们自己才能的训练和爱好，和人们借助于最巧妙地适合和合用的工具以发挥这种才能的爱好。

不过，对于人类欲望和活动的关系，马歇尔和马斯洛的看法不完全相同。马斯洛认为，是人们的需要引起人们的活动。而马歇尔认为，"概括地说，在人

---

① 马歇尔. 经济学原理（上卷）[M]. 朱志泰, 译. 北京：商务印书馆, 1983：105.

类发展的最初阶段中,虽然是人类的欲望引起了人类的活动,但以后每前进新的一步,都被认为是新的活动的发展引起了新的欲望,而不是新的欲望的发展引起了新的活动。"①

总之,人类的任何经济动机都是因为相应的欲望和需要的存在以及为满足这些需要而开展的活动。由人类欲望引发的对各种物质对象的需求是经济活动发生的根本原因之一。

由此,我将欲望的具体内容和特征归纳如下。

一、欲望的具体内容

第一,欲望是一系列复杂的心理过程。"欲"字"在构造上就有一个'欠'字。所以,人的欲望总是与'欠缺''没有'关联着,并且因为'欠缺''没有',所以人生就会有'不满'的感觉。这个不满既意味着生理上不满足,也意味着心理上不满意。因为不满足和不满意于这种'欠缺''没有',所以人的生活就产生出对欠缺和没有的东西—种追求和期望"②。

人通常在情感上体验到欲望的变化,欲望的满足程度的变化与苦乐的变化经常有着一致性。"当苦乐感停留在感觉印象的层次,欲望的程度就会与一些直接情感相适应,满足于食欲、舒适、安逸等较为平常的享受。当苦乐感升华为爱、恨、骄傲、谦卑等间接情感后,欲望的程度也会衍生为占有欲、拜金欲、炫富欲、征服欲、虐待欲,甚至毁灭欲等形态。随着情感受到外在条件与印象的更大规模的刺激,欲望也会无限地膨胀。"③

第二,欲望是指基于人的生理和心理需要所产生的对对象的渴求。显而易见,任何欲求与期望都具有一种意向性,它一定指向某物和朝向某物。荀子认为,"人生而有欲",如"饥而欲食,寒而欲暖"(《荀子·荣辱篇》)。欲望人皆有之。一方面,"欲不可去",实现人的身心和谐不能靠"禁欲",也不能笼统地讲"寡欲";另一方面,人又不能放纵欲望,随心所欲。怎么办?解决这个难题我国古代思想家提出了一个办法,即通过内省式的心理修养功夫对欲望进行理性的节制和引导。这种办法只看到了欲望是一种心理渴求状态,但从欲望

---

① 马歇尔.经济学原理(上卷)[M].朱志泰,译.北京:人民出版社,1975:109.
② 戴茂堂.创产欲望的伦理学审视[J].湖北大学学报(哲学社会科学版),2009(6):22-25.
③ 沈广明.从欲望的不知餍足到财富增殖的无止境[J].武汉理工大学学报(社会科学版),2012(4):579-583,621.

对对象的指向性角度来讲，欲望则需要通过实践去满足。"正是欲望本身作为人们行为发生的最真实的动力，逻辑地催生和呼唤着创造性的生产。"① 马克思认为，通过人的劳动创造一个能满足人的需要的对象世界，并通过亲手创造出来的劳动成果可以反观人自身欲望的满足。

通过以上的分析，有助于我们理解人类还有一个可贵的欲望，即充分发挥和发展才能的欲望。"马歇尔认为，还有一种发挥和发展活动的欲望，遍于社会中每一等级的人，这种欲望不但导致为科学、文学和艺术的本身而追求它们，而且导致作为职业而追求它们的那些人的工作需要迅速增大。空闲被用作为仅仅是休息的机会越来越少了，对于发育、发展活动，而不是放纵感觉器官的那些活动有一种日益增长的欲望。另外，对于高度熟练的自由职业者的服务和技术工人的最优秀的工作的需要，大部分是发生于人们对于他们自己才能的训练和爱好，和人们借助于最巧妙地适合和合用的工具以发挥这种才能的爱好。"②

二、欲望的基本特征

人的欲望是人体的机能，是人体各种器官渴望得到满足而通过一系列复杂的心理过程表现出来的一种心理现象。欲望主要来自先天遗传，并在后天的生活实践中随身心机能和环境的变异得到保健、强化和改变。

在当今社会，消费者的欲望一部分是天生的，很大一部分是由商家和周围的人群创造出来的。例如，吃、喝、睡、住等是与我们的动物属性相关的绝对需求，另外还有很多与周围邻居、相关社群有比较的相对需求则充满了心理因素。现代社会成了一个绝对需求要不断满足，没有相对需求则要加以培养的社会，其相对需求有以下特点："第一，消费欲望的形成不再单纯地由生物因素或经济因素所决定，而是涉及社会、文化等复杂因素（如：身份认同、地位、炫耀等）第二，欲望具有不断增长与膨胀的特点；第三，消费涉及对快乐体验和享乐价值的追求，这种快乐具有短暂性和易变性，并因此而表现为人们对新奇产品和时尚体验的无尽追求。"③ 可见，不论从哪一个角度看，欲望的不断更新和无节制膨胀是其根本特点。

---

① 戴茂堂. 创产欲望的伦理学审视 [J]. 湖北大学学报（哲学社会科学版），2009（6）：22-25.
② 转引自许崇正. 人的发展经济学概论 [M]. 北京：人民出版社，2010：69.
③ 王宁. "国家让渡论"：有关中国消费主义成因的新命题 [J]. 中山大学学报（社会科学版），2007（4）：1-7.

整个人类社会活动和经济活动的主体是人，整个人类社会活动和经济活动深层次的动力源是丰富的人性和复杂多变的欲望，但只要人活着，只要人的身体存在，人的欲望活动就不会停息。因此，人的发展经济学将人的欲望作为它的逻辑起点相关联和重要的内容之一。

第四节　人的行为

在人与世界的关系中，同物、客体、自然界相对而言的是人、主体、社会。每个人既是社会的人，同时又是个体的人。作为社会的人，要受社会系统、社会背景、社会制度、社会关系、社会价值观的影响。作为个体的人，还受潜能、欲望、理性、需要、心理倾向、情绪、价值偏好、习俗、文化等理性和非理性因素影响。另外，每个人在生理和心理上在经验积累和知识的掌握、在能力的发展和能动性的发挥上，都各有差异。人的复杂性决定了人的行为的复杂性。人的发展经济学等社会科学重要任务之一就是对人的行为做出解释。

从人与自然界的关系出发，基于人类欲望的无限性与资源有限性这对矛盾的存在，以资源稀缺性假设为前提，新古典经济学将人假设为无差别的"经济人"，"其基本特点是把人假设成追求个人利益最大化的人，并把经济人的行为特征等同于整个人类的行为特征。人与人之间没有任何区别，是具有完全可替代性的'经济原子'。西方主流经济学所基于的经济人假定偏重对个体的共性描述，假定人类的行为都是理性和自利的，人人都是绝顶聪明的自利者，其基本含义为经济人在做出经济选择时，根据理性原则的逻辑推理，必定选择那个能给他带来最大效用的方案。经济人还包含市场的完全性，即假定市场结构是完全竞争，市场信息是充分的，市场交易瞬间可成，不存在交易费用。"①

传统主流经济学对人类行为的认识集中在行为产生的经济因素上，基于资源稀缺的假设，对资源、供求、市场、价格和就业等因素进行定量分析，其研究中面对的是物量关系而忽略了人与人、人与物之间丰富的互动关联，从而使得现实世界在新古典的视野下变成了物质资源配置系统。此外，传统主流经济学根据"经济人"的经济环境和条件来分析人的行为，对现实问题的解释上对心理因素的研究相对于物量关系的研究则显得单一空洞。"著名心理学家、普林斯

---

① 许崇正. 人的发展经济学概论［M］. 北京：人民出版社，2010：74.

顿大学的卡尼曼教授和斯坦福大学的特韦尔斯基教授强调指出，人们的行为不仅受到利益的驱使，而且还受到多种心理因素的影响，如本能、偏见、歧视和嫉妒等。但这些因素在传统经济学中被有意无意地抽象掉了，因此现实中存在传统理论无法解释的一些人的行为，同时经济预测也常常出现较大误差。在此种情况下，经济学家们为了使理论更好地符合现实，只得另辟蹊径。一批西方经济学家把研究视角投向经济现象背后，试图发现牵动经济现象的活的主观因素和心理因素，以心理分析和经济运行规律的有机结合为基础的行为经济理论便脱颖而出。"①

"理性经济人"假设是为了解释人的行为的，但尽管"理性经济人"已在西方的经济理论界和大学讲台占据统治地位，但随着经济生活的深入，"理性经济人"在解释人的行为上暴露出了很多问题。

其一，西方主流经济学家的传统人类行为模型强调狭隘的自私自利，与现实生活中人的行为不能完全符合。自私诚然是一项重要的人类动机，但其他的动机也很重要。"因为在现实生活中的人，除了追求自身利益之外，还有情感、安全、社会地位等方面的追求。特别是他们要受不同的经济条件和地位的制约，在经济行为上有很大差异。"② 只谈自私不仅显得卑鄙，而且使得我们在解释人类行为的这一重要方面只发表一些抽象和空洞的看法。

其二，最大化完全理性也受到了质疑。经济学家的传统模型假设，消费者决策是孤立做出的——尽管所有的证据都否定了这种意见。布兰德等人通过心理学实验证明，最大化行为不是典型的，而"非理性"行为在现实生活中更普遍。事实上，人们所有的评估都极大地取决于社会背景。例如，"传统模型说，理性人在权衡每周工作多少小时、花多少钱在不同商品上的时候，所得结果往往有利于推动社会整体的利益。可考虑到背景因素，情况并非如此。就拿花多少钱买一套面试专用套装来说吧。实验证明，要是一名候选人穿得比其他人更好，他更容易中选。这就为多花钱买套装创造了显而易见的动机。然而，倘若所有候选人都将服装费提高3倍，同一份工作还是会落入先前那名候选人手里。在这种情况下，如果人人都减少置装费，多花点钱购买预防疾病用的药物，或者买辆更安全的汽车，恐怕结果会更好。"③

---

① 李树. 经济学中的人本主义价值取向 [J]. 江淮论坛, 2006（5）：15-21.
② 许崇正. 人的发展经济学概论 [M]. 北京：人民出版社, 2010：78.
③ 弗兰克, 阎佳. 行为经济学的新近发展 [J]. 数据, 2009（10）：34-35. 并参见许崇正, 韩喜平, 朱巧玲. 人的发展经济学教程——后现代主义经济学 [M]. 北京：科学出版社, 2016：90.

其三，市场的完全性也不真正存在。传统假设认为，人在进行选择的时候是理性的、不动感情的。这一假设认为，倘若人们不受限制地自由交易，社会将获得有益结果。暂且不说在市场配置资源的社会生活中环境具有不确定性，信息通常是不完全的，完全竞争的市场根本不存在，即使面对真实的市场信息，个人由于并不总是冷静和不动感情的，受有限注意力和有限感知能力等的约束，由于系统化认知偏差可能会造成不同的行为。

人是复杂的生命体，人的欲望、人的需要等方面的复杂性决定了人的行为的复杂性，解释人的欲望、行为应该成为人的发展经济学的任务。但是，人的发展经济学与西方理论经济学关于人的经济行为研究的结论是根本不同的。①

第五节　我国现代需求观的探讨

人的需要问题既是一个理论问题，又是一个社会问题，它在经济学中应占有不可忽视的地位。

从上面几节的论述可以看出，需要问题，不仅是西方心理学家、经济学家重视、研究的问题，更是马克思主义经典作家们十分重视、一直加以研究的问题。我国当前正在进行现代化建设，要实现现代化，就必须十分重视对人的需要问题的研究，必须建立适合我国国情的现代需要观。

作为一个社会主义国家，我国的现代化应该是社会主义现代化，马克思主义的需要、价值观应是主导的需要、价值观，这是没有疑问的。我国又是一个发展中国家，我们必须向外部世界开放，认真吸取发达国家的一切有利于经济社会发展的经验，包括一切合理的需要、价值观念。同时，我国有悠久的历史和文化传统，许多传统的需要、价值观念对于我们自己社会的进步和发展也是非常重要的。这就是说，我国当前需要、价值观的变革应该是在坚持马克思主义需要、价值观的主导作用的同时，实事求是地对待我国传统的需要观和西方文明的需要观。三者的关系应该是有主导、有继承、有吸收、有批判、有发展的关系，这样才能形成具有中国特色的马克思主义需要观的体系，才真正有利于促进我国社会主义现代化建设事业的蓬勃发展。

---

① 人的欲望和人的行为［M］//许崇正. 人的发展经济学概论. 北京：人民出版社，2010：66-69. 并请参见许崇正，韩喜平，朱巧玲. 人的发展经济学教程——后现代主义经济学［M］. 北京：科学出版社，2016：86-90.

我国现代需要观的构建，必须从社会性质、历史文化、时代发展三个向度进行立体全面构建。我国是社会主义国家，需要观必须以马克思主义的需要为基本指导思想，以实现人的自由而全面发展为动力和目标，充分调动和依靠广大人民的主体性和积极性。我国又是一个历史文化悠久的国家，有着丰富的需要思想和资源，如"天人合一"思想、"不患寡而患不均"思想、"见利思义"思想，等等。这些丰富而独特的思想资源是现代需要观形成的肥沃土壤，是中国走向世界、彰显自信和民族特色的强有力文化支撑。作为一个全球化时代中的发展中国家，我国必须向其他国家开放，学习、借鉴和吸收包括发达国家在内的外部世界先进的发展经验和合理的价值理念、需要等。综上，我国当前需要观的确立必须以马克思主义需要观为指导，重视和发扬传统文化中的正确需要观，同时以开放的心态正确对待西方的需要观。

一、我国当代需要观的主要特征

对于生活在特定地域、特定时代的人来讲，需要具有鲜明的现实性。当前中国，经过30多年的改革开放和现代化建设，整个国家、社会面貌已今非昔比，经济、政治、文化、社会到生态环境都有了巨大的变化，这种发展和变化毋庸置疑成为当代需求观的产生基础和逻辑起点。

改革开放后，我国以经济建设为中心，随着物质财富的增加，人民的需要总量和结构也开始逐步发生变化。1987年，党的十三次代表大会确立我国的发展战略，第一步是从1981到1990年实现国民生产总值比1980年翻一番，解决人民的温饱问题；第二步是从1991年到20世纪末，使国民生产总值再翻一番，达到小康水平；第三步是到21世纪中叶，国民生产总值再翻两番，达到中等发达国家水平，基本实现现代化。然后在这个基础上继续前进。我国发展如期完成发展战略设定的目标，分别于20世纪80年代末解决温饱问题、20世纪末达到小康水平，目前正朝更高水平、更全面、更均衡的社会迈进。人们的需求已从最初的追求温饱的基本生存需要向更高级的享受需要、发展需要转变。

在总量消费上，经过几十年的发展，人们的收入水平有了大幅度提高，消费总量也相应有了大幅度提高。与农村和城镇居民收入增长和消费支出增长相适应的是，社会消费品总额的稳步快速持续增长。人均国民收入是判断一个国家经济发展程度和水平以及消费结构的另一指标。世界银行根据各经济体人均国民收入，将每个经济体划分入低收入、中等收入（又分为下中等收入和上中等收入两个亚组）或高收入组别。从数据和国际标准来看，我国人均国民生产总值（GNP）已迈入"中等偏上"国家的行列，作为影响消费的最主要因素，收入的提高必然带来消费理念、行为和消费结构的变迁。

（1）私有住房和人均居住面积成倍增加。与我国住房商品化、货币化改革相适应，城市商品房和房地产市场高速发展，中国人进入有私家房产的历史新阶段。城市和农村居民在住房上的消费都大幅度增加，人均住房面积大幅度提升。

（2）耐用消费品的数量，尤其是城市私家车需要和消费快速增长。居民家庭耐用消费品，包括摩托车、洗衣机、电冰箱、彩色电视机、组合音响、照相机、空调、淋浴热水器、计算机、户外摄像机、微波炉、健身器材、移动电话、固定电话的拥有数量持续稳定增加，给居民家庭生活带来极大便利。其中，城市私家车需要和消费明显大幅增长。

（3）旅游消费迅猛增长。旅游休闲是消费升级的重要标志。随着人们收入的不断增加和生活质量的不断提升，人们对于旅游的需要迅猛增加，国内旅游、出境旅游、入境旅游蔚然成风，旅游已成为人们放松身心、丰富生活的必要构成部分。

（4）信息消费发展迅猛。进入21世纪后，手机消费已从奢侈消费、炫耀性消费变为大众消费，男女老少、农村城市，手机随处可见，信息沟通方便快捷。网络需要、网络消费也悄然进入人们的生活，不出门而知天下事已成为社会现实。全面普及的手机、电脑、网络深刻改变了人们的生活方式，电子商务、网络购物改变了传统的营销方式和消费模式，各种公开课和"慕课"的兴起和发展丰富了教育资源，开拓了教育渠道，创新了教育方式。

（5）人均教育消费迅速增加。教育消费一直处于稳定增长态势。

（6）文化消费不断增加。文化消费是指用文化产品或服务来满足人们精神需要的一种消费，文化产品主要包括报纸杂志、电视、电影、图书等传统文化产品和游戏、动漫、电影等新兴文化产品。根据有关研究数据，我国文化消费潜在规模约为4.7万亿元，占居民消费总支出的30%。而当前实际文化消费规模仅占居民消费总支出的6.6%，存在很大文化消费缺口。从消费结构看，报纸杂志、电视、图书等传统文化产品依然是居民主要偏好的文化产品，游戏、设计、电影等新兴文化产品逐渐呈现明显上升趋势。

二、建立我国现代化需求观的几点设想

综上所述，建立适合我国国情的有利于社会主义现代化建设和中华民族伟

大复兴的需要观，可以做以下八点设想。

（1）我国当代需要观的理论主体和指导思想是马克思主义的需要观。马克思主义需要观科学阐述人的需要的全面性和层次性、人的需要的无限性和有限性、人的需要和人的本质关系、人的需要的社会性和发展性、人的自由全面发展及实现条件，为中国特色社会主义的发展明确指明方向，沟通了现在和未来，将社会主义的当前阶段目标和最高目标有效衔接，既立足于当前实际，又着眼于长远，实现雄心壮志和脚踏实地的辩证统一。

（2）我国当代的需要观具有开放性，在马克思主义需要观的基础上，积极吸取传统文化的需要观和西方某些合理的关于人的思想，构建具有中国特色的、以人为本的、符合既定阶段国情的需要观。在满足人民基础生存需要的基础上，不断提升和发展人的享受需要和发展需要，充分发挥人民的身体和精神潜能。

（3）深刻认知人的需要在人的实践和社会进步中的根本推动作用。人是认识活动和实践活动的主体，人在认识活动和实践活动中不断改造和提升自己，并通过认识活动和实践活动改变自然界、人类社会和精神，推动人类社会的发展和进步。人是经济社会发展的主体，是生产力中的能动因素，正是通过人的能动性，物质资本、自然资源得以优化组合，实现物质财富的增加。没有人，一切生产要素都是死的，都是消极的，只有充分调动人的体力、脑力，人的积极性、主动性，才能形成真正的生产力。在人的主体性中，人的需要构成人认识和实践的直接动力。人类生存的前提也就是历史的第一个前提，人类为了创造历史必须能够生活，因此，物质资料的生产成为人类历史的第一个活动。已经满足的需要本身、满足需要的活动和已经获得的为满足需要使用的工具又引起新的需要，新的需要不断推动历史向前发展。人类在生产物质生活的同时，开始生产人与人之间的社会关系，最初是家庭，逐渐突破家庭，产生出社会、阶级和国家。"需要"这个范畴在理解和描述现实的人和现实的社会和历史的过程中具有重要的地位和意义，必须从人的需要及其现实性出发来引导和规范社会生产和社会发展，以人的需要的满足作为衡量经济社会发展的内在标准和尺度，充分调动人的主体性和积极性，让广大人民能够分享经济社会的成果。

（4）人的自由全面发展是人的需要的最高层次。马克思主义需要观认为人的需要可包括人的生存、享受和发展需要。人的发展需要是一种自由全面的发展，是人最高层次的需要，这种需要的实现需要一定的条件，需要物质的极大丰富、生产关系的变更以及人自我素质能力的提高。这些条件的满足并非完全就是一个生产力的问题、一个物质财富的问题，并不是经济发展后的逻辑必然，这些条件本身就是一个主客体的统一。关于在满足人们的基本物质资料需求后应努力满足人们的享受需要和发展需要，尤其是发展需要的思想，在一些社会主义国家实践中并没有得到充分的重视。一方面，现代化建设要大力发展生产力，以不断增加的物质财富满足人的生存和享受需要；另一方面，也要引导人们正确对待物质财富，确立正确的财富观，通过教育、文化熏陶等方式影响人的主观世界，适时、有效地进行需要的提升和改造，以高层次的需要影响和规范人的基本需要。

（5）以科学、合理的人的需要观来评价和规范经济增长。在很长一段时间内，学界将经济增长等同于经济发展，认为物质财富的增加必然带来社会的进步。甚至在经济学领域中，资源的有限性和欲望的无限性成为一个不证自明的公理存在，把一个具有相对性和阶段性的人与物质关系绝对化和永恒化。简单照搬这种学术范式和学术理念必然带来严重后果，一方面鼓励和滋长了人的欲望和贪婪，致使人陷入拜金主义、享乐主义的泥潭不能自拔；另一方面，必然造成社会关系的紧张和对立，造成人对自然的无限度索求和肆意破坏，从根本上破坏人的生存环境。必须以人的需要来规范经济的增长，经济增长是满足人的需要的手段和中介，并非人类追求的终极目标，经济增长必须服务于人的需要和发展。

（6）正确认知社会主义初级阶段的主要矛盾，在努力化解矛盾的同时，要看到矛盾本身的相对性和阶段性，处理好经济增长、经济发展和人的发展的相互关系。1981年，党的十一届六中全会对我国社会主要矛盾做了规范的表述："在社会主义改造基本完成以后，我国所要解决的主要矛盾，是人民日益增长的物质文化需要同落后的社会生产之间的矛盾。"这一提法沿用十九大。党的十九大报告指出："中国特色社会主义进入新时代，我国社会主要矛盾已经转化为人民日益增长的美好生活需要和不平衡不充分的发展之间的矛盾。"从而指引我们摆脱更多从物质视角看需要的旧思维，适应人发展的内在要求，通过发展教育、文化建设、提供公共产品和服务、消除不平衡性、实现社会公正等各种途径和方式满足人的发展需要。

（7）合理引导人，规范现实社会中人的需要，不断提升和改造人的需要，倡导健康、科学的需要观，克服和抵制拜金主义、享乐主义。我国改革开放在经济领域的主要内容是建立并完善社会主义市场经济，并已取得巨大成果，也积累了一些矛盾。市场的逻辑在促进经济发展的同时，在社会领域营造出重视和追求利益的文化氛围，无可避免形成拜金主义、享乐主义文化，社会关系变得复杂、多元，人对物的依赖性逐渐加深。作为公共利益代表的政府必须以人的需要发展规律为依据，规范和引导人的现实需要，不断提升和改造人的需要，从传统文化和其他领域中寻求合理资源，形成对市场经济价值观和理念的有效抗衡力量。

（8）在思维方式上，将整体需要和个体需要相结合，寻找二者利益一致的结合点。在认识和满足人的需要问题时，针对我国国土辽阔、经济社会发展不均衡的特征，必须运用整体思维，从全局和长远出发，满足尽可能多人的生存、享受和发展需要。但整体思维的运用，并不意味着对个体需要和个体利益诉求的忽视和否定，整体利益必须是建立在保护个体利益基础上的整体利益，也只有尊重和保护个体利益的整体利益才能够持久。整体思维和个体思维具有内在的辩证统一性，整体思维必须落脚在个体利益上，而个体思维的逻辑指向则必须是整体思维。注重社会制度和规则的设计，尽可能调动每个人的积极性和主动性，在个人利益达到最大化的同时实现社会利益的最大化。[1]

---

[1] 需要观的探讨，请参见许崇正，韩喜平，朱巧玲. 人的发展经济学教程——后现代主义经济学［M］. 北京：科学出版社，2016：101-106.

第六章 分工理论

第一节 分工的科学概念与起源的重新认识

一、分工的科学概念

关于分工的概念,理论界争论多年,认识不一。苏联出版的《新编简明哲学辞典》认为:分工是各种不同而又彼此相联系的劳动活动类型与形式的体系。这一定义强调了分工是体系,照顾了事物之间的相互联系。在中国,有的学者认为,所谓分工,就是社会总劳动划分为互相独立而又互相依从的若干部分;与此相应,社会成员固定地分配在不同类型的劳动上。简言之"分工就是不同种类的劳动的并存"[①]。也有的学者认为,分工是劳动的社会存在形式[②]。还有学者认为,分工是指社会生产力的发展而引起的单一生产群体分化为互相独立而又相互依赖的部门[③]。上述四种关于分工的定义,我认为不足是忽视了分工是个过程,忽视了劳动及其分工的历史性和不断发展性。那么,什么是分工的正确的概念呢?我认为:分工是指统一社会生产体系中各种劳动和它们相互制约的活动过程,是劳动的社会存在形式。而这种活动过程和存在形式,又是建立在一种不同种类的劳动的并存和彼此相联系的劳动活动类型与形式的体系之上的,并且这种劳动体系、活动过程、存在形式又是随着社会存在(社会经济、交换、科学技术文化等等)的发展而不断发展进化的。正如马克思所曾指出的:"分工是一种特殊的、有专业划分的、进一步发展的协作形式。""到目前为止,

---

[①] 刘佑成. 社会分工论 [M] 杭州:浙江人民出版社, 1985: 21.
[②] 郝振省. 分工范畴的规定性 [J]. 山西师范大学学报(社会科学版), 1986 (1): 17.
[③] 李翀. 论社会分工、企业分工和企业网络分工 [J]. 当代经济研究, 2005 (2): 71-22.

一切生产的基本形式都是分工。"① "作为一切特殊生产活动方式之总体的分工，是社会劳动由其物质的一面，当作使用价值来看时的总体形式。"② "社会全体内部的分工，为各式各样的社会经济形态所共有，而不论它是否以商品交换为媒介。"③

二、分工的起源

我们离开文明时代追溯人类社会的原始状态时，发现的事实是：人类社会最初没有分工。那么人类社会的分工是怎样产生的呢？目前，我们流行的一些教材都认为，在人类的历史上是先有分工，后有交换，不是分工来自交换，而是交换来自分工。这种观点流传甚广，然而与分工起源的历史事实并不相符，是不科学的。

在社会分工出现之前，由于自然环境的影响，在不同的氏族公社之间就已经出现了产品的差别，由此出现商品的交换，随之产生了分工。例如，马克思指出："不是土壤的绝对肥力，而是它的差异性和它的自然产品的多样性，形成社会分工的自然基础，并且通过人所处的自然环境的变化，促使他们自己的需要、能力，劳动资料和劳动方式趋于多样化。"④ 杰出的英国古典经济学家斯密还曾经描述过这一过程，他说："在狩猎或游牧民族中，有个善于制造弓矢的人，他往往以自己制成的弓矢，与他人交换家畜或兽肉，结果他发觉，与其亲自到野外捕猎，倒不如与猎人交换，因为交换所得比较多。为他自身的利益打算，他只好以制造弓矢为主要业务，于是他便成为一种武器制造者。另一个人，因善于制造小茅屋或移动房屋的框架，被人请去造屋，得家畜兽肉为酬，于是他终于发觉，完全献身于这一工作对自己有利，因而就成为一个房屋建筑者。同样，第三个人成为铁匠或铜匠，第四个成为硝皮者或制革者，皮革是未开化人类的主要衣料。这样一来，人人都一定能够把自己消费不了的自己劳动生产物的剩余部分，换得自己所需要的别人劳动生产物的剩余部分。这就鼓励大家各自委身于一种特定业务，使他们在各自的业务上磨炼和发挥各自的天赋资质和才能。"⑤

---

① 马克思恩格斯全集（第3卷）[M]. 北京：人民出版社，1960：329.
② 马克思. 政治经济学批判 [M]. 北京：人民出版社，1955：24.
③ 马克思恩格斯全集（第23卷）[M]. 北京：人民出版社，1980：383.
④ 马克思恩格斯选集（第4卷）[M]. 北京：人民出版社，1972：155.
⑤ 斯密. 国民财富的性质和原因的研究（上卷）[M]. 郭大力，王亚南，译. 北京：商务印书馆，1987：14-15.

马克思正是从这种产品的差别中引出个别的偶然的物物交换。他说："不同的公社在各自的自然环境中，找到不同的生产资料和不同的生活资料，因此，它们的生产方式、生活方式和产品，也就各不相同。这种自然的差别，在公社互相接触时引起了产品的互相交换，从而使这些产品逐渐变成商品。"① 马克思在这里明确为我们指出了：不同公社自然的差别是由于各公社处于不同的自然环境而形成的生产方式、生活方式和产品的差别。这种不同公社自然的差别在经过交换联系起来之前，彼此一直是处于孤立的互不依赖的状态，而社会分工却不是由自然环境不同直接引起的，它是在生产领域出现差别的基础上，经过交换把不同的生产领域联系形成的。

列宁也曾指出："大家都知道，商品流通先于商品生产，并且是商品生产发生的条件之一（但不是唯一的条件）。"② 列宁的论断同马克思、斯密强调商品交换引起社会分工的论点是完全一致的。

马克思不仅指出人类初期社会分工的发展以商品交换为前提，而且还认为，人类社会历史上出现的三次大分工都是以交换为前提的。在原始社会末期，交换的出现和发展引起了社会分工，起初是畜牧业与农业的分离，这是第一次大分工。后来是手工业和农业的分离，这是第二次社会大分工，以后随着交换的进一步发展与深入，出现了第三次社会大分工，产业和商业分离开来。不仅如此，马克思还认为，从自然经济的封建主义生产向分工复杂的资本主义商品生产的转变，也是以商品交换的一定发展为前提的。就是到了工厂手工业和大机器工业时代，商品交换的不断扩大仍然是资本主义存在和发展的重要条件。他说："起初，商业是行会手工业、农村家庭手工业和封建农业转化为资本主义经营的前提。它使产品成为商品，这部分是因为它为产品创造了市场，部分是因为它提供了新的商品等价物，为生产提供了新的原料和辅助材料，并由此开创了一些生产部门，它们一开始就以商业为基础：既以替市场和世界市场生产为基础，也以世界市场造成的生产条件为基础。一旦工场手工业（尤其是大工业）相当巩固了，它就又为自己创造市场，并用自己的商品来夺取市场。这时商业就成了工业生产的奴仆，而对工业生产来说，市场的不断扩大则是它的生活条件。"③

马克思还认为分工程度取决于市场大小。斯密曾认为："分工起因于交换能

---

① 资本论（第1卷）[M]. 北京：人民出版社，1953：390.
② 列宁全集（第3卷）[M]. 北京：人民出版社，1963：504.
③ 资本论（第3卷）[M]. 北京：人民出版社，1975：375-376.

力，分工的程度因此总要受交换能力大小的限制，换言之，要受市场广狭的限制。"① 马克思对斯密的观点给予了充分的肯定。斯密关于分工的程度取决于市场大小的观点是来自古希腊思想家色诺芬，马克思在评论色诺芬著作中的分工理论时，首先介绍了色诺芬如何论证大城市市场的作用，然后指出："色诺芬在这里只注意使用价值的要达到的质量，虽然他已经知道，分工的规模取决于市场的大小。"② 总之，不论人类初期社会分工的形成和发展，还是封建自然经济的解体，以及分工复杂的资本主义生产方式的建立，都是以商品交换的存在和一定的发展作为前提的。商品生产专业化、社会化发展的进程，又以市场大小为转移。市场经济不断完善和发展，市场的不断扩大，则会促进商品生产专业化、社会化的发展。

在当代，空间中的经济活动的集聚，即城市集聚、区域经济一体化集聚、由科技创新引起的产业集聚，都对分工的形式和内容产生了极大的影响，特别是高科技创新和革命引起的产业集聚，对分工的影响和变革是极其重大的。

第二节　劳动分工和劳动者分工之间的区别和联系

一、劳动分工和劳动者分工的结构和含义

社会范围的分工是一个大系统，这一系统是劳动主客体相互作用的结果。在劳动活动中，一方面，人们根据劳动的不同的客观条件、不同的功用（可以是有形的产品或无形的产品），把劳动划分为不同的种类；另一方面，又要求人们根据自己能力的差别和环境的不同，参加到这些不同种类的劳动中去。前者为劳动分工，后者为劳动者分工。这样，分工就表现为劳动分工和劳动者分工两个方面。

（一）劳动分工的结构和含义

至于劳动分工的结构，就其较为完备的形式来说：可分为物质生产和精神生产两个门类，在两个门类中又都存在着一般分工、特殊分工、个别分工。

---

① 斯密. 国民财富的性质和原因的研究（上卷）[M]. 北京：商务印书馆，1987：16.
② 资本论（第1卷）[M]. 北京：人民出版社，1953：405.

一般分工指不同生产领域的划分。如物质生产门类可以分为农业、工业、商业等等，精神生产的门类可分为教育、艺术、科学等等。

特殊分工是不同生产部门的划分。如工业分为轻工业、重工业、交通运输业、能源材料业等，艺术分为表演艺术、声乐艺术等。需要说明的是，应该把物质生产的不同行业、不同企业，精神生产的不同行业、不同团体，也划归特殊分工的范围之中。因为这些都可以看作部门分工的延伸，它们有规模大小不同，没有质的差别。

个别分工指单个生产机构内不同工种、不同工序、不同职能的划分。如工厂的车工、锻工、铸工等，艺术团体的二胡手、提琴手等。

从地理环境的角度看，劳动分工在一个民族内部表现为地域分工，在世界范围内表现为国际分工。自然条件、地理环境的差异是造成地域分工和国际分工的自然基础，社会经济技术条件的不同则是导致地域分工和国际分工发展的现实社会基础。英国著名经济学家霍吉斯金认为，地域分工就是"土壤、气候和地理位置的不同以及自然生长的产物的特性与蕴藏在地下矿物的特性，使一定的地点适合于一定种类的劳动"[1]。马克思说："由于机器和蒸汽的应用，分工的规模已使脱离了本国基地的大工业完全依赖于世界市场、国际交换和国际分工。总之，机器对分工起着极大的影响。"[2]

另外，在劳动分工的各个层次中，还有管理劳动同生产劳动的分工。如果我们只注意不同层次的劳动分工，而不注意各层次管理劳动与生产劳动的分工，那就不是系统论的观点。各层次内部与各层次之间有着千丝万缕的联系。联系的必要性显而可见，又不可能让各个层次、每个单位的人都去进行联系，联系只能通过管理劳动实现，故管理劳动有其存在的根据。即使在原始社会的自然分工中，管理劳动也已存在。马克思说："能计划怎样劳动的头脑，在社会发展的初期阶段（如在原始的家庭中），已经能通过自己的手而且通过别人的手来执行他所计划好的劳动了。"[3]

（二）劳动者分工的结构和本质特征

劳动分工要求社会的人们进入不同的门类、领域、部门、行业、企事业单位，从事不同的工种和承担不同的职能，由此产生了劳动者分工。劳动者分工

---

[1] 见马克思恩格斯全集（第47卷）[M]. 北京：人民出版社，2008：16.
[2] 马克思恩格斯选集（第1卷）[M]. 北京：人民出版社，2008：121.
[3] 马克思恩格斯全集（第20卷）[M]. 北京：人民出版社，1975：16.

分为两个层次：其一，生产者之间的分工。它反映了劳动者和物的关系，特点是虽然劳动千差万别，但都是同一层次的分工。电工与钳工、农民与工人作为物质生产者是同一层次的；油画家和版画家、画家和诗人作为精神劳动者都是同一层次的。其二，管理者和生产者的分工（恩格斯称为领导者和执行者的分工）。它体现着人和人之间的关系，特点是虽然处于同一部门，却有着纵向地位的不同。

那么劳动者分工发展到今天，具有什么样的本质特征呢？

第一，劳动者分工对生产工具和劳动部门分工有客观依赖性。劳动者分工基本形式的交替发展与中心转移，是依据生产工具和劳动部门的分工来进行的。人类早期生存资料的获取主要依靠人的自然机体对自然界的直接作用，因而人们的职业分工主要依赖于人们自身的自然素质和人们所处的自然环境。随着手工工具的出现和逐步改进，职业分工从依赖于自然因素转移到以手工工具为基础的劳动部门的分工。劳动的一般职业形式主要是体力劳动。同时，由于劳动生产率提高，剩余产品的增加，一部分人可以离开直接的生产劳动领域，形成了新的劳动形式——脑力劳动，但脑力劳动还只占据次要的位置。当近代自然科学产生并运用于生产后，职业分工的技术基础又从手工工具转移到机器设备，机器大工业用巨大的自然力代替了人的有限的肌肉力，用系统的科学技术代替了人们的局部的手工技能和传统经验，工业部门急剧分化，科学技术也形成相对独立的部门。职业分工的中心又从体力劳动为主向新的体力劳动和脑力劳动转移。由于科学技术的不断革新，生产力的突飞猛进，在社会分工领域，发达国家逐步出现了生产劳动和体力劳动急剧减少、非生产劳动和脑力劳动急剧上升的趋势。以新的微电子技术、网络传感技术、信息技术、生物工程、太阳能和大气减排技术为带头的技术群成为社会劳动部门分工的基础，非生产劳动将日趋占据人们的大部分或全部劳动时间，人们的职业形式主要以脑力劳动为主，脑力劳动的各部门将成为人们创造性活动的场所。

第二，劳动分工对劳动主体来说具有自我选择性。劳动分工能够存在和发展固然依赖生产力和劳动部门分工的发展，但也与劳动主体的自我选择性相关联，自我选择性也是职业分工的本质特征。这是因为：首先，自我选择是人和动物相区别的特征之一。一些动物在某种意义上来说也有"分工"（比如蜜蜂），但由于种族遗传因素彻底凝固了它们的"分工"，因而它们的活动只有本能的适应性而无选择性，人类能够从动物界提升出来，一个原因就在于具有自我选择性。这种自我选择性表现于人的一切活动中，同样也凝聚在人们的职业分工上。这已经为当代的信息论所证明。其次，自我选择性是主体自觉能动性的核心，具有自觉能动性的劳动活动，就是劳动主体选择一定的对象和手段来实现其目的的活动，所以，自我选择性内含于劳动形式即职业之中。再次，自我选择性是新的职业形式和发展得以实现的一条途径。一般来说，新的职业的形成都是劳动主体在生产力发展的前提下，反复进行尝试性选择并取得成功的结果。古代社会中的牧人的形成对于猎人来说是这样，近代社会中的职业革命家的诞生对于农民、工匠而言也是如此，现代社会中的计算机程序设计师的产生对于机械制图师来说也是同理。最后，自我选择性的发展与劳动部门分工的发展是相互作用的。劳动部门分工的发展不断产生着新的劳动部门、劳动范围，从而为人们提供更多的职业选择机会；人们的自我选择性又为自己确定适当的劳动形式，使劳动部门的分工得到具体实现。正是由于职业分工内含的自我选择性，才使劳动的分配、一定的职业流动、职业形式的变化得以顺利进行，造成了人类社会的进步与文明。

诚然，人类在劳动分工的发展过程中，曾先后受到并还在受到自然界和社会关系的强制。出现过一部分人丧失自我选择权的状况。但是，随着生产力的发展、技术革命的不断兴起和社会革命的一次又一次冲击，自我选择的因素仍在不可阻止地冲破双重强制而不断增长着，当前新技术革命的兴起和社会关系强制的最终消除，将使职业分工的自我选择性达到一个更高的全面的自由的境界。这是已被历史所证实并将继续被证实的客观必然性。

二、劳动分工和劳动者分工的关系

劳动分工和劳动者分工既有联系，又有区别。就其相互排斥的关系而言：首先，两者产生的前提不同。劳动分工主要是由劳动的客体条件决定的，而劳动者分工在很大程度上是由劳动的主体条件制约的。其次，两者产生的逻辑顺序不同。一般总是先有了劳动分工，才可能有劳动者分工。如果没有特定的劳动，那么特定的劳动者是既不可能产生，也不可能存在的。最后，两者的社会作用不同，劳动分工往往直接作用于生产的进行，而劳动者分工除此之外，还极大地影响着人本身的发展。

劳动分工和劳动者分工就其相互联系而言，它们结合在同一个实体中，是分工的两个不同方面，绝不是也不可能是两种相互独立的实体。同时，两者又是处于同一过程，劳动分工为劳动者分工开辟了道路，劳动者分工实现了劳动分工的要求。两者相互依存，缺一不可，设想劳动分工存在却没有劳动者分工的情形，是不可能的。

从分工演变的历史，我们可以更清楚地看出这一点。历史上，分工是生产力发展到一定阶段引起的产物，而生产力水平的发展引起分工的产生，还须经过一个中间环节，即交换的确立和发展。这是分工产生和不断发展的直接原因。在我们当代社会主义市场经济条件下，劳动者一方面在分工的劳动组织形式下创造着物质财富，另一方面又要承受由于分工劳动带来的痛苦。其次，所有制也是一个重要因素。几千年来，生产力这一活跃因素尽管发展变化得如此之大，但是私有制的本质变化与之相比就微小得多了。看来，生产力在一定水平内发展速度的高低，只有和所有制的变革联系起来，才能直接影响着分工的本质，否则只能引起分工形式和内容的种种变化。

当今发达资本主义生产的明显特点是广泛使用大型生产流水作业线，在这些生产线上，并非所有工序都采用自动化技术，很多工序、工种仍需投入大批人力，分工不仅没有被消除，而且在某些方面被强化了。以汽车装配为例，在未采用流水作业线时，装配工同时参与汽车各部件的组装，本身、外壳、发动机、传动装置、车轮、仪表等，装配工接触它们的机会是均等的。在投入使用流水作业线以后，工人只能被固定在某个专门位置上安装某个专业部件，专司紧固车轮螺栓的装配工，一般很少可能去安装仪表。采用流水作业线的结果是，一方面，劳动生产率大幅度提高了；另一方面，分工变得更细致、更专业化了。在我们当代的社会主义条件下也是如此，劳动者一方面在分工的劳动组织形式下创造着财富，另一方面又要承受由于分工劳动带来的人的片面发展和折磨。这些似乎是一个不可思议的矛盾，是一个"怪圈"。

总之，劳动部门分工是劳动主体分工的客观基础，因而劳动主体分工对劳动部门分工有客观依赖性；劳动主体分工是劳动部门分工的人化形式，因而劳动主体对职业又有着一定的自我选择性。劳动者分工的客观依赖性在一定阶段又表现为职业的终身固定性，在一定的个体和群体身上又表现为相当的强制性；而劳动者分工的自我选择性往往又体现在职业的流动性上。劳动者分工的特征就是客观依赖性和自我选择性的对立统一，是固定性和流动性的对立统一。只不过随着社会历史的进步，职业分工的强制性和固定性不断削弱，选择性和流动性不断增强罢了。而这种选择性和流动性不断增强直接影响着人的发展。

第三节　消灭旧式分工，建立新式分工

一、旧式分工范畴的内涵

什么是"旧式分工"范畴的内涵呢？关于旧式分工这个范畴的内涵，长期以来，人们的认识并不一致。不少人把旧式分工等同于社会分工，认为要实现共产主义，必须"消灭社会分工"，有的人则把旧式分工理解为脑力劳动与体力劳动的分工。这虽有一定道理，但仍不足以揭示旧式分工范畴的全部内涵和外延。还有的人把旧式分工看成职业分工的特殊形态，即私有制下的职业分工。这种理解，仅将旧式分工限定在私有制范围内，认为在社会主义时期不存在旧式分工。这是不符合事实的，缩小了旧式分工的界限。也有的人把旧式分工理解为是指概括了私有制下的一切分工形式，既包括私有制下各种形式的劳动主体或劳动者分工在内，也包括私有制下的各种形式的劳动分工在内。也还有人把旧式分工理解为消灭职业分工。这种观点将劳动分工也归入旧式分工，混淆了社会分工和劳动者分工的区别，并且，社会分工在未来的社会里也是不可能消灭的。

那么，什么是"旧式分工"范畴的内涵呢？在马克思主义经典作家那里，把消灭旧式分工作为实现共产主义的重要条件之一的思想是一贯的。马克思和恩格斯在其历史唯物主义思想体系形成的初期，就曾指出过要"消灭分工""消灭劳动"，但这时没有明确表述为消灭"旧式分工"。而在稍后不久的恩格斯的《共产主义原理》一文中，则明确提出了消灭旧式分工是实现共产主义的前提条件之一。他指出：现在已被机器动摇了的分工，即把一个人变成农民、把另一个人变成鞋匠、把第三个人变成工厂工人、把第四个人变成交易所投机者的这种分工，将要完全消失。通过消除旧的分工，进行生产教育、变换工种、共同享受大家创造出来的福利，以及城乡的融合，使社会全体成员的才能能得到全面发展[①]。此后，在经典作家的许多著作，诸如《哥达纲领批判》《资本论》《反杜林论》中，也多次讲过实现共产主义必须消灭旧式分工。马克思在《哥达纲领批判》一书中指出：只有"在迫使人们奴隶般地服从分工的情形已经消失，

---

① 马克思恩格斯选集（第1卷）[M]. 北京：人民出版社，1972：223、224.

从而脑力劳动和体力劳动的对立也随之消失之后；在劳动已经不仅仅是谋生的手段，而且本身成了生活的第一需要之后；在随着个人的全面发展生产力也增长起来，而集体对财富的一切源泉都充分涌流之后"，共产主义才能实现。经典作家在这些地方所讲的分工，显然不是指我们通常所说的一般意义上的社会分工①。

社会分工这个范畴比旧式分工范畴要大得多。它应该包括从横向看的一切社会生产部门、生产行业、生产地域的分工和生产机构内部的分工；包括一切劳动主体的固定化和非固定化的分工；也包括一切上层建筑领域里的分工。从历史发展的纵向看，它应当包括原始社会末期出现的各次大分工，包括奴隶社会、封建社会、资本主义社会，以至社会主义社会和共产主义社会各种形态下的不同形式的分工。

我认为"旧式分工"这个范畴应有以下几层含义：第一，这种分工是指劳动主体在生产过程中的分工，而不是指生产部门、生产机构的分工。它限定劳动者的活动范围，固定劳动者的劳动形态，是奴役和禁锢劳动者的桎梏。第二，这种分工是造成一定历史阶段上脑力劳动和体力劳动的对立的直接原因。它造成人们劳动的分化和利益的分裂，是人类社会不平等的根源。第三，这种分工是劳动者作为谋生手段的分工。要谋生，就要与生产资料相结合；取得一定职业，就要进行劳动以获取生活资料。只要有这种分工形式存在，劳动作为谋生手段的性质就不能得到彻底改变。第四，这种分工是限制人的全面发展，使人的劳动产生片面性、使人的发展畸形化的直接原因。总之，旧式分工，就是指社会劳动主体在社会生产活动中被划分到一定的活动范围，固定于某种劳动形态，从而成为束缚人的手段，使人片面、畸形发展的分工。这种分工是社会生产有了一定的发展，但又没有达到完全的社会化、自动化和信息化这样一个历史阶段上所必然产生的社会主体劳动的基本形式。

二、新技术革命已预示着旧式分工必将消灭

由于新技术革命的兴起，由于微电子技术、光导纤维通讯、生物工程、海洋和空间技术、新材料、新能源等的迅猛发展，电子计算机、智能机器人、网络传感技术等高技术产品开始进入生产领域和家庭生活。使整个社会的产业结构、职业结构以至人们的社会生活方式发生了和正在发生着新的深刻变化。科

---

① 参见秦庆武. 论新技术革命与旧式分工 [J]. 哲学研究, 1985 (6): 3.

学技术的进步，引起了新行业的不断兴起和经济活动领域的不断开辟，使当代的生产结构日益发生着重大的变革，许多传统的物质生产部门消失了，而大批新的生产部门正在不断地出现；许多传统的工种被淘汰了，又诞生了许多新的工种。单就职业结构的变化来说，它出现的一个重要趋势就是产业部门的从业人数日益减少，而社会服务行业和信息业的从业人数则日益增多，为各生产部门实施不同种类服务的企业也应运而生，如各类信息交流中心、金融服务业、物资交流中心、生活服务中心，等等。

　　职业结构形成的直接动因是劳动者在社会劳动过程中的分工，而劳动者如何分工在当代则取决于科技创新与革命，取决于生产力的发展水平。新技术创新与革命作为生产力发展的直接表现，既决定了社会生产方式的改变，又决定了劳动者分工形式的改变，同时也必然引起社会职业结构的变化。因此，要想深入探讨新技术革命对旧式分工提出的挑战，首先必须研究新技术革命对劳动者的职业分工所发生的深刻影响。

　　第一，新技术革命必然引起社会基本的职业分工形式，即脑力劳动与体力劳动分工的变化。

　　由于新技术革命是建立在科学技术高度发展基础上的信息革命，它要求生产工人的劳动技能不是主要以体力和经验成规为基础，而是以智力和知识为基础，因而需要劳动者普遍具有较高的文化水平和科学技术水平，才能适应信息社会的需要。例如，自动化技术在工业生产中广泛采用，替代了劳动者的调节、控制行为和部分操作，机械手和机器人来完成生产流水线上的重复性操作、生产辅助工作，以及劳动强度大、劳动条件差和危险性工种的工作，劳动者则主要对生产过程实施监测，这便意味着"人—机器"关系中出现了与过去截然不同的新变化。历史上的劳动者与技术装备直接"硬性"配合的束缚被打破，劳动者已有可能在生产中获得较大的自由。马克思曾预言：随着大工业的发展，自动化技术的普遍使用，"劳动表现为不再像以前那样被包括在生产过程中，相反地，表现为人以生产过程的监督者和调节者的身份同生产过程本身发生关系。……这里已经不再是工人把改变了形态的自然界作为中间环节放在自己和对象之间，而是工人把由他改变的工业过程的自然过程作为媒介放在自己和被他支配的无机自然界之间，工人不再是生产过程的主要当事者，而是站在生产过程的旁边。"[①] 马克思的预言，今天已日益变为现实。

---

① 马克思恩格斯全集（第46卷：下）[M]. 中共中央马克思恩格斯列宁斯大林著作编译局，译. 北京：人民出版社，1980：218.

一方面，新技术革命的发展使得大量的新生产部门得以开辟，给人们提供了许多的就业机会和新的工作岗位，这就有可能使一大部分过去被束缚在简单劳动行列的劳动者游离出来，进入脑力劳动者的行列。如自动化技术的采用，还使原来约束在生产过程中的劳动者开始游离出来。同时，生产领域的另一类劳动者无论在相对数上还是绝对数上都在逐渐增加。这类劳动者就是拥有较高密度知识和智力的以脑力劳动为主的知识分子劳动者。他们与生产领域内的体力劳动者有个共同点，即都是为物质生产资料的生产过程服务的；而其区别，除劳动形式不同外，知识分子劳动者还不曾被生产工艺和设备直接约束在生产过程中。知识分子劳动者劳动的主要内容，是把科学技术成果直接转化为生产技术、工艺、设备和材料。不同于从事基础理论研究的科研人员的是，他们主要是在企业中从事工程设计，从事工艺设计、改良和管理，从事设备改造、维护、保养的技术指导和管理，从事新兴技术、工艺、材料的研究实验等工作。采用生产自动化技术是与他们的劳动密切相关的。至于有些并非直接从事物质资料生产但与之有联系的智力密集型产业（如光纤通信、生物工程、能源工程、海洋工程、宇宙开发等行业），这些行业无不需要大量的脑力劳动者，而大批的体力劳动者只能被它们拒之于门外。总之，新技术革命的发展使得大量新生产部门得以开辟，给人们提供了许多新的就业机会和新的工作岗位，这就有可能使一部分过去被束缚在简单劳动行列的劳动者游离出来，进入脑力劳动者的行列；另一方面，即使是在传统产业部门内部，由于电子计算机、微电脑的广泛使用和自动控制的技术装备对落后工艺和设备的替换，也会使越来越多的人从简单体力劳动中解放出来，变为管理人员和工程技术人员，成为脑力劳动者。新技术革命所带来的，必然是脑力劳动和体力劳动界限的消失。

　　第二，新技术革命必然引起职业的经常变换和职能的全面流动。

　　在新技术革命影响下，一方面，科学技术各学科的界限逐步消失，要求人们掌握的科学技术知识和劳动技能日益全面；同时，由于科学和教育的发展也为每个人提供了各种各样的受教育的机会，分散化、终身化的教育使受教育者获得的知识不再是单方面而是多方面的，人的能力也由单方面转为多方面的，从而为人们在不同的部门和行业从事不同的工作提供了可能，为职能的经常变换提供了可能；另一方面，计算机技术、机器体系的全面自动化和智能机器人的出现，则为人们在社会生产过程中工作的经常流动提供了可能。首先，过去那种劳动者依附于机器、成为机器的附属物和器官的地位得到了改变，劳动者由机器的奴隶变成了机器的主人，从而为工作的变换和职能的流动创造了条件。

其次，科学技术的进步必然带来生产力的迅速提高和产业结构的频繁变化。这就会把劳动者经常从一个部门抛向另一个部门，造成职业的经常变换和职能的全面流动。再次，科学技术的进步特别是智能机器人的出现，不但会减轻人们的体力劳动和简单重复的脑力劳动的负担，而且可以直接承担人们的体力劳动和简单的脑力劳动。这样，人们将会逐步从固定化的职业分工中解放出来，实现像马克思讲的那样，"使工人的职能和劳动过程的社会结合不断地随着生产的技术基础发生变革"，"用那种把不同社会职能当作互相交替的活动方式的全面发展的个人，来代替只是承担一种社会局部职能的个人"①。马克思揭示的这一规律，已经越来越被当代社会经济和科学技术的发展得到证实。根据有关部门的调查，目前在我国，有80%的青年要求自由流动，自由选择职业。可以预料，今后劳动者全面自由流动的势头将会越来越大，人数将会越来越多。

第三，新技术创新与革命将会使社会劳动的性质发生变化，劳动作为谋生手段的性质将会得到改变。

在新技术革命影响下，劳动生产率的大幅度提高和社会财富的极大丰富首先会使社会劳动的构成比例发生变化，人们用于谋生的劳动比重将日益减少，而用于创造性劳动的比重则日益增加。

关于劳动，社会学家做了不少研究，有社会学家认为：劳动积极性是指劳动者对劳动的一种精神状态，它表现在劳动行为上，可大体划分为由低到高三个层次，即尽责地工作（第一个层次），主动地工作（第二个层次），创造性地工作（第三个层次，也是最高的一个层次，它的基本特征在于创造）。

劳动积极性的三个层次是相互联系的。按照依次顺序，前者是后者的基础。这种关系与集合论中的传递关系十分类似。集合论中有以下定义：如果有X、R、Y及Y、R、S，就有X、R、Z。这说明R是传递的。劳动积极性的第一层次是第二层次的基础，第二层次是第三层次的基础。同时，第一层次也是第三层次的基础。劳动积极性基本上沿着从低层次到高层次方向发展。当生产力不发达时，劳动者积极性不可能普遍上升到创造性层次上。这时，劳动者对经济需要特别是对物质需要的满足是产生劳动积极性的主要动力。当然，这时也存在着创造性劳动积极性，但就劳动主体而言，只是偶然的和特殊的现象，绝大多数劳动者的积极性至多徜徉于尽责与主动之间。只有在当代科学技术革命迅猛发展之后，生产力水平极大地提高了，劳动者对经济需要的满足不再是生产

---

① 马克思恩格斯文集（第5卷）[M]. 北京：人民出版社，2009：560-561.

劳动积极性的主要和唯一的动力时，劳动积极性上升到创造性层次才有可能成为劳动主体中的普遍现象。由于创造性劳动积极性发挥的根源是多样的。一般说来，劳动主体的活动形式越单一，创造性产生的可能性就越少。劳动主体在劳动行为之外的其他活动，有助于创造性劳动的开展。只有必要劳动时间大幅度缩短，创造性劳动的进行才能普遍化。这当然不能脱离科学技术革命成果在生产领域中的推广普及。

　　社会学家还曾将劳动分为三种类型：其一，再现型。它提供的产品，只是已有产品的复制与再现，产品自身没有结构及功能上的变化。这种类型的劳动是重复性劳动。其二，改进型。它提供的产品，在形式和结构上有所改进，但并没有发生质的变化，属小改小革。其三，突破型。这是一种完全意义上的创造性劳动。它提供的产品，在种类、结构、性能上都发生了质的变化。

　　有些脑力劳动的创造性内容较多，如自主性产品、专利技术、工程设计；有些脑力劳动的重复性内容较多，如数据统计和计算。这两种不同内容的脑力劳动并不能截然分开。一般的脑力劳动既包含创造性内容，又包含重复性内容，只是在不同的具体劳动中所占的比例不同罢了。在大容量、高速度的电子计算机问世之前，脑力劳动的重复性内容占据了相当大的比重。在工程设计中，过去依赖传统的计算工具（如计具尺等）来计算数据，大量繁重的计算任务所耗费的时间、精力，甚至往往大大超过设计中创造性劳动所耗费的。使用了电子计算机，工程设计人员就能从繁重的重复性劳动中解脱出来，大大缩短了必要劳动时间，增加剩余劳动的时间，从而可以把主要的时间与精力投放在使工程能达到更优化标准的创造性劳动上。这就是说，电子计算机所引起的劳动控制方式的变革，在总体上（不是指某个生产线上）促使人们的劳动内容不断地由重复上升到创造性，从而使劳动的层次不断呈现升高的状况。高技术所带来的一个显而易见的事实，就是我们现在可以提供较少的劳动，就能获得比过去大得多的劳动成果。这就意味着在社会劳动的构成比例中，用于保障人们生存条件的必要劳动所占的比重越来越少，而剩余劳动则大量增加。这就是说，职业是谋生手段的性质也将发生变化。人们的职业活动除了可以保障个人和家庭的基本生活条件外，还可以创造出更多的剩余产品，以满足社会需要。同时，剩余产品的增加又可以使更多的人从产业部门中脱离出来，去从事更丰富、更有创造性的劳动。

　　同时，由于劳动是谋生的手段的性质发生了变化，故而由职业分工形成的劳动的强制性也应该日益趋于消失。在旧式分工存在的条件下，职业本身就是劳动在人身上的凝固形式，这说明劳动具有强制性。没有职业就意味着不能与生产资料相结合，不能进行劳动，从而也无法获得必需的生存条件；而劳动者一旦获得了某种职业，就被一种无形的力量固定在一定的范围之内，人们只能服从这一力量的控制，否则就无法谋生。正因为这种分工不是出于自愿和自发的，那么人本身的活动对人来说就成为一种异己的、与他对立的力量，这种力量驱使着人，而不是人驾驭着这种力量。但是，在新技术创新与革命的影响下，一旦社会发生彻底变化，职业分工不复存在，劳动是谋生手段的性质发生了变化，则劳动的强制性也就必然逐渐消失。人们将真正从劳动中把自己解放出来。

第四，新技术革命所带来的劳动生产率提高的另一个后果，就是劳动者在职劳动时间的缩短和闲暇时间的增多。

在信息技术、网络传感、计算机及自动化生产体系出现、人均产值提高和社会财富大大增加的条件下，在职劳动时间的缩短已是完全可能的。在当今一些生产力高度发达的国家，由于技术进步和劳动生产率提高，减少工人劳动时间，每年的工作日缩短为130-150天，把每周的工作日规定为5天或4天，把每天的工作时间减少到6个小时甚至更少的现象已经出现了。这种人均劳动时间减少的趋势，说明被旧式分工即职业分工限定的人的本职工作时间越来越少，而供人们自己支配的自由活动的时间越来越多；人们用于谋生的劳动时间越来越少，而用于发展自己的多方面能力和从事对自己来说更感兴趣的创造性劳动的时间则越来越多。这就可以使人们利用在本职工作中没有消耗完的比较充裕的精力，来从事自己喜欢的、感兴趣的、能够发展自己的个性和能力的活动。而这种活动，则是促使个人的全面发展、克服职业分工所产生的人的片面发展的弊病、实现人的解放的重要途径。

我们看到，有许多人在从事自己的本职工作时并没有表现出特别的热心，而在从事业余工作时却表现出特别的热心和专注。没有什么压力，没有他人的委派，也不管有没有报酬，但他甘愿牺牲自己的休息时间，愿意付出大量的体力和脑力来做他所热爱的工作，甚至在这些工作上花费掉自己在本职工作中所获得的报酬的一部分也心甘情愿。因为只有这种劳动才是"最无愧于和最适合于他们人类本性"的劳动，才是真正的自由劳动。只有在这种劳动中，他才能体验出创造性劳动的幸福，得以弥补由职业分工所造成的才能上的缺陷。新技术革命正在为这种自由劳动的实现创造条件。

第五，新技术革命最伟大的功绩，就是必将带来社会生产的全面自动化，从而最终将劳动者从直接物质生产过程中替换出来。

新技术革命带来的机器体系的全面自动化特别是智能机器人的出现，将全面地代替人们在物质资料生产过程中的直接操作，使人类劳动的内涵和形式发生深刻的变化，其结果将不是减弱人在物质生产中的作用，而是为劳动者的创造性活动提出更高的要求，并为人的创造力的发展提供更广阔的天地。

总之，新技术革命的发展必然导致旧式分工消灭，这是一个不可逆转的趋势。"旧式分工"即劳动者职业分工的出现，曾经是人类劳动方式的巨大变革。它一方面带来了社会生产力的巨大发展，带来了工业、商业和科学、艺术的繁荣，使人类跨入文明时代；另一方面又造成了人们在生产活动中地位的差别和物质利益上的差别，带来了残酷的阶级剥削和压迫，带来了劳动的强制性，成为束缚人的个性和能力发展的桎梏。如果说人类通过艰苦卓绝地改造自然、改造社会的奋斗，最后必然使自己由自然和社会的奴隶地位彻底解放出来的话，那么就一定要消灭人类劳动的强制性，消灭把人局限于一定活动范围的、束缚人的个性和能力全面发展的职业分工即旧式分工，使人们可以按照自己的兴趣、爱好、愿望来挑选自己的工作，并且可以按照自己的心愿经常变换，不断地进行自由选择。每个国家都在争取经济的持续发展，但是"其主旨应是把发展看作是扩大人们享受的真实自由的一种过程。按照这一思想，扩展自由是发展的主要目的和主要手段"①。在当今世界，特别是对中国这样的发展中国家，以人的全面自由发展为中心的关于发展的目的和手段的观点，应越来越在经济发展中给予高度重视，并在实践中予以落实。这正是旧式分工的消灭、新式分工的建立、人的全面发展、人类劳动解放的实现。而人类社会进步的历程，就是逐步创造条件把人从旧式分工的束缚中解放出来，建立新式分工，使人得以自由全面发展的过程。

---

① 森. 以自由看待发展 [M]. 任赜，于真，译. 北京：中国人民大学出版社，2002：30.

第七章 生产力理论

第一节 生产力概念一般规定的反思

如何理解生产力概念的内涵,目前在我国学术界仍有争论。有的人侧重于"要素论(生产工具和人等),或"二要素"或"三要素";有的人侧重于"关系论"(人与自然的关系)。而正确地理解生产力概念的内涵和一般规定,是我们深入研究人的全面发展与生产力关系的前提。因此,有必要首先对生产力概念的一般规定做一探讨。而科学地探讨生产力概念,有必要先考察生产力概念的产生,马克思对生产力概念的论述,以及生产力成长周期的表现形式。

一、关于生产力概念的产生

在马克思以前,经济学家已经提出了"生产力"这一概念。重农学派的代表魁奈最早提出:"和庞大的军队会把田地荒芜相反,大人口和大财富,则可以使生产力得到很好的发挥"①。之后,古典学派的大师斯密和李嘉图,也在不同的意义上使用了生产力的概念。斯密写道:"劳动生产力的最大的增进,以及运用劳动时所表现的更大的熟练、技巧和判断力,似乎都是分工的结果。"② 李嘉图写道:"通过不断增加生产的便利,我们不只是增加国家的财富,并且会增加未来的生产力。"③ 德国历史学派的代表李斯特说得尤其明确:"财富的生产力

---

① 魁奈经济著作选集[M]. 吴斐丹,张草纫,选译. 北京:商务印书馆,1979:61.
② 斯密. 国民财富的性质和原因的研究(上卷)[M]. 郭大力,王亚南,译. 北京:商务印书馆,1972:5.
③ 李嘉图. 政治经济学及赋税原理[M]. 郭大力,王亚南,译. 北京:商务印书馆,1961:118.

比之财富本身，不晓得要重要多少倍；它不但可以使已有的和已经增加的财富获得保障，而且可以使已经消失的财富获得补偿。"①

尽管他们各自说明问题的角度不同，但有一点很相似，即都认为生产力是生产和创造财富的一种能力。

二、马克思关于生产力的若干论述

马克思在使用生产力这一名词时，一方面是沿用了前人的概念，并使之发扬光大，把某些朦胧的意识和散碎的思想逐步系统化为科学的理论；另一方面，更重要、更应引起我们重视的是他提出了智慧生产力和精神生产力概念，使生产力概念得到更进一步发展。

马克思对生产力阐述较多的，要算他的一系列经济学著作。在《政治经济学批判》中，马克思提出了"物质生产力"的概念。在《资本论》这部巨著中，马克思思想升华了一步，更明确地指出："劳动首先是人和自然之间的过程，是人以自身的活动来引起、调整和控制人和自然之间的物质变换的过程。人自身作为一种自然力与自然物质相对立。"② 马克思还进一步指出：人们"为了在对自身生活有用的形式上占有自然物质，人就使他身上的自然力——臂和腿、头和手运动起来。当他通过这种运动作用于他身外的自然，并改变自然时，也就同时改变他自身的自然"③。人在劳动过程中，一方面改造自然，另一方面也改变了他自身，使他自身的自然沉睡的自然力焕发出活力，形成一种力量。由此，马克思提出了"人本身的生产力"的概念，即人自身的生产力构成了生产力的主要内容、主要方面，对于人自身的生产力，马克思还把它称为"智慧的生产力"。智慧的生产力（即通常所说的智力）的变化规律，随着人类对物质运动诸形式的认识和在生产过程中的应用，它自身也日益转化并作为"独立的生产能力"而存在了。虽然，人的智力有史以来一直参与生产过程，同人手一起成为人自身的一个方面的自然力，但是，它在生产发展的手工劳动时期，却是一个从属要素，这时的智慧不过是劳动者的生产经验、简单操作技能而已。到机器这种生产手段出现以后，随着社会分工的进一步发展，劳动者世世代代积累的经验和技能，经过脑力劳动者的加工，逐步上升为理论、科学技术，同时有条件通过科学实验揭示人类直接感觉不到的自然力方面，并将其转化为新

---

① 李斯特. 政治经济学的国民体系 [M]. 陈万煦，译. 北京：商务印书馆，1961：118.
② 马克思恩格斯全集（第23卷）[M]. 北京：人民出版社，1980：202.
③ 马克思恩格斯全集（第23卷）[M]. 北京：人民出版社，1980：202.

的生产力。这样，人的智力、知识、科学、技能、技巧……便相对地脱离各个人的肢体而形成"劳动的客观条件"之一。马克思、恩格斯把体现于生产过程中的智慧、知识、科学、思维等等，称为"精神生产力""智慧生产力"或"知识形式的生产力"，它与种种"物化生产力"相对应，成为它们赖以形成的诸运动形式本质方面的科学概括，即成为"一般生产力"。他们进一步指出："发展为自动化过程的劳动资料的生产力要以自然力服从于社会智力为前提"，"固定资本的发展表明，一般社会知识，已经在多大的程度上变成了直接的生产力，从而社会生活过程的条件本身在多大的程度上受到一般智力的控制并按照这种智力得到改造"①。马克思的这些话，不但是对资本主义条件下生产力状况的描述，而且也是对生产力发展未来趋势的预测。当今时代，科学技术（即精神生产力）的蓬勃发展，业已对这一科学预测提供了有力的证据。社会知识、一般智力、科学技术，作为物质运动的形式，它们居于最高层次；作为生产力，又是最强大、最有前途的。它的层次之所以高，力量之所以强，前途之所以最广阔，不在于它的形式（因为它在形式上要以物质运动其他多种形式为前提，只有借助种种物质条件才能存在和发挥作用，在客观上所受限制最多），而在于它内容和功能，因为它以理性的能动性和方式，辩证地揭示和包含着客观世界的无数方面，反映、发掘和支配低于它的各种自然力。凡是无机自然力、有机自然力和社会自然力在生产过程中的发挥，无不伴随着智力的作用；并且，随着生产的发展，这种作用越来越由不自觉的从属因素，变成自觉的决定性因素；反过来，随着人类一般智力在生产过程中越发变成自觉的决定性因素，社会生产力以及整个人类社会，便越向高级阶段迈进。由此，人类一般智力在生产过程中的无限发挥，是生产力发展的总趋势。

三、生产力成长周期的基本表现形式

关于生产力的成长周期，过去很长一段时间无人研究。近年来，有的学者提出了这一问题，作了这方面的探讨，尽管理论还不臻美，但我认为是十分可贵的。它不仅能启发我们的思路，而且从另一侧面展现了"人本身是个生产力"是个真理，为我们科学地把握生产力的概念所不可忽视。

人类社会迄今已存在过三代、六级生产力。三代、六级生产力是：手工生产力（三代）、机器生产力（两代）、信息生产力（一代）。

---

① 马克思恩格斯全集（第46卷：下）[M]．北京：人民出版社，1979：223、219．

在第一次产业革命（约18世纪中叶）以前的漫长历史中，人类所获得的是第一代生产力。这一时期虽然还可细分为石器、铜器、铁器等三个不同的时代（三级），但就其基本特征来说，都以简陋的手工工具为整个生产力的基础。与此相联系，在生产力系统中，能源种类少而且开发程度低、人的体力成了操作工具的主要动力，劳动者为体力型，天然劳动对象占绝对优势，生产规模狭小，分工协作程度很低，农业是产业结构的主导和主体，生产技术建立在经验和成规的基础上。因此，这是一代低水平、手工型的生产力。

从18世纪中叶到20世纪40年代末期，人类获得了第二代生产力。它以机器体系的形成和使用为基础，并且可按能源标志细分为蒸汽时代和电力时代两级。与此相应，能源的基础不再是简单的自然力，而是一个以电力为主的多种类、多形式、再开发的二次能源结构。劳动者已由体力型变为文化型（但因其劳动大多是附属于机器的繁重而刻板的重复性劳动，所以他也是"机械型"的劳动者），生产规模趋于大型化，产业结构变为工业主导型，专业化分工日益深广，工厂制度普遍建立。由于这些都是建立在近代科学技术体系基础上的机器体系发展的结果，所以第二代生产力本质上是机器生产力。

从20世纪50年代初期开始，第三代生产力展现端倪。这一代生产力由于发展时间不长，许多特性尚未充分展现，更细小的阶段难以划分，但可以说，第三代生产力的基本特征是以电脑化的智能机器体系作为整个生产力的基础。在它的第一梯级中，信息的作用高度强化，信息产业处于领航和主体的地位，能源、材料被深度开发和利用，其功能向多样化和特异化发展，劳动者正逐步摆脱机器的统治，处于直接生产过程之外，行使创造和指挥的职能，成为一代崭新的专业技术型劳动者，整个生产力建立在以量子力学和微电子技术为中心的、精密而先进的现代科学技术体系之上，等等。因此，无妨把第三代生产力称为信息生产力[①]。

四、生产力概念内在规定性的总结

通过以上三个方面考察，我们现在可以从理论上对生产力概念一般规定做个总结了。何谓生产力呢？我认为：生产力就是生产和创造财富，并使人得到发展的一种能力。在生产力概念的这一规定当中，人是主体，是主要的、决定的因素，是主导方面。用一个简单的图式表示出来，即是：

---

① 参见薛永应，李晓帆，王师勤，等. 生产力视角探索社会主义初级阶段的客观逻辑和客观规律 [J]. 经济研究，1988（1）：9-17.

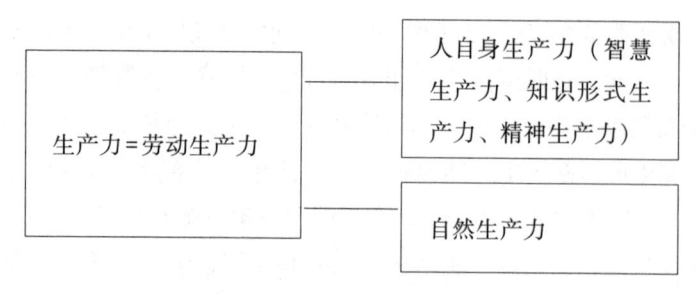

```
                              ┌── 人自身生产力（智慧
                              │    生产力、知识形式生
    生产力=劳动生产力 ────────┤    产力、精神生产力）
                              │
                              └── 自然生产力
```

图 7-1　生产力概念的规定

这一"生产力"概念的一般规定，突出了人及人的发展在生产力中的地位和作用，并将"生产力"内容严格置于人的发展的制约控制之下。凡是能促进人的发展的力，才能称为生产力，反之，就不能称为生产力。即使在这种"力"中包含着劳动资料、劳动对象以及人的智慧，但是不能促进人的发展（智力的发展、身体的发展），就不能称为生产力。比如，原子能这一科学技术上的重大发明，当它在早期只应用于军事的时候，它对人和人的发展只起摧残作用，所以就不能称为生产力；而当它应用于生产、宇航、服务领域，造福于人类的时候，它体现了人的智慧，大大促进了人的发展，才可以称为生产力。又比如教育，当它运用得当的教育方法、教育思想、教育形式，培养出来的是能适应、促进社会和物质生产发展的有用人才，是能进行创造性思维而不是思想保守、学的知识不会运用的学生时，它才能称为生产力。同样，信息、管理等生产要素也是如此。

可见，这里所说的生产力概念这一一般规定，是严格区别于传统的生产力概念的。它的不同之处，主要表现在生产力的概念、社会和生产的各种要素，严格受制于人的发展之下，只有经它衡量和检验，才能决定是否是生产力。

这一生产力概念的一般规定，还使生产力概念成为一个多因素的、动态的概念。正如马克思在一个世纪以前预示生产大发展时曾经说过的："劳动生产力是由多种情况决定的，其中包括：工人的平均熟练程度，科学发展的水平和它在工艺上应用的程度，生产过程的社会结合，生产资料的规模和效能，以及自然条件。"①"自然力的征服，机器的采用，化学在工业和农业中的应用，轮船的行驶，铁路的通行，电报的使用，整个大陆的开垦，河川的通航，仿佛用法术从地下呼唤出来的大量人口，——过去哪一个世纪能够料想到有这样的生产

---

① 马克思恩格斯文集（第5卷）[M]．北京：人民出版社，2009：53．

力潜伏在社会劳动里呢?"① 事实正如此，现代科学技术的发展，新能源、新工艺、新材料的不断涌现，生产力系统中正在增加新的成员。生产力已不只是包括劳动者、劳动对象和劳动手段三个因素，而且包括交通、能源、管理、信息、科学技术等多种因素，生产力的概念已扩展成一个庞大的集合体，一个有机的超大的系统。只不过是这个生产力庞大的集合体，或有机的超大的系统，比过去更加受制于生产力中的主导因素——人的个体充分全面发展这个因素制约，人的自由全面充分发展、个人生产力及智慧生产力在生产力这个有机的超大系统中的地位越来越突出，越来越占主导地位。

总之，通过对生产力概念演化的梳理，可以清晰地看出，生产力就是指通过劳动获得物质财富和精神财富确保人得到更好发展的能力。在生产力概念中，人始终是主体，是核心，是主要的决定性因素；实现人的发展是发展生产力的最终目的和归宿。这就是生产力概念的内在规定性。依据这一规定性，只有能促进人的发展的力，才能称为生产力，反之，就不能称为生产力②。从人的发展经济学角度看，尽管在生产力概念中的"力"，包含着劳动资料、劳动对象以及人的智慧，但是这些要素如果不能促进人的发展（智力的发展、身体的发展），就不能称为纳入生产力范畴。可见，人的发展经济学中的生产力的概念，及其构成各种要素，严格受制于人的发展之下，只有经它衡量和检验，才能决定是否是生产力。

第二节　人的发展与物质生产力

无论是在历史唯物主义中，还是在经济学中，生产力范畴所反映的对象都是人与自然的关系，是人对自然的生产活动，是人同自然之间进行物质、能量和信息的交换活动。人不仅是劳动者，而且是社会历史活动的主体，劳动资料不仅是增加物质财富的手段，而且是人的本质力量对象化，是人的实践能力的结果，是社会实践的器官。由此，物质生产力的发展必然与人的才能的发展、人的个性的发展统一起来。因此，我们在研究人的发展的同时，必须考察人的发展与物质生产力发展的关系，在物质财富增长的背后，更要看到人的发展。

---

① 马克思恩格斯选集（第1卷）[M]. 北京：人民出版社，256.
② 许崇正. 人的发展经济学概论[M]. 北京：人民出版社，2010：155.

一、物质生产力呈加速发展态势

迄今为止，人类生产力发展大致经历了手工生产力、机器生产力、信息生产力三代。其中，手工生产力为第一代，时间为距今两三百万年到18世纪中叶。依据工具的质地材料不同，这一时期大致可以分为石器时代、铜器时代、铁器时代。但人类从石器时代到铜器时代，用了200万至300万年时间；从铜器时代到铁器时代，用了约4000年时间；整个铁器时代历时近1800年。在手工生产力时期，整个生产力的基础是简陋的手工工具。与此相联系，在生产力系统中，能源种类少而且开发程度低、人的体力成了操作工具的主要动力，劳动者为体力型，天然劳动对象占绝对优势，生产规模狭小，分工协作程度很低，农业是产业结构的主导和主体，生产技术建立在经验和成规的基础上。机器生产力为第二代，时间是从18世纪中叶到20世纪40年代末期。按能源标志，可分为蒸汽时代和电力时代。从蒸汽时代到电力时代，不过百余年时间。机器生产力以机器体系的形成和使用为基础。能源的基础不再是简单的自然力，而是一个以电力为主的多种类、多形式、再开发的二次能源结构。劳动者已由体力型变为文化型（但其劳动大多是附属于机器的繁重而刻板的重复性劳动，所以它也是"机械型"的劳动者），生产规模趋于大型化，产业结构变为工业主导型，专业化分工日益深广，工厂制度普遍建立。信息生产力为第三代，时间从20世纪50年代初期开始。目前第三代生产力初见端倪。信息生产力的基本特征是以电脑化的智能机器体系作为整个生产力的基础。信息的作用高度强化，信息产业处于领航和主体的地位，能源、材料被深度开发和利用，其功能向多样化和特异化发展，劳动者正逐步摆脱机器的统治，处于直接生产过程之外，行使创造和指挥的职能，成为一代崭新的专业技术型劳动者，整个生产力建立在以量子力学和微电子技术为中心的、精密而先进的现代科学技术体系之上①。

人类在与自然界进行物质变换的过程中，物质生产力水平的高低，通常用劳动生产率进行量化分析。据经济学家的粗略计算，在人类历史发展进程中，劳动生产率的提高幅度呈现加速态势：石器时代，每千年约提高1%-2%；铁器时代，每百年约提高4%；蒸汽时代和电力时代，以美国为例，产业部门在1870—1949年的近80年间，年均提高1.5%—3%；进入第三次科学技术革命以后，仍以美国为例，其工业劳动生产率在1947—1978年的31年中，年均提高

---

① 薛永应，李晓帆，王师勤，等. 生产力视角探索社会主义初级阶段的客观逻辑和客观规律[J]. 经济研究，1988（1）：9-17.

4.5%；在当代，生产力 3 年内所发生的变化，相当于 20 世纪初 30 年的变化，相当于牛顿以前 300 年的变化，相当于石器时代 3000 年的变化①。物质生产力水平的提高，一方面是人的发展的结果，另一方面也为人的更全面更自由地发展创造了条件，并不断推动人的发展。

二、物质生产力的发展对人的发展的意义

翻开思想史，我们看到古典经济学家们往往只是从增加社会财富的意义上来探讨生产力的。马克思一开始探讨生产力问题，就立刻对此做了质的扬弃。1845 年 3 月，马克思对李斯特生产力理论的批判即主要集中在生产力与人的关系问题上。李斯特标榜他的生产力理论关心的是人的才能的发展。马克思揭露了这个德国资产阶级代言人的虚伪性。因为对当时的德国资本家来说，如果弯腰驼背、四肢畸形、精神空虚、职业单调，能够使人更有生产能力，那就最好把劳动者都变成这样的"人"。在当时德国资本家看来，人同水力、蒸汽力、马力等一样，都是创造财富的力量。因此，如果他们把人当作"生产力"，那就是用别的主体代替了真正的主体，而当然"人们不再把工业看作买卖利益，而是看作人的发展，就会把人而不是把买卖利益当作原则……"②。显然，马克思一开始就不把人仅看成生产物质财富的手段，而是立足于历史观的高度，肯定人在生产活动从而在社会历史活动中的主体性意义。

此后，在《德意志意识形态》等一系列著作中，马克思深入探讨了生产力范畴及其在历史观中的意义，对生产力的发展与人的需要、才能和个性的发展，对生产力与社会结构的联系，对生产力作为社会发展的最终原因等问题，进行了大量的论述。

在马克思看来，生产力不是外在于人的单纯的物，也不应只是人为了达到某种目的的手段。从最一般的意义上说，生产过程应是人的生命活动的积极展现的过程，生产力的发展就是人"自身的自然半沉睡着的潜力发挥出来"的结果。因此，生产力的发展对人的发展的意义不仅在于提供一定的生活资料，在一定程度上解决人们的吃喝住穿问题，因而使得一部分人获得闲暇去从事政治、文学、艺术、科学等活动。因为这种狭隘的理解把生产力仅仅看成人类解决生计的一种手段。但实际上，生产力的发展是人们上述活动中主观素质的发展最

---

① 解书森，魏兴，陈冰. 生产力进步规律探讨 [J]. 晋阳学刊，1984（3）：17-22.
② 马克思恩格斯全集（第 42 卷）[M]. 北京：人民出版社，258、263.

深刻的基础，亦即人们的各种思想和观念的最深刻的基础①。

物质生产力的发展对人的发展的意义也不仅在于不断地把人的原始潜能发挥出来，而是使人的潜能越来越丰富、越来越高级，使人自身的自然随着生产力的发展而不断地成为真正属人的自然。人的潜能不仅是自然进化的恩赐，更重要的是人的有目的的社会实践活动的结果。人在"作用于他身外的自然并改变自然时，也就同时改变他自身的自然"②。人在生产活动中，使自然物发生形态变化，同时也就是把主观的目的实现在产品中。人在享用、同化自己产品的过程中，又在人的主体中萌发出新的需要。新的需要的产生，可以说是人类所特有的一种奇迹。

不仅如此，更重要的是，由于物质生产力的发展，人生活在一个由自己所创立的而不是由自然界所直接给予的世界中。广义地说，这是一个文化的世界，而物质生产力则是这个文化世界的基础。

真正属人的各种需要和属性是生产力发展的结果。只有生产力的发展才生产出人的需要的对象或材料、产品等，把以前人们可有可无的物品变为须臾不可分离的必需品，把以前少数人的奢侈品变成大众必需的生活品。生产力的发展还不断改变和提高人们满足需要的方式。需要得到满足的程度，也就是人的消费能力水平，而这种能力"是一种个人才能的发展，一种生产力的发展"③。

新的需要的产生就是人的主体素质或个性的不断丰富。主体素质的这种丰富又反过来促进生产力的进一步发展，因为人本身是进行各种生产的基础。"因此，所有对人这个生产主体发生影响的情况，都会在或大或小的程度上改变人的各种职能和活动，从而也会改变人作为物质财富、商品的创造者所执行的各种职能和活动。"④ 人的生产职能和活动受人的需要及其转化而来的目的支配。人类的另一个奇迹，就在于可能把新的需要转化为新的目的追求，就是说新的需要"创造出生产的观念上的内在动机"，这是"生产的前提"⑤。可以说，新的需要的满足过程，也就是创造出新的生产动力的过程。在这个过程中，新的生产对象被提出来了，而首先是"作为内心的图像，作为需要，作为动力和目的提出来的"⑥。这些主观目的或动机，随着生产主体又进入生产过程，并物化

---

① 见《马克思恩格斯全集》第3卷 [M]. 北京：人民出版社，43、49.
② 马克思：《资本论》第1卷 [M]. 北京：人民出版社，202.
③ 马克思恩格斯全集（第46卷：上）[M]. 北京：人民出版社，29.
④ 马克思恩格斯全集（第26卷）(Ⅰ) [M]. 北京：人民出版社，300.
⑤ 马克思恩格斯全集（第26卷）(Ⅰ) [M]. 北京：人民出版社，300.
⑥ 马克思恩格斯全集（第46卷：上）[M]. 北京：人民出版社，28-29.

在产品中。为了实现新的主观目的，满足新的需要，人们必须改变原有的生产力水平，改进和创造出新的生产工具。抽象地说，新的需要的产生与原有生产力水平的局限性的冲突，就是生产力发展的内在动力。这种冲突的不断产生和不断解决，是一个无限的发展过程。

在这个无限发展过程的初始阶段，由于生产力的低下，人的需要粗陋而贫乏。在前资本主义的社会形态中，人的生产能力只是在狭窄的范围内和孤立的地点上发展着。在资本主义社会，生产力的巨大增长，一方面是以压抑工人多种多样的生产兴趣和生产才能来实现的；另一方面，随着科学在生产中的不断应用，工人尽可能多方面的发展又是社会生产的必然趋势。马克思预见到，资本主义将在客观上为新的社会中无论在生产上还是在消费需要上都是丰富个性的人创造物质基础。一方面创造出普遍的劳动体系，另一方面创造出需要的不断扩大和日益丰富的体系，这就是资本的伟大的文明作用。人类社会的最高发展和生产力的最高发展是相一致的，因而也是和个人最丰富的发展相一致的①。

生产力的发展对人的发展的真实意义，很长时间并没有被一些人真正理解，也没有被经济学家所重视。这主要表现在他们总是把生产力看作与人的主体本质无关的东西，是一种外在财富的发展，因而总是从一般的效用角度，从单纯的物欲满足的程度来理解生产力的发展。马克思指出："工业的历史和工业的已经产生的对象性的存在，是一本打开了的关于人的本质力量的书，……人们至今还没有从它同人的本质的联系上，而总是仅仅从外表的效用方面来理解，……"② 马克思在这里所讲的"工业的历史和工业的已经产生的对象性的存在"，实质上就是后来所讲的生产力的历史和以生产资料的物的形态而存在的生产力。马克思跃出前人关于效用的认识层次，看到了生产力的发展与人的本质的发展的真实联系，并对李嘉图"为生产而生产"的观点既作了批判又作了积极的肯定，指出："为生产而生产无非就是发展人类的生产力，也就是发展人类的天性和财富这种目的本身。"③ 因此，物质生产力对人的发展的意义就在于：只有通过发展物质生产力，才能把由于自然和社会历史进程而不断赋予人的各种天赋和潜能发挥出来，不断提高和丰富人的需要、个性等，创造出人同对象世界的全面的丰富的关系，实现社会成员对自然界和社会联系本身的普遍

---

① 见《马克思恩格斯全集》第46卷（上）第35页，第46卷（下）[M]．北京：人民出版社，1979：391-393．
② 马克思恩格斯全集（第4卷）[M]．北京：人民出版社，1980：127．
③ 马克思恩格斯全集（第26卷）（Ⅲ）[M]．北京：人民出版社，1972：124．

占有，才能不断地使人类从必然王国向自由王国迈进。

总之，物质生产力是人类和自然的物质交换活动中表现出来的现实的物质力量，也即人们征服自然、改造自然的能力，体现的是人们在生产过程中与自然的关系。生产力范畴所反映的对象是人与自然之间的关系，人类的生产活动就是人与自然之间进行物质和能量等的交换活动。生产过程是人的生命活动的积极展现的过程，生产力的发展是人"自身的自然半沉睡着的潜力发挥出来"的结果。因此，物质生产力的发展对人的发展的意义不仅在于：提供一定的生活资料，在一定程度上解决人们的吃、喝、住、穿问题，因而使得一部分人获得闲暇去从事政治、文学、艺术、科学等活动。更主要在于：生产力的发展是人们上述活动中主观素质发展的最深刻基础，亦即人们的种种思想和观念的最深刻的基础[1]。在人类生产过程中，人是生产活动的主体，而生产资料不仅是生产财富的物质手段或劳动改造的对象，而且本身就是人的实践能力的结果即劳动的物化。因此，人类生产力的发展，归根到底取决于人的能力的发展，尤其是人的全面发展。因此说，研究物质生产力，尤其是研究物质生产力的发展及其规律，从本质上讲，就是从另一个角度揭示人的发展的内在规律。

三、发展物质生产力造成环境破坏，又会制约着人的全面发展

随着物质生产力的发展，人类创造了极大的物质财富，在给人的全面发展奠定物质基础，进一步促进人的全面发展的同时，但由于过分强调社会生产力，而忽视了自然生产力，甚至把生产力简单地等同于社会生产力，人为地割裂了人与自然的有机联系，把人与自然相互作用的生产过程仅理解为人类向自然界单方面索取生存资料的过程。将自然置于人类的对立面，片面地放大了人类主体的力量和需求。在利用和改造自然的生产实践中，往往只看到眼前的或近期的利益，而忽视了人类生存与发展的长远利益等。结果造成自然资源被大肆开采甚至是掠夺性开采。由此带来严重的环境污染，生态恶化，灾害性天气频繁发生。与癌症村类似的悲剧、大江大河流域重金属严重超标、雾霾天气日益严重等环境问题频频见诸报端。这种片面追求物质生产力的行为，严重违反了人的发展经济学关于生产力的概念，更主要的是使人的全面发展面临极其严峻的挑战。良好生态环境是最公平的公共产品，是最普惠的民生福祉；保护生态环境就是保护生产力，改善生态环境就是发展生产力。因此，应重视资源节约和

---

[1] 许崇正. 人的发展经济学概论［M］. 北京：人民出版社，2010：158.

生态环境保护，重视生态文明建设，走可持续发展道路，建设美丽中国，是实现中华民族伟大复兴的中国梦的重要内容。具体措施主要有：①强化环境准入、环境标准硬约束，发展壮大节能环保等战略性新兴产业，从严控制高耗能、高排放行业发展，充分发挥优化经济结构的治本作用；②深化生态环保领域改革创新，加快自然资源及其产品价格改革，大力发展环保市场，推行环境污染第三方治理，充分发挥市场机制的激励约束作用；③加快建设生态文明法律制度，建立健全自然资源产权法律制度，切实抓好新修订的《环境保护法》的贯彻实施，充分发挥环境法治的规范保障作用；④抓好关键环节和重点领域工作，严格按照主体功能区定位推动发展，加快划定生态保护红线，着力解决大气、水、土壤污染等突出环境问题，充分发挥政府的统领引导作用；⑤推动形成多元共治局面，倡导良好生态环境人人共建、人人有责、人人共享，充分发挥社会公众的参与监督作用。唯有如此，才能真正推动人的全面发展，人的全面发展才有坚实的环境基础。

第三节　人的发展与科技进步

科学技术是生产力的观点，是马克思和恩格斯早在19世纪就提出来的，以后经过反复论述，成为马克思主义理论宝库中的一个重要组成部分。马克思1857—1858年《经济学手稿》中就曾指出：机器"是物化的知识力量"。"固定资本的发展表明，一般社会知识，已经在多大的程度上变成了直接的生产力，从而社会生活过程的条件本身在多么大的程度上受到一般智力的控制并按照这种智力得到改造。"马克思在《政治经济学批判大纲》中更加明确地指出："正像在价值转变为资本的时候那样，在资本的继续的发展上也是显示出：资本一方面是以生产力一定程度的历史为前提的——在这些生产力里面也包括科学在内。"

那么，科学技术作为生产力的一个部分，与人的全面自由发展有什么关系呢？它对人的全面发展有什么样的影响呢？科学技术的进一步发展与人的全面发展有没有联系呢？受不受人的个体发展程度制约呢？

一、科技进步对人的发展的影响

首先，科学技术对人的劳动方式具有强烈的影响。这主要表现在，劳动过程中体力劳动不断减少，智力劳动相应增加。马克思指出："随着机器体系的产生和发展，工人的操作就会逐渐变成机械的操作，而达到一定地步，机器就会代替工人。""过去是活的工人的活动，现在成了机器的活动。"① 科学技术的进步，使劳动不再像以前那样被包括在生产过程中，相反地，表现为人以生产过程的监督者和调节者的身份同生产过程发生关系。"这里已经不再是工人把改变了形态的自然物作为中间环节放在自己和对象之间，而是工人把由他改变为工业过程的自然过程作为媒介放在自己和被支配的无机自然界之间。工人不再是生产过程的主要当事者，而是站在生产过程的旁边。"② "劳动生产力是随着科学和技术的不断进步而不断发展的。"③

  人类社会的生产发展史表明，使用专业化设备促进劳动生产率的增长，引起劳动过程的分解和分散，产生了完成有限数量动作的业务工人，在这种情况下降低了对工人熟练程度的要求；工作的单调，减少了工人在劳动中的创造性因素。类似的矛盾，在技术的进一步发展和综合机械化及自动化生产体系建立的过程中将被克服。随着向这方面的转变，人们生产活动的性质，劳动的内容将发生改变。高级熟练劳动工人的数量增加（调整工人、调节人员等等），业务员和技术辅助人员的数量增加，使工人固定在狭窄专业上的职能划分，将为他们在机器之间的划分所代替，工人活动的特点将是劳动职能的一体化、广博学识的日益增长和工程知识的日益积累。

  另外，科学技术革命与劳动变换的规律密切联系在一起还表现在：通过使用机器、化学过程和其他方法，大工业的生产基础不断发生变革，同时在工人的职能和劳动过程的社会结合上引起变革。所以，"大工业的本性决定了劳动的变换、职能的更动和工人的全面流动性"④。马克思强调，决定劳动职能变换的劳动变换，一定工作形式中劳动对象的周期变换，是以机器技术为基础的大生产发展的一般规律。

  这个规律的作用说明，在技术手段的发展中，劳动和劳动力的相互联系和统一，技术和整个生产技术基础中发生的变化，引起了工人劳动职能的变化和劳动力的流动。许多手工劳动的旧职业消灭了，出现了与新劳动技术手段的应用相关的新职业，并提供了更为先进的技术工艺流程。这些过程，在科学技术

---

① 马克思恩格斯全集（第46卷：下）[M]. 北京：人民出版社，1980：217-218.
② 马克思恩格斯全集（第46卷：下）[M]. 北京：人民出版社，1980：217-218.
③ 马克思恩格斯文集（第5卷）[M]. 北京：人民出版社，2009：698.
④ 马克思恩格斯文集（第5卷）[M]. 北京：人民出版社，2009：540.

革命时期加速了。

应该指出，无论就科学技术进步的总体，还是就它的个别形式和方面来说，都对劳动对象、劳动的内容和性质、劳动职能的灵活性、劳动力结构和熟练程度的变化产生影响。例如，铁路运输的电气化就改变了这个部门劳动力的职业技术结构；国民经济的化学化，新工艺流程的应用，化学工业中的新生产器具的制造，不仅使就业人口增加，而且产生了新职业和各种具体劳动形式的专门化，导致劳动力的流动；生产的综合机械化和自动化，对劳动变换给以特别巨大的影响。

因此，科学技术进步在使生产技术基础革命化时，对劳动的内容和性质产生重要的影响，引起劳动交换的需要，从而促进人的自由全面充分的发展。正如马克思指出的：大机器工业提出了"用那种把不同社会职能当作互相交替的活动方式的全面发展的个人，来代替只是承担一种社会局部职能的局部工人"的任务。劳动变换要求"工人尽可能多方面地发展"①。可见，在社会主义条件下，科学技术革命同劳动变换、同人的全面充分的发展，紧密地联系在一起。因此，在社会主义下高度重视科学技术，大力加快发展科学技术，是促进劳动变换，从而促进人的充分全面发展的不可缺少的重要条件。

其次，新技术革命的发展增强了人的创造性能力，从而使人的巨大潜能得到充分的挖掘。新的工业革命在本质上则是用电脑（微处理机）使信息和电脑的智能与机器系统紧密结合，来代替人的体力和脑力劳动。因此，在现代和未来社会里，一个显著、重要的特点是大多数人都在或将要从事信息工作，而不是商品生产。据有关研究者统计：现在发达国家从事信息工作的人员，已超过劳动力总数的60%。

"真正增长的是信息工业。1950年，只有17%的人从事信息工作，而目前从事计算机程序编制人员、教员、职员、秘书、会计、证券经纪人、经理、保险行业人员、官员、律师、银行业和技术人员等信息方面工作的人，已经超过60%。另外，还有许多人在制造厂商、公司从事信息工作。大多数美国人的工作都是在创造、处理及分配信息。例如，在金融界、股票市场和保险公司工作的人都是在担任信息工作。麻省理工学院的戴维·伯契说，美国目前只有13%的劳动力在从事制造业。"②

---

① 资本论（第1卷）[M]. 北京：人民出版社，527.
② 参见奈斯比特. 大趋势——改变我们生活的十个新方向 [M]. 姚琮，编译. 北京：科学普及出版社，1985：13.

"在19世纪末和20世纪初,农民占美国总劳动力的三分之一,而现在只占大约3%。事实上目前美国大学里担任研究工作的人也比从事农业的人多。"①

"专业人员几乎都是信息工作人员,——律师、教师、工程师、计算机程序编制员、系统分析员、医生、建筑师、会计人员、图书管理员、新闻记者、社会工作者、护士、牧师等。每个人都要有某种知识才能做工作。区别在于,对专业人员和事务人员来说,他们的工作就是创造、处理和分配信息。"②

由于大多数人在从事信息工作(信息的处理、分配),因此,当代知识的生产能力已成为生产力、竞争能力和经济成就的关键因素。知识的生产力已经成为首要的"工业",已经成为经济和社会发展的主要动力。在当今信息社会里,价值的增加主要靠知识,而不是靠体力劳动。"信息社会"必然要大量生产知识,并不断更新知识。据有关人员统计,现在科学技术信息每年增长13%,很快就上升到40%。每20个月信息就翻一番。③

同时,以微电子计算机为代表的现代科技在社会生产、社会生活领域的应用,给人最直接的利益是减轻人的脑力劳动强度。正如手工工具的应用使人的四肢延长和更加灵巧一样,动力机的应用使人的物质力量得到增长。如果说手工工具标志着人类文明的开始,标志着人把自然物质作为工具和劳动对象的划分,从而使人超越了本身物质构造的生理局限,扩大了自己劳动活动的范围,精巧化了自己劳动的手段,使人从动物中升华出来的话,那么动力机的创造,则标志着人类找到了在生产中代替和壮大自己体力的自然形式,使一部分自然界变为人自己的力量去征服其余的自然界,使人本身沉重的体力劳动得到解放的可能性。同样,微电子计算机的创造,则标志着人类找到了代替和延伸自己脑力劳动的一部分工作量的自然形式,使一部分自然界(自然过程)转变为人自己的智力,用它去征服其余的自然界,使人本身沉重的脑力劳动得到解放的可能性。简言之,微处理机的创造使人依托于自然物质的信息——控制装置,而从自己的脑力限制上得到解放,是一次智能革命。这就是科技革命的实质。

不仅如此,信息科技革命最显著的是带来了体力劳动向脑力劳动的转变。企业应用微处理机后,实现工厂操作的自动化以及建立无人工厂,机器人、电

---

① 参见奈斯比特. 大趋势——改变我们生活的十个新方向 [M]. 姚琮,编译. 北京:科学普及出版社,1985:13.
② 参见奈斯比特. 大趋势——改变我们生活的十个新方向 [M]. 姚琮,编译. 北京:科学普及出版社,1985:13.
③ 参见弗里德里奇,沙夫. 微电子学与社会 [M]. 李宝恒,袁幼卿,吴宝坤,译. 北京:生活·读书·新知三联书店,1984:4.

脑代替工人和初级技术人员的工作，而工人则从传统的生产岗位、车间退出。信息科技革命使脑力劳动将成为社会的基本劳动形式，从而将为人的劳动活动成为自由的创造性的活动提供重要的物质技术基础。

造就一代新型的人，正是当代科学技术革命及其所引起的社会变革的内在要求。这是因为：生产过程的高度自动化，要求人们具有更高的心理上和道德上的可靠性，具有新的道德品质。同时，劳动产品日益成为集体精神力量的对象化，要求人们具有积极主动的精神和进行自觉的创造性活动。劳动产品是人的创造，是人的本质力量的对象化。这种对象化的方式在当代科学技术革命的条件，也不同于过去了。过去对于个体手工业者来说，他们的劳动产品只是某个或某些人手的灵巧，手工劳动的经验、技能和方法的对象化；而现代机器工业的产品首先是把知识、科学的力量对象化。这些科学知识在大多数情况下，都是由科学家、设计师、工程师、工人组成的集体相互协作、共同创造的产物。因此，人类作为认识主体的层次性变得更加复杂了，集体认识和个体认识的相互关系的性质发生了重大的变化。它对每一个个体的智力结构、品德结构和审美结构提出了前所未有的更高要求。它要求每一个生产者由简单的执行者变成创造过程中的积极参加者，不断提高自己的知识水平和主动精神，能够对集体活动的共同产品做出自己的创造性的贡献。

总之，现代科技革命，使社会和人的职业上发生了重大变化，知识在生产中越来越起着重大作用。这就使个人有时间、财力和机会通过培养自己的特定兴趣（如艺术的、科学的、工艺的、教育的、体育的以及其他方面的兴趣），达到充分发挥自己才能的目的。全盘自动化将大量排除生产和服务中的劳动，但是不会终止人类的活动，从这个意义上来说，也就不会终止人类的职业，而是将导致由创造性的、有趣的职业来代替以前的"劳动"。

二、科技进步为人的自由充分发展创造了条件

从理论上来说，随着新技术革命的实现，脑力劳动日益成为社会劳动的基本形式，人的劳动负担将相对地减轻，劳动活动的自由度更将会日益增加，业余时间也逐渐增加，劳动者从事重复性劳动的机会日益减少（因为重复性劳动是电子自动化操作可以代替的），而从事创造性劳动的可能性日益增加。劳动在这种发展中将进一步突破旧式分工的局限性而成为个人的自由创造活动，随之而来的将是劳动者体魄和精神的全面发展。因此，科技革命为一代新人的成长创造着社会物质生产条件和文化条件。

另外，当代科学技术的飞速发展，为人的创造才能的充分发展提供了前所未有的可能性。这是因为：首先，当代智能机器和自动装置的耐疲、耐恶劣环境以及处理信息十分迅速的特性，既可使劳动者从繁重的甚至有害的工作中解放出来，又可创造丰富的物质财富，在越来越高的水平上满足劳动者的需要，提高劳动者的自然素质，促进劳动者的健康发展。其次，智能机器和自动装置的使用，必然极大地提高劳动生产率，增加劳动者的闲暇时间，能为劳动者进行学习、提高智力水平、从事创造活动提供更多的机会。再次，由于智能机器和自动装置给劳动者提供的闲暇时间，现代通信手段还可使劳动者之间的交往更加广泛、更加丰富，从而使人与人之间的关系更加亲密和谐。这一切都充分地说明，当代科学技术的飞速发展同时也为造就一代新型的"创造着的人"提供了前所未有的可能性。当代科学技术革命所造成的前所未有的创造力，所提供的人的发展和人的创造性精神得以发挥的巨大可能性，造就一代新型的"创造着的人"便是我们这个时代的使命。因此，从这个角度来说，当前在我国应抓紧进行产业结构调整和经济增长方式的转型，要把我国工业中占大比例的低端加工工业迅速调整到具有高附加值和高科技的产业上，生物产业、能源产业、减排产业等产业上。这已是刻不容缓的事，意义是十分重大的。

三、人必须充分发展才能适应新科技革命

科学技术的进步，客观上要求一个劳动者必须具有多方面的知识，才能适应技术进步的需要。正如马克思指出的：大工业的本性，要求劳动者不断地变换职业，要求工人尽可能多方面发展，这是社会生产的客观规律。"工人们在自己的共产主义宣传中说，任何人的职责、使命、任务就是全面地发展自己的一切能力。"[①] 这就是说，劳动者必须具有一代新人的各种品质和全面发展的能力，社会主义把人的才能的发展作为一项任务、一项责任提了出来。资本主义的文明是不可能提出这样的任务的，因为它的财富生产事实上只是追求一个阶级的片面享受。但是，在它那普遍的物质财富的生产中，客观上包含着人的自由全面发展的要求。

马克思说："所谓财富，倘使剥去资产阶级鄙陋的形式，除去那在普通的交换里创造出来的普遍的个人欲望、才能、娱乐、生产能力等等还有什么呢？财富不就是充分发展人类支配自然的能力，既要支配普通所说的自然，又要支配人类自身的那种自然吗？不就是无限地发挥人类创造的天才，全面地发挥，也

---

① 马克思恩格斯全集（第3卷）[M]. 北京：人民出版社，1960：330.

就是说发挥人类一切方面的能力，发展不拿任何一种旧有尺度去衡量的那种地步吗？不就是不在某个特别方面再生产人，而是要生产完整的人吗？"① 可见，承担新的客观责任，必然在逻辑上导出要求有新的主体品质。社会主义要极大规模地发展社会生产力，增加社会物质财富，但它必须也应该超越鄙陋的资本主义物欲文明，它的价值目标是人的自由全面发展。这就是说，在马克思主义的科学理论中，不仅包含着对资本主义的政治批判和经济批判，而且包含着价值批判，具有深刻的人的发展经济学性质。马克思主义在历史唯物论的基础上，深刻揭露了资本主义文明的内在局限和弊病，要求着眼于人类发展的未来建立新型的文明，这与当前科学技术革命提出的要求，在基本精神上是相通的。

人必须自由全面发展，才能适应新技术革命，那么在今后，人类主要将从事哪些事业呢？著名波兰哲学家沙夫曾预测，今后人类将主要从事：①创造性劳动、科学和艺术。②规划和组织社会生活。对人民的需要及其发展趋势进行调查研究，合理地加快规划和管理。③由高级技术专家取代传统工人来维修设备，提供技术服务。④为闲暇时间安排丰富多彩的社会活动。

科学家们认为，新的科技工业革命虽然会引起结构性失业问题，但这些问题绝不是无法解决的，因而并不需要也不可能抑制新的科技工业革命，而应当自觉地去迎接它。这里的关键在于，必须采取新的发展战略，不再单纯追求量的增长，追求 GDP 增长，而要转而追求质的提高，不断改善人们的生活质量。这就要求全社会高度重视科学技术和教育，大力培养"自由全面发展的人"，即受过多方面教育、能够按照需要随时改变他的职业的人。为此，整个社会应当为所有的人精心制定一整套不断受教育的办法，使每个人在一生中不仅要强制性接受普及教育，而且要强制性地接受培训；高等教育应当与科学研究紧密结合起来，与社会经济发展的需要互相衔接，以适应新科技革命的要求。

第四节　智慧生产力和社会生产力

一、智慧生产力

人在劳动过程中，一方面改造自然，另一方面也改变了人自身，使人自身

---

① 马克思. 政治经济学批判大纲（草稿）第 3 分册 [M]. 刘潇然，译. 北京：人民出版社，1963：104-105.

的沉睡的自然力焕发出活力，形成一种力量。由此，马克思提出了"人本身的生产力"的概念，即人自身的生产力构成了生产力的主要内容、主要方面。对于人自身的生产力，马克思还把它称为"智慧的自然力""智慧生产力"。智慧的自然力（即通常所说的智力）的变化规律，随着人类对物质运动诸形式的认识和在生产过程中的应用，它自身也日益转化并作为"独立的生产能力"而存在了。虽然，有史以来，人的智力一直参与生产过程，同人手一起成为人自身的一个方面的自然力，但是，它在生产发展的手工劳动时期，却是一个从属要素，这时的智慧不过是劳动者的生产经验、简单操作技能而已。到机器这种生产手段出现以后，随着社会分工的进一步发展，劳动者世世代代积累的经验和技能，经过脑力劳动者的加工，逐步上升为理论、科学技术。同时有条件通过科学实验揭示人类直接感觉不到的自然力方面，并将其转化为新的生产力。这样，人的智力、知识、科学、技能、技巧，便相对地脱离各个人的肢体而形成"劳动的客观条件"之一。马克思、恩格斯把体现于生产过程中的智慧、知识、科学、思维等，称为"精神生产力""智慧生产力"或"知识形式的生产力"，它与种种"物化生产力"相对应，成为它们赖以形成的诸运动形式本质方面的科学概括，即成为"一般生产力"。他们进一步指出："发展为自动化过程的劳动资料的生产力要以自然力服从于社会智力为前提"，"固定资本的发展表明，一般社会知识，已经在多大的程度上变成了直接的生产力，从而社会生活过程的条件本身在多大的程度上受到一般智力的控制并按照这种智力得到改造"[①]。马克思的这些话，不但是对资本主义条件下生产力状况的描述，而且也是对生产力发展未来趋势的预测。当今时代，科学技术（即精神生产力）的蓬勃发展，业已对这一科学预测提供了有力的证据。社会知识、一般智力、科学技术，作为物质运动的形式，它们居于最高层次；作为生产力，又是最强大、最有前途的。它的层次之所以高，力量之所以强，前途之所以最广阔，不在于它的形式（因为它在形式上要以物质运动其他多种形式为前提，只有借助种种物质条件才能存在和发挥作用，在客观上所受限制最多），而在于它的内容和功能，因为它以理性的能动性和方式，辩证地揭示和包含着客观世界的无数方面，反映、发掘和支配低于它的各种自然力。凡是无机自然力、有机自然力和社会自然力在生产过程中的发挥，无不伴随着智力的作用；并且，随着生产的发展，这种作用越来越由不自觉的从属因素，变成自觉的决定性因素；反过来，随着人类一

---

① 马克思恩格斯全集（第46卷：下）[M].北京：人民出版社，1980：219、220、223。

般智力在生产过程中越发变成自觉的决定性因素，社会生产力以及整个人类社会，便越向高级阶段迈进。由此，人类一般智力、"智慧生产力""知识形式的生产力"在生产过程中的无限发挥，是生产力发展的总趋势。

二、社会生产力

社会生产力是一种总体生产力，是个人生产通过某种社会结合如劳动协作与分工等方式而构成的一种集体力、社会力。社会生产力是人的个体生产力的社会化表现。现代社会生产力是物质生产、人力生产（特别是人才培养）、知识生产、精神生产、信息生产、资源与环境建设及其相应的能力的系统集成，其中每个环节每个方面都对人的素质提出更高的要求，也就是说，现代生产力的发展依赖于人的个体的发展。因此，社会生产力的发展水平与人的个体生产力水平高低相关。即人的全面发展的程度，决定着社会生产力发展程度。反过来，社会生产力的程度也制约着人的全面发展的程度。

（一）人的个体生产力发展推动者社会生产力发展

发展是人类社会的永恒主题。人类社会的发展历史，是人类自身发展和人类与大自然相互作用、共同发展和不断进化的历史。依据占主导地位的经济发展形式不同，人类文明依次经历了采猎文明、农业文明、工业文明和后工业文明（环境文明），相应的发展阶段依次为前发展阶段、低发展阶段、高发展阶段和可持续发展阶段①。在这一发展过程中，人的个体生产力进步，推动着社会生产力水平不断提高。在采猎文明时期，人的个体生产力水平十分低下，使得早期人类以原始人群或部落为单位，过着游荡的采集和渔猎生活。此时，人类依赖自然、崇拜自然。真正意义上的社会生产力尚未形成。在农业文明时期，随着人类的生产经验的积累和生产工具的不断改进，以及人类以个体的方式从事早期的科学研究，发明了诸如指南针、造纸术、活字印刷术、火药等，有力地推动着人的个体生产力水平发生质的飞跃，劳动协作和劳动分工日益普及、日益精细。人口的迁徙、领土扩张的战争、人员的跨区域流动，推动着当时的世界各地的人的个体生产力水平提高。例如，早在公元前4世纪，亚历山大帝国雄踞欧亚非三大洲，客观上沟通了三大洲生产力的交流，古希腊的文明之花在埃及和两河流域结下了丰硕之果，巴比伦的天文数学知识进一步武装了希腊

---

① 郑国璋．人类社会生产力发展的超越与回归——从传统发展观到可持续发展观［J］．生产力研究，2001（4）：50-51．

人的头脑。进入封建社会以后，丝绸之路的开创，成吉思汗的远征，郑和的七下南洋，哥伦布的环球航行等，这些洲际交流活动，客观上促进了早期人类个体智慧的交流和传播，所有这一切，为人类走向蒸汽时代奠定了坚实基础，使得真正意义上的社会生产力开始不断成长和发展。这一时期，人类开始逐步利用自身力量，有意识地改造自然，并对生态系统施加局部影响。但人类的整体生产力水平较低，抗御自然灾害的能力较弱，人类活动引起环境的退化是局部的、低度的和缓慢的。在工业文明时期，人类也是凭借着人的个体智慧进行发明创造，推动着社会生产力水平的提高。织布机、纺纱机、蒸汽机、电报电话、内燃机、汽车、飞机等无不是人的个体智慧的结晶。正是人的个体生产力水平的提高、飞跃性发展，才有了社会生产力的发展。随着科技进步加快，高等教育普及，互联网革命的发生发展等，人的个体生产力不断提高，推动社会生产力加速发展。于是，巨大的财富被创造，人类文明大踏步前进。但工业文明以征服自然和驾驭自然为主要特征，巨大的生产力，对人类赖以生存的自然资源和生态环境造成极大破坏，生态灾难不断发生，而且越来越严重。这严重违背了人与自然和谐发展的客观规律，严重威胁着人类社会的生存与发展，必将对人的发展，对人的个体生产力，从而对社会生产力的发展，产生毁灭性的影响。这些问题的最终解决必须依赖人的全面发展，依赖人的个体生产力提高。因此，在我们着重发展社会生产力的同时，绝不能忽视人的充分全面的发展，绝不能忽视个人生产力的相应发展，绝不能以牺牲个体生产力发展为代价来实现社会生产力的发展。也正是这些变化客观上推动着人类文明逐步走向后工业文明时期。人类的生态文明时代正在开启。

（二）发展社会生产力的基本路径

由于人的个体生产力与社会生产力之间存在着如下关系：即人的个体生产力具有一般劳动能力（体力和智力），具有普通发展的潜在力量，或者说是具有一般发展能力的萌芽，提供了形成各种特殊生产力的基础。各种各样的、具体的、特殊的劳动生产力，都是从个人一般生产力这个萌芽中生发和扩展开来的。另外，个人的个体生产力通过劳动方式、分工、协作、管理等中间桥梁，可以结合起来转化为社会生产力。反过来，社会生产力可以借助于新的劳动方式、协作、分工、管理方式，赋予构成总体生产力的个人生产力以新的力量，甚至构成新的质，从而转化为新的个人生产力。因此说，充分发展个人一般生产力，就是使人的个体得到全面充分发展，并且是发展社会生产力的有决定意义的根本途径。个人全面发展就是最大的生产力，个人发达的生产力是社会财富的真正基石。在谈到未来社会的生产力发展时，马克思提出："社会生产力的发展如此迅速，以致尽管生产将以所有人的富裕为目的，所有的人的可以自由支配的时间还是会增加。因为真正的财富就是所有个人的发达的生产力。"① 他以极大的远见，洞察了科学技术发展将给劳动性质和主体发展带来的根本性质的变化，个人一般生产力在这一历史远景中的巨大作用，在这个转变中，表现为生产和财富的宏大基石的，既不是人本身完成的直接劳动，也不是人从事劳动的时间，而是对人本身的一般生产力的占有，是人对自然界的了解和通过人作为社会的存在来对自然界的统治，总之，是社会个人的发展。这是对生产力发展趋势的真正洞见。

由此可以看出，发展生产力有两条基本途径：一是发展社会生产力，把点子打在生产力的社会结合方式上；二是发展个人生产力，把点子打在强化文化教育、充分发掘个人一般生产力上。在整个人类历史上，个人生产力和社会生产力的关系也呈现为辩证发展的圆圈：在原始时代，人自身的生产，最简单的个人生产力，可能曾是生产力发展的主要因素，而社会生产力远未得到充分的发展。在资本主义，即工业文明时代，社会生产力、物质生产力得到长足发展，但劳动者的个人生产力存在被普遍压制的状况，人片面发展并普遍异化。由此造成人类生产力的巨大浪费。因此社会的发展方向应该是：尊重人的个体生产力充分发展，促进个人生产力与社会生产力的协调发展，让个人一般生产力的充分发展真正成为发展社会生产力的最强大推动力。在我国，发展社会主义生产力的根本途径正在于促进个人生产力的全面的、普遍的发展。改革为发展个人生产力提供了社会舞台和社会环境，文化教育的发展乃是发展个人生产力的能动源泉和关键所在。

---

① 马克思恩格斯全集（第46卷：下）[M]．中共中央马克思恩格斯列宁斯大林著作编译局，译．北京：人民出版社，1980：222．

第八章 产权理论

产权关系及其制度，构成了社会经济生活的根本内容，最终决定着生产的效率，并是社会基础制度选择的主要依据。因此，产权与人的发展有着密切的关系。

在马克思和恩格斯看来，把所有制和所有权严格区分开来是非常必要的，混淆二者往往会得出不正确的结论。马克思、恩格斯是以他们创立的唯物史观作为基本方法论来认识产权和所有制的起源的。他们认为人类社会的第一种产权关系是公有产权，私有产权是在此基础上发展起来的。产权制度是马克思主义经济学和新制度经济学共同关注的经济范畴。斯韦托扎尔·平乔维奇曾写道："马克思是第一位有产权理论的社会科学家。"[①] 道格拉斯·诺思也承认马克思在产权理论方面做出了巨大贡献。然而，西方产权理论模型强调交易费用的比较、市场机制的发挥和私有产权的精细化或明晰化，注重个别案例的研究；马克思的产权理论模型强调生产力与生产关系的矛盾运动，注重阶级关系和制度革命的研究。

区分社会主义市场经济与资本主义市场经济的标志，不在于是否让市场起决定性作用，也不在于是私有还是公有，而在于发展市场经济的目的是什么，在于产权的权利结构是什么。社会主义产权制度的构建正在于充分发挥市场经济在满足"每个个人的自由全面发展"的前提条件方面的关键作用，在于消灭并剥夺任何人利用财产的占有权力去奴役他人劳动的权力，在于重建"劳动者个人所有制"和自由人联合体，最终实现每个人的自由全面发展。

[①] S. Pejovich, Karl Marx, Property Rights School and the Process of Social Change, Karl Mark's Edited by J. C. Wood, Vol Ⅳ, Groom Helm, London, 1988：240.

第一节 所有权（所有制）的完整概念

一、马克思以前的学者关于所有制的概念

为了真正弄清所有制的概念，有必要先简略考察一下马克思以前的有关学者在这个问题上的见解。

在马克思以前的众多经济学家中，包括一些杰出的经济学家，没有人对所有权（所有制）问题进行过专门研究，也没有把所有权作为经济学的一个范畴。这是因为，在他们看来，私有制即财产的私人所有权是永恒的，是人类发展的最完善形态，财产私人所有权是他们几何公理式的立论前提。让巴·萨伊的说法是具有代表性的："就政治经济学说，它只是把财产所有权看作鼓励财富的积累的最有利因素，并满足于财产所有权的实际稳定性，既不探讨财产所有权的由来，也不研究财产所有权的保障方法。"[①] 他是这样说的，也是这样做的。正如圣西门学派评价的："他们把所有制看作一种存在的事，而不去研究这一事实产生和发展的过程，甚至不去研究这一事实的社会利益是由什么构成的，他们却在谈论保护私有制的必要性。"[②]

对财产所有权（所有制）研究和解释主要见之于一些哲学家、政治家和法学家的著作，以及早期杰出空想社会主义者的著作。最早是16世纪的法学家格劳秀斯，以"人性"和"理性"的自然法来解释财产所有权。以后是17世纪的英国著名哲学家洛克，他从所谓"自然理性法则"出发，认为所有权就是"劳动财产权"。这之后是法国启蒙学者卢梭，他认为："所有制是由文明的成就而产生的一种制度"，是人类自我完善的潜在能力的发展导致的从自然状态向非自然状态转变的历史过程的结果。

与卢梭同时代的德国杰出哲学家黑格尔，认为所有权就是个人自由意志对物的支配，而这种对物的支配，是通过人的劳动（占有）实现的。他在《法哲学原理》一书中写道："人把他的意志体现在物内，这就是所有权的概念"；

---

① 萨伊.政治经济学概论——财富的生产、分配和消费[M].陈福生，陈振骅，译.北京：商务印书馆，1963：136.

② 巴扎尔，安凡罗，罗德里格.圣西门学说释义[M].王永江，黄鸿森，李昭时，译.北京：商务印书馆，1986：150.

"我的意志是人的意志,但人是一个单元,所以所有权就成为单元意志的人格的东西。……这就是关于私人所有权的必然性的重要学说。""并且自由意志不能仅仅停留在所有权的概念中,必须通过取得占有劳动以外的形式表现出来。"不仅如此,黑格尔还深刻地认为,人是绝对的目的,不能把人当作手段来使用。正因为物不是人,所以它不是目的,可以被人占有而作为满足人自己的手段。这是所有权的合理根据。"每个人都有权把它的意志变成物,或者把物变成他的意志,换句话说,他有权把物扬弃而把它变为自己的东西。……唯有意志是无限的,对其他一切东西来说是绝对的,至于其他东西就其本身说只是相对的。所以据为己有,归根到底无非是:表示我的意志对物的优越性,并显示物不是自在自为地存在着,不是自身的目的。"①

可见,从洛克、卢梭到黑格尔,共同点都是把一般劳动和人的自由意志当作财产所有权的根据。这无疑有正确的一面,应该加以充分肯定。

在马克思以前,除上述哲学家、政治学家、法学家们对所有权概念做过研究和论述外,早期杰出的空想社会主义者也有过研究和论述。例如,在法国人巴扎尔的《圣西门学说释义》这本书中,就论述了圣西门和圣西门学派关于这个问题的研究和论述。他们认为:所有权在内涵上,应该包括"物和人"两个方面,"而后者则构成它的最重要、最有价值的部分"。这种对所有权概念的理解是十分精辟的,它突出了人,突出了人的作用和地位,显示了人这一因素的重要性。不仅如此,在圣西门学派关于所有权概念内涵的论述中,还把人的才能的自由发展提到十分重要的位置,认为:"未来所有制的唯一基础只能是和平劳动的才能","在未来社会的所有权里,每个人的地位将取决于他们的才能","所有制包括地产和资本,——对我们来说,地产和资本,不管怎样,都是生产手段"。而"生产手段的分配,应该根据个人的才能,以使每个人的才能最大限度地投入到事业中去"。为了更好地理解关于所有制的概念,圣西门学派认为"我们应把这一概念同以前我们论述过的关于人类的发展,关于这一发展的规律以及关于我们所向往的未来的概念"紧密结合在一起。

众所周知,马克思主义的三大来源是德国古典哲学、英国古典政治经济学、法国空想社会主义,因此,毫无疑问,上述洛克、卢梭、黑格尔关于所有权概念与一般劳动和人的自由发展密切相连的见解,特别是法国空想社会主义者关于所有制概念内涵包括人与人的才能及其自由发展的精辟观点,无疑对于马克

---

① 参见司退斯. 黑格尔哲学 [M]. 廖惠和, 宋祖良, 译. 北京:中国社会科学出版社, 1989: 343.

思作为社会生产关系范畴的所有权概念的形成，有着重要的影响。

二、马克思关于所有权的概念

多少年来，许多论著和教材都认为，只有生产资料才是物，才是所有制的对象，并把生产资料所有制看作所有制的唯一内容，看作决定社会生产关系一切方面的唯一基础。这在理论上是不全面的，是一种偏颇的观念。

实际上，马克思关于所有权和所有制概念有许多深刻的论述，有许多丰富、精辟的思想，可惜很长时期内都被我们忽视了。尽管马克思和恩格斯没有撰写专门的产权著作，但是，其产权思想散见于《黑格尔法哲学批判》《德意志意识形态》《哲学的贫困》《共产党宣言》《雇佣劳动与资本》《〈政治经济学批判〉导言》《政治经济学批判》《资本论》《哥达纲领批判》《反杜林论》《家庭、私有制和国家的起源》等作品中。马克思在《德意志意识形态》《资本论》及其手稿中曾明确指出：所有权关系就是劳动者与生产资料相结合的方式。而劳动者和生产资料相结合的过程，也就是劳动的过程。因此，结合方式即所有制形式，也可以说是劳动过程的组织形式。马克思还指出："整个社会经济结构是围绕劳动形式旋转的"。这是"理解社会上各种经济结构的一个关键。"① 马克思、恩格斯除了论述了劳动的组织形式和所有权是同义语外，还论述了劳动的技术组织形式和所有权是同义语。

马克思、恩格斯把劳动的技术组织形式的历史发展概括为分工的发展。分工发展的各个不同阶段，同时也就是所有权的各种不同形式。分工从最初起就包含着劳动条件、劳动工具和材料的分配，规定着人们从事生产活动的范围。他们还具体说明了分工与所有权的关系：分工使物质活动和精神活动、享受和劳动、生产和消费由各种不同的人来分担成为可能和现实；"与这种分工同时出现的还有分配，而且是劳动及其产品的不平等分配……，因而也就产生了所有制"②。因此，一定的所有权形式，只不过是一定的劳动技术组织形式的社会表现即生产关系的形式。

马克思在论述劳动的技术组织形式和所有权的密切关系时还特别指出，在资本主义条件下，分工导致了两个方面的结果。首先，就大多数劳动者来说，随着工厂内部的分工和社会分工的发展，他们同生产力和自身存在还保持着的唯一联系，即劳动，在他们那里已经失去了任何自主自由活动的假象，它只是

---

① 马克思恩格斯全集（第26卷）（Ⅲ）[M]. 北京：人民出版社，1972：456.
② 马克思恩格斯全集（第3卷）[M]. 北京：人民出版社，1972：74-75.

用摧残生命的东西来维持他们的生命。其次，就从事不同生产活动的私人生产者来说，随着社会分工的深化，一方面这些私人生产者日益处于普遍的相互依赖关系之中，只有在这些关系中才能生存和生产；另一方面，受分工制约的不同私人生产者的自发活动又造成一种同这些个人相对立的社会力量，它通过危机对私人生产者的生存和生产形成严重威胁。因此，马克思、恩格斯进一步认为，过去的一切占有都是有局限性的，在过去的一切占有制下由于个人的自由自主活动受到有限的生产工具和有限交往的束缚，他们所占有的只是这种有限的生产工具。他们的生产工具成了他们的财产，但是他们本身始终屈从于分工和自己所有的生产工具。在以往的一切占有制下，都是许多个人屈从于某种唯一的生产工具。而唯有未来的社会主义、共产主义条件下的占有才具有全面性，"许多生产工具应当受每一个人支配，而财产则受所有的个人支配"①。

另外，马克思从历史唯物主义出发，把所有权看作生产关系的法律表现。"在每个历史时代中所有权以各种不同方式、在完全不同的社会关系下面发展着。因此，给资产阶级的所有权下定义不外是把资产阶级生产的全部社会关系描述一番。"② 可见，所有权在马克思那里首先是生产关系的概念，其次才是法律的概念。

按照马克思的观点，所有制即生产资料所有制，是指人们在生产中对生产资料的所有、占有、支配、使用等所形成的相互关系。在马克思看来，所有制不外是劳动主体与劳动客观对象之间的关系，是"根据个人与劳动的材料、工具和产品的关系，决定他们相互之间的关系"③。简单地说就是通过对物的占有而形成的人与人之间的关系，这种关系决定了劳动者与生产资料结合的社会形式。马克思认为："不论生产的社会形式如何，劳动者和生产资料始终是生产的因素。但是，二者在彼此分离的情况下，只在可能性上是生产的因素，凡是进行生产，就必须使它们结合起来，实行这种结合的特殊方式和方法，使社会结构区分为各个不同时期。"④

基于物质资料的生产是人类社会生存和发展的基础这一事实，马克思进一步认为，生产条件的归属是决定一切其他财产关系的决定因素。因此，在研究社会经济制度的性质和它的运动规律的政治经济学这门学科中，讲到所有制都

---

① 马克思恩格斯全集（第3卷）[M]. 北京：人民出版社，1972：76.
② 马克思恩格斯全集（第4卷）[M]. 北京：人民出版社，1965：180.
③ 马克思恩格斯全集（第3卷）[M]. 北京：人民出版社，1972：25.
④ 马克思恩格斯全集（第24卷）[M]. 北京：人民出版社，1972：44.

是指生产资料的所有制，只有生产资料所有制才能作为生产关系总和的同义语来表述。

马克思深刻认识到了法权关系与经济关系的根本区别，并把法律上财产关系当作生产过程中所有制的表现形式。他指出，仅仅从私有者意志来考察的物根本不是物，物只有在交往中并且不以权利为转移时才是物，即成为真正的财产。"法的关系正像国家形式一样，既不能从它们本身来理解，也不能从所谓人类精神的一般发展来理解，相反，它们根源于物质的生活关系。"① 马克思在阐述了国家、法律与所有制的关系后指出，资产阶级国家及其制定的共同规章即法律，实质上只是为了私有制存在。不过，一切共同规章都是以国家为中介的，由此便会产生错觉，好像法律是以自由意志为基础的。马克思具体分析商品市场和劳动力市场的法权关系后指出，为了使商品交换得以进行，商品监护人及所有者只有符合另一方的意志，才能让渡自己的商品，要占有别人的商品，必须彼此承认对方是私有者。"这种具有契约形式的（不管这种契约是不是用法律固定下来）法权关系，是一种反映着经济关系的意志关系，它的内容是由这种经济关系本身决定的。"②

可以看出，这里实际上存在着两个不同的概念：从经济关系上来把握的所有权——所有制和从法律形式作为一种意志关系把握的所有权。对社会经济运动来说，所有制是基本的、起决定性作用的关系，所有权则不过是经济关系在法律上的表现形式；所有制是经济范畴，所有权是法律范畴；所有制是生产资料归谁所有的经济制度，所有权是财产归谁所有的法律制度；所有制体现人们在生产资料占有中形成的经济关系，是生产关系的基础和核心，它决定了人们在生产过程中的关系以及交换关系和分配关系，所有制决定所有权，所有权是所有制的法律表现。例如，同是土地所有权，但封建土地所有制与资本主义土地所有制中的土地所有权就有本质的区别。资本主义条件下的土地所有权形式，不再是反映封建地主与农民的租佃关系，而只是资本投入农业而产生的一定的生产关系和交换关系的表现。只有认识了它的经济关系内容，才能理解这两种有本质区别的土地所有权。再如商品所有权，如果只从法律形式上看商品所有权，简单商品经济条件下的商品所有权和资本主义商品经济条件下的商品所有权都是共同的、没有区别的，但如果从所有制关系上看，一个是以自己的劳动为基础的所有权，一个是以侵占他人劳动为基础的所有权。

---

① 马克思恩格斯全集（第2卷）[M]. 北京：人民出版社，1975：82.
② 马克思. 资本论（第1卷）[M]. 北京：人民出版社，1975：102.

马克思、恩格斯是以他们创立的唯物史观作为基本方法论来认识产权和所有制的起源的。他们认为人类社会的第一种产权关系是公有产权，私有产权是在此基础上发展起来的。

马克思在其《政治经济学批判（1857—1858年手稿）》中考察了资本主义生产以前的各种所有制及其产权制度，其中包括原始公社的各种形式，认为原始社会的产权基本上是公有产权，而以土地公有为典型，并且认为这种财产关系是自然形成的。马克思指出："财产最初无非意味着这样一种关系，人把他的生产的自然条件看作是属于他的，看作是自己的，看作是与他自身的存在一起产生的前提；把它们看作是他本身的自然前提，这种前提可以说仅仅是他身体的延伸。其实，人不是同自己的生产条件发生关系，而是人双重地存在着：主观上作为他自身而存在，客观上又存在于自己生存的这些自然无机条件之中。"① 因为人类的产生，就是自然的结果，而自然决定了人类的幼年时期是以"天然共同体"形式存在的，他们对一切财产都自然而然的是公有关系。恩格斯在《家庭、私有制和国家的起源》中，在充分利用摩尔根的《古代社会》② 一书研究成果及马克思对《古代社会》研究成果的基础上，也认真考察了原始公有产权。

概括起来，马克思和恩格斯关于公有产权起源的论述，可谓自然起源说。所谓自然包括三重含义：第一，生产力的原始状态或自然状态；第二，人们的劳动对象和占有对象是自然之物；第三，人与人之间的关系的原始、自然状态。正是这三种意义的"自然"决定了公有产权的产生。

马克思指出，私有产权的产生和发展与原始社会的家庭及其演变密切相关。在以血缘关系为纽带的血亲氏族由自然共同体逐渐演变为具有独立经济意义的家庭时，私有产权也就在原始公有制内部产生了。值得注意的是，私有产权开始并不是作为一种独立的私有制存在的，而只是在生产资料的狭义所有权以外的权力上产生，在土地等基本生产资料仍然是公有制的前提下，私有家庭对土地具有实际上的占有权和使用权。马克思进一步分析，家庭由公有经济单位转变为私有经济单位的客观条件是生产力的发展，也就是说人的劳动生产率提高

---

① 马克思恩格斯全集（第46卷：上）[M]. 中共中央马克思恩格斯列宁斯大林著作编译局，译. 北京：人民出版社，1979：491.
② 《古代社会》是美国著名人类学家摩尔根历经40年的研究、考察、搜集资料而写出的一部巨著，在这部著作中，摩尔根根据对美洲各地印第安人的考察，对古代希腊、罗马历史的研究，对亚洲、欧洲、澳洲部落制度的了解分析，证明了氏族是原始社会的基本组织。

到可以按小家庭为单位从事市场活动并出现剩余产品。同时，家庭演变是与人类婚姻、性关系的演变相联系的，随着群婚制向个体婚制的转变，家庭单位变得越来越小，家庭也就由大的共同体转变为原始氏族公有制前提下相对独立的小经济单位。由此可见，家庭由自然共同体演变为独立的单个的经济单位，家庭私有制就产生了。私有产权主体首先是私有家庭主体，家庭私有制是人类私有制的第一种形式。

第二种形式是以劳动者自己劳动为基础的私有制。在这种形式下，构成财产的要素已经由自然存在的要素发展为由劳动生产率的要素，劳动者不仅是劳动工具的所有者，而且也是原料和生活资料的所有者。"这是第二种的历史状态，它按其本性只有作为第一种状态的对立物，或者说，同时作为已经改变的第一种状态的补充物，才能存在。"① 第三种形式是以无偿占有他人劳动为基础的资本主义私有制之前的私有制，"这种形式实质上是奴隶制和农奴制的公式。"② 在这种形式下，土地和劳动对象都不归劳动者所有，甚至劳动者本身也不归劳动者所有。

对于资本主义私有制，马克思认为："在资本的公式中，活劳动对于原料、对于工具、对于劳动过程中所必需的生活资料，都是从否定的意义上即把这一切都当作非财产来发生关系的。"③ 在这种状态下，劳动者除了劳动力外，既没有土地财产，也没有劳动工具的所有权，甚至没有生活资料的所有权。因此，在马克思看来，资本主义所有制不仅否定了原始公有制，也否定了以劳动者自己劳动为基础的私有制以及资本主义以前的剥削制度。"所有权对于资本家来说，表现为占有别人无酬劳动或产品的权利；而对于工人来说，则表现为不能占有自己的产品。"④ 马克思以资本主义内部两大阶级的产权关系为主线，讨论了资本家与工人在市场上的平等交换关系如何转化为企业内部资本家对工人的专制统治。他认为，劳动力市场上的平等交易反映的只是资本主义社会的表面现象，它掩盖了资本家和工人关系的本质。

关于产权的结构，在马克思的产权理论中，生产资料的所有权反映生产资料的归属，占有权是对生产资料的使用价值的实际拥有，谁取得了生产资料的

---

① 马克思恩格斯全集（第46卷：上）[M]．中共中央马克思恩格斯列宁斯大林著作编译局，译．北京：人民出版社，1979：501．
② 马克思恩格斯全集（第46卷：上）[M]．中共中央马克思恩格斯列宁斯大林著作编译局，译．北京：人民出版社，1979：502．
③ 同上，第500．
④ 马克思．资本论（第1卷）[M]．北京：人民出版社，1975：640．

占有权，就取得了生产资料的实际支配权和使用权，并且产权系统中的所有权、占有权、使用权和支配权是可以分离的。

在前资本主义私有制的产权结构中，马克思指出，不仅在以自己的劳动为基础的私有制中，而且在无偿占有他人劳动的奴隶制中，所有权和占有权是统一的。对于资本主义私有制之前的所有权与占有权的分离，马克思主要通过对亚细亚生产方式的考察来论述，其一，"在亚细亚形式中，不存在个人所有，只有个人占有；公社是真正的实际所有者；所以，财产只是作为公共的土地财产而存在。"① 其二，"在大多数亚细亚的基本形式中，凌驾于所有一切小的共同体之上的综合的统一体表现为更高的所有者或唯一的所有者，实际上公社却只不过表现为世袭的占有。"②

马克思还区分了领主制经济和地主制经济中的产权结构。在领主制经济中，基本生产资料完全归领主所有，直接生产者农奴也被领主不完全占有；而对于地主制经济，则是所有权和占有权相分离的。"在劳动地租、产品地租、货币地租这一切地租形式上，支付地租的人都被假定是土地的实际耕作者和占有者，他们的无酬剩余劳动直接落入土地所有者手里。"③

在资本主义私有制中的产权结构，马克思认为，在使用自有资本进行生产和交换的经济中，所有权和占有权是统一的。随着资本主义信用制度的发展和股份公司的出现，所有权和占有权发生了分离。在信用制度下，借贷资本家一旦将资本贷给职能资本家，借贷资本家就只拥有这些资本的所有权，而占有权则完全归职能资本家。在股份公司中，"实际执行职能的资本家转化为单纯的经理，即别人的资本的管理人，而资本的所有者则转化为单纯的所有者，即单纯的货币资本家。因此，即使后者所得的股息包括利息和企业主收入，也就是包括全部利润，这全部利润仍然只是在利息形式上，即作为资本所有权的报酬获得的。"④

正如诺思所说："这里的一个例外是卡尔·马克思的著作，他企图将技术变迁与制度变迁结合起来。马克思最早阐述的生产力（它常常被马克思用来指技术状态）与生产关系（常意指人类组织和具体的产权方面）的相互关系，是将

---

① 马克思恩格斯全集（第46卷：上）[M]. 中共中央马克思恩格斯列宁斯大林著作编译局，译. 北京：人民出版社，1979：481.
② 同上，473.
③ 马克思. 资本论（第3卷）[M]. 北京：人民出版社，1975：904.
④ 马克思. 资本论（第3卷）[M]. 北京：人民出版社，1975：494.

技术限制与制约同人类组织局限性结合起来所做的先驱性努力。"① "在马克思主义模型中，技术变革是现存经济组织内潜力不能实现的生产技术的先导。结果促使新阶级推翻现存制度，并发展出使该阶级得以实现新技术潜力的一组所有权。马克思主义的框架之所以是目前对长期变革最有力的论述，恰好是因为它将新古典框架舍弃的全部因素都包括在内：制度、所有权、国家和意识形态。马克思所强调的所有权在有效率的经济组织中的重要作用以及现存所有权体系与新技术的生产潜力之间紧张关系在发展的观点，堪称是一项重大贡献。在马克思主义体系中，正是技术变革造成紧张状态，而变革又是通过阶级斗争实现的。"②

社会主义的所有制等于联合起来的自由个人对全部生产力总和的占有。在这里，个人占有全部生产力的总和，也就是指要消灭旧式分工，在人的自主自由活动下，人的才能的充分自由发挥。因为，"对这些力量的占有本身不外是同物质生产工具相适应的个人才能的发挥。仅仅因为这个缘故，对生产工具的一定总和的占有，也就是个人本身的才能的一定总和的发挥"③。

马克思还指出："人本身单纯作为劳动力的存在来看，也是自然对象，是物，不过是活的有意识的物，而劳动本身则是这种力的物质表现。"没有生产资料这种死的无意识的物，固然无法生产，没有劳动力这种活的有意识的物及其物质表现——劳动，则更加无法进行生产。所以，劳动力从而劳动，以及人的才能的自由发展，当然包括在所有制的客体之内。马克思又指出："分工发展的各个不同阶段，同时也就是所有制的各种不同形式。这就是说，分工的每一阶段，还根据个人与劳动的材料、工具和产品的关系决定他们之间的关系。"④

因此，所谓所有权，概括地说，就是劳动者、人的才能自由全面发展程度和生产资料相结合的方式。具体地说，所有制作为最深层次的生产关系，指的是在直接生产过程中围绕着物（生产的物质要素或生产资源）的归属、占有、支配、处置和人的自由全面发展程度的关系，以及劳动的技术组织形式（分工）等问题所发生的人与人的关系。所有权的主体（所有者）是社会的人（非自然的人），可以是劳动者，也可以是非劳动者；可以是个人，也可以是国家乃至整个社会。所有权的客体（所有物）是生产过程中的各种物，各种资源：既包括

---

① 诺斯. 制度、制度变迁与经济绩效［M］. 刘守英，译. 上海：上海三联书店，1994：177.
② 诺思. 经济史上的结构和变革［M］. 厉以平，译. 北京：商务印书馆，1992：61-62.
③ 马克思恩格斯全集（第3卷）［M］. 北京：人民出版社，1972：76.
④ 马克思恩格斯全集（第26卷）（Ⅱ）［M］. 北京：人民出版社，1972：958.

土地和其他生产资料，又包括劳动力和它的表现——劳动，还包括生产资料和劳动结合而成的产品，包括每一时期劳动技术组织形式（分工的形式）。

第二节 "个人所有制"的内容

"个人所有制"思想是马克思所有制思想的核心与集中体现，也正是在马克思的个人所有制思想里，未来社会所有制（所有权）和人的自由全面发展达到极其紧密的程度，因此我们有必要重点研究马克思的"个人所有制"思想。

马克思"个人所有制"思想的形成时期，可以认为是从1857年至1867年，也就是从《1857—1858年经济学手稿》的写作至《资本论》第一卷的完成这一时期。这是马克思埋头集中研究政治经济学，搜集资料创作伟大的巨著《资本论》的时期。这一时期，体现马克思"个人所有制"思想形成的著作，主要集中在为写作《资本论》而准备的三个草稿，即《1857—1858年经济学手稿》《1861—1863年经济学手稿》和《1863—1865年经济学手稿》，以及《资本论》第一卷中。马克思的"个人所有制"思想的形成，又可以分为初步形成时期和完全形成时期。初步形成时期，主要是写作《1857—1858年经济学手稿》时期；最终形成时期，主要是《1861—1863年经济学手稿》至《资本论》第一卷的完成。

在《1857—1858年经济学手稿》中，马克思对政治经济学进行了深入的研究。在探讨研究政治经济学的方法，论述逻辑分析和历史考察的相互关系时，马克思探讨了资本主义以前的社会形态，特别是自然经济关系形态下的原始所有制形式。通过对自然经济关系形态下的原始所有制形式（小土地所有制、东方公社为基础的公共土地所有制等）的考察，马克思的思想得到了升华，认识又一次有了一个飞跃，他认识到，自然经济形态下的原始所有制形式虽然各有不同的方面，但是这些所有制下都有一个共同点，即都实行的是个人所有制。原始所有制形态下的个人所有制的主要特征是：

第一，生产资料共同所有是前提，劳动者把自己劳动的客观条件看作自己的财产，劳动同劳动的物质前提是天然统一的。每个人都把自己看作所有者，是现实条件的主人。"对劳动自然条件的占有，即对土地这种最初的劳动工具、实验场和原料贮藏所的占有，不是通过劳动进行的，而是劳动的前提"[1]。个人

---

[1] 马克思恩格斯全集（第46卷：上）[M]. 北京：人民出版社，1979：471.

把劳动的客观条件简单地看作是自己的东西，看作是主体得到自我实现的无机自然，并且，个人从一开始就不表现为单纯劳动着的个人，不表现在这种抽象形式中，而是拥有土地财产作为客观的存在方式。这种客观的存在方式是他的活动的前提，并不是他的活动的简单结果，就是说，这和他的皮肤、他的感官一样是他的活动的前提，这些器官在他的生命过程中固然被他再生产和发展着等等，但毕竟存在于这个再生产过程之前。

第二，人始终表现为生产的目的。一方面，原始所有制下的各种共同体的目的，就是把形成共同体的个人作为所有者加以保存，即再生产出来，"他们劳动的目的是为了保证各个所有者及其家庭以及整个共同体的生存"①；另一方面，生产的目的就是让每个人都得到发展，既得到体力的发展、完善，又得到脑力的发展。正如马克思所指出的，在原始自然经济形态下，劳动时人虽然发挥、应用的是小规模的知识、判断力和意志，但是他体现了人的多样自然潜能多少得到一些挖掘，体现了在一定的历史条件下人的能力社会的显现出来的形式。因此，"稚气的古代世界显得较为崇高"，"古代的观点和现代观点相比显得崇高得多"②。

第三，人的发展呈现一种有限的圆满境界。在原始所有制下的个人所有制里，没有社会分工或者没有发达的社会分工，人的活动表现为一种天然融合体。单个人生产着自己生活资料和生产工具的全部或大部，熟悉生产的全过程，通晓多种劳动技能。并且在原始人那里，生产生活资料的活动还同求知活动、艺术活动、社会活动，等等，以一种素朴自然的形式，融合在个体活动中。当早期人开始在原先纯为功利用途的工具和兵器上刻画图案的时候，他无形中是在从事艺术创作。而在那些对原始人的全部生活起着重大作用的歌舞活动中，每个人既身为艺术家，又身为欣赏者。由于这一切活动都必须协同合作才能进行，参与这些活动也即参与社会交往。那时每个人既是物质产品的生产者，又是精神产品的生产者；既是文明财富的创造者，又是文明财富的受用者；既是社会义务的履行者，又是社会权利的体现者。但是，由于原始自然经济形态下人与自然对象性关系的狭隘性，个人社会关系的贫乏性和生产发展的落后性，以及人的内在本质的局限性，所以那种圆满是一种有限的"圆满"。马克思把这种局限性质的圆满境界称作"原始的丰富"，他评价道："在发展的早期阶段，单个人显得比较全面，那正是因为他还没有造就自己丰富的关系，并且还没有使这

---

① 马克思恩格斯全集（第46卷：上）[M]．北京：人民出版社，1979：471．
② 马克思恩格斯全集（第46卷：上）[M]．北京：人民出版社，1979：486．

种关系作为独立于他自身之外的社会权力和社会关系同他自己相对立。""在这里，无论个人还是社会，都不能想象会有自由而充分的发展。"① 因为这种发展是同（人和社会之间的）原始关系相矛盾的。

第四，每个人作为"某一公社成员"为媒介。一方面个人对公社来说，个人构成公社的基础；另一方面，他以公社为媒介才发生对土地的关系，他对劳动的客观条件的关系，要以他作为公社成员的身份为媒介。因此，"这种把土地当作劳动者的个人的财产来看待的关系，直接要以个人作为某一公社成员的自然形成的，或多或少历史地发展了的和变化了的存在，要以他作为部落等等成员的自然形成的存在为媒介。"②

通过对原始所有制下的个人所有制特点的分析，马克思认识到原始所有制下的个人所有制，由于原始社会低下的生产力，虽然有种种不足之处，特别是人还不能充分自由发展，但是总的来说，它比现代社会——资本主义社会要崇高得多。至此，马克思初步形成了他的"重建个人所有制"思想。不过，此时马克思对未来社会的所有制，在确定名称时，仍然还称为公有制，还没有完全形成个人所有制或叫"重建个人所有制"的概念。完全形成这一思想，明确地提出这个概念，是在以后的《1861—1863年经济学手稿》和《资本论》第一卷中。

在《1861—1863年经济学手稿》中，马克思指出："资本家对这种劳动异己的所有制，只有通过他的所有制改造为非孤立的单个人的所有制，也就是改造为联合起来的社会个人的所有制，才可能消灭。"至此，马克思向重新建立个人所有制思想又迈进了一大步，基本上形成了这一思想。

以后，在1867年7月间，马克思完成了他的辉煌巨著《资本论》第一卷，对资本主义社会作了更为深刻的剖析，对资本主义的生产、流通、交换、分配的整个过程作了充分的研究，对资本家榨取工人剩余价值的过程作了更为深刻的揭露。马克思更加清楚地认识到，资本主义社会虽较之以前的社会是个很大的进步，生产力得到了高度充分的发展，但资本主义社会分工的日益扩大，一方面使人越来越片面畸形地发展，人变成了机器，另一方面使资本主义生产力得到了发展；而资本主义生产力的发展、生产的高度社会化，又反过来迫切地要求人必须全面自由地发展才能使资本主义的生产力得到更进一步的发展。这就是说，资本主义自身发展起来的生产力，已经和它自身的生产关系发生了矛

---

① 马克思恩格斯全集（第46卷：上）[M]. 北京：人民出版社，1979：109、485.
② 马克思恩格斯全集（第46卷：上）[M]. 北京：人民出版社，1979：483.

盾，资本主义所有制形式已经阻碍了生产力的进一步发展。因此"资本主义私有制是个人的以个人劳动为基础的私有制的第一个否定。但资本主义生产以一种自然过程的必然性，生出了它的自身的否定。这是否定的否定"①。

这种否定了资本主义社会的未来的社会又是一个什么样的社会呢？马克思根据他的长期研究，特别是在《资本论》中对资本主义社会发展规律的研究，从而提出了这样一个对我们今天产生重大影响的论断："这种否定，不是重建劳动者的私有制，而是在资本主义时代的成就的基础上，在协作和共同占有包括土地在内的一切生产资料的基础上，重新建立劳动者的个人所有制。"② 这就是说，马克思认为未来社会应是一个重新建立的劳动者个人所有制。如何理解马克思的这一思想呢？也就是说，马克思这里提出的"重新建立劳动者个人所有制"概念的内涵是什么呢？

目前我国理论界对马克思"个人所有制"思想的理解上分歧很大，众说纷纭。概括起来，主要有八种观点：第一种观点认为，马克思的"个人所有制"是指劳动者对自己的劳动及其产品的局部的个人所有权；③ 第二种观点认为，是指"联合起来的劳动者共同所有权"；④ 第三种观点认为，是指个人对全部生产力总和的占有；⑤ 第四种观点认为，是指作为社会主义补充形式的生产资料个体所有制；⑥ 第五种观点认为，是指生产资料个人所有制；⑦ 第六种观点认为，是指劳动力的个人所有制；⑧ 第七种观点认为，是指劳动力的私人所有制；⑨ 第八种观点认为，是指消费资料的个人所有制。⑩

上述八种观点，笔者认为都没有能完整、科学地反映和表述出马克思"个

---

① 马克思恩格斯全集（第25卷）[M]. 北京：人民出版社，1972：926.
② 法文版《资本论》（第1卷）[M]. 北京：人民出版社，1975：826.
③ 吉铁肩，林集友. 社会主义所有制新探——释"生产资料共同占有基础上重建个人所有制"[J]. 中国社会科学，1986（3）：99.
④ 李光远. 劳动者是社会主义公有制经济的主人[J]. 红旗，1984（11）：25.
⑤ 林岗. 分工的消灭和马克思恩格斯关于共产主义所有制的科学假设[J]. 哲学研究，1985（10）：3.
⑥ 戴道传. 论公有制基础上的个人所有制[J]. 江汉论坛，1981（3）：7.
⑦ 黄世雄. 如何理解"重建个人所有制"[J]. 经济理论与经济管理，1983（6）：65-68. 冯文光，张钟朴. 法文版〈资本论〉的独立科学价值[M]. 哈尔滨：黑龙江人民出版社，1985：189. 金志涛，陈述君，于兴棠把抽象的公共占有实现为具体的个人占有[J]. 经济理论与经济管理，1985（4）：78.
⑧ 牛养育. 论社会主义劳动力个人占有制[J]. 经济问题探索，1985（10）：22-27.
⑨ 宋运肇. 生产资料公有制基础上的劳动力个人所有制[J]. 学术月刊，1983（7）：31.
⑩ 黄九如. 释"重新建立个人所有制"[J]. 中国经济问题，1982（4）.

人所有制"思想的原意，都不同程度地存在着片面的方面，值得商榷。笔者认为，马克思这里提出的"劳动者个人所有制"概念，不是像有的同志理解的那样，是指资本主义以前的私有制，十分明显，它指的是原始所有制下的个人所有制。马克思通过长期的研究，认为，原始所有制下的个人所有制比之后的各种社会形态、各种所有制关系都"崇高得多"。因此，未来的社会应该是重建、恢复原始所有制下的劳动者的"个人所有制"。但是，这不是简单地恢复，而是在原来意义上的更进一步的发展，是重新建立一种崭新的个人所有制，为了更好地说明这一点，我们把三大形态下的主要所有制列成下面的简表，从中可以更加清楚地看出它们的共同点和区别点，看出这种否定之否定的过程和实质：

表8-1　三大形态下的主要所有制及其特点

三大形态下的主要所有制	主要特点				
原始自然经济形态下的个人所有制	生产资料共同所有	劳动力个人所有	劳动个人所有	产品共同所有	人的发展的有限圆满性
交换关系形态下的资本主义所有制	生产资料资本家所有	劳动力个人所有	劳动资本家所有	产品资本家所有	人片面畸形地发展
自由经济关系形态下的个人所有制	生产资料自由人联合体共同所有	劳动力个人所有	劳动个人所有	产品自由人联合体占有	人自由全面充分地发展

从上表可见，这种重新建立的个人所有制，除保留有原始自然经济形态下的个人所有制，人始终是生产的目的，人的发展呈现着圆满境界等特点外，还克服了原始自然经济形态下的个人所有制的不足，加进了新的内容，也就是说，这种重新建立的劳动者个人所有制，比之原始所有制下的个人所有制在内容上更加丰富，内涵更加深刻。它包括五个方面：一是生产资料自由人联合体所有；二是劳动力个人所有；三是产品自由人联合体所有；四是劳动个人所有；五是人的自由全面充分的发展。在这五项内容里，第一项内容即生产资料所有是基础和前提；第二、三、四项内容是第一项内容的引申、展开和结果。由于生产资料是自由人联合体所有的，所以劳动者劳动创造出来的产品也归自由人联合体所有。由于生产资料和产品都是自由联合体所有，所以劳动者个人能够既对自己的劳动力又能对自己的劳动有所有权和占有权。

从上表中我们还可以看出，劳动力个人所有是三大形态里的主要所有制的共同点。在原始自然经济形态下的个人所有制里，劳动力是个人所有；在交换关系形态下的资本主义所有制里，劳动力仍然是个人所有。资本主义所有制将原始所有制的其他方面、其他特点都彻底地完全地否定了，而唯独保留了劳动力个人所有这一条没有被否定。自由经济形态下的个人所有制，否定了资本家所有制，它否定了资本家所有制的其他特点、其他方面，而劳动力个人所有这一点也被保留下来。不仅如此，在自由经济形态下的"重新建立的劳动者个人所有制"里还将发展劳动力的个人所有制，使劳动力的个人所有更加完善。这说明，劳动力个人所有是三大经济形态的共同点，是人类社会得以发展的保证和动力。因此，它也是马克思"重新建立的个人所有制"里一个很重要的内容。

另外，资本家所有制在否定原始所有制下的个人所有制时，将劳动个人所有这一条也否定了，用劳动归资本家所有来代替它，从而使劳动力个人所有只有形式而无内容，因为，当工人将劳动力出卖给资本家后，劳动者在出卖的时间（为资本家工作的时间）内，实际上也就不能支配、占有自己的劳动力了。自由经济关系形态下的个人所有制，否定了资本家所有制下的劳动归资本家所有这一条，重新恢复劳动个人所有，从而使劳动力个人所有重新既有形式又有内容。

"重新建立的劳动者个人所有制"五项内容中的最后一项内容即人的自由全面充分的发展，它是"重新建立的劳动者个人所有制"的目的，不仅如此，它还是"重建个人所有制"内涵中的最高层次，也是马克思设想的未来社会的最本质、最主要的特征。在原始经济形态下的个人所有制里，由于生产资料是共同所有，产品是共同所有，所以原始人的劳动力和劳动都是归劳动者个人所有，而由于劳动力和劳动是结合在一起的，两者都是归个人所有，所以在原始人那里，人的发展能呈现"圆满"的境界；虽然是有限的"丰富"和有限的"圆满"，但毕竟是"圆满"和"丰富"的。在交换关系形态下的资本家所有制里，由于生产资料是资本家所有的，产品也必然是资本家所有，从而劳动者的劳动也归资本家所有，因此，人只能是片面地畸形地发展。在自由经济关系形态下的"重新建立的个人所有制"里，由于生产资料归自由人联合体共同所有，产品归自由人联合体所有，劳动者的劳动力和劳动重新得到了结合，都归劳动者个人所有，因而人的全面充分的发展成为可能。在原始自然经济形态下的个人所有制里，无论是生产资料和产品所有，还是劳动力和劳动归个人所有，这些都不是原始所有制下的个人所有制存在的目的；原始的自然共同体存在的目的，只是原始人的再生产和发展①。在自由经济关系形态下重新建立的个人所有制里，和原始所有制下一样，无论是生产资料和产品所有，还是劳动力和劳动个人所有，这些也都不是"重新建立的个人所有制"的目的，它们只是达到目的的"中介"，唯有人的自由全面充分的发展才是自由经济关系形态下的个人所有制的目的。

因此，如果我们要对马克思提出的"重新建立的劳动者个人所有制"下个定义的话，笔者以为，马克思"重建个人所有制"本质特征的正确的定义，应该是表述为，所谓"重新建立个人所有制"，即是重建（重新恢复）一个生产资料和产品由自由人联合体所有基础上的，劳动者的劳动力和劳动都归个人所有，从而每个人都能得到自由全面充分发展的所有制。这种所有制不光代表着社会主义阶段（包括社会主义初期阶段）的本质特征，而且揭示了共产主义高级阶段的本质特征。

总之，正确地理解和探讨所有制（所有权）理论，既要重视马克思关于所有制概念及其内容，更要重视马克思"重建个人所有制"思想，只有将两者结合，才能把握和正确理解马克思所有制（所有权）理论。毫无疑问，马克思的所有制（所有权）理论和人的自由全面发展始终是紧密相连的。这一点应该是我们永远不容置疑的。

第三节　企业股份制与人的自由全面发展

产权是以财产所有权为基础，由所有制实现形式所决定的，反映不同利益主体对某一财产的占有、支配和收益的权利、义务和责任。产权是所有制的核心和主要内容，包括物权、债权、股权和知识产权等各类财产权。作为所有制的核心和主要内容，产权具有排他性、独立性、可分解性和收益性。随着40多年改革开放的发展，我国传统的产权制度出现了变化，开始发生转型。不过，我国企业的产权制度与现代产权制度的目标相比，还处于初级阶段。仍存在不少需要提升的内容。

产权多元化是积极发展混合所有制经济的重要途径，是完善现代企业制度的制度保障，也是与社会资本、国际资本、金融资本等各种所有制资本相结合

---

① 参见《马克思恩格斯全集》第46卷（上），第471.

的内在要求。产权多元化的目的在于转机建制,即发挥无形的手,让市场机制在优化资源配置中起决定性作用。推进产权多元化是优先发展的重点方向。可以通过以下路径实现产权结构多元化。

(1) 吸引民营资本。促进和引导民间投资,从放宽投资领域,拓展融资渠道,允许社会资本进入法律法规未禁入的基础设施、公用事业及其他行业和领域。在电力、电信、铁路、民航、石油等行业和领域,进一步引入市场竞争机制。对自然垄断业务,非公有资本以参股等方式进入。对其他业务,非国有资本以独资、合资、合作、项目融资等方式进入。

(2) 利用外商外资。鼓励中小企业根据国家利用外资政策,引进国外资金、先进技术和管理经验,创办中外合资经营、中外合作经营企业。

(3) 培育机构投资者。培育和发展各类基金(如产业基金、风险基金、社保基金和企业年金基金等)资产管理公司。机构投资者可以较好地解决业主自营式出现的规模问题、私人大股东形成的垄断问题、公众持股产生的内部人控制问题等,从而形成合理的产权模式。

(4) 支持个人投资入股。党的十八届三中全会《决定》首次提出:"允许混合所有制经济实行企业员工持股,形成资本所有者和劳动者利益共同体。"必须继续推进职工集资入股、自然人投资入股等实践效果较好的形式。努力实现劳者有其产、工者有其股的宗旨,联股联利又联心,按劳取酬加按资分利。

(5) 激励经营管理者投资入股。允许国有和集体性质的高新技术企业吸收本单位的业务骨干参股,从产权制度上形成激励与约束机制,充分肯定特殊的脑力劳动或复杂劳动的具体体现,促进科技成果转化,增强企业的凝聚力。

(6) 促进公有产权之间互相参股入股、交叉持股。通过中央企业与地方企业、地方企业与地方企业、部门企业与地方企业、金融企业与实体企业之间等等方式投资参股。探索金融资本与产业资本的有机结合是当前公有产权相结合的有效形式。

政治学家弗兰克·苏顿曾为现代化作了五点规定:第一,普通的和特殊的成就准则为支配地位;第二,高度的社会流动;第三,良好发展的职业制度;第四,基于职业成就一般形式之上的平等的阶级体系;第五,功能特殊的"社团"普遍化。对什么是现代化这一问题,西方学者各有各的不同看法,除了上面的五点之外,西方学者还普遍认为以下两点也是现代化的最重要的标志:第一,工业化;第二,普遍参与,即使人民自己在社会中有民主权利和扮演主动的角色。

就我们国家来说，实现现代化是我国的伟大的战略目标。而要实现这一伟大的战略目标，要做的事情很多，任务很重。其中有一点就是必须进行经济组织制度上的创新，加快企业制度改革，从而使我国接近现代化的规定和标志。而实行企业股份制，恰是企业制度改革的最好途径，通过股份制我国正好可以逐步地接近、实现现代化的规定和标志，并最大限度地促进我国人民的自由充分的发展。具体说有以下六点。

第一，股份制是一种有利于人、财、物充分流动的机制。在股份制下，由于股票、股权的买卖与转让，使财与物的流动成为一种惯常的现象。在此基础上，财产的转移也必然伴随着人力的流动。这种流动不是过去的人事流动，而是符合经济原则的生产要素的再组合过程。

第二，股份制本身就是一种普遍的参与制，即人民用经济权益参与企业，从而取得实际的经营管理的权力。当然，为了保证更普遍与广泛的经济参与，社会主义国家的股份制企业应适当限制那些个别的大股东，而尽可能使股东有更广的代表性。使董事会内部有民主性，而不是大股东一人说了算。在此条件下，企业职工就可能从经济利益上与企业的存亡直接挂起钩来，关心企业、支持企业的管理，从而提高劳动的效益。

第三，在股权分散的股份制的条件下，工人将更多地有支配财富的自由，相对地也应有更多的民主。在股份制经济中，劳动者对于个人财富、企业经济发展目标、企业领导人、选举程序、工会、政党乃至领导人的决策等，将越来越关心、越熟悉。工业化的进程、工业组织制度的创新必然使人们有更多的个体观念。它应给人们的不是结果平等，而是机会均等；它要求人们具有竞争精神、风险观念、投资意识，促使人们的思维方式及价值观念符合市场经济和人的全面自由发展的要求，促进人们不断地更快更高地发展。

第四，股份制把个人财产（商品经济中表现为小额资金和货币）变成社会财产的极好形式。如果人人都用股票进行投资，个人财产就转化为社会财产，每人都是社会财产实实在在的所有者之一；另一方面，这些社会财产又表现为人们共同占有的生产资料，即股份公司的资产（这些资产是联合起来的劳动者的共同财产）。

第五，经济自由的含义体现在经济上就是要求劳动者的权、责、利有较完善合理的统一。这就要求有一种能体现劳动者权、责、利关系的生产组织制度产生，股份制就是体现这种关系的组织制度。在社会主义制度下，劳动资料的所有权基本划为公有，但劳动又必然是人们谋生的手段，劳动力的个人所有权无法从劳动者之中分离出来。于是形成了两个极端的公有的劳动资料与个人所有的劳动力，它们以何种方式才能有效地、具体地结合起来，一直是一个困扰人们的问题。问题的本质在于：传统的社会主义模式下，劳动者没有真正的权力，公有财产对他们来说，不过是一种观念上的东西，因而，劳动者的生产活动往往是消极的，这样就使得人与生产资料的结合处在一种生产率低下的状态上。显然，在这种矛盾状态下，人是不可能发挥正常作用的。股份制之所以能解决这一问题，是因为：首先，股份制体现了权、责、利分离与统一的原则。在股份制的体制下，股东的权力、责任、利益是有明确界定的，管理者与经营者的权、责、利也是明确规定的，这就使得个人的权责利能与社会的权责利发生协调，合理地给予个人自由的主权。其次，股份制体现了流动的原则、自由选择的原则，这是经济自由含义的表现。在股份制下，任何一个人、团体有充分选择自己的经营者的权力，经营者也有选择自己所有者的权力，这种双向的选择造就了一种人、财、物流动的机制，形成了不同的权、责、利相互结合的方式，从而使人从一种被统治的地位中解脱出来，获得自由。

第六，股份化的程度实质上已构成了工业化程度的一个标志。因为，股份制是现代工业、产业组织的重要形态，它的普及程度说明现代产业组织的发育成熟程度，进而从一个侧面反映工业化的程度，而人的发展与工业化的程度是密切相连的。一个国家的工业化程度的不断提高，必然表明一国人民从总体上说素质在不断提高。同时一国工业化的发展，必然有力地促进一国人民的发展。

当然，目前我国股份制企业发展还存在着不少严重问题，主要表现在股份制企业股权未能分散，集中在大股东手中，大股东一人说了算。同时许许多多股份制企业都缺乏企业社会责任，企业社会责任意识差。在相当多的股份制企业里，随意无休止地让工人加班加点，延长工作时间，并且不付工人加班费，黑心地榨取工人的血汗。严重地摧残工人的这些都是我国下一步在发展股份制企业中需要尽快加以克服纠正的。在我们这样的国家里，这样的情形是不应该允许存在的。

第三篇　要素篇

第九章 商品生产和劳动力的非商品性

第一节 社会主义以前的商品生产和人的个体发展

社会主义商品生产出现以前，人类的商品生产已经经历了简单商品生产和资本主义商品生产阶段，其间有几千年历史。然而在简单商品生产发展阶段，商品生产的发展是缓慢的，是很不充分的，因而它对人的个体发展所起的作用是微弱的。直到资本主义商品生产的出现，人类商品生产的历史从此才出现了一个新纪元。资本主义把一切变成了商品，商品生产得到前所未有的充分而迅速的发展。而这又对推动人的个体的发展起着重大的作用，使人的个体发展也同时出现了新阶段。

首先，我们应注意到，从物质生产、人和自然以及人和人的关系来看，商品经济与以往的自然经济所具有的巨大区别。在以人的依赖关系为纽带的自然经济中，每一个物质生产单位都是一个独立的与自然界进行物质变换的单位。从人和自然的关系来看，这种单位是一个开放的系统，人们借助于和自然的物质交换得以繁衍和发展。但是，由于在人的依赖关系下，每一个物质的生产单位之间，又是隔绝或基本隔绝的，没有或很少具有生产单位、消费单位之间的物质交换。在这种近似封闭的状态下，人们的生产能力与需要的发展自然是十分缓慢的。

商品经济的产生并不是由某种生产力的发展所引起的。它只是在不同的物质生产单位的相互交往中自然地产生的。起初是偶尔的商品交换，进而形成了社会分工的关系，这样就在无形之中改变了进行物质生产的社会结构，形成了各个独立的生产者以物的交换为媒介而组成的一个大系统，而且随着商品经济的发展，这个系统越来越大，除非超出了人类的范围，这个系统是没有极限的。

借助于市场而实现的社会分工关系，不仅扩大了总和的生产力，而且它使单个的生产者作为社会总生产的一个部分、一个环节存在。在这种分工体系下，每个生产者所进行的生产不是为了自己的直接消费，而是为满足其他社会成员的需要。他本身无论在生产上还是生活上的消费，又依赖于别的生产者的生产。以物的交换为媒介的分工关系，实际上把各个独立的生产者联合起来，组成了一个与自然进行物质交换的社会总生产。在这种分工关系下，个人在需要上的发展，不再受他所生活的自然环境的局限，而只受加入这种分工关系的商品生产者有多少、出现在市场上的商品有多少的限制。不同地区、不同气候、不同生产领域的产品都可能出现在市场上，唤起他的需要。同时，随着商品的交换，某个领域内某种新的生产能力一经出现，又有可能迅速地传递到其他生产者的手里。因而，在商品经济这种开放的社会关系中，个人在生产能力、需要上的发展同整个社会生产联系起来，与在封闭的社会关系下的自然经济生产方式相比，具有更快的速度和在更广泛的范围内发展的可能性。

同时，我们应注意到，在商品生产的社会分工体系下，生产者被局限于自己的生产领域内，使他成为只从事本行业生产的劳动者。这时的生产者不再像在自然经济中那样，在物质生活的生产中是全面的，而成了本行业的奴隶。但是，正由于生产者只局限于自己的行业内，他就能在生产中积累经验，提高技巧，甚至利用自然力来完成自己的操作。生产的专业化出现了，在这个基础上，只要市场大到有大批量生产商品的吸引力，社会上又具备了能够适应这种生产发展的条件，政治障碍的扫除、生产手段的集中、自然科学的发现、工人和技术人员的具备，生产的专业化就会向大机器生产过渡，机器延长了人身，人工智能延长了人脑。在商品经济发展中出现的这种现代化的生产方式，承认劳动的变换，要求个人尽可能多方面地发展，并认为这是社会生产的普遍规律。从而在扩大、发展社会分工的同时，又造就出具有全面生产能力的个人，为消灭这种社会分工关系做了准备。社会分工关系的不断发展，使每个生产者对整个社会生产的依赖无论在广度上还是深度上都大大加强。人开始走出人的依赖关系的束缚，作为地域的、民族的，进而作为世界的人出现，开始，人们对出现在他面前的这种社会关系感到茫然，犹如只能听任神的摆布一般。然而，随着商品经济的发展，随着科学的进步，人们终于能够逐步地认识这种社会关系、驾驭这种关系了。于是，商品经济的发展又造就了这样的条件，使人们有可能按照社会生产的本性联合起来，共同驾驭整个社会生产，新的社会关系的建立具有了可能。

另外，我们还必须注意到，资本主义商品生产将人沦为商品，这一事实应该遭到诅咒。尽管原始积累时期的剑与火使这个事实的到来付出了巨大的代价，但是，当劳动力成为商品以后，束缚已久的人的依赖关系才彻底宣告瓦解，个人才成为自由的，他才能独立地支配自己。

这是因为，在人的依赖关系下，劳动者基本上是没有人身自由的。一个人一生下来，就被所进入的历史的生产关系所束缚住，无法改变自己的命运。这种状况也使得在进入生产过程时，每个人已被既定的等级、地位所规定，只能扮演一定的角色。这种人身依附关系不仅反映了社会中极不平等的关系，而且对社会生产力的发展也起了极大的阻碍作用，它不允许每个社会成员自由地多方面发展自己，也排斥了保证发展的生产要素进行多种组合的机会。资本主义商品生产使劳动力成为商品，这在今天看来似乎是十分罪恶的东西，但对人从人身依附关系下解放起了非常革命的作用。它无情地斩断了形形色色的人身依附关系的羁绊，使劳动者第一次有了自由支配自身的权利。当然，这种自由又受到社会分裂为一部分人拥有生产资料成为资产者，另一部分人除了人身以外一无所有而沦为无产者的这样一种阶级关系的束缚。但是，这时劳动者至少可以作为自己劳动力的所有者出现，按等价交换的原则在市场上与资产者进行交换，或者说他至少也有了选择买主的权利。

同时，人的依赖关系的解除，也标志着个人与自给自足的生产方式告别，他不得不作为需要就业的一员，加入现代化的经济生活中去，在各种机会面前，劳动者之间是均等的，这本身又给他们造成了自身发展的前提。在自然经济中，个人永远不会具有这种发展的可能，永远不可能选择机会。

更重要的是，劳动者沦为商品以后，他作为一种生产要素而存在，商品生产的当事人有可能利用商品关系，不断按照市场上出现的机会，实行生产要素的重新组合，把经济不断推向前进。

劳动力成为商品，资本主义生产方式的产生，作为人类个体发展史上的一次重大转折，曾被马克思加以充分地研究。他用"原始积累"概括了这个过程。马克思曾经指出：那些具有划时代意义的资本原始积累的方法，是对直接生产者的剥夺，是用最残酷无情的野蛮手段，在最下流、最龌龊、最卑鄙和最可恶的贪欲的驱使下完成的。但是，马克思又指出，原始积累中被剥夺的直接生产者，代表着已经成为落后的、保守的生产方式。这种生产方式是以土地及其他生产资料的分散为前提的。它既排斥生产资料的积聚，也排斥协作，排斥同一过程内部的分工，排斥社会对自然的统治和支配，排斥社会生产力的自由发展。

因此，我们不能不看到劳动力成为商品在人类个体历史发展中的特定时期的一定意义，它是人类社会历史发展的必经阶段，也是人类的个体发展史上的必经阶段。

总之，商品经济的发展，造就了资本主义生产方式。资本主义生产方式的发展，又为商品经济在人的个体发展历史中的积极作用，提供了一个充分发挥的舞台。马克思深刻地把握了这一点，他曾经高瞻远瞩地说过下面一段话：

"以资本为基础的生产，其条件是创造一个不断扩大的流通范围，不管是直接扩大这个范围，还是在这个范围内把更多的地点创造为生产地点。……另一方面，生产相对剩余价值，即以提高和发展生产力为基础来生产剩余价值，要求生产出新的消费；要求在流通内部扩大消费范围，就像以前（在生产绝对剩余价值时）扩大生产范围一样。第一，要求扩大现有的消费量；第二，要求把现有的消费推广到更大的范围，以便造成新的需要；第三，要求生产出新的需要，发现和创造出新的使用价值。换句话说，这种情况就是：获得剩余劳动不单纯是量上的剩余，同时劳动（从而剩余劳动）的质的差别范围不断扩大，越来越多样化，本身越来越分化。"

"于是，就要探索整个自然界，以便发现物的新的有用属性。普遍地交换各种不同气候条件下的产品和各种不同国家的产品；采用新的方式（人工的）加工自然物，以便赋予它们以新的使用价值，要从一切方面去探索地球，以便发现新的有用物体和原有物体的有用属性，如原有物体作为原料等的新的属性；因此，要把自然科学发展到它的顶点，同样，要发现、创造和满足由社会本身产生的新的需要。培养社会人的一切属性，并且把他作为具有尽可能丰富的属性和联系的人，因而尽可能广泛需要的人生产出来——把它作为尽可能完整和全面的社会产品生产出来（因为要多方面享受，他就必须有享受能力，因此他必须是具有高度文明的人）——这同样是以资本为基础生产的一个条件。"

"因此，如果说以资本为基础的生产，一方面创造出一个普遍的劳动体系，——即剩余劳动，创造价值的劳动，——那么，另一方面也创造出一个普遍有用的体系，甚至科学也同人的一切物质和精神的属性一样，表现为这个普遍有用体系的体现者，而且再也没有什么东西在这个社会生产和交换的范围之外表现为自在的更高的东西，表现为自为的合理的东西。因此，只有资本才创造出资产阶级社会，并创造出社会成员对自然界和社会联系本身的占有。"[1]

---

[1] 马克思恩格斯全集（第46卷：上）[M]. 中共中央马克思恩格斯列宁斯大林著作编译局，译. 北京：人民出版社，1979：390-393.

在马克思身后的 150 多年，当我们有幸看到资本主义生产方式所创造的这样一个阶段正在到来时，除了为马克思这个理论所折服外，更使我们深刻地认识到市场经济在人类历史发展中的作用。今天在资本主义生产方式下所实现的所有人类文明的发展，本身都包含在市场经济这种生产方式之中，是在商品经济的发展中所必然要实现的，我们称之为商品经济在人类历史发展中所要完成的历史使命。资本主义生产方式只是完成这种历史使命的一种自然的历史形式。在马克思生活的年代里，由于马克思深刻地洞察到了资本主义内部的矛盾，他预言资本主义必然灭亡，并且认为资本主义的灭亡是与商品经济历史使命的完成联系在一起的。他根据在资本主义发展中所实现的人的个体的发展，提出了这样的论断："生产力和社会关系——这二者是社会的个人发展的不同方面——对于资本来说仅仅表现为手段，仅仅是资本用来从它的有限的基础出发进行生产的手段。但是，实际上它们是炸毁这个基础的物质条件。"[①] 在马克思看来，随着人的个体发展达到具有全面的能力、多方面的需求和全面的关系的时候，以商品经济为基础的资本主义生产方式，就会成为人的个体进一步发展的障碍。于是，在资本主义生产方式所能达到的人的个体发展的高度上，旧的历史形式必然会被扬弃，一种新的历史形式的生产方式就会诞生。

第二节　人的全面发展不可少的阶段

既然资本主义商品生产对人的个体发展起了巨大的推动作用，那么社会主义条件下要不要发展商品生产呢？如果要发展商品生产，这种社会主义条件下的市场经济对人的个体的全面发展起着什么样的作用呢？

众所周知，按照马克思和恩格斯原来的设想，社会主义生产方式是资本主义内部矛盾发展的必然结果，因此，是建立在发达资本主义基础上的。这种建立在发达商品生产基础之上的社会主义将不再有商品生产，商品生产将自行消亡，社会将进入产品经济阶段。但是，实际出现的社会主义，和马克思、恩格斯所设想的社会主义有着很大的差异。这些社会主义革命不像马克思、恩格斯所设想的那样，它们不是在资本主义发展到顶点时爆发的，甚至也不是在资本主义十分发达的国家内爆发的，而恰恰是在一些资本主义不发达，甚至是在一

---

① 马克思恩格斯全集（第 46 卷：下）[M]. 中共中央马克思恩格斯列宁斯大林著作编译局，译. 北京：人民出版社，1980：219.

些刚进入资本主义形态不久的国家内取得胜利的。这些国家，有的是资本主义的生产方式有了相当程度的发展，有的才刚刚起步。由于资本主义生产本身所固有的矛盾，以及国内和国际的各种政治经济条件，造成了无产阶级夺取政权的形势，从而建立了无产阶级政权，也建立了以生产资料公有制为标志的社会主义经济。但是，从人的个体发展的角度来看，这些国家又都是处在第二发展阶段中，其中有的领先些，有的落后些；但显然都不是处在第二个阶段已经完成的基础上。特别是我国，社会主义革命胜利之前，资本主义生产方式发展的历史还不太长，而且没有完全建立起自己的基础——大工业的体系和统一的国内市场。从整个国民经济来看，资本主义的成分虽然掌握了经济命脉，但占的比重还不大，封建经济还占绝大的比重，自然经济正在向商品经济转化。从人的个体发展的角度来看，第一阶段向第二阶段转化的任务还没有全部完成。因此，这种建立在人的个体发展第二阶段基础上的社会主义社会，与马克思设想的社会主义生产方式一般相比较，从人的个体发展史的角度来看，少了一个商品经济充分发展，从而人的个体在第二阶段中的发展任务得以完成的过程。

当然，我们说在科学社会主义理论的指导下，这些国家在社会主义革命胜利之后，自觉地进行生产关系的改造，实现了劳动资料——原料、工厂、机器归工人自己所有的目标，建立了社会主义生产关系，并按照社会主义原则来组织经济生活。从社会发展的角度来看，这些国家进入了社会主义经济形态。由于这些国家没有完整地经历资本主义的发展阶段，也没有完成在商品经济的发展中所实现的人的个体的发展，于是，对这种社会主义生产方式来说就面临着这样一个问题：以生产资料所有制为标志的社会主义生产关系的改变，并不能相应地改变人的个体发展的进程，从社会经济形态来看已进入了社会主义生产方式，而从人的个体发展角度来看还处在刚进入第二阶段，这一客观现象造成了尖锐的矛盾。现阶段社会主义生产方式在人类历史发展中所处的这个特殊位置必然会提出这样一个问题：以物的依赖性为基础的人的独立阶段所应完成的人的个体的发展，在社会主义条件下将怎样实现？

反映人类历史中物质生活发展程度的人的个体发展的诸方面，是一个随着人类物质生产发展而不断发展的历史进程。由于种种历史条件和原因，基于人的个体发展一定阶段之上的、以生产资料所有制为标志的社会生产关系的改变，可以对人的个体发展进程起促进或阻碍作用，但并不能一下子改变人的个体的发展程度。社会主义生产方式的建立，并不会使一个国家的标志人的个体发展的诸方面——生产能力、社会关系、人本身的生产能力和社会关系的关系发生跳跃,而只是改变了资本主义的那种与人相异化的、通过牺牲人的个体发展的形式。对于像我们这样从人的个体发展来看刚进入第二阶段不久的社会主义社会来说,社会主义生产关系代替资本主义生产关系,并不意味着个人在生产和需要上的差别也消失了,也不意味着商品经济的社会关系已经完成了促进人的个体发展的历史使命而应当消亡了。相反,与人的个体发展相联系的商品经济,作为一个自然的发展阶段,在社会主义下,在一定时期、一定阶段还有待于发展,只不过它发展的形式发生了变化,不是在资本主义生产关系下,而是在社会主义生产关系下。

除此,没有其他的途径。这就是说,我们今天的社会主义面临着双重任务:一是要适当地发展商品生产,二是要努力促进人的个体的发展。这两个方面又是相辅相成的。只是在社会主义阶段,在有些领域(生产、流通等领域)适当大力发展商品经济,才可能促进人的个体的充分、全面发展;而人的个体得到全面、充分的发展,才有可能促进经济更快的发展。而对于教育、医疗,乃至文化领域都不提倡商品化、市场化、搞商品经济。

为了更好地说明这一点,我们再进一步从人的个体发展和商品经济的角度来分析。马克思主义经济学告诉我们:社会主义生产方式是对商品经济社会关系下所造成的普遍的社会物质变换、全面的关系、多方面的需求以及全面的能力体系这样一种人的个体发展程度的继承。没有在相关的一些领域商品经济的一定发展,也就没有与社会主义生产方式相适应的人的个体的发展程度,从而无法形成成熟的社会主义生产方式。因而,社会主义下的人的全面充分的发展本身就依赖于经济发展的成熟程度。它是以个人全面的生产能力、全面的社会关系以及联合起来的个人能够实现对这种生产力和社会关系的驾驭为特征的。

正如马克思所指出的:"全面发展的个人——他们的社会关系作为他们自己的共同的关系,也是服从于他们共同控制的——不是自然的产物,而是历史的产物。要使这种个性成为可能,能力的发展就要达到一定的程度和全面性,这正是以建立在交换价值基础上的普遍异化的同时,也产生出个人关系和个人能力的普遍性和全面性。"[①] 因此,只有在社会主义一些生产流通领域商品经济发展所造成的普遍社会关系中,人们才能充分全面地发展。从这个意义上说,没有社会主义的商品经济的充分发展,也就不可能实现人的全面充分的发展。因此,社会主义社会适当地发展商品生产,就成为实现人的全面发展的不可缺少

---

① 马克思恩格斯全集(第46卷:上)[M].中共中央马克思恩格斯列宁斯大林著作编译局,译.北京:人民出版社,1979:108-109.

的必经阶段。

第三节　人的充分发展是社会主义市场经济大发展的前提

　　人的自由全面发展对社会的发展，特别是对商品生产的发展有巨大的反作用。关于这一点，最早在《资本论》中马克思就做了详尽的论述，指出工人的全面发展对劳动（物质）生产力有巨大的促进作用，并且在一定的条件下，一定的时期，是物质生产力、商品生产能否进一步大发展的决定因素。如马克思说建立在资本基础上的生产发展本身要求造就全面发展的人，只有这样的人才能使资本主义生产的进一步发展成为可能，这是一种客观趋势。这就是说，资本主义生产的发展，已经使人的全面发展成为商品生产进一步发展的一个条件。

　　社会主义时期更是如此，人的全面发展同样决定着物质生产力和经济能否进一步发展。虽然马克思、恩格斯并没有直接论述过人的全面发展可以促进社会主义时期商品生产，是社会主义时期一些领域商品生产发展的一个条件，但是他们关于人的全面发展是社会主义时期物质生产力发展的条件有许多论述，这些论述同样适合于关于社会主义时期的某些领域的商品生产。如马克思指出：在社会主义、共产主义社会，物质生产力的限制，取决于物质生产对于个人完整发展的关系。并指出："在这个转变中，表现为生产和财富的宏大基石的，……是社会个人的发展。"[1] 社会主义条件下，大工业也同样由它的激烈的变动本身，已经把能否造就全面发展的人，能否让劳动者多方面发展，当作生死存亡的问题。社会主义条件下，个人的全面发展已经成为生产和财富的宏大基石，是真正的财富，是生产力的最高发展。"真正的财富就是所有个人的发达的生产力。"[2] 因此，社会主义时期的社会生活过程，应该按照个人全面发展的需要对这一过程实行改造，使各种关系适应于这个规律的正常实现。而个人的这种发展，同样也将作为一种最伟大的生产力反过来影响和推动社会主义生产的发展。

　　在《反杜林论》中，恩格斯继承了马克思的这一思想，进一步明确指出：

---

[1] 马克思恩格斯全集（第46卷：下）[M]. 中共中央马克思恩格斯列宁斯大林著作编译局，译. 北京：人民出版社，1979：218.

[2] 马克思恩格斯全集（第46卷：下）[M]. 中共中央马克思恩格斯列宁斯大林著作编译局，译. 北京：人民出版社，1979：222.

社会主义下消灭旧的分工，实现人的全面发展，也不是只有损害劳动生产率才能实现的一种要求。相反，它已经被大工业变为生产本身的条件。社会主义社会造就全面发展的一代生产者。所以，这样的社会将创造新的生产力。

可见，在社会主义社会，实现人的全面发展，也不能不是社会主义经济和物质生产力进一步发展的前提。在社会主义时期要适当发展商品生产，就必须首先重视人的全面发展。社会主义时期人的全面发展和一些领域的商品生产存在着一种辩证统一的关系。人的全面发展离不开社会主义一些领域商品生产的发展，社会主义商品生产是使人得到全面发展的不可缺少的阶段。而反过来，社会主义经济的不断发展也同样离不开人的全面发展，没有人的全面发展，想达到社会主义时期在一些领域市场经济的进一步发展就是空想。

第四节　劳动力非商品性与人的全面发展

一、社会主义下劳动力不应成为商品

在社会主义下，劳动力不应成为商品有其历史的必然性。

（一）社会化大生产与人的全面发展

作为社会化的再生产过程，它不仅使产业结构频繁变化（如第三产业的比重扩大趋势），而且还逐步泯灭旧的分工所造成的严格职业界限（如脑力和体力之间的差别）。马克思曾在《资本论》中分析过：大工业的本性就是劳动的经常变换、职能的不断变动和劳动力的全面流动。"现代工业通过机器、化学过程和其他方法，使工人的职能和劳动过程的社会结合不断地随着生产的技术基础发生变革。这样，它也同样不断地使社会内部的分工发生革命，不断地把大量资本和大批工人从一个生产部门转到另一个生产部门。因此，大工业的本性决定了劳动的变换、职能的更动和工人的全面流动性。"① 而职能的不断变换，劳动者不再束缚于某种固定的职业，不再成为职业的奴隶，则是个人全面发展的先决条件。

经典作家们还明确指出：劳动变换现在只作为不可克服的自然规律，承认

---

① 马克思．资本论（第1卷）[M]．北京：人民出版社，2016：553，554．

劳动的变换，从而承认工人尽可能多方面发展，是社会生产的普遍规律，并且使各种关系适应于这个规律的正常实现。因为生产资料的数量和规模，必须足以使这个劳动量得到充分的利用，生产资料数量必须足以吸收劳动量，足以通过这个劳动量转化为产品①。一方面，随着科学技术的发展，机器体系的全面自动化和智能机器人的出现，开辟了大量的新的生产部门，给社会提供了新的就业机会，使一部分过去的简单体力劳动者转入现在的复杂的脑力劳动者行列。同时，科学技术的进步使产业结构频繁变化，必然把劳动者经常从一个部门抛向另一个部门。正是这两种趋势的存在，才能实现"使工人的职能和劳动过程的社会结合不断地随着生产的技术基础发生变革"，"用那种把不同的社会职能当作互相交替的活动方式的全面发展的人来代替只是承担一种社会局部职能的个人"②。尤其具有特殊意义的是，在"一只狮子带领一群绵羊可以战胜一只绵羊带领一群狮子"的社会变革时代，一代满腹经纶的企业家和高、精、尖的技术骨干十分渴望在上演着生动话剧的广阔舞台上形成与发展，往往一地的平庸之辈就是另一地的风流人物。没有这种劳动力的全面流动，就严重限制了开拓事业的"卧龙凤雏"的大批出现。

  当前，在我国随着经济体制改革的深入，不断出现一部分工厂、企业的破产和转产，出现工人和技术人员从一个生产部门投到另一个生产部门，从一个地区流动到另一个地区。社会主义时期工人和技术人才的全面流动性和劳动的不断变换，将是不可避免的。我们应该不仅承认劳动的不断变换，承认劳动者尽可能多方面发展是社会生产的普遍规律，并且将努力使社会主义下的各种关系适应这个规律的正常实现，从而促进生产力以更好更快的速度发展，并促进社会更加和谐地发展。

  当然，社会主义下劳动力不应成为商品，劳动者可以自由选择职业，对于劳动者来说，毫无疑问，同时意味着劳动就业的间接性。劳动者就业的不规则性在资本主义条件下曾经是劳动者失业的重要机制。但是，在社会主义下，我们应该努力把就业的间接性的消极影响降低到最低的限度。而随着劳动者职业的变换和流动性，也必将带来劳动者劳动技能的多样化，社会交往的普及和人的个性才能的全面发展。

---

① 马克思. 资本论（第2卷）[M]. 北京：人民出版社，2016：34.
② 马克思. 资本论（第1卷）[M]. 北京：人民出版社，2016：523-535.

（二）社会主义条件下劳动力成为非商品的客观要求与人的全面发展

马克思指出："不论生产的社会形式如何，劳动者和生产资料始终是生产的因素。凡要进行生产就必须使他们结合起来。"[1] 劳动过程各种不同的要素，在产品价值的形成上有不同的作用。劳动者，不管他的劳动是怎样的内容、目的和技术性质，当他把一定量的劳动加入劳动对象中去时，总是把新的价值加入劳动对象中去。劳动者会再生产它本身的等价物，并且会再生产出一个超过部分、一个剩余价值。而生产资料却不会在生产过程中变更它的价值量。这就告诉了我们：在任何社会从事生产都必须有劳动者和生产资料的结合，并且二者在生产过程中和在价值形成上所起的作用是不相同的。生产资料不可能变更它的价值量，只有人——劳动力能创造价值，使价值增值。但是，在商品生产的社会里，价值增值又是有前提的，并不是任何商品生产都能使价值增值。简单商品生产的特征只是劳动过程和价值形成过程的统一，它并不能使价值增值。资本主义商品生产的特征，却不仅是价值的形成过程，而且是价值的增值过程，而这正是以劳动者能自由地支配自己的劳动力，即能自由出卖自己的劳动力作为前提的。这就是说，要使劳动力创造出价值，使价值增值，就必须使劳动者本身对自己的劳动力有支配权，劳动力能够自由地买卖，或者明确地说即劳动力要成为商品。而一当劳动者能够自由地支配自己的劳动力，劳动力变成了商品，必然反过来对整个的商品生产的发展产生巨大的促进作用，使商品生产飞快地发展。资本主义正是如此。

回顾一下资本主义初期的发展史，可以充分地证明这一点。仅以日本为例：明治维新前的1870年，日本国民收入微乎其微，工业生产总指数只有0.1（以1914年为100），工业和农业总产值均未达到亿日元。明治维新以后，由于自由民增多，国家工农业生产迅速发展，到1900年，国民收入达到7.36亿日元，工业生产总指数达到42.4（以1914年为100），工业和农业总产值均达到10亿日元以上[2]。因此，无怪乎有些人说，没有自由支配自己劳动力的劳动者，没有劳动力的自由买卖的出现，就不会有资本主义的大生产。资本主义的大生产和它的辉煌成就（指上升时期），正是以自由支配自己劳动力的劳动者的存在作为前提的。

---

[1] 马克思恩格斯文集（第6卷）[M].北京：人民出版社，2009：44.
[2] 参见樊亢，宋则行，池元吉，等.主要资本主义国家经济简史[M].北京：人民出版社，1973：369.

社会主义社会和资本主义社会有本质的不同。但是，由于社会主义社会是共产主义的初级阶段，是刚刚从资本主义社会中产生出来的，因此它在各方面，在经济、道德和精神方面都还带有它脱胎出来的那个旧社会的痕迹。社会主义初级阶段一段时期还必须存在商品生产。因此，社会主义初级阶段生产中，生产资料同样不可能创造出价值，只有人——劳动者才能创造出价值，创造出超出劳动者工资以外的利润（或者叫剩余价值）。显而易见，既然商品生产的迅速发展，商品生产的普遍化必须以能自由支配自己的劳动力的劳动者的存在作为前提，企业利润的产生，来源于能自由处置自己劳动力的劳动者，那么在社会主义社会，要使社会主义生产能大发展，在一些生产流通领域难道不同样需要以能自由支配自己劳动力的劳动者的存在作为前提吗？难道不同样必须让劳动者成为自己劳动能力的所有者吗？

当然，社会主义社会的劳动者自由地支配自己的劳动力，根据自己的专长、爱好、才能的充分发展和社会的需要自由地选择职业，这和资本主义下的劳动者自由地处置自己的劳动力虽有相似之处，又有它的根本不同之处。

在资本主义下，劳动力完全成了商品，劳动者自由地处置自己的劳动力，但是劳动者的劳动力出卖给的只能是少数占有生产资料的资本家，他们之间的关系是剥削和被剥削的关系。并且，资本主义下劳动者对自己劳动力的自由的支配权是有一定条件的。当他还没有被资本家购买时，他虽然是自己劳动力的自由的支配者，然而，他出卖自己的劳动力主要是从生计出发，次要才从自己的专长、爱好、才能的充分发展出发去选择工作。当他一经被资本家所购买，成了资本家的资本后，他在资本家的整个生产过程中，只是资本家的一个机器，不仅行动受到了资本家的限制，而且人的本质所具有的自由的有意识的创造性的活动也被严重压抑了。

在社会主义初级阶段下，在生产、流通领域社会主义社会的劳动者作为自己劳动力的自由的支配者，自由地选择职业，包含有两个方面的含义：一、劳动力在某种意义上说不是商品，这是与资本主义所不同的，社会主义社会中劳动者作为自己劳动力的自由的支配者，自由地选择职业，符合马克思主义关于社会主义社会就是让人的才能自由全面发展的特征，是在向自由全面发展自己才能的人接近。二、在社会主义时期，客观上也还存在着劳动力的个人所有制。马克思在《资本论》第一卷中阐述过劳动力之所以成为商品，一是根源于劳动者同生产资料的分离，二是根源于劳动者对自身劳动力的私有权。这两点，在社会主义条件下也不同程度存在着。如在我国目前，在现实生活中，劳动者与生产资料所有通过的经济关系即工资制度，直接在工人的观念中造成这样一种表象，他是把自己的劳动力让渡给企业使用，而从企业那里换回自己劳动力的等价物。又如，恩格斯在《反杜林论》中曾经指出："训练有学识的劳动者的费用是由私人或其家庭负担的，所以有学识的劳动力的较高价格也首先归私人所有。"由于我国社会主义初级阶段生产力不够发达，社会财富还没有充分涌流，社会还不能无条件地全部担负起抚养劳动者及其家庭的全部费用，要培养一个劳动者，并且不断地维持劳动者自身的劳动能力，他的家庭和个人总要支出相当大的一部分费用；劳动者为更新知识和技术所耗费的各项物质资料，个人也必须追加一部分投资。因此，毫无疑问，社会主义下的劳动者对自己的劳动力具有所有权。而社会主义下劳动力的个人所有制与资本主义下劳动力个人所有制是有共同点的，但更有不同点。一方面，他充分说明了劳动力的所有者是一个自由的人，他在经济上完全摆脱各种形式的人身依附，有权完全支配自己的劳动力；另一方面，更重要的是，他是社会主义的主人，是社会的主人，因此，他绝不是，也不应作为商品，不能作为商品。他有权、也有必要使自己得到自由全面充分的发展。

二、社会主义下劳动力成为商品对于人的自由全面发展的有害之处

传统经济模式中的直接生产者要参与社会劳动，或者说要进入作为社会联合体的国家直接管理的大工厂从事生产，完全由政府劳动人事部门根据国家指令计划统包统配。这样，期望把体质、智慧、学识、才能、专长、爱好、理想、抱负、要求等等方面千差万别的每个劳动者，送到既能符合他们志愿又能适合不同地区、不同部门、不同企业所需要的各色各样的工作岗位上，使人尽其才、人尽其用，是非常难以办到的。

现代科学已经证明，由于遗传和社会环境的影响，人与人之间在爱好和才华上是有差别的。这里不仅由于天赋的不同，更由于社会生活是丰富多彩的，是由各方面组成的，由此也就决定了人的才能和爱好的多种多样性，才华的差别性。因此，马克思、恩格斯在他们创立的科学社会主义学说中认为，社会主义乃至共产主义的最大特点，就是能让人自由地、全面地发展他们各方面的才能，让每一个人的天赋和才华得到充分发挥。并且认为，这是人的解放和社会的解放，乃至消灭阶级的前提。如在《社会主义从空想到科学的发展》一文中，恩格斯指出："当社会成为全部生产资料的主人，……社会就消灭了人直到现在受他们自己的生产资料奴役的状况。自然，要不是每个人都得到解放，社会本身就不能得到解放。代之而起的应该是这样的组织,在这个组织中,一方面任何个人都不能把自己在生产劳动这个人生存的自然条件中所应参加的部分推到别人的身上;另一方面,生产劳动给每个人提供全面发展和表现自己全部体力和脑力的能力的机会。这样,生产劳动就不再是奴役人的手段,而成了解放人的手段,因此生产劳动就从一种负担变成一种快乐。"在《共产主义原理》一文中,恩格斯又指出:未来社会的人们,将"根据社会的需要或他们自己的爱好,轮流从一个生产部门转到另一个生产部门。……这样一来,根据共产主义原则组织起来的社会,将使自己的成员能够全面地发挥他们各方面的才能,而同时各个不同的阶级也就必然消失"。在《资本论》中马克思更为明确地指出:社会主义、共产主义"是以每个人的全面而自由的发展为基本原则的社会形式"。这就是马克思、恩格斯所设想的社会主义和共产主义的一个重要的特征。这一重要特征构成了社会主义的灿烂图景。这一灿烂的图景,正是社会主义和共产主义受人欢迎的所在,也正是千千万万的革命先烈为之奋斗的目的。

无论在不同劳动部门或同一劳动部门中,由于劳动者的本领、技巧和气力等不同而形成了工资差别,而这种差别基本上是取决于劳动者完成的工作量的,于是变动着的工资量就表现为劳动者本人劳动的结果和个人劳动质量的结果。这在现实生活中,就必然使他们感到,为了得到较高的工资,并在保持同某个联合关系的连续性中不断享受某种高工资,自己就必须紧张、专心、灵活和勤勉地劳动和努力学习科学技术。同时,基于自己及其家庭人员生活需要的驱策,劳动者自由地决定自己的这种主人翁意识(或想象),又会使他产生一种责任感。这样,他就要尽力使他自己具备一定的劳动技能、熟练度和强度,并聚精会神、一丝不苟、奋发努力地劳动,从而必然使每个个体的潜能得到一定发挥,人得到发展。

另外,社会主义下劳动力成为商品将不利于劳动者主人翁地位的实现。而劳动力成为商品,劳动者作为商品所有者同企业和单位进行劳动力买卖,这个过程是在流通领域或商品交换领域的界限内进行的。这个领域虽是所有权、自由和平等的乐园,却并不能说明劳动者在生产过程中一定会成为主人。资本主义条件下,劳动者在生产、流通领域中,在市场上也是作为劳动力商品所有者同作为货币资本所有者的资本家相遇,在自由、平等的交换形式下把劳动力让渡给资本家的。这种买卖关系一经结束,劳动者进入直接生产过程,他们便并入资本,变成了资本家支配和指挥下劳动的雇佣奴隶,因而自由和平等的交换关系就完全不存在了,或者说成了纯粹的假象。其所以如此,是因为从根本上看，决定生产当事人在经济关系中地位的基础的，是交易方式的社会性质，而不是劳动者和生产资料的结合方式即生产结构本身的社会性质。在我们社会主义市场经济条件下，目前来看，这一情形仍然未能消除。绝大部分工人，甚至技术人员在企业和私人办的学校（包括大学）、医院等民营实体里没有主人翁地位，没有基本发言权和监督权，没有民主权。这是我们社会主义市场经济的一大悲哀。我们必须寻找方法，加以解决。

第五节　社会主义商品生产下企业主的道德自律和社会责任感

企业内部要着力打造各个利益主体之间的和谐氛围，企业主一方面要追求利润，另一方面同时也要做好企业公民，真正承担起相应的社会责任，企业主（企业家）要做好道德自律。

一、社会主义商品生产下企业主的道德自律

道德自律是现代法治秩序的最高实现形式，是道德主体的一种自主、自愿和自觉的活动，体现了道德主体以理性的态度对自身之外的道德规范的认同与确证。按照马克思的分析，道德是社会关系特别是经济关系的产物，是在维护社会利益的前提下，人类社会为了维持社会秩序和调整交往关系而产生的符合人类社会生活需要的观念和准则。

企业主作为社会财富的创造者，作为企业雇主具有较高的社会地位，其言行在一定程度上具有示范效应。为此，无论从企业主个人还是社会建设而言，企业主都应该注重道德自律，通过道德自律不断规范自身行为，提高自身的道德修养，获得更多的社会认同。具体而言，主要做好以下几个方面的工作。

首先，要尊重雇员，尊重爱护企业员工。在社会主义初级阶段商品生产下，民营企业企业主与员工，虽然是雇佣关系，但在人格上是平等的，同样都是社会主义的建设者。他们之间不完全是一种买卖关系，这是社会主义初级阶段商品生产与资本主义商品生产的区别之一。

其次，要树立正确的世界观、人生观和价值观。克服唯利是图、金钱第一的人生观、价值观。道德自律的形成及践行，需要正确的世界观、人生观和价值观的指导，这三种观念越是正确，经济主体就越能自我克制、自我约束，从

而就越能符合社会发展的需求。所以,需要构建相应的制度保障体系确保企业主拥有正确的世界观、人生观和价值观,从而为企业主的道德自律奠定坚实的观念基础。

最后,不断提高企业家的道德自律认知能力。克服资本无序扩张,通过正确的道德规范的导向,让企业主认识到哪些行为是正确的,哪些行为是错误的,哪些行为有助于将企业的道德与社会道德有机地融合到一起。尤其是,要不断强化道德教育,通过倡导、警示等手段让企业家拥有正确的道德分辨能力。

二、社会主义商品生产下企业家的社会责任

就企业主社会责任而言,企业主应该运用其所拥有的商品生产和市场经济理念,以增加社会财富为目标,不断地着力于促进市场的规范和完善,并且有效地处理好个人财富、企业财富和社会财富的关系。与此同时,企业主还应当充当先进文化的传播者,不断地在全社会氛围内营造优秀的企业文化,让企业基因日渐融入全社会当中。

可见,无论从哪个角度而言,企业主都应该承担起应有的社会责任,并且在社会体系里强化这种理念,并促使企业主不断践行这种责任。首先,要加强对企业主的社会责任教育,让企业主合理地处理好个人财富、企业财富、员工财富与社会财富的关系,逐步地形成科学合理的逐利动机,最终实现多个经济主体在获取财富过程中的激励相容。其次,为企业主践行社会责任提供支撑体系,构建合意的教育培训体系,不断增加企业主践行社会责任的自觉性、主动性和积极性。最后,营造利益相容的理念,让企业家充分认识到承担社会责任不是通过牺牲个人或者企业利益来补偿社会利益,而是让企业在兼顾多个经济主体利益的前提下,通过践行社会责任促使企业与社会、政府的良性互动,从而在更多维度获取利益。

第十章 价格

第一节 价格的基本职能与人的全面发展

价格、价格体系,特别是价格职能的发挥,与人的全面发展有着密切的关系。那么,什么是价格的基本职能呢?

商品经济和价值规律的历史告诉我们,如果撇开社会形态来说,商品经济的发展有两个阶段:简单商品生产阶段和发达的商品经济阶段。在商品经济的这两个阶段,价值本身也相应地有两个发展阶段:商品价值和生产价格两个阶段。前者是和简单商品生产相适应,后者是与发达的商品经济阶段相适应。在商品经济和价值发展的这两个阶段,价值规律的作用在形式上也是有变化的,价格的基础也是不相同的。

在简单商品生产下,价格是以价值为基础的,因而商品是按照价值进行交换的,价格是价值的货币表现。对此,马克思在《资本论》第一卷分析简单商品生产时曾有过明确的论述。由于在简单商品经济下,价值范畴是以供求一致为前提的,所以商品价格能够以价值为基础,因此价格能够是价值的货币表现,价格也就理所当然地具有表示商品价值的标度(表价)的职能。"价值量转化为价格时,这种必然的关系也就会表现为一种商品在它外面存在的货币商品的交换比率。"① 这从理论上来说也是不奇怪的,是能够理解的,说得通的。但是,马克思同时又认为,即使是在简单商品生产下,在实际的交换中,价格有时也是可以脱离价值的,和价值不一致的。这是简单商品生产下价值形态本身所固有的特点。马克思同时还认为,价格形态本身所固有的这一特点,即价格和价

---

① 资本论(第1卷)[M]. 北京:人民出版社,1953:81.

值有时往往可以发生背离，这不是这个形态的缺点，而是这个形态的优点，它"反而使这个形态成为一个和这样的生产方式互相适应的形态。在这个生产方式内，规律只能当作没有规律而盲目发生作用的平均规律来贯彻"①。不仅如此，马克思还认为，即使在简单商品生产下，价格形态不仅可以让价值和价格有可能发生数量上的不一致，并且能够隐藏一个性质上的矛盾，以致货币虽然只是商品的价值形态，但价格毕竟可以完全不是价值的表现。本身不是商品的东西，如良心、名誉等，也可以通过它们的价格取得商品的形态②。这就是说，并不是任何价格都要反映任何价值，一种东西没有价值，也能够在形式上有一个价格。这就清楚地告诉了我们，即使对在简单商品生产下，价格是价值的表现，即价格是价值的货币表现的这一职能，也是要灵活看待的，并不能把它看成一成不变的，适用于简单商品生产下的任何情形的。

我们分析了简单商品生产下的价格是价值的货币表现的职能，而在发达商品经济下，情形却完全不同了。竞争和供求矛盾不属于简单商品经济，却属于发达的商品经济。还在资本主义商品经济发展的初期，由于社会生产力和生产方式发生了变化，机器的使用和资本主义协作，工场手工业和工厂的出现，为扩大再生产创造了物质条件。生产的扩大带来了市场的扩大，同种商品竞争的市场形成了。与此同时，由于资本主义商业的形成和迅速发展，使大量生产的同种商品集中在少数人手中，"由他们作为整体一个生产部门或其中一个或大或小的部分的共同产品堆积在一起加以出售"③，从而促成了同种商品的市场价值的形成。这样，商品的价格以价值为基础，也就发展到了以市场价值为基础，围绕着市场价值上下波动。这是资本主义初期的情形。以后，由于资本主义发展到了机器大工业时代，资本主义生产冲破了部门的界限而形成整个社会化大生产，把一切"阻碍资本从一个部门的界限转移到另一个部门的绝大部分障碍清除掉"④。市场越来越扩大，生产者之间的竞争越来越激烈。不同部门生产者之间的激烈竞争的结果，又产生了生产价格。从此，商品价格发展到了以生产价格为基础，市场价格紧紧围绕着生产价格这个中心上下波动。

所谓生产价格是什么呢？马克思认为，就是成本加平均利润。平均利润是来源于平均利润率的，而平均利润率是由于不同部门资本的竞争实现的。"不同

---

① 资本论（第1卷）[M]．北京：人民出版社，1953：81．
② 资本论（第1卷）[M]．北京：人民出版社，1953：81．
③ 资本论（第3卷）[M]．北京：人民出版社，1975：202、1027．
④ 资本论（第3卷）[M]．北京：人民出版社，1975：202、1027．

部门的资本的竞争,才能形成那种使不同部门之间的利润率平均化的生产价格"①。这就是说,平均利润率是由供求、市场、竞争形成的,因而生产价格也就必然受供求、竞争、市场影响的,它的形成,很大部分要受供求、市场、竞争的支配。因此,我们可以说,没有建立在发达商品经济条件上的竞争、供求和市场关系,就没有生产价格,也形成不了生产价格。反过来,没有生产价格,也就不会有发达的商品经济,或者说也就不可能有商品经济高度的进一步的发展。正如马克思说的:"商品按照它们的价值或接近于它们的价值进行交换,比那种按照它们的生产价格进行的交换,所要求的发展阶段要低得多。而按照它的生产价格进行的交换,则需要资本主义的发展达到一定的高度。"② 可见,价值转化为生产价格;价格以价值为基础,转化为价格以生产价格为基础,这是简单商品生产发展到发达的商品生产的必然结果,也是商品经济高度发达的标志。

能否区分商品生产的两个不同阶段,特别是价值规律作用的形式在不同阶段上的发展变化,这可以说,正是马克思主义政治经济学区别和超过英国古典政治经济的地方。李嘉图是一位杰出的古典经济学家,对发展和建立劳动价值论做出了杰出的贡献,但在他的学说中,却存在着混淆简单商品生产和发达商品生产区别的严重错误。他始终以劳动时间决定价值这个规律为出发点,来阐述商品经济充分发达的资本主义下的价格问题,把生产价格和价值混为一谈;并认为,无论在什么条件下,市场价格总是围绕着那个同劳动时间直接相符的价值上下波动。结果,他的政治经济学造成了一大不可克服的矛盾,即等量资本获得等量利润同价值规律的矛盾。正是这一矛盾,终于导致了他的整个理论体系的瓦解。这从反面充分说明了,在阐述价格基本职能时,区分商品经济的两个阶段和价值规律作用的形式在不同阶段的变化的极端重要性。

由此,这也就告诉了我们,当前考虑和探讨价格的基本职能,必须区分商品生产的两个发展阶段,以及价值规律的作用在不同发展阶段它的形式所起的变化。毫无疑问,我国当前的商品经济已是脱离了简单商品生产,进入了或正要进入发达商品生产阶段。因此,我们研究价格的基本职能,只能是以发达商品经济条件(阶段)为基础,以价格围绕着生产价格波动为前提,来考虑我国价格的基本职能。只有立足于这样的前提,所谈的价格基本职能,才能是符合

---

① 马克思恩格斯全集(第25卷)[M]. 北京:人民出版社,1972:201.
② 马克思恩格斯文集(第7卷)[M]. 北京:人民出版社,2009:197.

我国当前实际的,也才能是科学的。

根据这样的原则,我认为,在我国当前市场经济的发展中,价格主要应有以下五项基本职能。

(1)传递信息。传递信息是发达的商品经济阶段价格的重要功能。发达的商品经济社会也是信息社会,而在信息社会里,任何一个自主经营企业都离不开信息。信息决定着生产,决定着流通。市场是动态的,信息是不断变化的。可以说,信息是企业生产、流通的灵魂。信息不灵,企业就无法从事竞争,也就无法从事生产。而在传导信息方面,唯有价格是最灵巧的信息传输工具。价格能传递非常广泛的信息,诸如有关需求、资源可获性和生产可能性方面的信息等。就一个企业来说,企业投放的产品,通过价格的变动,立即可以得到反馈回来的信号,以供决策。总之,这种通过价格传递信息渠道短、环节少、损耗量小,最不易失真。

(2)刺激生产者采用先进生产技术。价格的这项职能,本质上就是第二种社会必要劳动时间决定市场价格的规律对企业的压力。所谓第二种社会必要劳动时间,就是指社会需要(供求)。马克思说:"不仅在每个商品生产上只使用必要的劳动时间,而且在社会总劳动时间中,也只把必要的比例量使用在不同类的商品上……为了满足社会需要,只有这样多的劳动时间才是必要的。"① 市场用社会需要这个尺度衡量各个生产者,奖励先进,淘汰落后,迫使企业改进生产技术,提高劳动生产率。价格的这一职能是无情的。

(3)调节生产和消费。价格调节生产主要表现在:通过市场价格的变动,指导企业经营者及时灵活地迅速转移资金,开辟新的品种、新的花色、新的行业;告诉企业生产的产品质量竞争情况,从而指导企业加强和改进产品质量。价格调节消费表现在:随着各种商品的价格变动,消费者时刻都在精打细算多买某种商品或少买另一种商品,从而,实现价格调节消费的职能。具体说就是,某种价格变动时,消费者对这种商品的购买,是以商品价格的高低为标准的,消费的需要按照和价格相反的方向变动。

(4)刺激劳动者在不同职业间的合理流动和改进劳动态度。价格的这一职能在我国是客观存在的,但曾在过去较长一段时间里一直被忽视,或者说未予承认。实际上价格的这一职能,对我国当前经济建设有着十分重要的作用。这一职能主要表现在:它通过劳动者在不同行业、不同部门、不同工种中不同的

---

① 马克思恩格斯文集(第7卷)[M].北京:人民出版社,2009:716.

劳动贡献和不同的劳动态度,所得到的不同的工资报酬,刺激劳动者钻研科学文化知识和技术;刺激劳动者在不同的职业间合理流动,自由选择职业,以充分发挥自己的才能,从而促进人的主体能动性更好地发挥,人的才能全面发展;刺激劳动者自觉改进劳动态度。另外,价格的这一职能还可以使企业利用价格这个杠杆吸引所需的劳动者,流出不需要的不合格的劳动者。

不仅如此,在我国社会主义时期,价格这一职能发挥作用的程度,还对社会主义按劳分配原则的贯彻产生重要的影响。也就是说,这一职能作用得到了发挥,按劳分配原则才能真正得到贯彻。这是因为,劳动者合理流动,体现了"各尽所能"的主要含义,而各尽所能又是按劳分配的前提。①

(5) 调节收入分配。这一职能是指,在商品经济中,每个经济单位按价格参加商品交换时,都要发生收入或支出,从而他们的经济利益受到影响(并对每个经济单位的人员收入产生影响)。价格对收入的调节,与税收、福利待遇等其他经济范畴不同,它是通过市场关系而发挥作用的。因此,价格在调节收入时,实际调节的是买者与卖者、消费者与生产者及经营者的利益,而不是别的什么人的利益。

另外,在社会主义时期,价格调节收入分配的职能,在对个人收入进行调节时,其作用的发挥,也是和按劳分配原则的贯彻密切联系的,也就是说,这一职能作用得到了发挥,按劳分配的原则才能真正得到贯彻。不论是按照马克思、恩格斯的原意,还是根据社会主义的实践,都告诉我们,价值规律和按劳分配也是有密切联系的。事实上,社会主义时期,价值规律和市场供求必定调节劳动者的工资。忽视和不敢(不愿)承认这一点,是不应该的,也不利于我们贯彻按劳分配原则,不利于我们发挥价格这一职能作用。

上述价格的五项基本职能,是建立在发达市场经济下的,是在价格以生产价格为基础,围绕生产价格波动前提下的。因此,在价格的基本职能里,没有价格是价值的表现(或尺度)即反映价值这一职能。它也不可能有这一项。如果有了这一项,就和简单商品生产混淆了,就是倒退了。正因为如此,马克思曾指出,"市场价格围绕生产价格波动,这要比价格反映价值,需要有高得多的商品发展阶段。②"这正是历史的进步。

---

① 关于这个问题,详见拙文:许崇正. 各尽所能和按劳分配关系的考察——从空想社会主义到马克思、恩格斯 [J]. 成都大学学报(社会科学版),1985 (4):3-9.
② 马克思恩格斯全集(第25卷)[M]. 北京:人民出版社,1975:197-198.

第二节 价格的最基本职能与人的全面发展

什么是价格的最基本职能呢？所谓价格的最基本职能，就是指在价格诸项基本职能中，其中有一项职能处于本质的主导的地位，它的发挥程度决定和影响着其他几项职能的发挥程度；并且，其他几项职能不同程度受着它的支配和影响，离开它，其他几项职能就不复存在。

当前，我国的价格问题错综复杂，盘根错节，因此要解决它，光探讨价格的基本职能还是远远不够的，笔者认为还必须研究发达商品生产下价格的最基本职能。只有找出了价格的最基本职能，才算抓住了当前价格问题的关键，价格改革才能有正确的、科学的、符合客观规律的基点，才能有正确的目标，才能建立起合理的价格体系，从而也才能促使价格和价格机制在促进人的全面发展中起到应该起的重要作用。

那么，价格的最基本职能是什么呢？笔者认为，前述价格五项基本职能中，其中最基本的职能，是价格调节收入分配的职能。

首先，从价格调节收入分配的职能和价格传递信息职能的关系来看。在发达的商品经济下，价格之所以具有传递信息的职能，主要是因为价格能履行其调节收入分配这个职能。价格调节收入分配，可以说是价格传递信息的基础。没有这个基础，价格传递信息，就是空话。因为，人们之所以关心价格传递信息，就因为它和自己收入有关，或者说对自己收入（物质利益）能带来影响。如果不是这样，人们也就没有必要去关心价格传递的信息。那么，价格传递信息的职能也就不可能发挥作用，或者说也就不可能存在价格传递信息的职能。就一个人来说是这样，就任何一个企业来说也是如此。如果价格不能调节企业的收入分配，企业也就不会关心价格传递的信息。只有当价格能调节收入分配时，企业才会积极关心价格传递的信息，由此，价格传递信息的职能才能发挥作用。关于这一点，著名的货币学派的经济学家米尔顿·弗里德曼曾有过深刻的论述："如果我们不利用价格来影响收入分配，且不说充分决定收入分配，那么不管我们的愿望如何，要利用价格去传递信息，……是根本不可能的。"[①] 我国经济理论工作者认识到了，价格调节收入分配的职能和价格传递信息的职能，

---

① 见米尔顿·弗里德曼，罗斯·弗里德曼. 自由选择——个人声明［M］. 胡骑，席学媛，安强，译. 北京：商务印书馆，1982：27.

有着密切的关系,如他们正确地指出:"在竞争的市场上,价格对商品生产者的收入,具有决定性的影响,这使得传递价格和需要价格信息的企业总是积极地传递和寻找,供求双方的努力使信息的损耗量减少;同时,价格信息只传给每个能够使用这种情报的人和企业"[①]。这实际上是说明了,价格调节收入分配职能的发挥作用的程度,在某种意义上决定着价格传递信息职能发挥作用的程度。

在我国农村,过去生产资料商品价格的信息基本上不能传递,这条职能实际上不复存在。因为,在"大锅饭"下,生产资料价格信息对农民的收入分配毫不相干,基本上不起调节作用,所以农民没有必要关心它。实行生产责任制以后,农民成了自主经营者,每个农民家庭是独立的商品生产单位,价格对农民的收入分配产生了直接的影响。由此,农民一反过去的面貌,开始人人关心价格的信息,千方百计搜集、寻找信息。仅从农民私人积极订报纸杂志,有的一户农民就订了几十种这一点上,就可窥见一斑。另外,近几年,为农民办的各种信息小报、咨询站等如雨后春笋般蓬勃涌现,也能充分说明这一点。至此,价格传递信息这一职能,才在我国农村真正开始初步发挥了作用。这难道不是充分说明了,价格传递信息的职能和价格调节收入分配的职能有着密切的关系吗?

其次,从价格刺激生产者采用先进生产技术的职能与价格调节收入分配职能的关系上来看。众所周知,在存在竞争的商品生产社会里,任何一个企业或个人改进工艺或采用先进的生产技术、设备时,都是为了增加企业或个人的收入。这就是说,在正常的情况下(指在存在竞争的商品生产社会里)一个企业或个人采用先进的生产技术,从表层上看,是由于价格刺激;而从实质(深处)看,却是由于价格调节收入分配的职能在起作用。在采用某种先进的生产技术之前,生产者总要计算(反复权衡),采用这种生产技术是否会带来利润?带来多少利润?如果采用某种先进的技术,而不能使生产者收入增加,生产者绝不会采用这种先进生产技术。不过,一般来说,在商品生产社会里,假定生产经营管理等诸方面都很好,生产者采用先进的生产技术,必然会使产品的产量增加,或产品成本减少,从而带来收入的增加。这正是生产者采用先进的生产技术的动力,或称力量的源泉。可见,价格刺激生产者采用先进的生产技术的职能与价格调节收入分配的职能也是有紧密联系的,前者紧紧地受着后者的制约。如果价格调节收入分配职能不能发挥作用,那么价格刺激生产者采用先进的生

---

① 见杨仲伟,李波.价格形成理论与价格改革政策的探讨[J].经济研究,1985(8):3—10.

产技术的职能也就不可能实行。

当然,在价格调节收入分配的职能不发挥作用(乃至价格刺激生产者采用先进技术的职能也不复存在)的情况下,生产者尽管也可以采用先进的生产技术,但由于不是受价格的刺激而采用生产技术的,它就没有科学性。其结果往往是盲目扩大生产,造成产品浪费;往往不是增加收入,还很可能适得其反,造成亏损。这种事例,在我国单纯计划经济时期以及在目前的经济生活中,可以说是举不胜举的。其原因就在于,我们未能充分地重视价格调节收入分配的职能,从而也就未能使价格刺激生产者采用先进生产技术的职能发挥作用。这从反面说明了,要想使价格刺激生产者采用先进生产技术的职能在经济生活中发挥作用,就必须高度重视价格调节收入分配的职能,使这一职能充分发挥作用。

再次,从价格调节生产和消费的职能与价格调节收入分配职能的关系上来看。在发达的商品生产的社会里,每个生产者对社会需要什么商品,什么样的商品受欢迎,需要多少,自己生产什么样的商品能赚利润,都是根据它的价格来的,"通过产品的涨价和跌价,才亲眼看到社会需要什么,需要多少和不需要什么。"① 因此,商品生产者就只有依靠市场商品价格的涨落盘算着自己收入的增减情况,来调节自己的生产。如果某种商品供不应求,市场价格高于生产价格,就会吸引许多商品生产者转移自己的资金来生产这种商品;反之,如果某种商品供过于求,市场价格低于生产价格,就会有许多生产者放弃这种商品的生产,转移自己的资金或资源去生产别种商品。可见,在发达的商品生产的社会里,价格之所以具有调节生产的职能,主要是因为在它的背后,价格调节收入分配在起作用。一个商品生产者(一个企业或个人)之所以要把资金和资源转移去生产别种商品,缩小或扩大某种商品的生产,主要是考虑到自己收入(收益)能否增加,也就是说价格调节收入的职能起着决定的作用。我国农村改革开放后几年,产业结构的调整情况,就充分说明了这一点。由于中共十一届三中全会以后,农村实行了改革,价格调节收入分配的职能发挥了作用,在价格调节收入分配职能的引导下,农民纷纷把资金投向乡镇工业生产,1979—1984年全国乡镇工业产值平均每年增加17.9%;1984年全国乡镇工业产值已达1031亿元,占全国工业总产值的13.6%。一段时间,由于基本农产品加价收购,导致了农民商品粮食和棉花出乎意料的高速增长。1979—1984年,平均每年增产粮食170亿千克、棉花1300万担。1979—1984年农业总产值平均每年递增

---

① 马克思恩格斯全集(第21卷)[M].北京:人民出版社,1972:215.

8.8%，其中种植业平均递增6.61%。① 短短的几年，我国农业生产就得到如此迅速的发展，一举打破了我国农业长期徘徊不前、粮食不能自给有余的局面。农业战线上改革后这几年的事例，难道不正充分说明了，价格调节生产的职能必须在价格调节收入分配职能发挥作用的前提下，它才能发挥作用吗？

价格调节生产是这样，价格调节消费也是如此，也必须受价格调节收入分配职能的影响支配。现代社会，经济的高速增长是以工业化为象征的，为此，它也要求消费结构中，工业制成品的份额迅速上升，而农产品的份额迅速下降。而这又是与价格调节收入分配的职能紧密联系的。因为人民选择消费品，往往是与价格有关，在有限的收入分配内，总喜欢选择价格偏低的。价格是改变消费需求结构的最重要的杠杆之一，而这背后起决定影响作用的是价格调节收入分配的职能。由此可见，价格调节生产和消费的职能与价格调节收入分配的职能二者之间也是有紧密联系的，这种紧密联系表现在，前者必须依附于后者，后者的作用影响和决定着前者的作用。

最后，从价格刺激劳动者在不同的职业间合理流动和改进劳动态度的职能与价格调节收入分配职能的关系上来看。在向现代化迈进中，伴随而来的，必然出现许多劳动者在不同的职业间频繁地合理流动。随着我国市场经济发展，劳动者要求合理流动人数越来越多，实行和允许劳动者合理流动，这是我国社会主义社会的一条不可违背的客观经济规律。将此确定为社会发展的一条客观规律，这实际上是马克思的观点。马克思在《资本论》第1卷中早已指出："大工业的性质要求有变更，职能有流动，工人有全面的能动性。……大工业就还由它的激烈变动的本身，把这件事当作生死存亡的问题：那就是把劳动的变更，从而也把劳动者尽可能多方面的发展，当作一般的社会生产规律来承认，并使各种关系适应于这个规律的正常实现。"②

劳动者要求合理流动原因有多方面，但其中有一个重要的原因，是由于对原有的工资报酬有意见而要求流动。这是否合理呢？应该说是合理的，它是我国经济体制改革后出现的必然趋势，并且可以预料，随着我国经济体制改革的进一步深入，劳动者因为工资报酬，由工资报酬的引导，而合理流动的人数会越来越多。这不是坏事，恰恰是好事。它表明了价格刺激劳动者合理流动的职能，在我们的经济生活中将起着越来越重要的作用，标志着我国商品经济正在

---

① 以上数字均见国家统计局：《关于1984年国民经济和社会发展的统计公报》；《中国统计年鉴》（1984），《中国统计年鉴》（1983）。
② 详见马克思恩格斯全集（第1卷）[M]．北京：人民出版社，1965：526．

进入和已进入了发达的商品经济阶段。

在发达的商品经济社会里，价格之所以能刺激劳动者合理流动，这项职能之所以能发挥如此大的作用，主要是因为在它的背后，价格调节收入分配的职能在起着重要的作用。如前所述，劳动者合理流动的一个重要的原因，是因为工资报酬。而工资，在商品经济的社会里，却是劳动力的价格，社会主义下劳动力虽然不应是商品，但由于社会主义是商品生产的社会，按劳分配还得保留等价劳动相交换的市场交换的特征，价格规律必然对按劳分配起着重要的作用，劳动者的工资必然受市场供求的影响、支配。从劳动者本人意愿来讲，劳动力总会自发地从低收入方向朝高收入方向移动。在其他条件相同的情况下，同等劳动能力的劳动者，在甲单位工资高些，乙单位的必然会纷纷愿意流向甲单位。这说明，价格—供求—竞争，仍然是我们社会主义下劳动力流动中基本的调节机制。劳动者的工资还在整个社会保持合理的职业结构上，起着"导航器""调节器"的作用。某种工作岗位的收入高些，必然（也应该能）吸引许多劳动者纷纷流向（或改行做）这项工作，从而使整个社会各种职业间人数，能不断保持合理的比例（这里所说的合理，就是能适应每一时期社会经济的发展）。由此可见，价格刺激劳动者合理流动，是由于价格调节收入分配的职能在起作用。

另外，价格刺激劳动者改进劳动态度，毫无疑问也与价格调节收入分配的职能密切相关。关于这一点，道理非常简单。因为，如果价格不能调节收入分配，价格也就不可能刺激劳动者改进劳动态度。

综上所述，在价格的五项基本职能中，唯有价格调节收入分配的职能起着主导、本质的作用，它的发挥作用的程度，直接影响和制约着其他四项基本职能的发挥作用的程度。也就是说，其他四项价格的基本职能都和价格调节收入分配的职能有着密切的关系，它们能否发挥作用，以及发挥作用的程度，都受着价格调节收入分配职能发挥作用的程度的影响、支配和制约。因此，在价格五项基本职能中，我们将价格调节收入分配的职能作为价格的最基本职能，应该是正确的，是符合客观实际的。

为了使社会主义下的价格、价格体系和价格体制能有效地发挥促进人的全面发展的作用，我们必须牢牢把握住价格的最基本职能——调节收入分配的职能。当价格的最基本职能——调节收入分配的职能能有效地发挥作用时，那么它对人的全面发展的促进作用也就能得到有效的实现。由于价格调节收入分配表现在两大方面：一是调节不同部门、不同行业、不同地区、不同企事业单位的收入分配。它主要是通过有效地调节资源分配和生产要素的合理有效的配置而实现的。而在资源和生产要素的调节、合理配置中,最主要的就是合理有效地调节、配置好人力这一资源和生产要素。因为在有限的资源和生产的几大要素中,人是最主要最重要的资源和生产要素。而这一切,又离不开人能否得到自由充分的全面发展。二是调节个人间的收入分配。它主要是通过劳动力的价格——工资来实现的。通过工资在不同行业、部门、单位之间的差别与不断的涨落、变化,促进人们不断地改变工作岗位,变换工种,鼓励先进的、符合社会需要的行业、部门、工种;淘汰落后的、社会不需要的行业、部门、工种,从而将不同的社会职能当作互相交替的活动方式,促进人的全面发展,使人的潜能和创造性精神得到充分的挖掘。

可见,价格调节收入分配这一价格的最基本职能是与人的全面发展有着密切关系的。社会主义时期,人要得到全面的发展,社会就必须充分、有效地使价格调节收入分配的职能得到有效的发挥。反过来,人不能得到自由全面的发展,价格这一基本职能就不可能有效地发挥作用。弄得不好,往往还会对社会和社会生产起着严重的破坏作用。对此,我们没有理由不加以高度的重视,没有理由不遵循这一客观的规律。

第三节 合理价格体系的建立与人的全面发展

既然在价格的诸多项基本职能中,最基本的职能是调节收入分配促进人的全面发展,那么,毫无疑问,衡量一个价格体系是否合理的准绳,应该是看它能否使这条最基本的职能充分发挥作用。我国经济体制改革中价格改革的目标,是要建立合理的价格体系,由此也就决定价格的基点(或叫着眼点),必须确立在使价格的最基本职能——调节收入分配促进人的全面发展的职能,充分发挥作用上。也就是说,我们当前价格改革的一切工作,都应该从充分发挥价格调节收入分配的职能入手,怎样有利于发挥价格调节收入分配的职能,就怎样进行改革。只有这样的改革,才是抓住了事物本质的,才是符合客观规律的。那种部分的局部的价格调整,即所谓按照价格符合价值,人为地搞部分价格涨、部分价格落,只会使已经不合理的价格体系更加不合理,并带来后遗症。因为它本身就是违反了发达商品经济下价值规律作用形式的,暂时看起来合理,随着市场供求的迅速变化,很快就会不合理。所以,价格改革的着眼点应该放在努力造就一个能使价格诸项基本职能,特别是它的最基本职能,能够充分发挥作用的环境、条件上。这就是说,价格改革本身是一个整体,应从整体着手,从整体上改，从而建立一个长期的（而不是短期的）能够充分发挥价格调节收入分配的这个最基本职能的价格机制。而价格调节收入分配的职能不能在劳动者职业选择、才能发挥等方面起调节作用，那么也就不可能对社会主义经济生活的其他方面起调节作用。因为，一个行业、一个企业所使用的资金量，在很大程度上取决于这个行业、这个企业所使用的劳动量；妨碍劳动者的自由流动，也就必然同样妨害资金的自由流动，妨害资金的及时迅速转移，妨害企业根据生产的需要及时吸收急需的生产人员和流出不合格的人员。

关于这一点，著名古典经济学家斯密在其名著《国民财富的性质和原因的研究》中有一段极精彩的论述："由于限制一些职业上的竞争人数，使愿意加入者不能加入，所以使劳动和资本用途所有利害有了非常大的不均等。"他还指出："妨碍劳动和资本的自由活动，使不能由一职业转移到其他职业，由一地方转移到其他地方，从而使劳动和资本不同用途的所有利害，有时候出现令人非常不愉快的不均等。"他还进一步指出：这是因为，"劳动所有权是一切其他所有权的主要基础，所以，这种所有权是神圣不可侵犯的。一个穷人所有的世袭财产，就是他的体力与技巧。不让他以他认为正当的方式，在不侵害其他邻人的条件下，使用他们的体力与技巧，那明显的是侵犯这种神圣的财产。显然，那不仅侵害劳动者的正当自由，而且侵害劳动雇佣者的正当自由。妨害一个人，使不能在自己认为适当的用途上劳动，也就妨害另一个人，使不能雇佣自己认为适当的人。"著名经济学家马歇尔也指出："我们这一代最迫切的任务，是给青年人提供发展其所长并使其成为有效率的生产者的各种机会。而达到这个目的的一个主要条件是长期免于机械劳动的自由，和有上学与进行各种有助于个性充分发展的游戏的充分时间。"① 获得诺贝尔经济学奖的经济学家布坎南更明确指出：只有建立一个合理的价格体系，才能为自由的劳动，为人的自由的发展提供坚实的基础，"提供可能是最好的道路。"②

总之，能否建立起合理的价格体系的关键，就在于能否充分发挥价格调节收入分配这一最基本职能的作用，而价格调节收入分配职能的发挥，归根到底又在很大程度上取决于劳动者能否充分自由地流动，人能否自由全面地发展，把不同社会职能当作互相交替的活动方式。经济生活是有客观规律的，社会主义经济建设是严格受着客观规律支配的。不论你承认，还是不承认，客观规律都在引导着我们。

---

① 马歇尔. 经济学原理（下卷）[M]. 朱志泰，译. 北京：商务印书馆，1981：370.
② 布坎南. 自由、市场和国家——20世纪80年代的政治经济学 [M]. 吴良健，桑伍，曾获，译. 北京：北京经济学院出版社，1988：9.

第十一章 资本范畴的认识

资本是经济学中一个重要的经济范畴,也是本书研究主题中的基本范畴。这个范畴不仅在经济理论史上含义丛生,并且在我国经济理论界有不同的见解。而对这个范畴的内涵如不把握清楚和准确,将不利于我们建立和完善社会主义市场经济体系。将极大地妨碍我们贯彻社会主义核心价值观和核心价值体系。因此,当前再认识这个基本范畴,对这个范畴的内涵加以科学的再界定,就显得十分迫切和必要了。

第一节 资本范畴的初步认识

一、经济理论史上的资本观及评价

19世纪的苏格兰经济学家麦克鲁德曾认为:"资本是用于增值目的的经济量,任何经济量均可用为资本。凡可以获取利润之物都是资本"[1],而奥地利经济学家庞巴维克认为,最初,资本(capital)源出于caput一词,是用来表示贷款的本金和利息相对的。庞巴维克还认为:"一般来说,我们把那些用来作为获得财货手段的产品叫作资本"。[2] 资本在这里和"生息金额"同义。关于资本的定义最早见于1678年出版的《凯奇·德佛雷斯词典》。在那里,把资本称为产生利息的"本钱",资本能给所有者带来一切幸福。休谟最早确认了"资本除了包括代表物(货币)外,还应包括被代表物(财货)"[3]。古典经济学的创立者

---

[1] 麦克鲁德.信用的理论 [M].北京:商务印书馆,1872:127.
[2] 庞巴维克.资本实证论 [M].陈端,译.北京:商务印书馆,1964:73.
[3] 庞巴维克.资本实证论 [M].陈端,译.北京:商务印书馆,1964:50-61.

威廉·配第在其《政治算术》中"将资本视同于流通中的货币"①；法国资产阶级庸俗政治经济学创始人让·巴蒂斯特·萨伊认为："资本包括①各种技艺所使用的工具；②劳动者在执行他的部分生产任务时所需要的生活必需品；③劳动者所拥有的原料，等"。②他还认为"如果货币用于促进产品交换，那么货币也属于生产资本的范畴"③。但不是所有的货币都是生产资本，而只有"分配在整个人类劳动机构上的货币"④才是生产资本。这说明，在他看来，相当一部分货币不是分配在整个人类劳动的机构上。同时，他认为作为生产资本的货币，在社会资本总量中只占极小部分，不能认为一个社会的资本仅仅在于货币。他还认为："一个国家越繁荣，它的产业越发达，处于货币形态的资本在国民资本总额中所占的比例越小。"⑤马尔萨斯认为：资本是"积累的财富中被用来在未来财富的生产与分配中谋取利润的特殊部分"⑥。古典经济学的主要代表人物亚当·斯密认为，"资本是人们储存起来取得收入的那部分资财"⑦；古典经济学的完成者大卫·李嘉图认为"资本是国家财富中用于生产的部分"⑧；重农学派的主要代表人物之一的杜尔阁认为，"资本是积累起来的价值，是可动的财富。"⑨奥地利学派主要代表人物庞巴维克系统分析了前人的12种资本定义后认为，资本是"生产出来的获利手段"，或者说"资本是用作获利的生产出来的产品集合体"⑩。瑞典学派的创始人维克塞尔认为，资本是"被生产的生产手段"⑪。新古典学派的创始人和主要代表马歇尔认为，"以个人看资本是期望获得收入的那部分资产，从社会观点看资本是生产收入的收入。"⑫美国著名经济

---

① 配第. 政治算术 [M]. 陈东野，译. 北京：商务印书馆，1978：87.
② 萨伊. 政治经济学概论 [M]. 陈福生，陈振骅，译. 北京：商务印书馆，1963：70.
③ 同上，70-71.
④ 同上，70-71.
⑤ 萨伊. 政治经济学概论 [M]. 陈福生，陈振骅，译. 北京：商务印书馆，1963：71.
⑥ 马尔萨斯. 政治经济原理 [M]. 厦门大学经济系翻译组，译. 北京：商务印书馆，1962：129.
⑦ 斯密. 国民财富的性质和原因的研究（上卷）[M]. 郭大力，王亚南，译. 北京：商务印书馆，1972：254.
⑧ 斯拉法. 李嘉图著作和通信集（第1卷）：政治经济学及赋税原理 [M]. 郭大力，王亚南，译. 北京：商务印书馆，1962：78.
⑨ 杜阁. 关于财富的形成和分配的考察 [M]. 南开大学经济系经济学说史教研组，译. 北京：商务印书馆，1961：51.
⑩ 庞巴维克. 资本实证论 [M]. 陈端，译. 北京：商务印书馆，1964：58，84.
⑪ 维克塞尔. 国民经济学讲义 [M]. 刘絜敖，译. 上海：上海译文出版社，1983：141.
⑫ 马歇尔. 经济学原理（上卷）[M]. 朱志泰，译. 北京：商务印书馆，1964：15.

学家欧文·菲歇尔认为:"资本是指一段时间内存在的财富的存量。"① 并认为"资本的价值必须由其估计的将来净收入计算,而不是相反"。"资本的价值来自收入的价值。"② 在这里,费雪指出"资本价值的大小,由人们去估价,而估价是人为的过程,含有预期的性质。如一强股票,其价值的大小便决定了人们预期它每年能带来多少股息(即净收入)。在利息率不变的情况下,人们对它能带来的股息的期望值越多,价值越大,相反,价值越低"。③ 英国经济学家希克斯认为:"实际的资本量就是价值量,而资本的价值也就是按资本的将来要获得的最终纯产品的资本化的价值,即以资本所获得的利息(利润)按现时利息率折合的资本的价值。"④ 并认为:"这种资本概念是向前看的,因为它是一种预期的价值。"⑤ 新古典综合学派代表人物萨缪尔森认为,"资本一词通常被用来表示一般的资本品"⑥,"资本是一种不同形式的生产要素。资本（capital）（或资本品）是一种生产出来的生产要素,一种本身就是经济的产出的耐用投入品"⑦。并认为:"资产作为资本有多大价值取决于利息率的高低,与利息率的高低成反比。"⑧

对于资本的论述最充分的当然是马克思。马克思花费了40余年心血写下了光辉的巨著《资本论》,对资本的本质、形式、内涵、特点、规律、运行方式进行了深刻的揭示。马克思最主要的论述是:认为资本是带来剩余价值的价值,并认为资本不是物,它体现着资本家与雇佣工人之间的剥削与被剥削关系。⑨

综观古今经济理论史上经济学家们关于资本范畴的定义和思路,大概可以归类为五种观点:一是把资本等同于货币;二是把资本视为资本品(或生产手段或财货);三是把资本视为资本品或资财的价值额;四是把资本视为带来收入的财货;五是把资本视为带来剩余价值的价值。

---

① 菲歇尔. 利息理论 [M]. 陈彪如, 译. 上海: 上海人民出版社, 1959: 10.
② 菲歇尔. 利息理论 [M]. 陈彪如, 译. 上海: 上海人民出版社, 1959: 10.
③ 曾康霖, 谢应辉. 资金论 [M]. 北京: 中国金融出版社, 1990: 142.
④ 希克斯. 经济学展望——再论货币与增长论文集 [M]. 余皖奇, 译. 北京: 商务印书馆, 1986: 158.
⑤ 希克斯. 经济学展望——再论货币与增长论文集 [M]. 余皖奇, 译. 北京: 商务印书馆, 1986: 158.
⑥ 萨缪尔森. 经济学(上册) [M]. 高鸿业, 译. 北京: 商务印书馆, 1979: 73.
⑦ 萨缪尔森. 经济学(上册) [M]. 14版. 高鸿业, 译. 北京: 商务印书馆, 1986: 55.
⑧ 萨缪尔森. 经济学(中册) [M]. 高鸿业, 译. 北京: 商务印书馆, 1979: 306-307.
⑨ 参见马克思. 资本论(第4卷): 剩余价值理论 [M]. 中共中央马克思恩格斯列宁斯大林著作编译局, 译. 北京: 人民出版社, 1975.

笔者认为，上述关于资本范畴的思想，除了马克思的论述外都有其片面性和局限性。

把资本等同于货币是错误的。虽然资本可以以货币的形式存在——表现为货币金融资本，而且资本在价值形式上总表现为一定的货币金额。但是，资本和货币是两个不同的经济范畴，两者有不同的内涵和外延。首先，作为资本的货币与作为流通手段的货币在商品交换中只起媒介作用。早在300年前，英国古典经济学派的初期代表人物之一的达德利·诺思最早就把作为"资本的货币与一般货币区别开来了"①。其次，从外延看，资本不仅包括货币资本，而且包括真实资本；而货币不仅包括作为资本的货币，而且包括作为一般流通手段和支付手段的货币。再次，货币和资本有不同的运动形式，货币的运动形式是 W-G-W'，资本的运动形式是 G-W-G'（G+△G），马克思对此有过精辟的论述。最后，货币和资本的经济职能不同。货币运动是为了追求使用价值，而资本运动是为了追求价值增值，货币只有被用作价值增值的手段，它才变为资本。

把资本视为资本品也是片面的。首先，在商品经济社会，特别是现代发达的商品货币经济社会，社会经济高度货币化和信用化，任何资本品的生产、交换、分配和消费都必须有其价值反映，体现为一定的货币价值额，资本品的自然形式仅仅是资本的具体物质承担者。马克思指出："资本作为自行增值的价值它是一种运动，它只能理解为一种运动，而不能理解为静止的物。"② 其次，它不能反映资本的本质属性即价值运动和价值增值。再次，资本不仅包括资本品（实物资本），还应包括货币金融资本。最后，现代经济学特别是宏观经济学不可能也不必研究资本品的物质存在及自然属性。正如希克斯所言："资本的物质属性与经济学是不相干的。"③ 所以，把资本仅仅定义为资本品在经济学意义上是不科学的。

把资本仅仅视为资本品或资财的价值也是不完善的。首先它没有反映出资本范畴的根本属性即价值增值运动。资本品或资财的价值存在只表明它是潜在的，可能性的资本，资本品或资财的价值体只有作为增值价值的预付价值介入资本运动及增值过程才是现实的资本。其次，它仅仅包括真实资本（即资本品或财货的价值）而忽略了货币金融资本（纯价值体）。马克思曾经深刻指出，货

---

① 诺思. 贸易论 [M]. 桑伍，译. 北京：商务印书馆，1976：27.
② 马克思. 资本论（第2卷）[M]. 北京：人民出版社，1975：122.
③ 希克斯. 经济学展望——再论货币与增长论文集 [M]. 余皖奇，译. 北京：商务印书馆，1986：167.

币资本、生产资本和商品资本（后两种实际上就是真实资本的内容）这三种资本形式在社会再生产过程中必须"在空间上并存，在时间上继起"。并且，在现代商品经济社会，货币金融资本作为发动整个社会再生产过程的"第一推动力"和"持续的动力"的作用日益增强，货币金融资本"作为发达的生产要素"是"社会形式发展的条件和发展一切生产力即物质生产力和精神生产力的主动轮"。①

把资本视为带来收入的财货的思想类似于把资本视为带来收入的资本品，如上所述，这种观点也是片面的。

马克思把资本视为带来剩余价值的价值，突出表明了资本的根本属性——价值增值功能，这是对资本范畴最深刻的认识。但马克思对资本范畴的理解又主要是从生产关系而不是从生产力角度去考察资本主义社会的资本，因此，并不能完全适合包括社会主义市场经济在内的商品经济社会一般或共性的资本范畴。社会主义经济的理论和实践已经发展了马克思主义经典作家们的商品经济理论，所以，适用于市场经济一般的资本一般范畴也应该得到发展。

另外，从麦克鲁德到萨缪尔森对于资本的论述，都主要指的是有形资本，他们对于资本的概念基本上没有包含或没有充分重视无形资本。而在今天，无形资本越来越重要，无形资本，如创造发明、专利等同样可以带来财富，有的甚至可带来巨额的财富。

二、资本范畴的重新界定

资本范畴如何界定才能更合理和全面？显然应做到以下四点：一是要揭示其内在本质特征和内涵；二是要客观公正，不介入意识形态和某一学派或个人的思想；三是要体现市场经济的一般要求，适用于一切商品经济社会，特别是市场经济社会；四是要适用于一般经济分析特别是宏观经济学。

从以上四点出发，笔者认为，资本范畴的含义应包含如下7点：①资本是商品经济社会客观存在的经济范畴。资本是商品化、货币化的生产要素，非商品经济条件下的生产要素不是商品化、货币化的价值物，因而不表现为资本。资本范畴及资本运动，如同商品、货币、价值等商品经济社会的经济范畴及其运动一样，仅仅体现为商品经济中的一般关系，而不是某一特定的社会经济关系和社会经济制度的反映。②资本是一个货币价值体，是再生产过程中商品化、

---

① 马克思恩格斯全集（第46卷：上）[M]. 中共中央马克思恩格斯列宁斯大林著作编译局，译. 北京：人民出版社，1974：173.

货币化生产要素的价值的集合体。虽然货币及其他金融资产和厂房、机器设备、存货等资本品是资本的具体的载体或物质者,但这些载体或物质承担者本身并不构成资本本体。经济学意义上的资本是研究内在于这些载体或物质承担者中的价值及其运动。③资本的本质属性是一种带来价值增值的价值。它不但要求资本化的生产要素保存和补偿原有的预付价值,并且更重要的是带来价值增值。正如马克思揭示资本主义社会生产目的所指出:"不仅要生产价值,而且要生产剩余价值。"① 因此,价值增值性是资本的根本属性,资本的基本经济功能就是增值价值。④资本是一种预付价值,是活劳动物化的价值,马克思沿用斯密的话说"资本是积累起来的劳动"②。因此,资本的价值是预付的物化劳动价值或现实的市场价值额,它不同于资本的"资本化价值"③。资本的"资本化价值"是未来持久性收入的"现在贴现值"。④ ⑤货币只有投入生产过程才是资本,不投入生产过程的货币不能叫资本。资本是财富中用于生产的部分。⑥资本是一种预期价值,收入的价值是生产出来的获利手段。⑦资本不仅是一种有形的财富,也包含无形的财富:知识及其创造发明、专利。

总之,从商品经济一般运行特征及共性规律和现代经济学的现实意义的角度,资本范畴的完整和合理的定义应该是:资本是商品经济社会再生产过程中所有者积累起来以取得价值增值的预付价值,它不仅包括有形的预付价值,也包括无形的预付价值,特别是在知识经济的时代,一切都以知识为基础,所有财富的核心都是"知识",所有经济行为都依赖于知识的存在。在所有创造财富的要素中,知识是最基本的生产要素,其他生产要素都必须靠知识来更新,靠知识来装备,所谓的高新技术不过是高新知识的凝结。知识经济时代这种独特的生产要素——知识,与农业社会、工业社会的生产要素相比,一是具有无限性,可以源源不断地发明创造出来;二是具有快捷性,其更新的速度非常快;三是具有巨大的波及性,每项发明都可以惠及人类。一个比黄金、货币和土地更灵活的无形财富(无形资本——无形预付价值)正在形成,或称已经形成,因此,在当代,资本的内涵中不仅应该包括有形的预付价值,而且应包括无形的预付价值。并且,后者(指无形的预付价值)随着科技和社会的发展,在资本内含中所占的比重将越来越大,地位将越来越重要。

---

① 马克思. 资本论(第1卷)[M]. 北京:人民出版社,1975:211.
② 马克思恩格斯全集(第6卷)[M]. 北京:人民出版社,1975:448.
③ 参见吴强. 经济发展中的资本积累[M]. 北京:中国金融出版社,1993.
④ 萨缪尔森. 经济学(中册)[M]. 高鸿业,译. 北京:商务印书馆,1981:307.

第二节 资本范畴再认识

上述仅为1995年前笔者对资本范畴的初步认识，1995年下—1997年上，笔者就撰写并完成博士后研究报告：《中国资本形成与资本市场发展论》。这是1998年初，笔者在《安徽大学学报》上发表的论文：《关于资本范畴的重新认识》，对资本范畴进行了探讨，当时在全国应该是最早探讨、研究社会主义下的"资本"和"资本形成"范畴的学者之一。一晃近25年过去了，随着时光飞逝，伴随着中国的改革开放，在改革取得巨大成绩的同时，社会矛盾和社会问题不断涌现。因此，现在感到有必要对资本范畴进行再认识。

一、马克思关于资本的一系列论述和主要观点

马克思关于资本的论述十分丰富和深刻，归纳起来，笔者认为主要有以下12点。

（1）资本来到世间，从头到脚，每个毛孔都滴着血和肮脏的东西。马克思在《资本论》中引用《评论家季刊》的话说：资本害怕没有利润或者利润太少，就像自然界害怕真空一样。一旦有适当利润，资本就会胆大起来。如果有10%的利润，它就保证到处被使用；有20%的利润，它就活跃起来；有50%的利润，它就铤而走险；有100%的利润，它就敢践踏一切人间法律；有300%的利润，它就敢犯任何罪行，甚至冒绞首的危险。[①]

（2）追逐剩余价值是资本的天性。马克思说：一方面，资本作为商品资本和货币资本（因而进一步就是作为商业资本）的职能，是产业资本的一般的形式规定性；另一方面，特殊的资本，因而有特殊种类的资本家，专门执行这些职能，这些职能因此也就变成了资本增值的特殊形式。[②]

分工造成这样的结果，这些由资本的职能决定的技术性业务尽可能由一类代理人或者资本家当作专门的职能替换整个资本家阶级来完成，或者集中在这些人手中。在这里，正像商人资本场合一样，发生了双重意义的分工。一种特殊的营业出现了，并且因为它作为特殊的营业是替换整个阶级的货币机制服务的……；在这种特殊的营业内部又发生了分工即分成不同的互相独立的部门，

[①] 马克思. 资本论（第1卷）[M]. 北京：人民出版社，2004：871.
[②] 马克思. 资本论（第3卷）[M]. 北京：人民出版社，2004：336.

又在这种部门形成了专门设施（庞大的事务所，人数众多的会计员和出纳员，细密的分工）……，从而使预付在这些职能上的资本成为货币经营资本。①

（3）资本等于商品，资本即是商品。马克思说："它作为可能的资本，作为生产利润的手段的一种属性来说，它变成了商品，不过是一种特别的商品。或者换一种说法，资本作为资本，变成了商品。"②

（4）成为资本的首要条件，在剥削劳动力的过程中才能作为资本存在。马克思说："在现实的运动中，资本并不是在流通过程中，而只是在生产过程中，在剥削劳动力的过程中，才作为资本存在。"③

（5）资本是作为这样一种价值，这种价值是具有创造剩余价值、创造利润的使用价值，即实现它的能够产生剩余价值的那种使用价值。马克思说："把他投入流通，使他成为一种作为资本的商品，不仅对他自己来说作为资本，而且对他人来说也作为资本……这就是说，是作为这样一种价值，这种价值是有创造剩余价值、创造利润的使用价值。"④

（6）资本的运动总是表现为一系列的买和卖。马克思说："在现实的流通过程中，资本总是只表现为商品或货币，并且它的运动总是分解为一系列的买和卖。"⑤

（7）资本是会生出货币的货币。马克思说："当我们把资本主义生产过程看作整体和统一体时，资本就表现为这样一种关系，在这种关系上，资本表现为会生出货币的货币……已经单纯地作为资本的性质，作为资本化的规定性，同资本结合在一起。"⑥

（8）资本的价值是由它包含或能创造（生产出）的剩余价值量来决定的。马克思说："作为资本的货币或者商品，其价值不是由它们作为货币或商品所具有的价值来决定的，而是由它们为自己的占有者生产的剩余价值量来决定的。"⑦

（9）资本产生的前提——雇佣劳动，资本产生的条件——雇佣劳动。马克思说："财富的各种物质要素具有在可能性上已经是资本的属性，因为在资本主

---

① 马克思. 资本论（第3卷）[M]. 北京：人民出版社，2004：353.
② 马克思. 资本论（第3卷）[M]. 北京：人民出版社，2004：378.
③ 马克思. 资本论（第3卷）[M]. 北京：人民出版社，2004：384.
④ 马克思. 资本论（第3卷）[M]. 北京：人民出版社，2004：384.
⑤ 马克思. 资本论（第3卷）[M]. 北京：人民出版社，2004：385.
⑥ 马克思. 资本论（第3卷）[M]. 北京：人民出版社，2004：386.
⑦ 马克思. 资本论（第3卷）[M]. 北京：人民出版社，2004：397-398.

义生产的基础上，存在着作为这些物质要素的补充物的对立面，也就是使这些要素变为资本的东西——雇佣劳动。"①

（10）资本产生的另一条件是占有他人的劳动。马克思说："货币、商品也一样，自主地、潜在地，在可能性上是资本，它们作为资本出售，并且以这个形式支配他人劳动，要求占有他人劳动，因而是自行增值的价值。这里也清楚表明了：占有他人劳动的根据和手段，就是这种关系，而不是资本家方面提供的任何作为对等价值的劳动。"②

（11）资本只有生产剩余价值，它才生产资本。马克思说："资本主义的生产方式的第二个特征是，剩余价值的生产是生产的直接目的和决定动机。资本本质上是生产资本的，但是有生产剩余价值，它才生产资本。"③

（12）马克思指出资本主义生产不仅是商品生产，它实质上是剩余价值的生产。工人不是为自己生产，而是为资本生产。因此，工人单是进行生产已经不够了，他必须生产剩余价值……一个教员只有当他不仅训练孩子的头脑，而且还为校董的发财致富忙碌时，他才是生产工人。校董不仅把他的资本投入香肠工厂，而且投入教育工厂，这并不代表事情有任何改变。④

二、社会主义市场经济面临的重大挑战和难题

由于社会主义与市场经济相结合是个创造，必然会带来一系列社会矛盾和问题，这些社会矛盾和问题，有些已得到了逐步化解，但更有矛盾和问题一直未能解决，已经成为当前我们面临的重大挑战和难题。我们必须加以高度重视。笔者认为我们目前面临的重大挑战和难题主要有以下八点。

（一）教育整体市场化问题

道德资本化，道德即资本也导致教育市场化，使教育普遍受到背离了社会主义教育方针的侵蚀。道德即资本，也加剧了整个教育的市场化，教育市场化改革弊端不断显现，在整个教育领域从幼儿园、小学到大学，为数不少的学校迷失办学方向，社会主义教育方针形同虚设。特别是近10多年来不少大学培养出的大学生不少学生没有崇高理想抱负，如果有，部分大学生的理想，是在比

---

① 马克思.资本论（第3卷）[M].北京：人民出版社，2004：398.
② 马克思.资本论（第3卷）[M].北京：人民出版社，2004：398.
③ 马克思.资本论（第3卷）[M].北京：人民出版社，2004：995.
④ 马克思.资本论（第1卷）[M].北京：人民出版社，2004：582.

毕业后谁挣钱多，谁就业岗位收入高，钱挣得快。教育市场化行为导致一批低质量的学校和学生处于不利境地，导致青年一代素质严重下降。试想一个没有崇高理想抱负，只有金钱观的青年人（大学生）能成为社会主义事业接班人吗？因此，中国特色社会主义市场经济下，当前面临的一个重大挑战难题，笔者认为其中之一，就是教育领域下一步如何改革，如何使大学能真正成为学术、科学的殿堂，教书育人的场所，创造性思维的摇篮，社会精英、国家栋梁的孵化器。而不是在道德即资本、资本即道德引导下堕落为培养一大批眼中只有金钱的金钱奴隶的教育基地。

（二）医疗领域日益市场化使公益性严重退化问题

在道德即资本、资本即道德下我国医疗领域市场化使公益性退化，广大人民看病难、住院难，医患关系紧张的局面很严重。在现行医疗卫生领域，"现行（道德资本化的）医疗资金结算制度导致资源错配"。看病难、住院难，广大人民群众对医疗改革普遍不满意。针对医疗领域道德资本化改革出现的弊端，习近平总书记曾指出："无论社会发展到什么程度，我们都要毫不动摇地把公益性写在医疗卫生事业的旗帜上，不能走全盘市场化、商业化的路子。"因此，毫无疑问，我国医疗卫生如何改革，向什么方向改革，已成为当前中国社会主义市场经济面临的重大挑战（难题）之一。这是考验各级政府和广大中国人的智慧的重大课题。

（三）金钱拜物教问题

道德资本化、道德即资本使不少地方、部门、领域充斥着金钱拜物教，由于资本对金钱和"货币化"的执着追求，使有些地方和部门人与人的关系变成商品交易关系、金钱利益关系。道德资本化加剧了人与人之间变成金钱关系、商品交易关系。市场调节资源配置模式的最大弊端，是对"物质化""物品化""货币化"和"资本化"的执着追求，从而物化了经济学域外的人本意义。使人与人的关系变为商品交易关系、金钱关系，从而造成人与对象关系的紧张与对立，作为"利益"的资本，不断伤害着作为人与人之间关系的和谐精神，使人严重异化，①商品拜物教、金钱拜物教盛行、蔓延，人成为金钱的奴隶。一切向钱看，成为当代部门青年人的理想，有些地方和领域，受金钱拜物教影响、

---

① 马克思. 资本论（第1卷）[M]. 北京：人民出版社，2009：156，159.

侵蚀日益严重。在道德即资本、道德资本化的鼓吹下，有些人为了追逐金钱可以不择手段，丧失人格、丧失一切。

（四）社会上金融诈骗和各种欺骗横行问题

在道德即资本、资本即道德，道德资本化的引导下使社会上金融诈骗和各种欺骗横行，非法集资、金融诈骗，不时发生。社会骗子盛行，层出不穷，不少人丧失了起码的良心，人们心理安全感普遍严重下降。由于市场调节下，资源配置调控是依靠金融、货币来间接调控。金融、货币由于它的极高度的杠杆性和货币乘数，以及创造货币的神奇功能，在市场经济自身又无金融风险防范机制的功能下，在道德资本化的助推下，导致出现接二连三的金融危机、经济危机和金融诈骗，使越来越多的人生活在不安全中，缺乏幸福感。往往经济增长了，金钱增多了，人们的精神压力却增大了，人们的幸福感和安全感下降了。同时，由于道德资本化，道德即资本、资本即道德的金钱拜物教效益，使我们社会在一些领域和一些地方骗子盛行，层出不穷，金融诈骗和各种诈骗屡禁不止、屡打不止。

（五）社会贫富差距日益拉大问题

道德资本化下，社会贫富差距日益拉大。市场调节资源配置模式无法解决收入分配不均衡的问题。由于道德即资本、资本即道德下，对资本要素的过分强调，同时又由于资本道德化的加剧和推动，导致了收入差距拉大。我国近些年来的收入差距拉大、城乡差距日益严重便与道德即资本、资本即道德有一定关系。有的人以资本投入生产，就能获得大量的收入；在资本即道德引导下，更有甚者靠卖假冒伪劣商品、靠诈骗致富，就得到大量钱财（资本），而大部分人只有才能和劳动力，由此获得的收入则很微薄。因此，必然导致社会上某些领域非法收入增多，导致收入差距拉大，贫富悬殊日益严重。

（六）各种环境破坏、环境污染、掠夺性开发不断产生问题

道德资本化下资本利益最大化，导致各种环境破坏、环境污染、掠夺性开发不断发生。市场调节资源配置模式不能减少企业外部的不经济行为。道德即资本、资本即道德使企业往往只顾及局部利益，资本受益，资本利益最大化，并在道德即资本的引导下，这种倾向更加严重，甚至以损害整体利益为代价。道德资本化加强了市场主体固有的利己主义倾向，有一段时间，使得环境污染、

资源的掠夺性开发成为有些地方普遍的现象。前几年到处出现大江大河的污染，空气质量下降等等就是例证。

（七）有些地方、部门劳资关系日益紧张问题

道德资本化，资本即道德鼓吹"资本支配一切"的属性，本应得到纠正，但在道德即资本、资本即道德，道德资本化下，资本支配一切、藐视一切，更加严重，更加合法化下合理化，导致不少私企、民企，还有少数民办学校和医院劳资关系，雇主与工人、技术人员关系日益紧张、对立。不少企业主（资本拥有者）把工人、雇佣人员不当人待，为了追逐更多剩余价值，使他们加班加点，超负荷工作。由于不关心人的进步，导致劳资关系和雇佣关系之间极端对立。有些地方、有些企业里人片面、畸形发展，人的异化更加严重。

（八）价格垄断日益严重问题

道德资本化下价格垄断日益严重。市场经济中，由于产品差异和产品可替代的存在，缺乏良心道德的企业主都会采取排他的经济性垄断行为，以便使自己获得垄断收益。在道德资本化，道德即资本、资本即道德下，不少企业主为了取得更多更大的资本，占领更多市场，从而占领更大道德制高点，不惜垄断价格、垄断市场，比如最近被处罚的阿里巴巴、美团等企业。

以上所述八个问题和矛盾只是一部分，其实近20年来，在道德资本化、道德资本的鼓吹下，远远不止这八个问题和矛盾。当务之急是认真学习马克思《资本论》，彻底抛弃道德即资本、资本即道德的道德资本化。之所以出现上述八大社会矛盾和难题，究其原因是多方面的，但其中一个重要的原因，笔者认为是对马克思150年前关于资本的一系列论述学习不够，有必要进行再学习、再认识。

二、结论

根据马克思上述关于资本的一系列论述，可见，道德资本或道德即资本，以及道德资本化，实际上（无论主观是怎么想的，客观上）认为道德是金钱、是商品，道德是可以交换的，是可以换取钱财的，是可以买卖。道德是包括良心、名誉、信誉、仁义、诚实等在内的。也就是说，在道德资本和道德即资本以及道德资本化下，人的良心、名誉、信誉、仁义、诚实是可以买卖的，是可以换钱的。当一个社会，连人的良心、名誉都可以买卖交易时，必然世风日

下，道德沦丧。因为很清楚，将道德作为资本，道德变为资本，社会就会道德沦丧，人性将会逐渐泯灭。由此可见，我认为：道德资本或道德即资本、道德资本化是完全不符合马克思主义的，是反社会的，是不符合社会主义核心价值观的。其害之大，必须迅速加以纠正。

第十二章 收入分配

第一节 按劳分配的前提

关于按劳分配的前提问题，理论界一直有争论，分歧很大，有些同志认为，在马克思、恩格斯那里，按劳分配的前提是生产资料公有制，与各尽所能和人的全面发展没有关系。[①] 还有的同志认为，各尽所能和按劳分配结合在一起是社会主义分配原则；并认为，各尽所能是指劳动态度。[②] 更有的同志认为，各尽所能并不是按劳分配的前提，在按劳分配前面加入各尽所能，把各尽所能、按劳分配作为社会主义分配原则，是"左倾"思想的产物，它表面上只是加了一个前提，实际上根本否定了按劳分配。[③]

理论界的严重分歧，不能不直接影响着对马克思、恩格斯有关论述的理解。而之所以在这个问题上莫衷一是，笔者认为迄今为止忽视了对人的全面发展和按劳分配关系的考察，不能不是个重要原因。

一、各尽所能的原意

"各尽所能"来源于空想社会主义。在空想社会主义史上，用明确的语言提出"各尽所能"的是欧文。他说："公社将形成一个统一的大家庭，每个成员各尽所能"[④]。对于什么是"各尽所能"，欧文没有专门解释，但是从他的上下文

---

① 陈耀庭. 关于按劳分配原因的探讨 [J]. 学术论坛, 1981 (1): 5-8.
② 林文肯. 论"各尽所能、按劳分配" [J]. 经济问题, 1982 (4): 1-6. （这种观点是对斯大林观点的继承和表述）.
③ 徐节文. 论按劳分配 [M]. 北京: 中国社会科学出版社, 1982: 120-122.
④ 欧文选集（下卷）[M]. 柯象峯, 何光来, 秦果显, 译. 北京: 商务印书馆, 1965: 20.

中可以看出有两层意思：一是每个人都要有工作，都有就业的机会和权利；二是每个人的天赋、才能和志趣应得到充分的发展，并在一生各个阶段得到适当应用，从而使身心两方面的一切天赋能力得到充分的发挥，以及各种年龄的人和具有各种特长的人都应获得相适应的工作。

欧文的这一思想并不是偶然的，而是他继承和发展了他以前和同时代一些空想社会主义者思想的结果。在欧文之前，就有许多伟大的空想社会主义者，不同程度阐述过人的才能应得到自由充分发展的思想。最早是托马斯·莫尔在《乌托邦》一书中主张：人们应当过一种能使"自然而然喜爱的身和心的活动及状态"，包括"人们的自然爱好"在内能得到发挥的"快乐生活"。"从吾爱同胞这个理由出发，帮助其他所有的人达到上面的目的。"莫尔还主张：在乌托邦里，要根据每个人的爱好和才能来安排工作，每个人也都有按照自己的爱好和特长选择工作的权利，只有这样才能促进人的"身心"两方面的健康发展。这已包含了"各尽所能"思想的萌芽。

《乌托邦》之后，在空想社会主义史上，出现了有影响的康帕内拉的《太阳城》。康帕内拉将莫尔的根据个人爱好、特长选择工作，人应充分发展的思想，明确化与系统化了，并提到突出的位置。康帕内拉指出：太阳城里"每个人都从事自己最能发挥特长的工作"，"分配给每个公民的这种或那种工作，是根据每个公民的爱好来进行分配的，所以全体劳动者都能愉快地、认真地执行自己的工作"；分配工作"要征求每个人的志愿，由于分配工作的明智和正确，所以每个人所负担的工作，都不会使他精疲力竭，而是使他更为身强力壮"。他还主张，要"使每个人从幼年时代起，就按照他天生的爱好，开始研究各种手艺"。

继莫尔和康帕内拉之后，在17世纪和18世纪漫长的200年里，在空想社会主义史上虽然出现了许多风云人物，如温斯坦莱、维拉斯、梅叶、摩莱里、马布利和巴贝夫等，他们虽然继承和发展了莫尔、康帕内拉学说中的一些思想，对空想社会主义学说的发展有一定的贡献，但没有一个人对莫尔、康帕内拉的人应该自由充分发展的"各尽所能"思想的萌芽给予足够的重视。

以圣西门、傅立叶、欧文为杰出代表的19世纪初期的空想社会主义，是空想社会主义发展的最高阶段。三大空想社会主义者有许多共同特点，其中之一，就是无一不对早期空想社会主义者莫尔、康帕内拉的人应该自由充分发展的"各尽所能"的思想给予高度的重视，并使之得到重新恢复、继承和发展。在圣西门那里，关于人的自由充分发展的"各尽所能"思想内容的阐述，比康帕内拉又进了一步。他不仅强调了要根据每个人的爱好、特长来选择工作，以充分发挥每个人应具有的一切能力，而且还强调了人与人之间的机会均等，即人人都要有获得工作的机会和权利。

傅立叶的论述更是精彩，他在《四种运动论》和《宇宙统一论》中，从他的情欲理论的原理出发，认为：人与人之间会有形形色色的个性，有性格和嗜好的差异，每个人天生就爱好某种劳动。依着人类各种性格爱好，傅立叶详细地列举了各种癖性，确定人类可能有的性格为810种。他指出，在建立劳动细胞（组织）时，必须估计性格不同，每个人应根据自己的爱好、特长来选择职业，"从事他所擅长和喜欢的工作"；"法朗吉中没有谁是被迫劳动的，每个人都根据自己的爱好选择劳动"。他还认为，一般地说这是和社会需要一致的。每个人天生就爱好某种劳动，每个人爱好的总和就必然会形成一种满足整个社会需要的力量。如果每个人的爱好都能得到满足，都能做自己愿意做的事情，即使没有资本主义社会的强制手段，也同样可以满足一切人的需要。他还认为，当每个人都根据自己的兴趣爱好工作的时候，劳动就能恢复它本来的面目，劳动才能有吸引力，成为一种享受，那时劳动生产率就会增长二倍、三倍以至十倍[1]。对于傅立叶的这种论点，恩格斯曾给予高度的评价："傅立叶第一个确立了社会哲学的伟大原理。傅立叶的这种论断尽管听起来非常武断，可是经过傅立叶论证以后，就像哥伦布竖鸡蛋一样，成了无可辩驳的、几乎不言而喻的道理。"[2] 又说："傅立叶的自由劳动的理论，完全值得注意。"[3]

与圣西门、傅立叶同时代的欧文，如前所述，正是在继承和吸取了他以前和同时代一些杰出空想社会主义者的思想的基础上，才得以用明确的语言提出了人应该得到充分自由发展的"各尽所能"这一口号的，这不能不说是欧文的一大贡献，并在某种意义上使欧文无愧于"社会主义者运动的创始人"[4] 称号。

二、三大空想社会主义者的各尽所能思想

在空想社会主义者那里，人应该得到自由充分发展的各尽所能思想和按劳分配有没有紧密的联系呢？人的充分自由的发展是不是按劳分配的前提呢？莫尔、康帕内拉只提出了按需分配的思想，没有提出按劳分配的思想，因此，关

---

[1] 傅立叶选集（第3卷）[M]. 汪耀三, 庞龙, 冀甫, 译. 北京：商务印书馆, 1964: 39-42.
[2] 马克思恩格斯全集（第1卷）[M]. 北京：人民出版社, 1965: 578.
[3] 马克思恩格斯全集（第1卷）[M]. 北京：人民出版社, 1965: 508.
[4] 马克思恩格斯全集（第3卷）[M]. 北京：人民出版社, 1972: 658.

于这个问题在他们那里我们无从考察。布雷虽然提出了"按劳取酬""同工同酬",但正像马克思指出的,那是一种"平均主义的关系"①,不能叫按劳分配,因此,也不便考察。在空想社会主义思想史上,分配思想基本属于或有按劳分配思想的,仅有圣西门、傅立叶、欧文三人。认真地研究这三大空想社会主义者的分配学说,可以看出,他们的按劳分配思想是和他们的人的自由充分发展的"各尽所能"思想紧密联系在一起的。这正是他们高于莫尔、康帕内拉的地方之一。

我们先来看看圣西门按劳分配的思想是怎样和人应自由充分地发展的各尽所能思想联系在一起的。翻开《圣西门选集》上下卷,明确提出要按劳动(贡献)进行分配的地方有五处,散见在五篇文章中。在《一个日内瓦人的日记》里,他提出要付给有才能的人应该得到的报酬。而他所说的才能,并不是指潜在能力,按照有的同志考证,实际上是指每个人做出的贡献②。圣西门实际上已经主张按照每个人的贡献(或劳动)进行分配;学者也是如此,他要享用生活资料,也得自己劳动,而实业阶级正是根据学者的劳动状况,给其报酬。

那么,圣西门的按劳分配思想是怎样和他的人应该自由充分发展的各尽所能思想相联系的呢?这主要表现在以下两点:其一,圣西门著述的早期,如在其从事著述的第一篇文章《一个日内瓦人的日记》里,一方面提出要按每个人的贡献付报酬,另一方面又同时阐述了他的人的自由充分发展的各尽所能思想。他指出:"一切人都要劳动,都要把自己看成属于某一工场的工作者";要使人"有充分的自由,按照自己的愿望支配自己的力量";要使人"发挥他具有的一切能力",做自己的能力最擅长的工作。其二,在圣西门晚年,按劳分配和人的自由充分地发展之间的联系,在他的著作中表现得更加充分、明确。如在《论财产和法制》这篇文章里,他一方面提出了未来社会将"按照社会成员的贡献"进行分配;另一方面又指出,人只要"存在一天,就要根据他们最初得到的动因和方针,以这种或那种力量活动",未来社会将使"自由和财富"同时发展,将使人"在全面行使自己权利方面真正得到自由"。在《论实业制度》一文中,他一方面指出,实业家必须"通过自己的劳动",才能获得分配;另一方面又明确指出,"自由就在于尽可能广泛地不受任何阻碍地发展人们在世俗和精神方面有利于社会的才能。"在《实业家问答》一文中,圣西门指出,学者要享用生活资料就得自己劳动,而实业阶级正是根据学者的劳动状况给其报酬。"实业制度

---

① 马克思恩格斯全集(第4卷)[M]. 北京:人民出版社,1972:117.
② 徐节文. 论按劳分配[M]. 北京:中国社会科学出版社,1982:360.

是一种可以使一切人得到最大限度的全体自由和个体自由的制度"。在《论文学、哲学和实业》一文中，他指出，由于实业制度实行按人的贡献进行分配，所以能鼓励劳动，鼓励人自由充分发展自己的才能，因而可以出现重大的发明，促进文明和教化的最大进步。衡量一个人是否有才能，就要看你在实践中的劳动成果，看你的贡献。同时又指出，实业社会将使一切人的才能充分地发展，"最有利于发展"人的"一切有益的才能"。

我们再来看看傅立叶。傅立叶认为，在他的和谐制度里，每个人都能从他的爱好、才能出发去自由地选择能够发挥他特长的工作，从而使每个人的才能、爱好都能得到充分全面的发展。而为了使人的这种"情欲"能够得到"保持"，必须解决好分配问题①。"整个协作结构就是建立在这个问题的解决上的。"如果这个问题解决不好，法朗吉就会解体。为了保证这个协作结构的巩固，法朗吉使每个人"能够在每一个诱人的劳动部门中，获得适合他们的劳动、才能和资本的报酬"②。具体说，它要按照如下比例进行分配：收入的 5/12 按劳动进行分配；4/12 按资本分配；3/12 按才能（知识）分配。其中劳动和才能占 2/3 比例，资本占 1/3 不到。按照傅立叶的意见，劳动所占的 5/12 将按照每个成员所做工作的多少再进行分配，根据他们的工作数量、质量给予一定的报酬。傅立叶在消费品的分配中插入一个"资本"原则，是因为傅立叶清醒地认识到，从旧社会到新社会，需要一个过渡阶段（即保障制度阶段和协作制度阶段）③，每个社会都存在着旧制度的残余和新制度的萌芽。正是从这一点出发，他才在自己的分配理论里，插入了一个"资本"的因素，但他并不认为这是"合理"的，可以说是出于无奈，目的是使才能和劳动的分配得到承认，使才能和劳动在分配中的份额逐渐发展。这一点不能不说是对资本主义分配在认识上的一个很大进步。晚年，傅立叶在著作和讲演中曾多次提到逐步排除非劳动收入，认为随着和谐制度的发展，资本的作用将愈来愈小，劳动和知识的作用会愈来愈重要④。所以，在傅立叶那里，按劳分配和人的自由充分的发展也是紧密联系的。他的根据每个人的爱好、特长自由选择工作，使人的天赋、才能充分发展的思想，是和他按劳分配的思想作为一个法朗吉的整体紧密联系在一起的，二

---

① 傅立叶选集（第1卷）[M]. 汪耀三，庞龙，冀甫，译. 北京：商务印书馆，1979：69.
② 傅立叶选集（第3卷）[M]. 汪耀三，庞龙，冀甫，译. 北京：商务印书馆，1979：355.
③ 吴易风. 空想社会主义 [M]. 北京：北京出版社，1980.
④ 吴易风. 空想社会主义 [M]. 北京：北京出版社，1980.

者缺一不可。只有有了每个人都有劳动的权利、机会，每个人都能按爱好、才能选择工作，每个人的才能都能得到充分发展的这个前提，他的按劳动和才能进行分配（即按劳分配）才能实现。也就是说，由此才能达到傅立叶的本意：分配的目的就是要保持、造成财产上的不平等，只有有了这种不平等才能促进社会的发展，成为社会发展的重要动力①。

最后，我们再来看看欧文。欧文理想的社会是"各尽所能，按需分配"。但是，他又清醒地认识到，从"虚伪、贫困和不幸的恶劣制度"到"真理、富裕和幸福的优良制度"之间要经过一个过渡时期②。为此，欧文在1832—1834年间组织建立了劳动市场和合作社。在劳动市场上，实行劳动券。劳动券实际上是一种分配手段和凭证，它证明"劳动者个人在供消费的那部分共同产品中应得的份额"③。这种分配，显然应是按劳分配。在合作社里，欧文主张"一切财富都来自劳动和知识。对于劳动和知识，一般是按照所耗费的时间给酬的"。他还认为："根据劳动时间给予报酬是对男工而言的，而与女工和童工无关。女工和童工的报酬应当按照劳动的效用规定。"④ 可见，欧文不光提出了按劳动时间计报酬，而且提出了要按每个人劳动效益（即劳动质量、数量）来计报酬的思想。显然，这种分配原则，也是属于按劳分配的。

那么，欧文提出的按劳分配思想和人的才能应得到自由充分发展的各尽所能思想有没有联系呢？或者说，当欧文提出"按劳分配"的思想时，他是否抛弃了他以前的与"按需分配"的原则紧密相连的人的才能应自由充分发展的各尽所能的思想呢？回答是否定的。研究欧文的整个学说的演变和发展，我们可以看出，当欧文在1832—1834年间提出按劳分配思想的时候，不仅没有抛弃人的才能充分自由发展的各尽所能的思想，相反，对人的才能充分自由发展的各尽所能思想做了更深入的研究。1834年初，欧文把人的自由充分发展的各尽所能思想明确提到合作化运动应当达到的伟大目的的高度。他认为应当达到两个伟大的目的：一是每个劳动人民都要有工作；二是人人都要受到良好的教育，

---

① 傅立叶选集（第1卷）[M]. 汪耀三，庞龙，冀甫，译. 北京：商务印书馆，1979：91，95.
② 欧文选集（下卷）[M]. 柯象峯，何光来，秦果显，译. 北京：商务印书馆，1965：105.
③ 参见《马克思恩格斯全集》第23卷 [M]. 北京：人民出版社，112-113页，注50.
④ 欧文选集（上卷）[M]. 柯象峯，何光来，秦果显，译. 北京：商务印书馆，1965：381.

并有机会发展自己的智慧①。1836年,欧文又用明确的语言提出了"各尽所能"。可见,在欧文那里,按劳分配和人的自由充分发展的各尽所能两者也是密切联系的;人的自由充分的发展,不仅和欧文未来理想的按需分配有密切联系,是按需分配的前提,而且和按劳分配也有密切联系,既是按劳分配的前提,也是按劳分配的目的。

但令人惋惜的是,欧文虽然在理论和思想上认识到了他的按劳分配和人的自由充分的发展有密切联系,在实践上他却并没有将人应自由充分发展的各尽所能作为他实行按劳分配的前提(当然,时代的局限使他也不可能这样做),而是采取改良主义的态度实行这一改革的。他在保留资本主义制度这个前提下实行按劳分配的实验,必然只能以失败告终。这从反面说明了,人的才能的自由充分地发展与按劳分配的紧密联系。欧文的社会主义学说之所以是空想的,重要原因之一,就在于他在实践上将按劳分配的实行和人的自由充分发展的各尽所能分离开了。

综上可知,在三大空想社会主义者那里,人的才能的自由充分地发展和按劳分配是紧密联系在一起的,并且被视为按劳分配的前提。

三、按劳分配思想和人的自由全面发展的密切联系

马克思、恩格斯对莫尔、康帕内拉和三大空想社会主义者所赋予的人应自由充分发展的"各尽所能"的原意,一直给予高度的评价,并将其纳入所创立的科学社会主义之中,如在《德意志意识形态》里曾指出:"工人们在自己的共产主义宣传中说,任何人的职责、使命、任务就是全面地发展自己的一切能力,实现自己的一切意向,其中也包括思维的能力。"在《共产主义原理》中,恩格斯指出:未来社会的人们将"根据社会的需要或他们自己的爱好轮流从一个生产部门转到另一生产部门,……这样一来,根据共产主义原则组织起来的社会,将使自己的成员能够全面地发挥他们各方面的才能,而同时各个不同的阶级也就必然消失"。在《资本论》中,马克思则更加明确地指出:社会主义"是以每个人的全面而自由的发展为基本原则的社会形式"。这方面的论述还很多。这说明,杰出的空想社会主义者关于人的自由充分发展的"各尽所能"的原意被马克思、恩格斯所接受,并在马克思、恩格斯学说中占有重要的地位。

---

① 欧文选集(上卷)[M]. 柯象峯,何光来,秦果显,译. 北京:商务印书馆,1965:413.

那么，由空想社会主义者提出并被马克思、恩格斯所充分肯定和接受了的人的自由充分发展的各尽所能的思想，同马克思、恩格斯提出的在社会主义阶段个人消费品分配上实行按劳分配的思想有没有关系呢？可以说，在马克思、恩格斯那里，人的自由全面的发展不仅是和按需分配紧密联系的，是按需分配的前提；而且同样是和按劳分配有紧密联系的，也是按劳分配的前提。

不可否认，在马克思、恩格斯思想发展过程中，曾经有一段时期（1845年前后），当他们肯定和宣传未来社会应该使每个人都得到自由全面发展的时候，对空想社会主义者圣西门、傅立叶，特别是圣西门提出的按劳分配的理论，曾进行过否定。这是由于当时马克思、恩格斯对政治经济学，对人类全部发展的历史，以及资本主义经济运动规律，还缺乏深入研究。

马克思接受按劳分配的思想，最早见于1857—1858年写的《政治经济学批判大纲》手稿，在这部手稿中，马克思表述了对按劳分配原则的全新观点，指出：在集体生产中，"单个人的劳动所买到的，不是某种特殊商品，而是他在集体生产中所应得的一定份额"。也正是在这篇手稿中，马克思对1845年前后从空想社会主义者那里吸收的人的才能应自由充分发展的各尽所能思想做了坚持和发展，他反复指出：社会主义就是要让人的才能得到充分的发展，就是要造就一种全面发展、个性自由、具有高度文明的人，这是一种客观趋势。社会主义就是"在共同占有和控制生活资料的基础上联合起来的个人所进行的自由交换"。而所谓自由交换，其中包含着人的能力、活动的自由交换，因此，包含着社会主义阶段能够根据个人的才能、爱好和兴趣自由选择职业，以适应大工业发展所带来的劳动变换空前加速的需要的意思。马克思还指出，在社会主义阶段，社会生活过程将按照个人和整个社会全面发展的需要对这一过程实行改造，从而为个人的充分发展创造条件；而个人的这种充分发展，同样也将作为一种最伟大的生产力反过来影响劳动生产力。

在《资本论》中，马克思关于按劳分配和人的才能自由全面发展之间有紧密联系的思想得到更加充分的发展，表述得更加清楚。当马克思设想社会主义阶段实行按劳分配时，首先即谈到必须有一个前提，即必须建立"一个自由人的联合体"。按劳分配正是在自由人的联合体内实行的，离开了自由人的联合体也就谈不上按劳分配。"自由人的联合体"是什么意思呢？根据马克思、恩格斯自己的解释，就是："在那里，每个人的自由发展，是一切人的自由发展的条件。"这里无疑包含人的才能应得到自由充分全面发展的思想。因此，马克思将按劳分配的实行纳入"自由人的联合体"的范围（条件）之内，将实行自由人的联合体作为按劳分配的前提（或称首要条件），也就包含有将人的自由充分全面发展作为按劳分配的前提（或称首要条件）的意思在内。另外，在《资本论》中关于按劳分配思想的论述还有几处①。与此同时，关于社会主义社会人的才能自由充分全面发展的思想，关于每个人的全面而自由的发展是社会主义的基本原则的思想，在《资本论》中都得到了详尽、深刻的阐述。由此可见，在马克思《资本论》中，按劳分配和人的才能自由充分全面发展是有密切联系的。

写于1875年的《哥达纲领批判》这部著作里，马克思充分肯定社会主义阶段必须实行按劳分配的同时，并没有忘记和忽视人的才能的自由充分全面地发展。虽然他没有用明确的语言提出"各尽所能、按劳分配"这句公式，但是在论述中，许多地方是以人的才能的自由充分全面发展的各尽所能的内容为前提的，包含着人的自由充分全面发展的思想的阐述。如他在论述按劳分配的具体内容时，说过这样一段话："它不承认任何阶级差别，因为每个人都像其他人一样只是劳动者，但是它默认不同等的个人天赋，因而也就默认不同等的工作能力是天然特权。"中文版的《哥达纲领批判》是根据德文版翻译过来的，而在德文里表示默认的词有两种：stillsch weigende zustimmung 和 geheime stimmung. 马克思在这里用的是前者，其中的 zustimmung 一词的原意是"同意、允许"。因此，马克思的这句话里同时包含有这样两层意思：其一，在社会主义阶段要实行按劳分配，首先必须人人劳动，每个人都要成为劳动者，都要有劳动权利和就业机会；其二，在社会主义时期，实行按劳分配，本身就意味着充分承认劳动者之间每个人的天赋和才能是不相同的，因而允许（同意）他们各自充分地发展他们的天赋和才能，他们每个人也都有这样的权利。

另外，在《哥达纲领批判》里，马克思在谈到按劳分配向各取所需过渡时，也是以个人的全面发展作为根本条件的。马克思说："在随着个人的全面发展，生产力也增长起来，而集体财富的一切源泉都充分涌流之后，——只有在那个时候，……社会才能在自己的旗帜上写上：各尽所能、按需分配！"可见，马克思将人的才能充分全面发展这个各尽所能的主要内容，提到了非常高的位置。

像马克思一样，在恩格斯那里，人的自由充分全面发展也是和按劳分配紧密联系的，是作为实现按劳分配的前提的。在写于1876年的《反杜林论》中，恩格斯在论述社会主义阶段的按劳分配时，就是将按劳分配和人的自由充分全

---

① 参见马克思恩格斯全集（第23卷）[M]. 北京：人民出版社，1980：202、533.

面发展紧密联系在一起的。一方面,他将按劳分配纳入人的才能自由充分全面发展这个前提之下进行论述,如他主张:按劳分配应"是能使一切社会成员尽可能全面发展,保持和运用自己能力的那种分配方式";另一方面,他将人的才能的自由充分全面发展和按劳分配作为社会主义时期同时生长的事物来论述,指出:在社会主义时期,与实行按劳分配的方式将会同时出现劳动变换的加速,劳动者职业的不断变化,以及劳动者选择职业的灵活性;人的职业一辈子固定不变,不应该存在。恩格斯还曾高度科学地概括了人的自由充分全面发展的各尽所能的内容,并将此提到了社会形态和社会主义主要特征之一的高度,并据此指出,在社会主义社会中,"一方面任何人都不能把自己在生产劳动这个人生存的自然条件中所应参加的部分推到别人的身上,另一方面生产劳动给每个人提供全面发展和表现自己全部体力和脑力的能力的机会。这样,生产劳动就不再是奴役人的手段,而成了解放人的手段,因此,生产劳动就从一种负担变成一种快乐"。

可见,人的自由充分全面发展,不仅是马克思、恩格斯的按需分配的前提,同样也是马克思、恩格斯的按劳分配的前提,而不是其他。

第二节 按劳分配的目标和目的是实现人的全面发展

马克思在《哥达纲领批判》中讲到分配时,是把分配的原则和生产资料的分配联系在一起的。他的提法是:"因为在改变了的环境下,除了自己的劳动,谁都不能提供其他任何东西,另一方面,除了个人的消费资料,没有任何东西可以成为个人的财产。至于消费资料在各个生产者中间的分配,那么这里通行的是商品等价物的交换中也通行的同一原则,即一种形式的一定量的劳动可以和另一种形式的同量劳动相交换。"又说:"消费资料的任何一种分配,都不过是生产条件本身分配的结果。而生产条件的分配,则表现生产方式本身的性质。……如果物质的生产条件是劳动者自己的集体财产,那么同样要产生一种和现在不同的消费资料的分配。庸俗的社会主义仿效资产阶级经济学家(一部分民主派又仿效庸俗社会主义),把分配看成并解释成一种不依赖于生产方式的东西。从而把社会主义描写成为主要是在分配问题上兜圈子。"这就是说,消费资料的分配,必须和生产条件的分配或生产方式的性质联系起来考虑,不能离开生产方式的性质孤立地讲消费资料的分配,否则就会发生错误和偏差。马克思把脱离生产条件孤立地谈论消费资料的分配的思想叫作庸俗社会主义。

恩格斯的提法就更具体些，在《反杜林论》中他说："对于要把人的劳动力从它作为商品的地位解放出来的社会主义来说，极其重要的是要认识到，劳动没有任何价值，也不可能有任何价格，……从这种认识产生了进一步的认识：只要分配为纯粹经济的考虑所支配，它就将由生产的利益来调节，而最能促进生产的是能使一切社会成员尽可能地全面发展、保持和运用自己能力的那种分配方式。"在这里恩格斯提出了一个新问题，即分配原则是受生产利益所调剂的；而对生产最有利的分配方式，则是尽可能使一切社会成员的才能得到充分的运用和全面发展。而生产力中最活跃的因素——劳动力，则成为生产和分配直接联系的纽带。恩格斯的这段话，实际上是提出了社会主义时期消费资料分配的目的是促进人的才能的全面充分的发展。

根据以上马克思、恩格斯的提法，我们可以看到一个共同点，即把消费资料的分配和生产方式紧紧联系在一起，而生产方式即生产条件的分配，生产条件中包括物的生产资料和人的劳动力。恩格斯讲最能促进生产的发展的分配方式，是那种能使一切社会成员全面发展，保持并运用自己才能的分配方式，实际上已经把分配方式和人的全面充分发展联系起来了。根据以上的表述，我们可以清楚地看到，按劳分配的目的和目标是实现人的全面发展应该是确定无疑的了。这就是说，社会主义时期的按劳分配的原则，是促进人们才能和智慧全面发展，并运用人们的所有才能推动生产力发展的分配原则。社会主义的按劳分配原则，要求按劳动量进行分配，其目的正是为了促使每个人的才能、能力都能最大限度发挥出来，从而促使每个人的才能充分的发展，并逐步使每个人的才能全面地发展。人们的才能、智慧得到了全面、充分地发展，必然有力地促进生产力的发展，所以，按劳分配的原则，不仅是物质分配的原则，更重要的是实行这种分配方式，能够最好地促进生产的发展。它之所以能促进生产力的发展，关键在于它能够促进人们才能和智慧的全面充分的发展。正因为如此，按劳分配的这一目的和目标，使按劳分配成为社会主义阶段中社会各阶层和集团普遍都能接受的原则。

在我国社会主义时期，要使人的全面充分发展真正成为按劳分配的目的，就当必须解决好和真正切实实行劳动者合理流动。这是因为：

其一，鼓励劳动者合理流动、自由选择职业，可以激发劳动者更加自觉、勤奋地工作，更加刻苦地学习，尽一切可能提高自己的劳动技能、自己的适应能力和文化科学水平，由此必然促进劳动者的才能的充分发展和逐步达到全面发展。

其二，鼓励劳动者合理流动，实行自由选择职业，从国家和企业的角度来说，就意味着国家和企业有权根据生产和工作的需要择优用人和增减劳动者；意味着企业和单位有权招聘和解雇劳动力，将企业使用的活劳动限制在必要的水平上，这就提供了社会劳动资源合理利用的前提条件。由于企业可以有权裁减劳动者，因此，也就意味着当一个劳动者由于工作不好，或不适应这项工作被单位解雇、裁减时，国家和单位将可以不再发给他原有的工资报酬；当他找到新单位和工作时，国家和单位再根据他的专长、能力、提供的工作量重新给予新的报酬。这对于劳动者来说，也就意味着，如果他不努力地工作、学习，就有被解雇、裁减的可能。这就在劳动者的劳动效能和他的物质利益之间建立了直接的联系，从而会激发起各行各业的劳动者去努力工作，刻苦地学习业务，钻研新技术，掌握新知识，尽一切可能提高自己的劳动技能、自己的适应能力和文化水平。这样，就可以从根本上根除懒汉，根除不劳而食者、滥竽充数者和出工不出力的现象，促进全体劳动者全面充分地发展。

其三，社会主义时期鼓励和实行劳动者合理流动，也就意味着劳动者有权凭借属他所有的劳动力，按照他所愿意接受的条件，去换取生活资料，从而这也就意味着劳动者可根据自己的爱好、专长去自由选择职业。这样，必然有利于劳动者才能的充分、全面地发展，从而促进社会主义生产力迅速发展。这也正是"按劳分配"这一原则优越于资本主义分配所在。如果不是这样，仅仅把按劳分配看作物质（消费品）分配的原则，那将是片面的。

其四，鼓励和实行劳动者自由流动、自由选择职业，是我国分配体制改革和重新调整的需要。分配形式和分配关系是所有制在经济上的实现，没有分配关系的界定，微观经济细胞的构造是不完整的。因此，解决分配问题，首先要解决好中国劳动力的流动问题。

由上可见，只有将人的才能的全面充分地发展和按劳分配作为一个整体来看待，不光看到这一原则包含着必须按劳动量进行消费品分配的一面，而且更重要的，还必须看到这一原则包含着的"按劳分配"的目的是促进劳动者自由流动，促进劳动者自由选择职业，从而促进人的才能的充分、全面发展的一面。

第三节 生产要素分配与人的自由全面发展

一、生产要素分配的内涵

经济学说史上最早提出按生产要素分配的是经济学家萨伊。但在萨伊之前，斯密在《国民财富的性质和原因的研究》中，明确地把社会分为地主、工人、资本家三大阶级，而地租、工资和利润成为三个本源收入。并且斯密还确认资本家是"构成文明社会的三大阶级中主要和基本的阶级"① 这一命题。李嘉图的主要著作《政治经济学及赋税原理》核心是研究分配问题。他对于由斯密所提出的社会三大阶级和三种基本收入，有了更加明确的概念。他侧重分析了在价值分割为社会三大收入的条件下，三大阶级所得份额的消长是怎样影响资本积累，从而影响扩大再生产的。理论的重点也从财富的生产转向财富的分配。为了克服重农学派的局限性，澄清亚当·斯密的混乱，萨伊把生产归结为"创造效用"或"提供服务"，并认为劳动、资本和土地是生产的三个不可缺少的要素。为此，萨伊得出了被称为"三位一体公式"的分配论，即"劳动—工资、资本—利息、土地—地租"。在他看来，商品价值是由劳动、资本、土地三要素"协同创造"的，是由这三个生产要素在创造效用中各自提供的"生产性服务"所决定的。由于生产三要素都是创造价值的源泉，则各个要素的所有者就可以分别依据各自提供的要素的生产性服务，取得各自应得的收入。拉姆塞在把雇主和资本家合成一个联合体，把利息和企业利润合成为"总利润"之后，便把社会分成四个阶级——工人、雇主、资本家和地主。并认为正是他们在生产中的通力合作，也就才能共享生产的成果。于是，在他看来，分配的问题就是生产总量在四个阶级中所得份额比例的决定问题。工人得到的是工资，雇主得到的是利润，资本家得到的是利息，而地主得到的是地租，并明确地强调了雇主在生产中从而在分配中的主导地位。美国的克拉克以边际效用论为基础，把萨伊这一理论具体化。他在《财富的分配》一书中，对按要素分配的问题讲得更清楚。他说："每个生产因素在参加生产过程中，都有其独特的贡献，也都有相应的报酬——这就是分配的自然规律。我们必须证明这个论点……社会有没有

---

① 斯密. 国民财富的性质和原因的研究（上卷）[M]. 郭大力，王亚南，译. 北京：商务印书馆，1972.

权利维持现状，以及它不能不照样地继续存在，都要看这个论点能否成立。"

马歇尔在《经济学原理》中，则以均衡价值论为基础，阐述了他的国民收入分配理论。他认为，分配问题就是国民收入如何分割为各生产要素的份额的问题，国民收入就是劳动、资本、土地和企业经营能力共同合作的结果，又是各要素获得工资、利息、地租和利润的来源，分配只是份额大小的问题。

马克思在《资本论》中研究资本主义生产过程时指明：生产过程既是生产使用价值的劳动过程，又是价值增值的过程。他还指明：构成劳动过程的要素和构成价值增值过程的要素是不同的。作为生产使用价值的劳动过程，马克思明确提出其"简单要素是：有目的的活动或劳动本身，劳动对象和劳动资料"。从人与自然的关系来看，劳动过程的生产要素可以归结为人的要素和包括劳动对象、劳动资料在内的物的要素两大类。与此同时，马克思在《资本论》中还从决定劳动生产力的角度指明劳动过程的要素包括：劳动、科学技术、管理、生产资料和土地。特别值得我们注意的是，马克思把科学技术和管理作为独立的生产要素分列出来。可见，按要素分配首要和最主要的是按照人的才能、贡献、知识技能进行分配。在当代中国社会，应坚持按劳分配为主体、多种分配方式并存的制度。把按劳分配和按生产要素分配结合起来，有利于优化资源配置，促进经济发展，保持社会稳定。依法保护合法收入，允许和鼓励资本、技术等生产要素参与收益分配。

在市场经济中，如果说生产什么取决于消费者的货币选择，如何生产又取决于不同生产者之间的竞争的话，那么为谁生产也就取决于生产要素的市场供给与需求了。正是这些生产要素市场才决定了工资率、地租、利息率和利润。其实，这也正是市场机制的三大经济作用罢了，按生产要素比例分配的利润分享说本质上是个人财产权利的实现。它的内在经济根据是各种财产权的实现，外在经济要求则是市场经济中生产要素的重要性与稀缺性。

生产要素是进行生产活动、创造物质财富所必不可少的条件。生产要素是重要的，又是稀缺的。生产要素的极端重要性，决定了财富的创造非用它不可；生产要素的普遍稀缺性，又决定了它不可能无限地随意得到。两方面的结合，导致人们占有生产要素的强烈欲望。因为，一旦把极端重要而又稀缺的生产要素据为己有，也就掌握了生产的主导权，也就占有了获得生产成果的权利。于是，便产生了生产要素的所有制。社会对这种所有制关系的确认、调整和保护，便形成了所有权。任何一种生产过程，都需要各种生产要素的有机结合，缺一不可。但各种各样的生产要素，往往为不同的所有者占有。这样，生产的进行，要求不同生产要素的所有者把他们各自占有的生产要素投入同一个生产过程。这个生产过程的结果，便归这些生产要素所有者共同占有，并按照各自投入生产要素的多少或者各自投入生产要素的贡献，来在他们之间进行分配。这种按照生产要素所有者为生产提供的生产要素的质和量来相应地分配生产成果的客观必然性，就是按生产要素分配规律。按生产要素分配说的是，在市场经济条件下，生产要素所有者是按其投入社会再生产过程的生产要素获得相应的收入（暂不论其收入水平如何决定），如劳动的投入者取得工资、资本的所有者获得利润或利息，土地的所有者获得地租，等等。工资、利润、利息、地租等都是收入形式，即个人取得收入的形式。按生产要素分配既然是以生产要素归不同的所有者为前提，那么就势必存在一个不同的所有者之间的相互关系问题，即分配关系、分配方式问题。

二、按知识、才能分配与人的发展

（一）按知识、才能分配将促进人的各种能力的发展

个人能力的全面而充分地发展是社会生产力发展的基础和社会进步的推动力量。社会的发展、人的发展，首先和根本的就是人的能力的发展。马克思指出："任何人的职责、使命、任务就是全面地发展自己的一切能力，其中包括思维能力。"因此，发展人的各种能力是人的发展的重要内容。人的能力包括体力、智力、创造力、潜力、适应和驾驭外部世界的能力等。按知识才能、特长分配将改变过去人的能力片面发展的状况，促使人的各种能力都得到发展。

首先，按知识、才能、特长分配将促进人的智力不断发展。从经济发展史看，无论是农业时代或是工业时代，都使人的体力片面发展。农业时代，人的体力和土地是重要的生产要素，人丁兴旺是生产发展的关键。工业时代，资本、能源和机器是重要的生产要素。随着对资源的大量开采和对机器的大量使用，大批的劳动者离开了土地成为机器旁边从事物质生产的工人，脑力劳动和体力劳动也随之极端分化，精神生产只是少数人的专利。在知识经济时代和数字经济时代，科技进步对生产力发展的贡献越来越大，高科技产业正在代替传统的制造业成为经济发展的支柱。高科技产业是技术密集型和智力密集的产业，它要求全体劳动者有较高的科学文化素质。因此，随着知识经济和数字经济时代的到来，劳动者队伍的结构和素质也必将发生相应的变化，脑力劳动者将取代体力劳动者成为劳动大军中的主体，据统计，体力劳动与脑力劳动之比，机械

化初期为9∶1，机械化中期为6∶4，到全自动化时为1∶9。随着科技进步对经济增长贡献的不断增大，掌握知识的多少既决定了穷国与富国之间的差距，也判定了劳动者之间就业机会多少的差距和报酬高低的差距。在这种形势下，加强学习，不断提高劳动者的科学文化水平，就成了国家、组织和个人的自觉行为。

其次，按知识、才能、技术分配也将促进人的创造力的不断发挥和潜力的不断挖掘。知识剧增、信息爆炸是当今世界的时代特征，技术产品的更新速度也随之加快。以电子计算机为例，大约每隔10年，运算速度快10倍，体积小10倍，效率和功能高10倍，价格低10倍。在经济增长主要依赖于科技进步的知识经济和数字经济时代，科学技术发展的这些特点，使知识的不断创新成为经济发展的动力和市场竞争成败的关键。知识创新是动力更是压力，它呼唤着、催逼着人们不断挖掘自身的潜力，创造出多种多样而又独具个性的产品和服务，把经济和社会推向新的发展天地。与此同时，在创新的过程中，人的思维创造力也随之得到不断发挥和提高。

最后，按知识、才能、技术分配将使人的适应能力、应变能力等都得到发展。随着科学技术的迅速发展，新的产业不断涌现，职业变换频繁是知识经济的又一表现。一方面，传统产业由采用新技术对自身进行改造，大幅度地提高了劳动生产率，同时也大批裁减劳动人员；另一方面，随着新技术的突破和应用，一系列新的产业异军突起，不断地吸引着大量高素质的劳动者向自身转移。据统计，美国的人才平均每人一生流动12次，经济合作与发展组织国家的人才平均5年改换一次工作。因此，在知识经济时代，人们职业上的频繁流动和更替，必然会促使人的劳动技能由单一走向全面，人的适应能力、交往能力、战胜和克服挫折的能力等也会不断得到发展。个人的多方面能力的发展，就为人的全面发展奠定了基础。

（二）知识力获得创新收入的必要性和意义

有学者认为，在市场经济中，决定的因素并不是某种产品与商品的生产，甚至也不是某种产品与商品的开发，而是某种产品与商品的创造。从这个意义上讲，创造者是最重要的[①]。创造者的知识力价值的实现就是创新收入。

知识经济是未来最主要的资源，产品的价值构成发生变化，主要来源于知

---

① 苏东斌. 选择经济考察［M］. 北京：北京大学出版社，1999.

识，而物质消耗和劳动已处于次要地位，产品的价值主要由知识与智慧创造。知识产品的价值几乎百分之百来源于知识，是由知识创造的。

这种创造，或者成功，使其知识力转入现实的生产过程，使企业获得巨大效益；或者失败，使其停留在研究阶段，但是都给后来的开发积累了必要的经验教训。这对企业来讲，当时也许被视为一种巨大经济损失，或者出现了另一种情况，如经营管理创新，可能是因深深触动现有利益格局，而使创造者遭受毁灭性灾难，这就并不是创造者的知识力的贫乏，而是创造环境与条件的恶化。但在正常健康的社会经济环境中，知识力价值的实现就应获得相应的创新收入了。在发达的西方国家，知识已变成了除人力、土地、资本以外的第四生产要素，成为经济学重要的研究对象。在这些国家知识已成为独立的生产力；知识分子成为经济社会的"中坚阶级"；知识经济作为农业、工业、服务业以后出现的第四次新型产业形式。

曾几何时，梅隆、卡内基、洛克菲勒等都是美国赫赫有名的人物。如今，这些名字已经被比尔·盖茨、保罗·艾伦和拉里·埃利森等所取代。信息产业以及电信业的兴起给美国带来的不仅仅是富翁名字的变化。在老式的工业经济时代，财富和积累需要几代人的时间，一位巨贾的身后往往有一个庞大的家族。随着知识经济的出现，一些有远见的人、有实力的工程师以及精通市场营销的人在短短的20年时间里便成了亿万富翁。从事该行业的数百名高层管理人员也进入千万富翁的行列。如此多的人能够在如此短的时间里发家致富，这在过去是从来没有过的。

20世纪初，有人把石油比喻为工业经济发动机的燃料。现在，可以毫不夸张地说，信息是知识经济发动机的燃料。在工业经济社会里，人们谈论发电机、铁路、福特公司的生产流水线；建立在知识和信息的生产、分配和应用之上的知识经济社会里，人们必须熟悉半导体、芯片、光盘、计算机。

在知识经济和数字经济时代，显然与资讯相关的产业，如电信、软件、互联网络、企业网络等行业将代表未来知识力的作用方面。

知识的生产、应用和扩散的效率与知识的积累及人力资本正相关。而正是在这两点上，发展中国家同发达国家存在着较大的差距，这种差距虽然使发展中国家在知识的选择和应用方面可以有较大的回旋余地，但同时使得它们与发达国家在国际分工中因位势的不同形成垂直分工的关系，因而处于不利地位，甚至随着新的技术壁垒的形成而形成新的"中心—依附"关系，从而加大了贫富差距。可见，全球经济增长的好处并没有平均扩散到所有国家。国与国之间的贫富差距正在加大。正如托夫勒所说:"知识的分配比武器和财富的分配更不平等。因此知识(尤其是关于知识的知识)的重新分配更加重要。它能改变其他主要权力资源的分配。"①

百年来的经济发展史已经充分证明,以人脑智慧即知识和创新能力为基本特征的人力资本所有者成为企业的关键性或主导性生产要素。经济学家斯蒂格利茨明确指出,"实际上,在经济增长的要素中,人力资本比物质资本更重要,估计在全部资本中占到 2/3~3/4。"根据人力资本在经济增长中的重要性,人力资本理论的创立者,经济学家舒尔茨教授深刻地指出了过去把人力资本投资排除在投资内涵之外的片面性,他说:"仅仅使用这些'纯化'的有形资本存量估计和所用人时的估计来解释美国实际国民收入简直是不可想象的。经济学家遇到的无数迹象表明,人力资源的质量改进是经济增长的重要根源之一。为了探讨这些迹象隐含的意义,有必要提出一套将人包括在内的投资理论。"

进而研究,既然企业投资必须包括人力资本,那么人力资本的所有者拥有企业所有权便是天经地义的。"劳动者成为资本拥有者不是由于公司股票的所有权扩散到民间,而是由于劳动者掌握了具有经济价值的知识和技能。这种知识和技能在很大程度上是投资的结果,它们同其他物力投资结合在一起是造成技术先进国家生产优势的重要原因。"②

但人力资本所有者对企业资产增值的贡献度不完全由其具有的能力来决定,更取决于其发挥自身能力的努力。努力是指人力资本所有者在具有良好的品性、兴趣、态度、志向、动机、需求、品质、认识等心理因素。如果一个人没有得到充分发挥其能力的激励,或得到的是负激励,那么即便再有能力,也可能偷懒搭便车,甚至发生对企业利益的损害行为。

三、按经营力分配与人的发展

在当代发达国家,企业经理人的薪酬结构较以往有了较大变化,以股票期权为主体的薪酬制度已经取代了以基本工资和年度奖金为主体的传统薪酬制度。有关统计表明,全球前 500 家大工业企业中,有 89% 的公司已向其高级管理人员采取了经理股票期权报酬制度。经理薪酬制度是现代公司治理机制中的重要

---

① 托夫勒. 适应变革的企业 [M]. 邢小士,李卫红,译. 北京:世界知识出版社,1982:50.
② 舒尔茨. 人力资本投资——教育和研究的作用 [M]. 蒋斌,张蘅,译. 北京:商务印书馆,1995.

内容。

经营者首先凭借着潜在的经营能力，从所有者那里购买一种特殊的权力——经营的权力，然后再凭借这种经营权去组织生产过程。

在这里需要强调的是，所有者的经济权力一般来讲可分为两种：其一是出售所有权，因而一次性地丧失了所有者的地位；其二也是主要的，并不出售一般所有权，而只出售由一般所有权所派生出来的特殊的所有权——经营权，这就既可以凭借出售经营权而获利，又可以保持住所有者的经济地位。可见，"所有权价值"总是大于"经营权价值"的。

在直接的生产过程之后，经营力商品价值也就凝结在一般商品价值之上了。在商品价值中，扣除生产资料消耗（C），再扣除所有者收入（m）之后，价值就由劳动力价值和经营力价值来分割了。

这种复杂的关系表明经营力的价格就是一种特殊的工资。它依然来自"V"（可变资本），而不是"m"，因为从一般理论上讲，"m"还要归属于所有者。

正如财产所有权是一种永固性的资本一样，经营权则是一种时间性的资本。因为财产所有权一旦通过了经营权就会有可能自行增值。在现代经济中，既然经济上的"所有"是一种资本，凭借它也可以不必自身直接参与劳动和经营，就可以获得经济利益，那么显然，作为独立了"所有"之后的"经营"也是一种资本，凭借它可以不必直接是财产的所有者，只要通过对生产资料和劳动力的支配活动就能够获得经济利益。所有者的资本是财富自身，是有形的物质，而经营者的资本就是经营能力，它是无形的。这种经营能力说到底又是一种特殊的劳动能力。所以，只要承认劳动是商品，也就必须应当承认经营力也是商品。

经营力商品的功能也像劳动力商品的功能一样，它能够创造不同于经营力价值的价值。这种功能使经营力受到双重制约：由于风险和收益对称，所以经营者首先要承担市场风险；由于所有者和劳动者的利益刚性，所以形成了如下两个公式。

（1）经营力价值=商品价值-生产资料消耗价值-所有者收入价值-劳动力价值。

（2）经营权价值>经营力价值<经营力所创造的价值。

作为一种能力的报酬，经营力中的风险收入具有极特殊的意义，它有利于促进人的发展，激励人的奋发和进取。

尽管亚当·斯密没有直接触及经营力问题，但他还是很早就发现激励的重要性。他说:"每个人都喜欢尽可能轻松地生活;如果无论他是否履行需要费力才能完成的任务,他都能得到完全相同的报酬,玩忽职守,或者受制约,他的权威并不允许他这样做时,在权威允许的程度内尽可能地敷衍了事,当然是他的利益所在。至少就通常理解的利益概念上是如此。"尽管人们可能认为当时斯密未必很注重货币激励方式,但是,这里的权威正是在现代市场经济中,尤其是在标准的委托—代理关系中相当恰当的描述。这就是说,在非对称信息条件下,一个最优的报酬制度是完全具有权威性特征的。

经营力必须受到特殊的激励,主要的原因在于:

第一,在现代市场经济中,尤其在现代企业制度里,经营的决策至关重要,绝不能事事都指望财产的直接所有者来发号施令。

第二,在现代市场经济中,尤其在现代企业制度里,经济的运行具有极大的不确定性。即使是在农业经济中,未来市场状况也依然是扑朔迷离的。

第三,更重要的是,无论是以经营力的发现,以及对经营力本身的发挥的评价,都是极为困难的,都是难以监督的。尤其是对于经营者的努力程度,如果仅就经营过程去监督,那么,监督成本极为巨大。这样,对于委托人来说,与其监督过程,不如去监督结果。

于是,经营力的所有者——经营者不仅要承担对其本身工作难以监督的风险,更重要的还要承担对未来经济的不确定性风险,这种被称为信息租金的东西就是经营者的风险收入。我们承认经营者拥有一定的剩余索取权,也就是说他的个人报酬要与个人绩效、企业利润直接联系,他不能仅仅像一般职员那样,拿一份固定的收入,就是因为经营者是这两类风险的承担者。

对于经营力的实现、经营者的分配,企业应充分关注着另一种经济比较,这就是企业对经营者的"经营租金"。

第四节 剩余分享与人的自由全面发展

一、剩余分享及方式

何谓剩余?这似乎是一个令人纠结的问题,因为如果劳动和各种生产要素均依其贡献获得了应有的收入,就不会再有剩余。从逻辑上来看,的确如此。之所以还会提出这个问题,是因为在实际中的确还存在分配给各方应得的收入之后，还有一个剩余。这里可将剩余界定为国民收入中按照劳动贡献和各种生产要素贡献进行分配之后所余下的收入部分。从企业来看，表现为企业利润。

为什么会有剩余产生？剩余的产生有多种可能性。按照传统的经典的经济学理论，剩余的实质是活劳动创造的价值与劳动力价值之间的差额，不过在按劳分配为主的社会发展阶段，劳动者获得的收入不再限于劳动力价值，而是在劳动创造的价值中做了必要的社会扣除之后的价值部分，并且生产要素的所有者也要依生产要素的贡献获取相应的收入，因此就不再会有剩余。如果有剩余，就只能从其他方面寻求解释。第一种可能性是劳动者和生产要素所有者所获得的收入低于其作出的贡献，或者是劳动者和生产要素所有者所获得的收入同时低于其作出的贡献，或者是劳动者所获得的收入低于劳动贡献，或者是生产要素所有者所获得的收入低于要素贡献，这种情况在现实中是存在的，因为劳动者和许多生产要素所有者无权参与企业收入分配决策，因此最终就给企业留下了剩余收入；第二种可能性是因为收入管制（包括薪酬管制、利息管制、租金管制、股利分配管制等等）导致分配水平低于劳动贡献和生产要素贡献，最终就形成了企业的剩余收入；第三种可能性是劳动者以及各种生产要素所有者获得了各自应得的收入，但在价值创造中，一部分价值是由劳动方式改进、生产要素配置效率提高、劳动与生产要素结合机制改善等带来的，以单个因素来衡量，无论是劳动，还是各种类型的生产要素都不应该或者没有能够获得由此而产生的价值，结果就给企业留下了剩余收入。

剩余收入如何分配呢？政府代表社会为了公共利益目标需要分享一部分剩余收入，剩余收入的其他部分则由企业的各相关主体分享。所谓剩余分享所指的就是企业各相关主体对企业剩余收入的分享。

剩余分享的具体方式很多，具体来看，主要包括：第一，以增加津贴、奖金等劳动收入的方式让企业员工分享；第二，采取增加股份分红、增配股份等方式让企业出资者分享；第三，采取配送股票、股票期权、优惠出售股票等方式让企业员工、知识、才能的所有者分享；第四，以增加福利补助的方式（如增加交通补贴、住房补贴、教育培训补贴、差旅费补贴、旅游补贴等）让企业员工、知识、才能的所有者分享。

二、剩余分享与人的自由全面发展的关系

（一）剩余分享与人的自由全面发展的关系

剩余分享与人的自由全面发展具有密切的联系。人的自由全面发展水平对

剩余分享的要求、对剩余分享制度的安排等都会产生影响，剩余分享对人的自由全面发展也具有重要的影响，剩余分享可以发挥促进人的自由全面发展的作用，但若分享制度安排不合理也可能对人的自由全面发展产生负面影响。

从剩余分享对人的自由全面发展的促进作用来看，主要反映在：第一，分享剩余收入可以增加劳动者的收入，从而提高劳动者的消费水平和其他经济支付能力，这有利于增强人的自由全面发展的经济基础；第二，分享剩余收入可以刺激劳动者增加劳动供给，刺激知识和才能的所有者增加知识和才能的供给，刺激创新和创造，刺激资本要素的所有者增加要素的供给，这有利于生产力的发展；第三，分享剩余收入既可以刺激物质资本积累，也可以刺激人力资本积累，这也有利于生产力的发展；第四，分享剩余收入可在一定程度和范围促进社会和谐，增加社会成员的社会满意度和愉悦感。

但如果剩余分享制度安排不合理，则可能损害人的自由全面发展。第一，剩余分享的分配额度。如果剩余分享的额度（分配的剩余在剩余收入中的比重）过低，员工和企业相关经济主体得不到多少收入，会不利于员工积极性的发挥和生产力的发展。第二，剩余分享的分配结构。企业相关经济主体包括员工、经营管理阶层、资本要素的所有者、知识和才能的所有者，如果剩余收入分配结构严重失衡，要么会损害劳动者的积极性，要么会损害积累增长和效率。剩余分享对人的自由全面发展产生何种影响不仅在于是否实行了分享，更在于剩余分享分配结构是否合理。

（二）建立和完善剩余分享制度，不断促进人的自由全面发展

首先应该建立全面的剩余分享制度[①]。在剩余收入创造中做出了贡献的劳动和各种生产要素都应该也有权参与剩余收入的分配。建立全面的剩余分享制度有利于调动劳动者的劳动积极性和生产要素所有者提供生产要素的积极性。无论是国有企业，还是非国有企业，都应该建立全面的剩余分享制度。

其次要确定合理的剩余分配额度。要处理好企业利益和国家利益的关系，剩余收入的大部分应留归企业支配；要处理好企业长远发展和短期发展的关系，要根据企业长远发展确定必要的剩余收入留存额度，同时要根据市场竞争和相关经济主体的要求，保障合理的剩余收入分配额度，并通过合理的持续的剩余分享制度安排，使已分配的剩余收入再回归企业。

---

① 关于剩余分享及剩余分享制度部分内容，请参见许崇正，韩喜平，朱巧玲. 人的发展经济学教程——后现代主义经济学 [M]. 北京：人民出版社，2016：269-270.

再次要不断完善剩余分享的分配结构。一是要在员工、经营管理阶层、资本要素的所有者、知识和才能的所有者之间形成合理的分配结构；二是要考虑在企业初次分配中劳动和各类生产要素收入的分配结构，通过剩余收入的分配最终形成与各自的贡献相称的分配结构，若在初次分配中，获得的收入份额相对低于贡献份额，在剩余收入的分配中就要提高份额，反之，则应降低份额。

最后要不断完善剩余分享的方式。要关注员工、经营管理阶层、资本要素的所有者、知识和才能的所有者的意愿，要关注市场上剩余分享方式的演进，不断完善剩余分享的方式，寻找和采取刺激效果最好的剩余分享方式。

第五节 共同富裕与人的全面自由发展

从孔子的"不患寡而患不均，不患贫而患不安"，到孟子的"老吾老以及人之老，幼吾幼以及人之幼"；从《礼记·礼运》所描绘的"大道之行也，天下为公"的大同社会理想，到陶渊明《桃花源记》所勾勒的"世外桃源"，都反映出中国人对社会和谐富裕的向往。但基于当时的生产力条件和社会发展水平，这些美好愿景不可能实现。近代以来，西方"资本主义宏伟的理想，是拥有资本的人将其用于创造更多财富，由此为每个人带来更多的工作机会和收入。不仅富人得到好处，他们的财富也产生'涓流效应'，使每个人的收入都会水涨船高"。但事与愿违，无产阶级贫困化、贫富分化充塞整个社会。正如马克思在《资本论》中指出的，"在一极是财富的积累，同时在另一极，即在把自己的劳动力作为商品来出卖的阶级方面，是贫困、劳动折磨、受奴役、无知、粗野和道德堕落的积累"。恩格斯也指出，"我们的目的是要建立社会主义制度，这种制度将给所有的人提供健康而有益的工作，给所有的人提供充裕的物质生活和闲暇时间，给所有的人提供真正的充分的自由"，在未来社会"生产将以所有的人富裕为目的"。可见，共同富裕既是自古以来我国人民的期待和追求，也是马克思主义经典作家在资本主义批判基础上构想的未来理想社会的重要特征。

新中国成立之初，毛泽东同志就提出了我国社会制度是推动国家走向"更富更强"的制度，而且"这个富，是共同的富；这个强，是共同的强，大家都有份"。社会主义的本质，是解放生产力，发展生产力，消灭剥削，消除两极分化，最终达到共同富裕。

一般来说，富裕是各国现代化共同的目标、追求，但中国式现代化追求的是全体人民的共同富裕。理论和实践均已证明，广大人民群众共享改革发展成果，是社会主义的本质要求，是坚持全心全意为人民服务根本宗旨的重要体现。我们追求的改革是通往中国式现代化新道路的改革，我们追求的发展是造福中国人民的发展，我们追求的富裕是全体人民共同富裕。全体人民共同富裕，凸显了中国式现代化的独特性质，深化了人类现代化的内涵，丰富了人类文明新形态的价值意蕴。

中国式现代化既有各国现代化的共同特征，更有基于国情的中国特色。为此，我们首先要明确当代中国的历史方位。我们已经实现了第一个百年奋斗目标，全面建成了小康社会，开启了向第二个百年奋斗目标迈进的新征程。同时我们还要清醒地认识到，尽管我国社会主要矛盾发生了变化，但社会主义初级阶段基本国情和世界上最大发展中国家的国际地位没有变，同时面临人口规模巨大、老龄化问题较为严重、收入分配差距较大、民生保障存在短板、社会治理还有弱项的实际情况。这些都是在中国式现代化新道路上实现共同富裕面临的重要问题。因此，实现中国式现代化，既是要在14亿多人口规模上实现现代化，更是要推进14亿多人民走向共同富裕的现代化。

以共同富裕为重要特征的中国式现代化，不仅体现在消除不平衡、不充分的发展和城乡、地域、行业间的收入差距，实现物质生活的富裕，而且体现在物质文明和精神文明相互协调、人与自然和谐共生的美好生活。为此，经济建设上，实现创新驱动的内涵型增长，实现高水平自立自强，突破关键核心技术，与此同时，依托我国超大规模市场和完备产业体系，加速科技成果向现实生产力转化，实现经济高质量发展；着力推进国家治理体系和治理能力现代化，彰显中国式现代化的治理效能；文化建设上，坚持"两个文明"协调发展，增强文化自信；生态建设上，处理好生态效益与经济效益、生态权益与生态责任之间的辩证关系，实现人与自然和谐共生。

共同富裕是全体人民的富裕、是人民群众物质生活和精神生活都富裕，不是少数人的富裕，也不是整齐划一的平均主义，要分阶段促进共同富裕。这既是中国式现代化进程中的共同富裕要义，也为实现共同富裕指明了方向。

在现代化进程中鼓励勤劳创新致富。中国式现代化追求的是全体人民共同富裕的现代化，坚持的是以人民为中心的发展思想，维护的是广大人民群众的根本利益。广大人民群众既是社会财富的创造者，也是社会财富的享有者。要在全社会大力弘扬主人翁意识，发挥人民群众的创业精神、创新意志和创优品格，在推动高质量发展中保障和改善民生，在共建共享中实现共富；在全社会大力提倡劳模精神、劳动精神、工匠精神，提倡诚实劳动、辛勤劳动、创新性劳动，形成人人参与、人人付出、人人担当的社会主义现代化建设的新局面；在全社会大力营造劳动光荣、劳动幸福的氛围，充分调动广大人民群众的主人翁意识，真正形成发展依靠人民、发展为了人民、发展成果与人民共享，在共建共享中实现共富的中国式现代化新道路。

坚持基本经济制度，彰显中国式现代化的制度优势。立足社会主义初级阶段，坚持"两个毫不动摇"，在做强做优做大国有资本的同时，充分发挥民营企业的优势，使基本经济制度在实现共同富裕的过程中发挥更大、更好的作用；在经济发展和财力可持续的基础上，保障和改善民生，重点加强基础性、普惠性、兜底性民生保障建设，让广大人民群众获得感、幸福感、安全感更加充实、更有保障、更可持续；提高发展的平衡性、协调性、包容性，大力发展高端制造业，注重以创新驱动促产业转型升级，优化营商环境，提高经济发展的效率，使一切有利于社会生产力发展的力量源泉充分涌流。不但要持续做大可且要做好、做优蛋糕，构建起三次分配协调配套的基础制度安排。既尽力而为又量力而行，在努力构建更高质量、更有效率、更加公平、更可持续、更为安全的发展的基础上，在实现现代化过程中循序渐进、分阶段实现全体人民共同富裕。

第十三章 消费

第一节 消费活动

一、消费活动的目的

每个人从他出生那天起，经少年、青年至老年，一刻也离不开消费。正如马克思所说的那样，"人从出现在地球舞台上的第一天起，每天都要消费，不管在他开始生产以前和在生产期间都是一样"。那么，什么是消费呢？所谓消费，是人们在一定社会经济关系中，借这种社会经济关系而进行的用消费资料满足自己生活需要的行为和过程。由于人们的消费是在一定的社会关系中进行的，因此消费具有社会的历史的规定性，是生产关系的一个重要方面。不同社会的消费关系反映出各自不相同的本质特征。

在资本主义社会中，全部的个人消费包括"工人的个人消费和剩余产品中非积累部分的个人消费"，消费的主体是工人和资本家，消费的客体是消费资料，即"具有进入资本家阶级和工人阶级的个人消费的形式的商品"。如果从消费资料的来源考察，它由必要产品和一部分剩余产品构成。工人的消费资料一般称为必要生活资料或生存资料，它是由工资价值部分来计量的那部分用以维持工人自身的社会产品，是代表必要劳动的那部分产品，即必要产品。资本家的消费资料包括必要生活资料和奢侈品两部分，它们二者都来源于剩余产品中的收入部分[①]。

在市场经济的初期，人的再生产过程，异化为对抗性阶级的再生产过程。

---

① 赵学增.《资本论》中的消费理论 [J]. 求索，1983（3）：11-18.

资本主义初期消费的阶级对抗性表现为：奢侈消费资料是再生产出作为资本主义生产关系中的资本家阶级的物质条件，工人的必要消费资料是再生产出劳动力商品的物质条件。马克思曾明确指出，在资本主义的消费关系中，工人的消费只有在保证取得利润这一任务的限度内，才是资本主义所需要的。在此之外，消费问题对于资本主义就失去了意义，人及其需要就从视野中消失了。雇佣工人的消费并不是为了再生产人，而仅仅是为了再生产可供剥削的劳动力，劳动力商品的再生产，完全从属于资本家榨取剩余价值的目的。

在社会主义社会，理论上要求社会主义消费关系应该发生根本性变化。

第一，在社会主义社会中，理论上说劳动者对资本的依附关系应该不复存在，因而，劳动者的消费不再以维持劳动者在生理上的最低限为界限，而是扩大到一方面为社会现有的生产力（也就是工人的劳动作为现实的社会劳动所具有的社会生产力）所许可；另一方面为个性的充分发展所必要的消费的范围。

第二，我们生产的目的应是满足人的全面发展需要，人的全面发展需要使消费具有全面性的特点。消费的全面性可从不同角度进行考察，从消费的层次来看，它分为生存性消费、发展性消费和享受性消费三个层次。生存性消费是消费的基础层次或最低层次，是人们最基本的消费。人的全面发展，客观上要求进行发展性和享受性消费。发展性消费，主要是指人们为增强其自身的思想文化素质、智力素质、体力素质，使自己的才能多方面发展和体现的消费。这就要生产出发展资料作为发展性消费的物质内容。为此，社会要相应地生产出供人们接受教育、从事文化、科技学习、体育锻炼等发展性消费活动所需要的各种物质资料和设备。

总之，社会主义消费的本质特征，不仅是再生产劳动力，而且是再生产全面发展的人。

二、消费能力和消费水平

现代社会，人的消费能力与人的全面发展有着直接的关系。一方面，人的消费能力的不断发展，必然促进人的全面发展；另一方面，人只有得到了全面发展，消费能力才能得到提高，才能具备多方面的消费能力。

马列主义经典作家都很重视消费能力问题，但令人遗憾的是，长期以来，我国经济理论界和实际工作中很少提到和运用消费能力这个范畴，更谈不上将消费能力和人的全面发展结合在一起进行研究了。

什么是消费能力呢？消费能力究竟是一个什么范畴呢？人是消费能力的主

观因素,即消费能力的主体。作为生产力主体的人,只包括在物质生产过程中发生着作用的直接劳动者,而不包括在物质生产过程之外的非生产部门的劳动者。但是,作为消费力主体的人则不同,不论是生产部门还是非生产部门的劳动者,作为消费能力要素中的人都是消费者,不管这些人参加不参加生产活动,也不论男女老少,所有的人都是消费能力的主体。因此,所谓消费能力,是指人为满足消费需要而进行消费活动的能力。消费能力包括主体的生理上的消费能力,还包括主体取得(在商品货币经济条件下,即指是否能支付一定量的货币用以购买)和消费一定量的消费资料,以及劳务上的、经济上的、文化上的消费能力。具体地说,也就是指消费者所具备的关于如何消费、使用消费对象的知识和才能。这方面的消费能力十分重要,没有一定的经济条件,当然无法进行一定的消费活动;而不具有一定文化条件,即使进行物质消费活动,也要受到限制。只有消费者具备了使用消费对象的科学知识,消费对象的使用价值才能得到充分的合理的利用。由此,消费能力和生产力一样,应主要属于社会经济的范畴。

消费能力与人的才能全面发展之间的密切关系,具体表现在以下五点。

第一,生产目的决定了人的消费能力将逐步地得到增长,为此,生产力也将不断进步。消费能力的增长,是生产力迅速发展的重要前提之一。因为,消费能力的增长可以更好地"生产出生产者的素质,因为它在生产者身上引起追求一定目的的需要"。即全面发展人的能力及需要,发挥人的生产积极性和创造性,从而发展社会生产力。现代生产不仅对机器设备等生产资料,而且对创造、掌握机器设备的生产者,提出了更高更全面的要求。生产力的迅速发展,要求生产者有更高的专业知识、技能、科学文化技术水平等,而这些在很大程度上又取决于人的消费能力的提高和改善,使消费力同生产力协调地同步发展。

第二,人的消费能力归根到底是社会经济、文化发达程度与人自身发展水平的表现。不同历史阶段,不同群体和个人,消费能力各异。不同的消费能力,使人的消费方式各具有特殊性。不但文化水平不同的人消费能力不同导致消费方式具有差异;而且,不同的生理条件,如男性与女性,老年、中青年与儿童,健康的人与生病的人,消费能力也不相同,因而消费方式上也显出各自的特点。

第三,如果消费者不具备使用某种消费资料(包括劳务)的消费能力,消费者对这宗消费资料的使用就可能造成很大的浪费。马克思曾经说过"如果音乐很好,听者也懂音乐,那么消费音乐就比消费香槟酒高尚"。可见,"消费"音乐要有收获,不仅要求音乐优美,同时要求消费者懂音乐,也就是要具备

"消费"音乐的能力。否则,即使是世界上最美的音乐,对于一个毫无音乐修养和乐理知识的人来说,它的使用价值必定甚小,消费效果必然很差。同时消费者的消费能力直接关系到对消费资料使用价值的利用程度。例如,一个不仅懂得如何使用各种家用电器而且具备关于各种家用电器维修和保养知识的消费者,同那些懂得如何使用各种家用电器,但不懂它们的维修和保养知识的消费者相比,前者的使用效果一定比后者要好,使用年限比后者要长。这就是说,要提高消费资料使用价值的利用率,必须首先提高消费能力。

第四,由于人们的消费需要是经常变化的,并且需要逐步呈上升的趋势,从而人的消费能力也是不断发展的。列宁在《论市场问题》一文中论证了需求上升的规律,指出"资本主义的发展必然引起全体居民和工人无产阶级需求水平的增长"。"欧洲的历史十分有力地说明了这一需求的上升的规律,……这个规律在俄国也显示出了自己的作用:商品经济和资本主义在改革后的迅速发展引起了'农民'需求水平的提高"。需求之所以上升,主要由于生产的发展和产品交换的频繁,使需求不断得到满足,消费水平不断提高,从而反过来又不断引起新的需求。"生产靠它起初当作对象生产出来的产品在消费者身上引起需要。""因为消费创造出新的生产的需要",这样必然使需求不断上升。社会主义市场经济条件下需求的上升,反映了全体劳动者消费水平的不断提高,体力智力得到了日益充分的发展和运用,反映社会主义市场经济所带来的巨大物质利益逐步得到实现,社会主义市场经济下需求上升规律的作用,还表现在多层次的需要逐步得到满足上。这充分说明,人的消费需求、消费能力和人的发展之间有着密切的联系。

第五,由于人们的需要和消费是多方面的,而消费资料的使用价值是多方面的,这就要求人们具备多方面的消费能力,否则既不利于对消费资料的多方面的使用价值的综合利用,也不利于人们的全面发展。同样一部著作或一部电影,由于人们接受能力不一样,对不同人产生的效果、收益也不一样。马克思说:"因为要多方面享受,他就必然有享受的能力,因此他必须是具有高度文明的人。"可见,提高人们的科学文化水平,对于提高人们的消费能力,不断使人达到全面发展具有极端的重要性。

所谓消费水平,是指按人口平均的消费生活资料和劳务的数量和质量。它主要是从数量上表明消费者的物质的、文化的需要及其满足程度,就是消费者个人及其家庭、社区和整个社会得到消费品和服务的数量。由于任何消费品和服务总是具有一定质量的,在这个意义上,消费水平还包含了消费品和服务的质量。由于消费品及其服务，既有物质方面的，又有精神方面的，因此，消费水平不但包括物质消费品及其服务的数量和质量，还包括精神消费品及其服务的数量和质量。所以，应当从数量与质量、物质消费与精神消费的统一中把握消费水平。同时，人们消费需要是发展变化的，在一定生产力水平下，有些需要可以满足，有些需要不可能满足，能够满足的程度，也就是人们实际消费的生活资料和劳务，表现为消费水平。

生活资料的数量，不单指物质文化生活资料的总量，还包括产品门类和消费结构。消费品总量越多，门类越全，享受性、发展性的资料的比重越大，消费水平就越高。消费品总量和结构，还包括劳务。劳务消费结构包括享受劳务的种类、范围，以及它在整个消费中的比重。享受劳务的种类多、范围宽、占的比重大，消费水平就高。

反映消费水平提高的内容，除了按人口平均的实物消费量和劳务消费量之外，还有自由时间的增加。在劳动条件和实际收入总额不变的情况下，工作时间缩短，自由时间增加，不仅意味着单位劳动时间的生活资料数量增加，而且使人们有更多的时间去学习、休息和娱乐，满足发展智力和能力的需要。自由时间的日益增多，这是在现代科学技术革命时代，生产力迅速发展所决定的一条客观规律。在自由时间里，劳动者可以通过自修、函授、电视大学、业余大学、职业学校等多种形式，学习掌握多方面的科学文化知识和劳动技能，特别是掌握新技术、新知识、新工具，这样就使劳动者原有的知识和技能得到更新，适应了社会化大生产的要求。因此，自由时间毫无疑问是个人得到充分发展的时间，而个人的充分发展又必然作为最大的生产力反作用于物质生产力。正如马克思所指出的："在必要劳动时间之外，为整个社会和社会的每个成员创造大量可以自由支配的时间（即为个人发展充分的生产力，因而也为社会发展充分的生产力创造广阔的余地）。""自由时间是财富整个发展的基础。"因此，自由时间即用于人的自由全面发展的时间的增加，也反映了消费水平的提高。

从上述消费水平的含义可以看出，消费水平与人的全面发展之间的密切联系表现为：一方面，人的消费水平的程度，反映了人的全面发展的程度；另一方面，人的全面发展的程度也制约着人的消费水平。

除了消费水平与人的全面发展有密切的联系外，合理的消费水平的确定也与人的全面发展有着密切的联系。社会主义市场经济条件下，人们的消费水平理论上应该将随着社会生产力的发展而逐步上升，这也是社会主义市场经济生产关系的本质体现。

那么，当前我们国家的人民究竟应该保持一个怎样的消费水平？所谓合理的消费水平，不仅能够补偿生产过程中的劳动消耗，维持劳动力的简单再生产，而且能使劳动力不断发展和完善的消费水平。所谓不断发展和完善，就是不断发展体力和智力，增强体质，提高文化技术水平和劳动熟练程度，克服片面性，逐步实现人的全面发展。一般来说，合理消费水平的客观标准主要有以下五点。

第一，物质生活资料中的食物要能够维持人们正常生产和工作需要的能量和营养；而且吃、穿、住、用、行方面的物质资料数量逐年增多，质量和档次逐步提高，范围逐步扩大；

第二，要有比较充裕的物质条件，使劳动者能够学习和掌握现代化生产所必需的文化科学知识，总结和积累生产经验，提高技术水平；

第三，要有完善的高质量的医疗保障；

第四，由社会提供的劳务要能为劳动者在生产时间之外，增加自由支配的时间，从而使人得到全面发展的时间和条件；

第五，达到上述要求，不仅要有日益增多的生存资料，还要有一定的享受和发展资料。

三、人全面发展的几种消费方式

消费方式，即人们消费产品的方法和形式。消费方法取决于产品本身的自然属性，每一种特定的产品都要用特定的方法来消费。消费形式是指产品消费的社会形式，它不单取决于产品的自然属性，还取决于各个时代的社会经济条件，每一个社会形态都有和它相适应的消费形式。随着社会的进一步发展，培育生态消费意识，构造符合人的发展的生活结构成为我们当今的主题。

（一）消费方式

人的发展经济学研究消费方式，既不是孤立地研究产品的消费方法，也不是孤立地研究消费形式，而是从两者的统一中研究消费方式，从而揭示出消费方式与人的全面发展的密切联系，特别是人的全面发展对消费方式的指导、制约作用。

第一，消费形式是由生产决定的。马克思说："生产为消费创造的不只是对象，它也给予消费以消费的规定性、消费的性质，使消费得以完成。正如消费使产品得以完成其为产品一样，生产使消费得以完成。"例如，在原始社会初期，由于"摩擦生火第一次使人支配了一种自然力"形成了人的劳动生活方式和消费生活方式，从而使原始人改变了过去那种动物式的生活方式。到以农业经济为主要的原始社会末期、奴隶社会和封建社会，人们的消费方式逐渐发生了重大的变化。由于物质生产的发展，剩余劳动的出现，脑力劳动与体力劳动的分离，专门从事精神生产的部门形成，人们的物质消费与文化消费越来越进步。社会发展到了工业化的资本主义时期，由于生产力的飞跃发展，商品经济高度发达，社会消费生活方式发生了空前的巨大变化。随着自然经济的解体，农业生产越来越工业化、商品化，自给性消费让位于商品性消费。随着科学技术革命和生产的发展，消费资料日益丰富，并且生产成本日益降低，销售价格也日益低廉，在人均收入增加的情况下，社会消费水平提高了时，非物质财富的生产领域如体育、文娱、医疗和信贷、保险事业不断扩大，这些方面的消费活动也随之发展。微电子技术应用于家庭生活，使家庭劳动日益社会化，整个消费服务也越来越社会化，在形成统一的世界市场的条件下，人们的消费活动不仅不再局限于家庭居住的狭小地区，而且超越了国界。而闲暇时间的日益增多，又为人们消费活动的多样化、个性化创造了条件。消费信贷和超级市场、邮购业务、快餐等"销售革命"以及"服务革命"，无疑也提高了人们消费支出，促进了人们的消费活动和消费方式的发展。

第二，从人的发展经济学角度我们还可以看出，消费方式又是生活方式的组成部分，除受生产力制约外，还受社会制度的影响。由于社会经济制度和政治制度的不同，消费方式也呈现出不同的特点。

发达的资本主义社会，由于经济发达、技术先进，又由于资本主义的市场经济机制，必然使供过于求，消费品数量充足而导致的资本主义竞争尽管使欺骗行为层出不穷，但总的来说，也必然使消费品质量提高并不断出现新的品种、式样。但是，这些国家的消费方式并不是当今世界上先进的消费生活方式。这是因为，人的消费活动是否先进，归根到底应是以是否适应人的全面发展的需要和社会进步为标准。资本主义市场经济的社会制度，使它的社会消费生活方式存在着严重阻碍人的自由地、全面地发展和社会进步的根本性问题。

社会主义市场经济下的消费方式应是反映社会主义生产关系本质要求的，它应体现精神文明，有利于培育人们的理想和道德，有利于人的全面发展。消费方式发展的历史逻辑，必然是由实现人的全面发展需要的消费方式取代个人享乐主义的消费方式，消费方式将全面和谐地发展人的素质（包括生理的、心理的、思想的、文化的），从而使人自身和社会不断进步。

第三，从人的发展经济学的角度我们可以看出，消费方式还要反映消费领域中时间节约规律的要求,有利于节约时间。消费中的节约,也可以归结为物化劳动节约和活劳动节约。物化劳动节约即节约消费资料,活劳动节约即节约消费领域中的人力消耗。马克思指:"正像单个人的情况一样,社会发展、社会享用和社会活动的全面性,都取决于时间的节省。一切节约归根到底都是时间的节约。"像生产中的时间节约一样,节约消费领域中的人力和物资,用较少的劳动为相同数量的人的生活服务,从社会的角度来看,可以将多余的人力和物质投入生产,增加物质财富;从消费者的角度看,节约消费中的劳务支出和生活用具,相应地增多其他生活用品和自由时间,有利于发展人的智力和体力,促进人的全面发展,从而发展社会生产。所以,消费领域中的时间节约,也可以增加社会财富,促进人的充分全面地发展,从而促进"社会发展"和"社会享用"。

(二) 公共消费

消费形式,具体可划分为两种最基本的消费形式,即社会公共消费和个人消费。这两种消费形式,是与满足消费需要相适应的。因为,社会的消费需要,包括社会公共需要和个人需要两种。在这两种最基本的消费形式中,对人的全面发展起着主要作用的是公共消费。

社会公共消费,又称社会集体消费。它是以消费资料公共所有为基础的,满足人们共同需要的消费活动。公共消费资料是依靠公共消费基金来支付的,人们消费这些资料,有的免费,有的减价优待。

(三) 劳务消费

劳务又称服务,其特点是劳动产品一般不表现为一定的实物,而是直接以劳动或活动的形式满足人们某种特殊的需要。因此,所谓劳务,即是以劳动形式提供某种效用以满足人们某种需要的服务。它包括生产性服务和消费性服务两种。消费性服务是人们生活消费不可缺少的内容,是一种非实物形式的消费品。马克思说:"任何时候,在消费品中,除了以商品形式存在的消费品以外,还包括一定量的以服务形式存在的消费品。"他还提道:"服务这名词,一般地说,不过是指这种劳动所提供的特殊使用价值,就像其他一切商品也提供自己的特殊使用价值一样;但是,这种劳动的特殊使用价值在这里取得了'服务'这个特殊名称,是因为劳动不是作为物,而是作为活动提供服务的"。

劳务消费服务可以划分为自我服务(如各种家务劳动)和社会服务两类。

如果从满足需要的程度来说，可将劳务分为满足基本生活的劳务和满足享受、发展需要的劳务。在国外，也有划分为基本劳务和高档劳务的。所谓高档劳务，也就是文化教育和旅游等方面的劳务。

劳务消费与人的全面发展之间的关系主要表现在以下两点。

第一，提高人的素质，要求增加劳务消费量。劳务不仅能满足人们的物质文化生活需要，改善生活条件，提高生活质量，更重要的是通过满足人们生活需要，再生产出质量更高的总体劳动力，促进社会经济的发展，这正是消费促进生产的具体表现。

第二，劳务消费量增加，有利于节约劳动时间和实现人的全面发展。

（四）低碳消费

与经济增长方式相对应，人类消费模式经历了从古典低碳消费逐渐走向现代高碳消费的历程。在原始狩猎时期，人类茹毛饮血的消费模式，基本没有碳排放，属于零碳排放时代。自发明钻木取火后，人类焚烧燃料煮熟食物，消费的碳排放由零排放过渡到少量有碳排放时代。但由于种植业的发展，农作物对碳的固化作用，再加之大自然的自我平衡能力，帮助原始人类抚平了碳足迹，此时的消费仍属于原始无碳消费。进入农业文明以后，随着农业、畜牧业、手工业的分工，出现了城市。农业文明时期，虽然城市内缺乏强大的农作物碳汇作用，但限于人均消费水平低、城市规模小，再加之节约观念盛行，城市消费引起的碳排放不足以形成对气候环境的制约，城市消费属于古典低碳消费。工业文明以后，随着技术进步，人类改造自然的能力大大增强，除了正常的消费量大幅增加外，在发达国家奢侈消费、糜烂消费、浪费式消费渐成风尚，并成为发展中国家追求的目标，从而消费领域的碳排放陡然上升，城市消费进入引起气候变化的高碳消费阶段。20世纪末，随着全球平均气温升高、冰川融化、极端气候灾害频发及城市热岛效应的加剧，人类反思高碳消费的危害，力图开创生态文明新时代。生态文明，要求城市居民从高碳消费向低碳消费转型，进入自觉尊重与维护自然秩序，增进生态健康、人的健康的现代低碳化消费阶段。因而，城市消费的低碳化转型符合城市消费演进规律，符合生态文明建设思想。

依据消费需求层次理论，城市居民消费的低碳化转型，由低到高应包含五层次内容。第一层，生理消费的低碳化转型。衣、食、住、行等满足人的正常生理需要的基础性消费，在消费中占据较大比重，是低碳化转型的重点。其中衣物的低碳化，是服饰从奢华、高淘汰率向典雅得体、简约消费的转型；食物的低碳化，是在保证营养均衡条件下，食品消费从铺张浪费、红色消费向适度、绿色消费的转型；住所的低碳化，是居所从大面积、奢华装饰、化石能源向适度面积、简约装修、绿色能源消费的转型；出行的低碳化，是从能源高消耗向低碳出行的转变。第二层，安全消费的低碳化转型。安全消费的低碳化转型，是生理消费低碳化转型的更高层次，要求在保障生活安全、免于自然灾害冲击等条件下，保障安全的高碳原材料向低碳化转型，如使用碳含量比较低的防盗门、房屋防震抗风加固材料等。第三层，社交消费的低碳化转型。在安全消费低碳化转型基础上，城市居民的社交消费应从以往的过度物质消费、奢华消费及浪费式消费向选择质朴、典雅的社交场所、适度的物品、更多的精神层面的低碳化消费转型。第四层，尊重消费的低碳化转型。尊重消费的低碳化转型，就是城市居民为了实现自我尊重、得到自我高评价以及尊重他人的需要，从以往的追求外在修饰的高碳消费模式如华丽服饰、豪宅、豪车、奢华用品等向追求内在充实、内涵丰富、思想深刻的消费方式转型。第五层，自我价值实现消费的低碳化转型。发挥自身潜能，实现自身社会价值的消费也需要从高碳转型为低碳，要求消费更注重品位、注重健康、注重绿色，强调在人的丰富的社会关系中，充分发展人的各种才能和潜质，使人在创造物质财富和精神财富，为社会创造价值的同时，自身也得到发展，实现自身的价值，即满足"自我实现需求"。

城市消费低碳化转型的激励驱动。促进城市消费的低碳化转型，需要设计激励驱动机制与约束驱动机制。激励驱动机制，就是通过体制创新与制度安排，促使城市居民产生一种自觉自愿的动力，乐于放弃高碳消费，积极主动地实施低碳消费，实现主动转型。

第一，可支配收入增进的驱动机制。凯恩斯认为，随着收入的增加，消费也在增加，但消费的增加不如收入增加得快。① 凯恩斯消费理论表明：其一，消费总量与收入水平同方向变动；其二，存在边际消费倾向递减规律。该理论适用于低碳消费转型，即在物价水平一定的条件下，城市居民消费的低碳化受到个人可支配收入的影响，收入越高，购买低碳产品与服务的内驱力越强；同时，城市居民中低收入者的低碳边际消费倾向高于富人。因而，制定个人可支配收入增进机制，有利于增加低碳化转型的内驱力。城市个人可支配收入增进机制，一是加大收入分配制度改革，提高城市居民平均收入水平，拉动低碳消费总量的增长；二是通过税费改革及相关社会保障制度改革，降低基尼系数，

---

① 凯恩斯. 就业、利息与货币通论 [M]. 高鸿业，译. 北京：商务印书馆，2005.

增加中低收入者收入，提高边际消费数量。

第二，价格补贴与低利率的驱动机制。城市低碳消费受到物价水平的影响，表现出实际余额效应来，即降低低碳消费品与劳务的价格水平，在消费者名义收入不变的情况下，城市居民实际收入提高，低碳消费品的购买力增强，从而增加城市居民扩大低碳消费的内驱力。从价格角度激励消费者增加低碳消费，可设计价格补贴机制。一是对厂商的补贴，能有效降低低碳消费品销售价格，扩大低碳消费市场。给予低碳消费补贴，能够形成更直接的驱动力；购买的积分补贴，对购买节能家电的消费者实施低碳积分制度，低碳积分可兑换低碳产品，引起连锁性低碳消费，激励消费者增加低碳消费。居民对大宗低碳消费品的消费，如新能源汽车、低碳商品房的购买，直接受到银行利率的影响，存在着机会成本考量。给予低利率信贷支持，会降低购买支付，增加消费者对大宗低碳产品的需求。

第三，低碳环保的偏好驱动。形成低碳消费，需要两个必备要件：意愿+能力。实施收入驱动、补贴驱动及低利率驱动是为了增加消费者低碳购买能力，而消费者意愿包含着偏好因素。有些低碳消费的预算要低于高碳消费，如一场节俭的婚礼、一个简约的宴请、一趟低碳的出行等。如果消费者拥有强烈的低碳偏好，就会在节约开销中实现低碳转型。为此，建立低碳偏好培育机制，培育低碳偏好显得更加重要。一是建立电视低碳广告宣传制度。电视广告的效应非常大，建立电视公益低碳宣传制度，要求各电视频道每天定时插播低碳广告，设置寓教于乐的低碳消费娱乐节目，如低碳大赛，抠门大赛等，让低碳环保深入人心；二是设立低碳环保教育制度。在小学阶段、中学阶段设立低碳环保通识教育课程，并在中考、高考增加低碳环保内容；大学阶段，将低碳经济学、生态经济学等作为基础课纳入教学模块；对于司机驾照考取、年检均应增加低碳交通内容。

城市消费低碳化转型的5S约束驱动。城市消费低碳化转型的约束驱动机制，就是通过制度安排，约束与规范城市居民的高消费行为，使之不得不从高碳消费转型到低碳消费轨道，包括简约性（Saving）消费、耐久性（Sustained）消费、无害性消费（Security）、共享性（Sharing）消费与体恤性（Sympathetic）消费约束机制，简称5S约束驱动。[①] 第一，简约性（Saving）消费驱动。实践表明，豪华、奢侈和挥霍式消费，是超过人的正常需要的浪费性、资源透支性消费，是名副其实的高碳消费。为了约束消费者的高碳消费行为，对豪华消费

[①] 刘静暖，纪玉山．应提倡"5S"消费原则[J]．经济学家，2008（3）：122-124．

品的购买，奢华的餐饮、旅行、娱乐（如高尔夫球）、婚礼、生日服务等设置奢侈消费碳排放税，以此驱动高碳消费向自然、典雅、舒适、休闲、个性、简约而不简单的消费模式转型。第二，耐久性（Sustained）消费驱动。非耐久性消费，不仅造成资源浪费，还造成高碳排放，影响城市小气候环境。设置禁止服务业一次性筷子、洗浴用品等非耐久性产品免费提供制度，建立罚则机制；对购买一次性产品的消费者设置一次性产品碳排放税征收制度，能够有效约束服务场所、家庭对一次性产品的消费，增加消费使用周期长及可回收、可重复、可循环利用的物品的消费，驱动消费者从非耐用向耐用消费的转型。第三，共享性（Sharing）消费驱动。在城市消费中，特殊性消费的碳排放占消费总碳排放的很大比重。通过设置碳税，增加消费者私家车出行，私人游泳馆、私人健身房、私人娱乐场地的使用成本，驱动消费者向低碳共享性产品与服务的公共交通、公共体育场馆、集中供热等消费模式转型。第四，无害性（Security）消费驱动。对大气环境有严重危害的产品消费，如使用氟利昂制冷剂的冰箱冰柜，使用含有铅、镉、六价铬等有害金属的学习机，公共场所吸烟，随意丢弃垃圾尤其是电池，燃放烟花爆竹等通过实施有害产品碳税征收制度、罚则制度，规范消费者的高碳有害消费转型到无害低碳消费轨道。第五，体恤性（Sympathetic）消费驱动。体恤性低碳消费，是从生态伦理学角度，把人当作自然的一分子，把自然当成与人类相生相伴的伙伴，而采用的关爱、体恤和呵护自然生态，而非凌驾于自然生态之上的"天人合一"式消费。实施碳税征收制度及罚没制度，规范对自然生态冷酷无情的消费模式，如残害动物、毁坏林木花草等，使之转向减少野生动物产品消费、保护花草树木、不盲目扩大居住面积为动物提供栖息地的消费等。

第二节　消费从根本上说是为了再生产全面发展的新人

社会主义社会理论上说劳动者对资本的依附关系应该不复存在，因而，劳动者的消费不再以维持劳动者在生理上的最低限为界限，而是"扩大到一方面为社会现有的生产力（也就是工人的劳动作为现实的社会劳动所具有的社会生产力）所许可，另一方面为个性的充分发展所必要的消费的范围"[①]。这就是

[①] 马克思恩格斯全集（第25卷）[M]. 北京：人民出版社，1975：900.

说，理论上要求社会主义下劳动者是生产的主体，也是生产资料的主人，这应排除人的异化。社会主义消费，不仅是劳动力的再生产，从根本上说，也是为了再生产出自由全面发展的新人，逐步实现人的本质的全面复归，从而使社会经济关系的主体在更高的质量上再生产出来。这正如马克思所说："共产主义是私有财产即人的自我异化的积极的扬弃，因而是通过人并且为了人而对人的本质的真正占有；因此，它是人向自身、向社会的人的复归。"① 社会的真正财富，也在于"无限地发掘人类创造的天才，全面地发挥，也就是说发挥人类一切方面的能力"，不是"在某个特殊方面再生产人，而是生产完整的人"②。

其次，我们生产的目的应是满足人的全面发展需要，人的全面发展需要，使消费具有全面性的特点。消费的全面性可从不同角度进行考察，从消费的层次来看，它分为生存性消费、发展性消费和享受性消费三个层次。生存性消费是消费的基础层次或最低层次，是人们最基本的消费。生存性消费是维持人们的生存，实现人类自身的生产——"生命"生产，以满足生存需要的消费，是一切社会形态下消费的共同特点。人们的消费，首先是为了生存的需要，才可能有人类本身的存在，从而才可能有人类社会的延续和发展。为了实现生存性消费，必须生产出生存资料作为生存性消费的物质内容。但是，一个社会消费不能仅仅停留在满足人们生存消费这一最低层次上。一个社会消费的目标，是要造就出全面发展的新人。人的全面发展，客观上还要求进行发展性和享受性消费。

另外，生产者就是消费者，个人消费成为生产方式的决定性动机。由于劳动者成为社会经济的主体，因而一方面能够根据自己的消费需要，影响社会再生产；另一方面，消费资料不再区分为供不同阶级消费的必要消费资料和奢侈消费资料。劳动者的消费，"从资本主义的限制下解放出来"③。这个解放具体表现在，在资本主义社会的国民收入中，V是工人阶级消费的"限制"。这在社会主义社会已不再存在，m中有相当一部分转化为消费基金。正如列宁所说的，社会主义下"共同劳动的产品将由劳动者自己来享用，超出他们生活需要的剩余产品，将用来满足工人自己的各种需要，用来充分发展他们的各种才能，用来平等地享受科学和艺术的一切成果"④。这样，劳动者的消费在整个国民收入

---

① 马克思恩格斯全集（第42卷）[M].北京：人民出版社，1979：120.
② 马克思.政治经济学批判大纲（草稿）第3分册[M].北京：人民出版社，1963：105.
③ 马克思恩格斯文集（第7卷）[M].北京：人民出版社，2009：900.
④ 列宁全集（第2卷）[M].北京：人民出版社，1963：81.

中的比重，必然大大提高。

同时，我们还应看到，劳动力素质的提高，对生产的发展起着重要的作用。消费对直接生产过程的作用，不仅表现在一般地再生产出劳动力，而且还表现在消费的状况直接决定着再生产出来的劳动力素质，以及劳动者生产热情的高低。这是影响直接生产过程的规模和发展速度的重要因素。劳动力素质这个因素起着很大的作用，特别是对我国的未来，劳动力素质的不断提高，将对生产的作用越来越大，直接影响甚至决定着我国能否实现现代化，能否成为世界上的强国。

在当代，我们既不能依靠延长工作时间或提高劳动强度，也不能单纯依靠追加劳动力，来作为扩大生产规模、发展生产的主要途径。就生产的主观因素来说，应该不断提高劳动者的素质，而提高劳动者素质的一个重要途径是依靠消费。消费的状况如何，对于调动劳动者的积极性，提高劳动者的素质关系很大。因此，列宁曾说："必须把国民经济的一切大部门建立在个人利益的关系上面。"① 在社会主义下，我们一方面要认识到通过消费才能使劳动者的物质利益得到最终实现，这是调动劳动者的积极性，使劳动者得到全面发展、素质得到提高，并促进劳动生产率提高、推动生产发展的一个重要条件；另一方面，我们应时时刻刻注意将消费纳入为再生产全面发展新人这个目标之下，应该充分认识到，消费从根本上说是为了再生产全面发展的新人，这是消费的本质特征。

我们必须加强消费本质特征的宣传，加强消费目的性的宣传，并通过这种宣传，对劳动者的个人生活消费进行必要的指导。这种指导的意义，就在于提高消费效果。国家应通过对消费本质特征、消费目的的宣传，使广大人民特别是青少年认识到消费与人的全面发展的密切联系，认识到消费对人的全面发展的巨大作用。通过对劳动者生活消费的指导，在现有生产力水平和劳动收入水平的条件下，使劳动者的物质和文化生活需要得到最好的满足，以促进劳动者的全面发展。劳动者生活消费的社会指导，主要包括对生活消费目的的指导、对生活消费方向的指导、对生活消费方式的指导，通过这三个方面的指导，使消费成为促进人的全面发展的动力，从而有利于物质文明和精神文明的发展。

---

① 列宁全集（第32卷）[M]．北京：人民出版社，1963：51.

第三节　人的全面发展制约着人的消费能力和消费水平

一、消费能力也是一种个人才能的发展

研究消费，除了要研究消费的本质外，还必须重视对人的消费能力的研究。这是因为消费的能力是消费的条件，因而是消费的首要手段，而这种能力实际上是一种个人的才能的发展。

恩格斯在论述在一个和人类本性相称的社会制度下消费能力和生产关系时指出："社会那时就应当考虑，靠它所掌握的资料能够生产些什么，并根据这种生产力和广大消费者之间的关系来确定，应该把生产提高多少或缩减多少、应该允许生产或限制生产多少奢侈品"，正确处理好"消费力对生产力的关系"[1]。列宁也曾引述过上面一段话，指出："'社会消费能力'和'不同生产部门的比例'，——这绝不是什么个别的、独立的、彼此没有联系的条件。相反的，一定的消费状况乃是比例的要素之一。"[2] 可见，马列主义经典作家都很重视消费能力问题，但令人遗憾的是，长期以来，我国经济理论界和实际工作中很少提到和运用消费能力这个范畴，更谈不上将消费能力和人的全面发展结合在一起进行研究了。

我们之所以把消费能力的发展，提到是人的才能发展的高度，并提到是"一种生产力的发展"的高度，一方面是因为只有这样，才能充分揭示消费能力在消费这种生产中的重要作用；另一方面是因为它充分说明了人的消费能力与人的才能的全面发展之间的密切关系。

一个社会的消费力与生产力是互相依存、互相促进和制约的。马克思说："消费的能力是消费的条件，因而是消费的首要手段，而这种能力是一种个人才能的发展，一种生产力的发展。"[3] 没有生产力，就没有消费力。生产力决定着消费力的性质、状况和发展趋向，但消费力反过来又制约着生产力。生产力从对象上决定着消费力，但消费力从目的上又决定着生产力的发展方向，并且还会影响生产力的发展速度。如果社会不能满足全体劳动者的物质文化需要，劳

---

[1] 马克思恩格斯全集（第1卷）[M]. 北京：人民出版社，1965：615.
[2] 列宁全集（第4卷）[M]. 北京：人民出版社，1986：44.
[3] 马克思恩格斯全集（第46卷：下册），1979：225.

动力不能顺利地再生产出来，就会影响劳动者的积极性和体力、智力的恢复、提高和发展，就不能源源不断地为社会再生产提供更高质量的劳动力。消费力也有萎缩问题，社会主义条件下同样如此。消费力对生产力又会起反作用，一方面创造出新的消费需要，为生产力的发展开拓新的生产领域，发展社会生产力；另一方面又为消费力自身的实现提供了更为广阔的空间，有更为丰富多彩的消费对象充实和发展消费领域，从而再生产素质更高的劳动力，推动生产力的发展。

二、人的全面发展制约着人的消费水平

社会主义市场经济国家人们的消费水平，根本不同于以往私有制社会的消费水平之处，就在于社会主义市场经济的建立理论上说应该从根本上取消了贫富对立和阶级对抗的寄生性的消费，从而也就根本不存在限制消费关系的狭隘基础。社会主义市场经济条件下，人们的消费水平理论上应该将随着社会生产力的发展而逐步上升，这也是社会主义市场经济生产关系的本质体现。

实现合理的消费水平需要多种条件。比如，努力发展科学技术，提高劳动生产率，增加国民收入，增加消费基金总量；按比例分配社会劳动；消费资料的构成和需求相适应；增加社会提供的劳务消费量；搞好生产劳动与非生产劳动人员之间的平衡，等等。在这些条件中，努力发展科学文化教育事业和医疗卫生保障又是最主要的条件。因为它既关系到人的全面发展和智力的提高，又关系到精神需要的满足。

近代科学技术发展已经历了几次重大革命，推动了社会生产力的迅速发展，而每次都对劳动力的素质，特别是智力素质即科学文化水平提出新的要求。工业发达国家把科学文化教育事业作为投资竞争的场所，出现开发智力资源的热潮，这是有深刻经济原因的。日本明治维新后，特别是第二次世界大战后，经济迅速发展，主要原因之一是广泛发展了教育事业，使人民具有推动社会经济发展的才智和能力。我国目前城乡之间在消费水平上差距仍然是存在的，少数地方城乡差距是很大的。撇开城乡间某些不可比因素，城乡之间的消费水平差别和消费差异，无论在一些主要消费品的消费方面，还是在部分耐用消费品的消费方面，表现均十分突出。除了体现在消费资料上的城乡消费差异外，在精神性消费资料的消费方面也有很大差别。我国农村医疗卫生条件较差，教学水平低，文化娱乐设施少，精神生活枯燥单调。要缩小城乡消费差别，除了要活跃农村消费经济，进一步开拓和组织农村消费品市场，满足和实现农民的消费需要外，更要大力发展和健全农村的医疗卫生、教育文化科研网络。只有这样，才能逐步缩小我国城乡消费水平上的差距，并使广大农民的个性得到全面的发展。

第四节 社会公共消费和劳务消费与人的全面发展

一、社会公共消费与人的全面发展

社会公共消费同个体家庭消费一样，具体形式和内容十分复杂，可以从多方面来把握。从提供的部门和行业看，包括教育、科学、文化、卫生、保健、文学、艺术、体育、邮电、交通、商业、公共饮食、旅游，等等。从社会公共消费的性质看，包括医院、学校、公共图书馆、影剧院、城市公用事业（供水、供电、供气、供暖等）、体育馆、运动场、公园等，以及农村合作医疗等。从消费的内容和方面看，包括物质消费和精神文化消费。前者包括吃、穿、住、用、行，后者如教育、文艺、书刊、电影、电视、广播等。

同个体消费有其存在和发展的客观依据一样，社会公共消费的存在和发展也绝不是偶然的。社会公共消费存在和发展的自然基础，就是人们之间的消费需要不只是存在差别性的一面，同时还具有同一性、共同性的一面。从社会基础方面看，则是因为：在当代社会大生产条件下，单个劳动者实际上是社会总体劳动者的一个不可分割的一分子，从而对个人劳动力素质，特别是知识文化素质的要求越来越高。这就要求劳动力再生产实现社会化，以突破个体家庭消费在这方面的局限。适应社会化大生产的要求，要培养和造就千百万具有相当的文化科学知识和较高的劳动技能的劳动者，不只是要满足他们本人及其子女的基本消费需要，还必须满足他们为掌握现代科学技术知识，发展智力、增强体质和各种享受性的消费需要。要保证这些需要的全面满足，单有个体家庭消费显然不行，还不得不依靠教育、科学、文化、卫生以及各种生活服务事业的广泛发展。

由于社会公共消费是人们生活消费中的重要组成部分，因此，社会公共消费在再生产全面发展的新人中具有如下功能：

首先，社会化大生产需要的总体劳动者。在很大程度上要通过社会公共消费来培养。现代生产是社会化大生产，社会化的大生产和分散的个体小生产不同，生产社会化和劳动社会化要求再生产过程社会化。在社会化大生产以前，"范围有限的知识和经验是同劳动本身直接联系在一起的，并没有发展成为同劳动分离的独立的力量"①。个体小生产只要求劳动者具备一定的体力，学会祖传的"范围有限的知识和经验"以及劳动技能，就可以从事生产。这样的劳动力可以在家庭范围内，通过"父教子学"和个人消费的方式培养和生产出来；而社会化大生产需要的总体劳动者，不仅要求具有健全的体魄，而且要求有发达的智力，有多种劳动技能。特别是现代信息技术、空间技术、遥感技术和电子计算机技术在生产中的日益广泛运用，还要求劳动者有丰富的文化科学知识，敏锐的反应能力和旺盛的工作精力，以及较强的创造性精神。培养这样的劳动者，必须有社会主义公共消费，依靠各种形式的文化教育和较长时期的培养，必须大力发展教育、科学文化等社会公共消费事业，同时，还要有相应的保健卫生、幼儿设施、生活服务等条件才能做到。这是公共消费促进人的全面发展的作用之一。

其次，要使人们的个性逐步获得全面自由的发展，也必须有社会公共消费。个人消费主要是满足劳动者物质生活方面的需要，精神生活方面的需要更多地要依赖于公共消费来满足，比如，人们学文化、学科学知识方面的需要，有赖于利用公共图书馆和资料馆；观看戏曲电影，需要利用公共影剧院；从事各项体育活动，需要利用公共运动场所和设备等。社会生产越发展，物质生产资料越丰富，生活水平越提高，将会有更多、更丰富、更复杂的精神生活的需要，也就是发展人的智慧和才能，逐步全面发展个性的需要，这主要依赖于社会公共消费去满足。通过社会公共消费，满足人民群众的精神文化生活需要和其他服务消费需要，可以弥补个体家庭消费的不足，完善人们的消费结构，充实和丰富消费内容，保证人们的个性和才能获得自由的全面的发展，造就自由全面发展的新人，使经济发展的目的得到圆满实现。这是公共消费对人的全面发展的促进作用之二。

劳动者应该既是生产者，又是社会的主人；不仅要有某一方面的生产知识，而且要有系统的生产知识；不仅要有生产知识，而且要有管理知识。恩格斯说过："生产的社会管理不能由现在这种人来进行，因为他们每一个人只熟悉生产中的某一个部门或者某一部门的一部分，未来社会的生产需要各方面都有能力的人，即能通晓整个生产系统的人。""当18世纪的农民和手工工场工人被吸引

---

① 马克思. 机器、自然力和科学的应用 [M]. 北京：人民出版社，1978：206.

到大工业中以后，他们改变了自己的整个生活方式而完全成为另一种人，同样，用整个社会的力量来共同经营生产和由此而引起的生产的新发展，也需要一种全新的人，并能创造出这种新人来。"① 马克思也说过："我们已经看到，在社会主义的前提下，人的需要的丰富性，从而某种新的生产方式和某种新的生产对象具有何等的意义；人的本质力量的新的证明和人的本质的新的充实。在私有制的范围内，这一切都具有相反的意义。"② 因此，全面发展的新人是经济发展的结果，也是经济发展的客观要求。而在再生产这种全面发展的新人中，公共消费起着重要的作用。有的人认为，我们目前还没有达到一切生产部门"由整个社会来管理"的程度，我们现在的生产力水平还比较低，我国现阶段同马克思所设想的社会主义还有很大的距离。因此，生产的目的和消费的目的，都不是人的全面发展。这种看法是失之偏颇的。因为，我们毕竟已进入了社会主义社会的初级阶段，因此，全面发展的个性应该是我们各项经济活动的指导原则。在现有生产力许可条件下，通过社会公共消费满足人们各种精神生活需要，为人们丰富知识、发展智力、逐步实现个性的全面发展创造条件，这也是社会主义市场经济本质的要求。

二、劳务消费与人的全面发展

由于现代科学技术革命的影响，消费方式也在不断地发展变化，其中一个很重要的特点，就是劳务消费显得越来越重要，劳务消费的状况对人的全面发展起着越来越大的影响与作用。

随着社会经济的发展，一方面使人们的消费需要随之增多，不断产生出许多新的、无限高层次的需要；另一方面又不断为人们开拓许多新的消费门类和领域。随着人们的消费领域的不断扩大、消费内容的繁多，对消费服务的要求量也越来越大，比实物消费更快增长。这是服务消费发展的不可避免的趋势。同时，消费服务又日益向社会化方向发展。这是因为，在人们日益增多的服务消费中，许多服务，如比重不断上升的精神文化服务及大量的商业、修理等服务，是本人及其家庭无法提供的。同时，随着现代化生活节奏的加快，人们在紧张的工作之后迫切需要愉快地休息和娱乐，以很快恢复体力和脑力，从而迫切要求实现家务劳动社会化。再者，家务劳动社会化以至绝大部分消费服务社会化，也有利于节约社会劳动，提高消费效益。

---

① 马克思恩格斯选集（第1卷）[M]. 北京：人民出版社，217、222.
② 马克思恩格斯全集（第42卷）[M]. 北京：人民出版社，132.

在现代科学技术条件下，发展社会生产，增加产品总量，主要不是依靠增加劳动数量，而是依靠提高劳动生产率。很明显，要提高劳动生产率，就必须提高劳动力质量（包括智力、体力和劳动熟练程度），而劳动力质量提高，又有赖于广泛地发展社会劳务。发展社会劳务，首先要发展文化教育、增加智力型的劳务量；其次要发展体育卫生和医疗保健，增加医疗卫生界提供的劳务；最后要增加各项社会服务，减轻家务劳动，增加自由支配时间。只有做到了以上几点，广泛地发展社会劳务，才能使劳动者具有更多的时间去学习、休息和娱乐，恢复体力和脑力，丰富知识，增长才干，提高劳动力质量，促进人的全面发展。

恩格斯曾经指出："共产主义的组织因利用目前被浪费的劳动而表现出的优越性还不是最重要的。把个别的力量联合成社会的集体力量，以从前彼此对立的这种集中为基础来安排一切，才是劳动力的最大的节省。"他以住房、取暖和做饭为例，详细地论述了集中安排的好处。比如做饭，他说："白白占据了多少地方，浪费了多少物品和劳动力！可以大胆地假设，有了公共服务所，从事这一工作的三分之二的人，就会很容易地解放出来，而其余三分之一也能够比现在更好更专心地完成自己的工作。"① 实践证实了恩格斯的设想，增加社会提供的劳务消费量，减少消费者的家务劳动，能够节约更多的劳动时间。据有关资料计算，仅洗衣机一项来说，如果洗衣店每年为1000万户以上家庭服务，就几乎能够节省15亿小时，相当于节省75万工作人员的劳动②。另据某大城市对知识分子生活状况的抽样调查，科技人员平均每天用于家务劳动的时间长达3小时，其做饭最费时，达61分钟，缝洗衣服36分钟，照看孩子11分钟，购买商品22分钟。在35岁以下的女科技人员中，已婚者家务劳动时间长达4小时25分钟。因此，可以这样说，节约劳动时间，努力发展劳务消费，将会为逐步实现人的全面发展创造物质条件。总之，发展劳务消费有其客观必然性，它不但是改善生活条件、提高消费水平的要求，更是节约劳动时间、提高劳动者素质、促进人不断得到全面发展的要求。因此，发展劳务消费有着极为重要的社会意义和经济意义。③

---

① 马克思恩格斯全集（第2卷）[M]. 北京：人民出版社，612-613.
② 卡马罗夫，乌拉诺夫斯卡娅. 服务领域和提高生产效果 [J]. 经济学译丛，1981（2）：56.
③ 有关劳务消费和低碳消费，参见许崇正. 人的发展经济学概论 [M]. 北京：人民出版社，2010：446-448. 许崇正，韩喜平，朱巧玲. 人的发展经济学教程——后现代主义经济学 [M]. 北京：科学出版社，2016：227-229.

第十四章　生活质量

在科学技术日益发展的条件下，福利的含义会有什么样的变化？如何认识生活质量问题？怎样才能使科学技术的发展真正有益于人的全面发展，而不至于把人变成科学技术发展的牺牲品？所以这些问题都应该引起经济学的重视，人的发展经济学更应该努力致力于解决这些问题。本章围绕人的全面发展与生活质量之间的关系，重点论述公平竞争、机会均等前提下的公平与效率并重与人的全面发展；工作兴趣与人的全面发展；闲暇与人的全面发展。

第一节　生活质量的含义

什么是生活质量？应当如何看待生活质量？这一问题，已越来越引起各国经济学家关注，成为伦理经济学研究的一个不可忽视的重要问题。

在西方，有关生活质量的含义讨论不仅具有理论意义，而且对经济政策的制定和社会经济发展战略的制定也具有十分重要的意义。这是因为一些西方经济学家认为，生活质量有着广泛、深刻的内涵。生活质量不仅是福利的一项重要内容，而且生活质量的高低也是衡量福利大小时所应当被考虑的重要指标。生活质量不仅有自然方面的内容（如环境污染的消除、生活条件的美化），而且有社会方面的内容（如人的才能能否得到充分全面地发展，是不是大多数人都有能得到全面发展的机会，以及社会文化服务是否方便、社会治安状况的好转等）。因此，在讨论福利的含义和制定福利政策时，这些西方经济学家认为有必要以生活质量的提高来表示福利的增长。比如，在促进人的才能的充分全面发展方面，在效率优先的前提下，提倡公平竞争、机会均等等方面，在消除环境污染、改善和美化生活条件、发展社会文化服务，以及在改进社会治安等方面所取得的成绩，都应当被看成人们生活质量的提高，从而被看成福利的增长。

不能把福利仅仅用国民收入来表示，福利的变动是不可能用国民收入或平均国民收入的变动来直接表示的。平均国民收入这样的指标有着很大的局限性，它不仅掩盖了国民之间实际收入分配方面的不平等，而且忽视和掩盖了社会是否为大多数人的充分全面地发展创造了条件，人是否在不断地得到全面发展这一重要问题。

西方经济学家还认为，生活质量的一个很重要的含义，是人们在工作时不感到单调、乏味。在新技术日益被采用，机械化、自动化程度越来越高的条件下，如果每个工作者都被束缚在流水作业线上，总是重复地进行某一项工作，那么工作者不仅精神上会产生疲劳，而且会感到乏味。这时，尽管产值增长了，但并不意味着福利的增长。由此得出的结论是：在经济和技术的发展过程中，应当创造出这样一种工作环境，使每个劳动者都能在工作中使自己的才能得到充分地发挥，并发挥出自己的创造性精神，使他们在工作中产生兴趣，不感到自己像一个机械人一样工作。这个问题被认为是在技术进步过程中才出现的，而且也只有在技术进一步发展的条件下才能逐步得到解决。但在制定政策时，应当及早地考虑生活质量的这个含义，不应当把劳动者单纯看成"消费的人"，看成机械地、被动地接受某种指示而重复地进行一项工作的人。

另外，闲暇时间的多少，以及人们对闲暇时间能否有效地支配，应被认为是生活质量含义的又一个重要方面。一些西方经济学家认为：闲暇的增加也可被看成是生活质量提高的一个重要方面，从而它可以同生活质量问题放在一起考察。一个国家在制定政策和社会经济发展战略时，应当考虑到生活质量的这一含义，使人们不仅享有尽可能多的自由支配时间，而且能有效地和合理地支配越来越长的闲暇，从而感到生活是丰富多彩的、富有乐趣的，并使人能得到全面充分的发展。

生活质量问题，对于社会主义社会也有重要的理论和现实意义。这是与人在社会主义社会中的地位直接有关的。在社会主义社会，人不是为了生产，而是生产为了人——这是我们考察社会主义生产目的的基本出发点[1]。这里所说的"人不是为了生产"，是就人是社会的主体这一点而言。生产本身不是目的，人不是单纯地作为生产力的要素之一而生活的。人的价值远远超过了这一点。这里所说的"生产是为了人"，是把生产作为实现人的价值的一种手段来看

---

[1] 厉以宁. 对人的关心和培养是社会主义生产目的 [M] // 中国政治经济学社会主义部分研究会. 论社会主义生产目的：全国社会主义生产目的讨论会论文集. 长春：吉林人民出版社，1981.

待的。由于人是社会的主体，如果不是为了人而生产，那么生产就失去了意义。因此，对于社会主义经济的研究者来说，生活质量问题之所以重要，因为只有重视生活质量并不断提高生活质量，才能体现出"生产是为了人"这项原则。

我国经济学界关于生活质量含义问题的讨论，目前还很不充分，还没引起绝大多数经济学家和经济理论工作者的重视，笔者认为，社会主义生活质量含义的定义应该表述为：人们有足够的收入，足以满足基本生活需要；并且，在机会均等的前提下公平与效率并重，有一个公平竞争、机会均等的环境；同时人们有较多的闲暇时间，供自由支配；从而，使人的才能能够得到全面发展。此外还有，人们能受到较高程度的教育；人们能得到较好的医疗条件；有一个整洁、优美的环境；社会有秩序，人们生活安定，等等。其中，绝大多数人能否有一个公平竞争、机会均等的环境，从而人的才能能否获得全面充分的发展是社会主义生活质量内涵的主要方面和主要衡量标准。

第二节 机会均等前提下公平与效率并重

一、公平和效率原则是经济学中的两个重要原则

效率原则就是要求获取尽可能多的实际收益，即以最小的投入取得最大的产出。西方经济学的经典理论认为，对纯粹自由竞争的市场的竞争，平衡的要求即对生产中效率的要求，这包括资源在工业部门和企业中的分配，商品在消费中的分配，等等。生产的高效率是指，给定每个人所需要的休息时间，剩下的工作时间尽可能高效率地加以利用，更多地生产一种产品的唯一方式是更多投入，而不是在这种产品的生产中重新进行投入分配。而高效率消费的标准是：给定了所生产的各种商品，倘若对商品再加重新分配，将使各方均受损。经典理论把达到均衡点的纯粹自由竞争的市场作为取得高效率的前提。虽然当代经济学家对此做了批评、补充和修正，但是效率原则仍然是衡量一个社会经济运转状况的基本标准。

而效率原则又随时面对着它的对立面——平等原则，因为效率原则本身并没有规定达到高效率的平衡点时的分配是否公平和平等。这样，效率问题和平等问题就成为人的发展经济学中的两个重要方面（重要范畴）。当代自由主义经济学家的特点是强调效率，而以权利和机会平等作为根本的甚至是唯一的平等要求，否定经济分配的平等。他们继承了古典经济学中的自由放任主义，认为分配的正义问题是由市场的运转来解决的，不需要人为的努力来实现。面对市场机制的干扰，不管具有怎样好的意图，都会导致低效率，阻碍进步。换言之，在市场体系中，人们的经济利益和自由权利并不冲突，市场可以同时满足两者。持此见解的具有代表性的是货币学派的经济学家米尔顿·弗里德曼。他论证道，市场机制以下述方式保障人们的自由的天然权利：第一，它保证财产权利，包括人们按自己的意愿消费自己的收入；第二，它保证选择职业的自由，每个人自由选择自己最需要的与他的能力相适应的职业；第三，它促进了人的能力自由地发展，每个人选择他自己的生活方式，自由地按照自己的能力行事；第四，它促进了表达的自由，竞争的市场通过使经济权力和政治权力分离，分散了经济权力而保障了交流的基本自由，人们的言论自由由于存在着就业的多种选择机会变得更有现实性。表达自由特别是新闻自由即是如此，与政府或某个报章的主编的意见不同的观点可以在竞争的大众传播界得以公布，如此等等。

货币学派的经济学家们认为：市场保障了人们对福利的天然权利，因为市场提供了最大效率，为最大多数人产生了最大量的经济效益。而控制市场就会降低其效率，从而减少了产品和服务的总量。由此可见，货币学派在效率原则问题上，与功利主义者一样，以所谓最大多数人的最大利益作为主观的依据。而他们之所以强调绝对自由的市场只是要说明，只有不加干预的市场才能提供最大量的国民收入，以此实现人们对福利的权利。

货币学派对平等问题也做了颇为详尽的讨论。经济学家弗里德曼把机会平等与结果平等加以区别（通常人们所说的起点平等和终点平等或经济平等也指的同一件事）。他认为，机会平等不应完全按字面意义来理解，因为人们不可能在家庭出身、视力和智力等天赋条件上机会平等。机会平等的真正含义是法国大革命时的一句话：前程为人才开放，"任何专制障碍都无法阻止人们达到与其才能相称的而且其品质引导他们去谋求的地位。出身、民族、肤色、信仰、性别或任何其他无关的特性都不决定对一个人的开放的机会，只有他的才能决定他所得到的机会。"① 弗里德曼强调这种机会平等与自由并不抵触，相反是自由的重要组成部分。在美国的经济中，机会平等居于优先地位，在自由的市场机制中，人们自由地做生意，从事任何职业做交易，成败概由自取。金钱万能的时尚改变了传统的看重出身和门第的封建贵族社会的标准，财富的积累成了衡量才能的最方便的尺度。这使美国的生产日益提高，同时也促进了非营利医院、

---

① 米尔顿·弗里德曼，罗斯·弗里德曼. 自由选择[M]. 胡骑，席学媛，安强，译. 北京：商务印书馆，1982：135.

私人资助的院校等慈善事业的发展。

弗里德曼指出,在21世纪深入人心的另一种平等是结果均等,"对所有人公平分配"成了新口号。但弗里德曼认为,这种分配结果平等的观念与人身平等和机会平等有着天壤之别,因为促进人身和机会平等的政府措施增进自由,而平均分配的政府措施则减少自由。如果人们的所得依照"公平"而定,那么,谁来决定什么是"公平"?做出这种决定的人本身是否公平,此外靠什么去刺激人们的工作和生产?怎样决定谁当医生、律师,谁捡垃圾、扫街道?在弗里德曼看来,要实现这一切就只能靠强力或威胁了,这里存在着实践与理想的分离,而公平分配的理想与人身自由的理想存在着根本的冲突①。弗里德曼的上述议论着重强调人的意识中自私和物质欲的方面,而认为任何平均分配方式都不能给生产和社会发展带来刺激力。

弗里德曼还批评了一些西方所谓"福利国家"的政府实行的结果均等政策的后果。例如,战后英国采取了一系列措施:从富人手里拿走一些财富分配给穷人,所得税率不断提高,遗产税也越来越重,国家在向失业者和老年人提供救济的同时,还大规模地增加了医疗、住房和其他福利事业。其结果,虽然财富被广泛地重新分配,但到头来分配还是不公平,却以新的特权阶级代替了或补充了原有的特权阶级。这些新特权阶级包括:握有铁饭碗的官僚们,无论在职或退休,他们均受保护,不受通货膨胀影响;工会头头们即工人贵族;还有新的百万富翁,他们善于逃避法律,并把财产转移到海外,等等。弗里德曼强调,英国的平等运动把一些最有才能、最训练有素、最生气勃勃的公民赶出了英国,而使美国等国大受其益。平等运动明显地影响了英国在过去几十年中的经济增长,在这方面大大地落后于其欧洲邻国和美国等发达国家。弗里德曼还批评苏联的官僚和技术人员组成的上层特权阶级与广大群众在消费方面的差距,以及工头与普通工人在收入上的差距。例如,专为少数人享受的特殊商店和学校,专供少数人使用的豪华轿车,等等。然后得出结论说,一个社会把平等——即所谓结果均等放在自由之上,其结果是既得不到平等,也得不到自由。使用强力来达到平等将毁掉自由;另一方面,一个社会若把自由放在首位,则将得到更大的自由和更大的平等②。可以看出,货币学派的经济学家们在平等

---

① 米尔顿·弗里德曼,罗斯·弗里德曼. 自由选择 [M]. 胡骑,席学媛,安强,译. 北京:商务印书馆,1982:138.
② 米尔顿·弗里德曼,罗斯·弗里德曼. 自由选择 [M]. 胡骑,席学媛,安强,译. 北京:商务印书馆,1982:152.

与效率问题上的基本观点是以提高效率为根本目标,以人身和机会的平等为次要目标,以自由竞争经济作为实现效率优先和人身平等的根本和有效途径,认为这样的结果,人们将自由择业,勤勉工作,自由发挥自己的才能,得到更大的结果平等。

弗里德曼的观点和论述虽然有一定的道理,但是缺陷也是十分明显的:由于他轻视和忽视公平及公平分配,导致资本主义国家特别是美国,以及实行市场经济的所有国家贫富差距日益扩大。5%~10%的人占有一国财富和资产的70%~80%左右,而占人口80%的广大人民加起来只占一国财富和资产的20%~30%,并且这种分配的不平等日益加剧。

二、我国现阶段应该实行的平等观:机会均等前提下公平与效率并重

马克思主义认为,平等观念从来就是一定历史社会关系的产物。新的历史时期社会关系将确立新的价值判断准则,而新观念一经确立,又将推动经济发展和社会进步。随着建设一个高度繁荣的经济社会的客观进展,确立平等观的科学内容这一要求,已经摆到我们面前。今天,平均就是平等、平等就是结果均等的传统观念虽然正在被破除,但平等观的真正要义是机会均等这一点,却还未得到普遍的承认。

在一些人看来,机会均等,似乎有接过资产阶级口号之嫌。其实这是一个误解。资产阶级鼓吹的机会均等,首先掩盖了占有生产条件的不平等,进而掩盖了阶级地位和整个社会状况的不平等,甚至存在种族、性别等方面的歧视。我们所说的机会均等,是与社会主义市场经济的本质要求相联系的,是以人民群众在政治地位和社会地位方面的平等为基本前提的。在社会主义条件下,从理论上来说,全体劳动者都应享有主人翁地位、平等的劳动权利以及按劳动量领取报酬的平等权利,劳动者之间的这种地位平等,为机会均等的真正贯彻提供了现实的必要条件。机会均等的真正贯彻,又进一步表明劳动者地位平等的实现。在平等观看来,所谓机会均等,无非一切能使个人自主活动能力得到充分发挥并由此取得成就的机会,诸如就业、致富、受教育的机会,参与民主管理的机会、合作的机会,甚至参政的机会,等等,均向每个社会成员开放着。这种机会面前的平等,不承认任何种族、性别、年龄的差别,更不承认那种由血统、门第、宗法关系所决定的封建等级差别和特权,而只承认劳动者在个人自主活动能力和努力程度方面的差别,亦既具有同等能力,又付出同等努力的人可以获得同等机会;付出了同样努力,但能力各异的人可以获得不同的机会,等等。

提倡机会均等，不仅适应社会主义联合劳动的新型生产关系，而且适应大力发展社会主义市场经济的迫切要求。当经济当事人在经济过程中面临竞争的筛选时，如果不享有自由进入竞争的权力，也不具备可供选择的机会，要想使自身生存、发展，从而推动社会主义市场经济的高度繁荣，将是十分困难的。几年来的经济体制改革，为逐步确立科学的平等观提供了许多有利条件。随着多种经济成分并存、多层次决策、多渠道传播信息以及市场体系的形成和完善，人们将日益强烈地要求普遍贯彻与竞争择优原则密切相关的机会均等原则。

机会均等本身又是一条效率原则。与结果均等的公平要求不同，机会均等所强调的，首先不是现有的财富的平均分配，而是使社会财富不断增长，人的才能有平等充分发展的机会。因而，效率不过是机会均等要求的题中之义。

坚持机会均等前提下公平与效率并重原则，在根本上是由发展社会主义生产力的历史任务所决定的，特别是像我国这样一个发展中国家，机会均等前提下公平与效率并重原则的普遍实施，意味着促进时间的节约，物质消耗和活劳动消耗的减少，人的活动能力和素质的改善，自主联合劳动集体的劳动生产率的提高，这一切同时意味着社会财富的涌流，生产力的增进和发展。只有效率优先所带来的生产力的极大发展，才能保证社会公平不断扩大规模、改善质量、提高水平。效率优先是使财富不断扩大和积累，从而实现社会公平的根本途径。

从劳动者收入分配的角度看，机会均等、效率优先原则是与社会主义按劳分配的要求密切相联系着的。在劳动者平等占有生产资料的基础上，等量劳动领取等量报酬，即劳动机会、按劳动量获得个人收入的权利是平等的。劳动者要得到更多的收入，首先就必须为社会财富的增进做出更大的贡献。因而，按劳分配的真正贯彻，恰恰又体现了效率优先的原则。

在整个社会范围内，效率优先的平等观认为，财富的分配和再分配，必须使那些能够最有效地促进社会财富增长的人或集团获得最大利益。否则，社会的经济效率、繁荣与进步就将受到损害。在经济体制改革中，我们提出了让一部分人先富起来的口号，它所代表的也正是效率优先的要求，并且确实刺激了经济效率的提高，因而是十分正确的。

另外，将机会均等、效率优先确定为社会主义平等观的真正要义，不仅不忽视社会公平原则和必要的结果均等，相反，还以兼顾后者作为自身真正得以确立的保证手段。这在目标转换过程中尤为如此。

总之，社会向人们提供了各种机会，但这些机会无疑受到社会生产力水平的制约。能够使个人自主活动能力得到充分发挥并取得成就的各种机会的种类和范围,都将随着生产力水平的发展而增加、扩大,同时劳动者也随之锻炼出新的品质,提出新的要求,并为满足这些需求开拓新的手段和机会。尽管现代大工业改变了旧的劳动分工的某些局限性,个人对自由全面发展的要求也日益强烈,但是个人自主活动受到有限交往的束缚。在旧的社会分工还将长期统治人们的时候,劳动者对局部生产资料的固定性、排他性占有和使用,把自身局限在某一特殊部门,形成了一种片面的发展;劳动者对产品的支配关系和由此形成的财产所有关系,约束着劳动者的交往形式;劳动仍然主要是谋取物质生活条件的手段,而不是自主活动的积极实践,劳动者被迫服从着非自愿的社会分工,他本身的活动就不能达到充分的自主和自由。因此,在现阶段,实现公平竞争、机会均等,就必须尽快改变职业分工固定化的做法,使人们自由选择职业、自由全面地充分发展。公平竞争、机会均等和人的自由全面充分发展是联系在一起的,缺少了一个方面,另一方面就不可能达到。

第三节 闲暇时间与人的自由全面发展

闲暇时间又称"自由时间",它是历史发展的一种积极产物。马克思认为:"自由时间"一是指"用于娱乐和休息的余暇时间";二是指"发展智力,在精神上掌握自然的时间"。"自由时间"就是"非劳动时间","不被生产劳动所吸收的时间"[①]。只有生产力很发达,人类才能在社会必要劳动时间中游离出相当数量的剩余时间,构成社会的"自由时间"。所以,"自由时间"是生产力发展的尺度和标志,在生产力发展的不同阶段它具有量的区别。

"自由时间"的意义还在于它实质上是人类对自身动物性生存的超越,因而也即是对自然必然性的摆脱和对人类自由的确证。如果没有"自由时间"的游离,也就意味着人类永远束缚于满足生存需要的、受外在目的支配的必然王国之中,也就不可能有真正的人类史。所以,人类的发展实际上就是对"自由时间"的运用和进一步的追求。

然而,我们又不能孤立于一个方面去看待"自由时间"。"自由时间"本身是一个处于过程中的社会矛盾体,它以个体和类的抗争作为自己存在的前提,因而只能在个体发展不平衡和对立的夹缝中生长伸延。在阶级社会中,社会必

[①] 见《马克思恩格斯全集》第26卷第3分册第287页,第46卷下册第221.

要劳动时间和剩余劳动时间的对立就是阶级的对立。私有制社会制度不可能使"自由时间"均匀地分配给所有社会成员享受，而只能被少数人所垄断。这种垄断以阶级压迫为条件，以通过强制劳动吸收被压迫者的时间为基础。"自由时间"的垄断者继承和享受着人类历史一切文明成果，代表社会发展的方向，使自己作为人的本质得到确证。相反，"自由时间"的生产者却始终感到压抑和痛苦，承受着人类的愚昧和堕落。"自由时间"的发展，一方面缩短了社会必要劳动时间，为所有的人在科学等一切领域内全面发展提供了时间和可能性；另一方面它又把无数的人抛进了为他人、为社会生产剩余时间的不可解脱的劳动之中，从而失去了自由全面发展的现实性。"自由时间"对人类社会的价值是以金钱来计算的，是与痛苦时间或不自由时间的发展并行的。因此，从总体上看，资本主义社会里，"自由时间"又是与人类本质力量的确证相悖的。仅有"自由时间"量的增加并不完全表征历史主体自由的扩大。如果人类在"自由时间"之外的生产劳动中仍然感到压抑和痛苦，那么"自由时间"本质上就是不自由的。这就是说，在市场经济发展初期社会里，时间的节约是依赖时间的掠夺实现的。少数人通过夺取他人的劳动和金钱丰富了自己的时间，垄断了多数人全面发展的可能。但就整个社会来说，时间财富并没有得到真正的节约和丰富，社会的发展以牺牲大多数人为代价。在这种条件下，人是时间的奴隶，时间通过金钱奴役着人类。

时间的性质由劳动的性质来说明。"自由时间"赖以生产的社会劳动条件是非人道的。我们承认这种非人道的社会对原始愚昧辩证否定的历史进步意义，同时我们更相信，这种不人道的社会本身还将被更高级的人道的社会所代替。马克思说，物质生产的劳动只有在下列情况下才能获得真正自由的性质："①劳动具有社会性；②劳动具有科学性，……人不是用一定方式刻板训练出来的自然力，而是一个主体，……作为支配一切自然力的那种活动出现在生产过程中。"[1] 由于社会劳动本身的质变和升华，它将成为艺术和美的永恒和终极的表现形式，成为人的第一需要。劳动不再是畸形的片面的，而是全面表现人类本质的完整的对象性活动，是自由的象征。人类的生产劳动（包括体力的和脑力的）是永远不会结束的，人类劳动形式的发展趋势又是传统意义上的劳动形式不能说明的。因此，真正自由的劳动必将导致"自由时间"和劳动时间对立的扬弃。在这个过程中，"自由时间"将结束自己的社会使命。它像资本一样推动

---

[1] 马克思恩格斯全集（第46卷）下册 [M]. 北京：人民出版社，1979：113.

了历史前进的车轮,也将像资本一样葬身于自己造就的历史坟墓之中。恢宏的时间会向人类社会显示出自己崭新的品德。"时间实际上是人的积极存在,它不仅是人的生命的尺度。而且是人的发展的空间。"① 于是,时间将成为除人本身之外最宝贵的东西、最稀有的资源。人们不再以拥有物产和金钱的多少,而是以拥有社会时间的多少去衡量社会的发展和进步。对时间的开拓和充实是每个国家每个人发展和完善的中心环节。没有创新,就将失去时间;失去时间,就将失去生存的空间,就将被时代的发展所淘汰。

因此,"社会发展、社会享用和社会活动的全面性,都取决于时间的节省。一切节约归根到底是时间的节约"②。时间的节约,不是对他人时间的掠夺,而是把时间当作人类全面发展自身才能的广阔天地,像人们不断地开拓生存的空间范围一样,实现于每个人的积极的创造性的活动之中。对新的生存空间的开拓是节约和丰富时间的主要的或者说是唯一的手段。新兴的微电子技术以其创造性的革命本性扩大和改造着人类的生活空间,极其有效地实现了对时间资源的节约。在这种历史条件下,时间的充裕不再与时间的浪费重叠,不再与时间的掠夺一致。它与时间对社会进步的服从、对社会的价值度是成正比例发展的。这样,人才是时间的主人,通过发展自身开拓未知,从而驾驭着时间的运行。

"时间就是金钱"的口号在历史上曾为促进人类的进步产生了巨大的刺激作用,今天也还在继续起着这种作用。恩格斯曾肯定了这一口号是人类共有的思想财富。在进行建设的事业中,要求我们每个生产者和管理者首先必须认识到自由时间的积极作用,努力创造条件使个别劳动时间低于社会必要劳动时间,加速整个社会的财富积累过程。另一方面,我们应该看到,金钱不能取代时间,时间赋予人类生命的意义是金钱所望尘莫及的。赶超世界的关键是时间资源的开发,开发时间的首要途径是提高劳动者主体的智力素质。在社会发展过程中,如果说客观的既定的条件是进步的前提和决定因素,那么,主体的能动作用,人能否全面发展,便是进步的关键和主导因素。再优越的客观条件,如果没有主体的运用,它也永远只是沉睡着的潜能,只有主体通过积极的创造性的全面发展活动才能将其运动起来,它才能造福于人类。因此,我们应该增加劳动者的闲暇时间(即自由时间),并合理地利用、支配自由时间,才能促进人的自由全面发展;另一方面,我们只有加快实现人的自由全面发展,才能使"自由时间"得到更加科学、合理的利用。

---

① 马克思恩格斯全集(第47卷)[M].北京:人民出版社,1979:532.
② 马克思恩格斯全集(第46卷)上册[M].北京:人民出版社,1979:120.

第十五章 经济效益

经济效益作为一个抽象经济范畴，是指经济活动中的投入与产出、劳动占用与收益之间的对比关系。从经济效益的自然属性方面来看，它反映着生产中人与物的生产技术方面的关系，是各个社会形态共同具有的经济范畴。在马克思看来，经济效益是指生产经营活动中占用与耗费的劳动（包括物化劳动与活劳动）同生产经营的最终成果之间的比较。

第一节 马克思的经济效益理论[①]

一、经济效益的二重性

经济效益本身具有二重性：一是自然属性；一是社会属性。

从经济效益的自然属性方面来看，它反映着生产中人与物的生产技术方面的关系，是各个社会形态共同具有的经济范畴。在马克思看来，经济效益是指生产经营活动中占用与耗费的劳动（包括物化劳动与活劳动）同生产经营的最终成果之间的比较。也就是说，如果生产经营成果相同，则占用与耗费的劳动越少，经济效益就越大，反之经济效益就越小；如果占用与耗费的劳动相同，取得更多更好成果的，则经济效益就大，反之经济效益就小。因此，经济效益的大小，同生产经营活动中占用与耗费的劳动量成反比，同生产经营成果的大小成正比。由于经济效益的自然属性体现的是生产技术方面的关系，直接反映所费与所得的状况与水平，因而在不同性质的社会生产中都存在，并且是可以相互比较的。

---

① 本节关于马克思的经济效益理论，参见许崇正，韩喜平，朱巧玲，等. 人的发展经济学教程——后现代主义经济学 [M]. 北京：科学出版社，2016：313-316.

与上述自然属性不同，经济效益的社会属性是指通过生产经营的使用性成果和收益性成果来表现人与人之间的社会生产关系。经济效益的性质会因社会形态不同而不同。各个不同社会形态，表现出来的这种经济效益的特殊性，受到各个不同的社会生产关系、不同的社会生产目的决定和制约。在资本主义制度下，生产资料由资本家私人占有，生产的目的是追求剩余价值。资本家追求的经济效益，正像马克思指出的，是力求"用最低程度的预付资本生产最大限度的剩余价值或剩余产品"。[1] 在剩余价值规律的支配下，资本家讲求的经济效益只是重视资本的节约，而对活劳动的节约，只有在影响资本家得到更多利润的限度内才予以考虑。因此，资本家总是为了节约更多的不变资本而极大地浪费活劳动。如马克思所说："资本主义生产方式按照它的矛盾的、对立的性质，还把浪费工人的生命和健康，压低工人的生存条件本身，看作不变资本使用上的节约，从而看作提高利润率的手段。"[2] 所以，对由资本主义剩余价值规律所决定的资本主义经济效益大小的评价，其唯一的标准就是"资本利润率"，即利润与全部预付资本之比。利润率越高、经济效益就越大。因此，资本主义生产资料私有制还决定了资本家所追求的仅仅是企业范围内的经济效益，即通常讲的微观经济效益，而不太关注社会范围的经济效益，即宏观经济效益。这样，就会造成社会资源的浪费和社会生产的无序。

二、经济效益的基本原理

当年，马克思主要研究了资本主义社会的经济效益问题。在研究的过程中，也揭示了适合于各个社会形态的经济效益的一般原理。

马克思认为，任何社会经济的发展都要考虑到经济效益问题。他说："在一切社会状态下，人们对生产生活资料所耗费的劳动时间必然是关心的，虽然在不同的发展阶段上关心的程度不同"，[3] 这里所说的对生产生活资料所耗费的劳动时间的关心，也就是关心生产的经济效益。人们关心经济效益问题的原因在于，经济效益问题是与时间节约规律密切联系着的，而时间节约规律是人类经济生活的根本规律。人类只有创造物质财富才能生存和发展，而人类的劳动时间在一定的历史条件下又是有限的。要想用有限的劳动时间创造出日益丰富的生活资料和生产资料就必须从各个方面节约社会劳动，其中包括活劳动和物化

---

[1] 马克思恩格斯全集（第26卷第2册）[M]. 北京：人民出版社，1984：625.
[2] 马克思. 马克思恩格斯全集（第3卷）[M]. 北京：人民出版社，1975：102.
[3] 马克思. 马克思恩格斯全集（第1卷）[M]. 北京：人民出版社，1975：55.

劳动，这是一个不以人的意志为转移的客观规律。人们关心经济效益的原因在于，经济效益表现为剩余产品，而剩余产品是一切社会存在和发展的基础。马克思说："一般剩余劳动，作为超过一定的需要的劳动，必须始终存在。"① 不论什么社会，没有经济效益就没有积累，也就没有进步和发展。可以说，效益就是生命。

在马克思看来，经济效益是人类对预期生产目的的实现程度的评价。人类的生产活动是创造使用价值的有目的活动，是人以自身的活动来引起、调整和控制人和自然之间的物质变换过程。人们总是力图"靠消耗最小的力量，在最无愧于和最适合于他们的人类本性的条件下来进行这种物质变换"②。在这一过程中，人类必然要把经济活动获得的成果同劳动占用或耗费联系来评价预期生产目的的实现程度。这一评价过程就是对经济效益的确定过程。产出大于投入的余额，就是经济效益的内容。

正因为经济效益的内容是如此，经济效益便与节约在不同的方向有相同的意义。经济效益在一定意义上也是对投入的节约，即产出已定的时候，经济效益的大小就表现为投入节约的多少。马克思说："真正的经济——节约——是劳动时间的节约（生产费用的最低限度——和降到最低限度）。而这种节约就等于发展生产力。"③ 经济效益提高会使生产规模扩大，由经济效益提高引起的扩大再生产是内含扩大再生产。马克思说："生产逐年扩大是由于两个原因：第一，由于投入生产的资本不断增长；第二，由于资本使用的效益不断提高。"④ 由第一个因素引起的扩大再生产是外延扩大再生产，因为在这里投入和产出是等比例增长的。由第二因素引起的扩大再生产是内含扩大再生产，因为在这里产出大于投入。而产出大于投入是经济效益的内容，因此，也可以说内含扩大再生产是经济效益引起的。

三、经济效益的核心内容

马克思经济效益思想极为丰富，值得我们很好地研究。可以将马克思经济

---

① 马克思恩格斯全集（第46卷：下）[M].中共中央马克思恩格斯列宁斯大林著作编译局，译. 北京：人民出版社，1986：225.
② 马克思恩格斯全集（第3卷）[M].北京：人民出版社，1975：927.
③ 马克思恩格斯全集（第46卷：下）[M].中共中央马克思恩格斯列宁斯大林著作编译局，译. 北京：人民出版社，1986：225.
④ 马克思恩格斯全集（第26卷第2册）[M].中共中央马克思恩格斯列宁斯大林著作编译局，译. 北京：人民出版社，1982：598.

效益的核心内容概括为以下四个方面。

第一,用最小的价值获取最大的使用价值,创造真正的财富。马克思在《剩余价值理论》中曾经表示同意李嘉图的说法:"真正的财富在于用尽量少的价值创造出尽量多的使用价值,换句话说,就是在尽量少的劳动时间里创造出尽量丰富的物质财富。"[1] 也就是说,评价经济效益一定要把经济活动中所得利益同劳动占用或耗费相联系。这才是真正的财富。马克思还认为,节约人类劳动和生产力的发展在不同的方向上有相同的意义:劳动时间的节约等于发展生产力,是"真正的经济",是由生产力所决定的"效率"。

第二,生产要素质量的状况是检验经济效益好坏的重要标志。马克思说,"生产逐年扩大是由于两个原因:第一,由于投入生产的资本不断增长,第二,由于资本使用的效率不断提高。"第一个原因是指生产要素数量的增加,即资本量的增长,由此引起的扩大再生产属于外延扩大再生产。显然这不能作为经济效益提高的内容。第二个原因是指生产要素质量的提高。由此引起的扩大再生产属于内含扩大再生产。显然,这才是经济效益提高的内容。生产要素质量与经济效益成正比。马克思认为,要提高经济效益,必须提高生产要素的质量。

第三,充分利用生产和流通中的多种潜能是经济效益的源泉。提高经济效益的方法就是充分利用各种潜能,使生产要素成为更大的产品形成或价值形成要素。马克思详细举了各种提高经济效益的方法。这些方法可以归纳为两大类。一类是直接提高经济效益的方法。如充分利用自然物质和自然力。加强对劳动力和生产资料的使用,节约使用生产资料,缩短生产时间等;一类是间接提高生产要素使用效率的方法,如使社会生产部类之间和部类内部比例协调,采用先进的科学技术,缩短买卖时间,加强企业管理等。具体地说:①生产上利用的自然物质,尽管不是资本的价值要素。但只要提高原有劳动力的紧张程度,不增加预付货币资本,也可以从外延和内含方面加强对自然物质的利用。②同一劳动资料可以延长每天的使用时间,更有效地加以利用。③各种自然力可以通过各种方法和科学技术,更好地发挥它们的效能。④随着分工和协作的发展以及人类文明的积累,劳动力的技能会得到提高。⑤因资本集中而形成大规模的社会生产会带来劳动生产力的提高。⑥加快资金周转,节省预付资金,在一定的时间内可以少花钱多办事。⑦不追加资本,可通过提高劳动生产力增加产品数量。

---

[1] 马克思恩格斯全集(第1卷)[M]. 中共中央马克思恩格斯列宁斯大林著作编译局,译. 北京:人民出版社,1980:605.

第四，提高经济效益的主要途径是提高劳动生产率。马克思认为，如果撇开土壤肥力等自然条件，撇开分散劳动的独立生产者的技能，那么，社会劳动生产率的水平就表现为一个工人在一定时间内，以同样的劳动力强度使之转化为产品的生产资料的相对量。劳动生产率和经济效益有着密切的联系。劳动生产率的提高，一方面意味着具体劳动在单位时间内所生产的使用价值数是否增加；另一方面意味着生产单位产品所耗费的劳动时间减少，单位商品价值量的减少。马克思认为，要发展商品经济，商品生产者就必须提高劳动生产率，节约劳动耗费，降低商品中的物化劳动和活劳动的消耗，以求最佳经济效益。

第二节 经济增长速度与结构、质量、效益相统一

经济增长是指一定时期内，一国国民生产的商品和劳务总量。其内涵不仅仅是指增量，更应该是一个存在增量结果的长期持续增长。构成经济增长的要素包括经济增长速度、经济增长结构、经济增长质量和经济增长效益。经济发展的重要目标是追求速度、结构、质量和效益相统一。提高我国经济发展的整体水平，最重要的是提高经济运行的质量和效益。质量和效益上去了，国民经济就能形成良性循环，发展就有后劲。质量效益上不去，片面强调速度，只能是欲速则不达，最终影响经济的整体运行。经济增长结构是指国民经济构成要素之间相互联系和相互作用的关系和方式。主要包括所有制结构、产业结构、技术结构、企业组织结构和地区结构等。经济增长质量是一个很广泛的综合概念，它包括人们生活水平的提高、就业充分、物价稳定及环境优美，等等。它关注的是经济增长的后果、前景及其给人们带来的福利，经济增长效益则更多地体现在劳动报酬和居民收入增长上，体现在企业利润增加和财政收入增长上。因此，经济增长质量与效益、经济增长速度与结构存在着密切关系。提高经济增长质量和效益，需要保持一定的增长速度，同时要在"调结构"上做文章，否则，提高质量和效益就无从谈起，增加就业、提高居民收入和改善民生就缺乏物质基础。以提高经济增长质量和效益为中心，要求的是有质量有效益可持续发展的速度，是质量和效益不断提高的速度，也是不断调整经济结构的必然结果。

一、经济增长速度与经济增长质量

经济增长的速度通常用GDP的增长率来衡量，经济增长的速度并不等同于

经济增长的质量，经济增长质量的提高是以经济增长的数量和速度为前提的，但是如果片面追求经济增长数量和速度会制约经济增长质量的提高。对经济增长质量的评价不仅要看GDP的数据，而且要看GDP的结构和内容以及经济增长成果的分享，包括产品种类和质量的升级，产业结构和产品结构的优化，人民的消费水平和福利水平提高，等等。经济增长速度的变化对经济增长质量有很大影响。经济增长速度太快，超过了潜在增长率（适度增长率），会导致增长质量的下降，引起经济波动，这是我国经济中长期存在的问题。20世纪90年代中期经济过快增长导致了严重通货膨胀、经济波动，以至持续到2002年的通货紧缩，这段经历人们仍记忆犹新。

经济增长质量的变化会反过来影响经济增长的速度。为了扩大就业，提高人民的收入和生活水平，我们确实需要追求尽可能高的经济增长速度。但是，我们要追求的高速度，不是一年、两年的高速度，而是十年、二十年的高速度。以往的经验教训表明，对于我们这样一个发展中大国，短期内的经济增长速度过高，是不能解决持续发展这样的大问题的，只有长期的持续增长，才能使国民经济发生根本性的变化。为了追求短期的高增长而引起经济波动，不仅影响了增长质量，而且从长期看欲速则不达。因此，防止增长过快，保持经济增长的可持续性，具有重要的意义。经济增长质量对增长速度的作用和影响表现在：如果增长质量稳定上升，经济增长就具有较强的后劲，持续快速增长就有较大的潜力和可能性；如果增长质量波动和下降，经济增长的可持续性就会受到破坏，增长过程就会出现波动。同时，增长质量还影响着经济增长的有效性，使同样的增长速度出现不同的经济效果，表现为国民福利含量和增进程度的差别。从这个角度看，保持较高的增长质量，是经济长期持续增长和高效增长的重要保证，而这就需要防止追求短期高速度对增长质量的影响。

二、经济增长结构与经济增长质量

从经济增长结构与经济增长质量来看，它构成了经济增长质量的重要维度之一，如果经济增长结构均衡就会对经济增长质量发挥积极作用，而如果经济增长结构失衡就会制约经济增长质量的进一步提高。具体来看，经济增长的结构主要从以下三个方面影响了经济增长的质量。

（1）经济增长结构的优化有利于改善资源的配置状况，降低国民经济的中间消耗，从而提高经济增长的效率，促进经济增长质量的提高。首先，从资源配置状况来看，我们知道，资源是非常有限的，而经济增长中不同构成要素之间存在生产率的差异，如果生产率低下的部门或产业占据了过多的资源，那么整个经济运行的效率就不会太高。随着经济增长结构的变动，资源的配置结构也会相应地发生变化。当经济增长的结构优化时，各个部门或是产业的资源配置也就产生变化，资源从生产率增长较慢的部门向生产率增长较快的部门转移，从而促进经济增长效率的提高。

(2) 经济增长结构的优化有助于抑制经济增长的大幅波动，保持经济增长的稳定性，从而提高经济增长的质量。经济增长的结构在很大程度上决定着经济增长数量的波动状况，如果经济增长的结构失衡比较严重，就会引发和强化供求总量方面的矛盾，从而强制性地将经济运行压向低谷，形成大幅度的经济波动。随着经济增长结构的优化，各构成要素之间的发展相互协调，经济增长结构的失衡状况就会发生改善，造成经济增长数量剧烈波动的结构性矛盾弱化，经济增长的稳定性增强，从而经济增长质量获得提高。我国自1978年经济转型以来，在经济持续高速增长的过程中往往伴着大起大落的剧烈波动，而这其中非常重要的一个内在原因就是产业结构的失衡。当结构性矛盾发展到一定程度时，长期积累形成的供求矛盾就会爆发，将经济运行压向低谷，此时政府不得不从宏观上放松对经济的控制，而经济系统内部存在的强烈扩张冲动和投资倾向有可能造成投资需求迅速增长，出现经济过热和通货膨胀，此时政府又不得不采取紧缩政策，由此导致经济的大起大落。如果经济增长的结构可以得以优化，那么构成经济增长的各个要素之间的矛盾就会弱化，且相互之间的关联程度会深化、结构聚合质量会提高，从而供求总量关系实现相对的平衡，经济的大幅度波动受到抑制，经济稳定性增长，经济增长的质量提高。

(3) 经济增长结构的优化有助于改善居民的福利水平，从而提高经济增长的质量。作为世界上最大的发展中国家，中国具有典型的二元经济结构特征，一方面存在着以城市工业为代表的现代经济部门，另一方面还存在着以手工劳动为特征的传统农业部门，并没有实现工业化和城市化。由于二元经济结构的存在，自改革开放以来，在我国经济发展的现实中出现城乡收入分配差距不断扩大的趋势，而这又导致农民的购买力低下、受教育水平持续下降、医疗保障缺乏等问题。总而言之，在这40多年时间里，占我国人口绝大部分的广大农民并没有充分享受到改革开放和经济增长的成果，其福利水平不仅没有提高，而且很有可能是下降了。如果二元经济结构可以转化，传统部门的劳动力与现代部门的资本能够有效结合，农村中大量过剩劳动力实现转移，这些农业剩余人口的转移不仅可以提高他们的收入水平，同时也可以提高我国的粮食生产率，并且这些转移到非农业的人口还提高了对于粮食的需求，从而又有利于种粮农民收入水平的提高。在此基础上，占我国总人口近2/3的农民的福利水平获得改善，经济增长质量得到提高。

三、经济增长质量和经济增长效益

由于我国经济增长方式尚未得到根本改变，在经济保持持续快速增长的同时，由于经济结构的失衡、稳定性差、收入分配不平等，造成了高增长、低质量和低效益的状态；同时由于经济增长依赖于生产规模的过度扩张，资源投入的快速增长，导致过去40余年经济增长的成本居高不下，阻碍了经济增长效益的提高。这种高增长、低质量和低效益的经济特征，构成了当前我国经济增长中质量和效益的不统一性。要在经济增长中实现质量和效益的统一，就必须在经济增长战略、发展模式、结构和驱动力转换以及效益的不统一性上进行分析，具体来说，应做好以下方面的路径转型。

1. 经济增长的战略要从赶超型向质量效益型转变

要在经济数量增长的基础上，提高经济增长的质量和效益，就必须使经济增长的战略由追赶型增长战略转向质量效益型增长战略。

（1）战略思路由比较优势向竞争优势转型。在实现经济增长的数量、质量和效益统一的过程中，经济增长的战略思路要由过去强调比较优势转向强调竞争优势，以科技创新为主导，以产业结构升级为核心，以制度创新和企业创新为动力，以环境优化为保障，以提高诚信能力和竞争力为目标，培育以技术进步为基础的经济增长新优势。

（2）战略目标由低成本扩张型增长向高效率的创新型增长转型。一方面要优化需求结构，由过去依靠投资和进出口的带动向消费投资和出口协调增长转变，在强调投资需求和进出口需求对经济增长和经济增长拉动的同时，要更加强调消费对经济增长的作用；另一方面要优化供给结构，促进产业结构升级，降低能耗提高效益，走自主创新之路、新型工业之路、农业现代化之路和新型城镇化道路。

（3）战略模式由过去的数量增长向效益型增长转型。在中国经济增长进入新阶段、经济增长整体水平提高、市场竞争日益激烈、资源环境的约束强化背景下，片面追求速度和数量的经济增长模式已经走到尽头，因此要提高经济增长的质量和效益，实现经济增长的数量、质量和效益的统一就必须实现经济增长战略模式由过去的数量速度型增长向质量效益型增长转型。

（4）战略要素依赖由过去的物质资源依赖向智力资源依赖转型。过去数量速度型的经济增长依赖与资本、自然资源和人口资源，通过扩大这些资源的投入实现经济规模的扩张来实现增长。质量效益型增长依赖与智力资源，强调在经济增长过程中，强调技术进步、人力资本的作用的发挥。要实现经济增长中数量、质量和效益的统一，经济增长的战略要素依赖由以资本、自然资源、人口为核心的物质依赖向以技术和人力资本为核心的智力资源依赖转型。

2. 经济增长模式要从成本外生型向成本内生化转变

传统经济增长模式在经济增长中仅仅把生态、环境与资源看成是经济增长的外生变量，没有充分考虑资源短缺、环境污染和生态破坏的问题，更没有把由于资源浪费、环境污染与生态破坏所带来的经济增长成本与收益进行对比。而"成本内化的经济增长模式"，则把资源、环境、生态内化为经济增长的内部要素的前提下，人与自然生态相协调的前提下，以追求经济增长的质量为目标，降低经济增长的代价。这一模式的内容有：

（1）在发展观上，以人的全面发展为最终目标，以人与自然的协调为核心，彻底改变把自然视为征服对象的发展观，使经济增长由对物的终极关怀转向对人的终极关怀，在经济增长过程中，把经济过程与自然过程相结合，把经济增长的数量、质量和效益相结合。以环境保护来促进经济进步，以降低发展成本来提高经济增长的质量，提高经济增长的净收益。

（2）在生产方式上，建立低耗能、轻污染的生产方式。在生产中资源浪费、环境破坏由传统经济增长模式条件下的末端控制转变为全过程控制管理，推行清洁生产和柔性化的工业生产方式。大力推行循环经济，它是以物质和能力的积累和闭路循环为特征的，在环境方面表现为污染低排放，把清洁生产、资源综合利用、生态设计融为一体。

（3）在技术选择上，围绕环境保护和降低资源消耗建立新的技术创新体系。一方面，研究、开发和推广无污染的新技术和治理环境污染的新技术；另一方面，研究和开发提高资源利用效率的新技术，降低资源浪费，拓宽人类资源利用空间。

（4）在经济增长的评价方面，建立经济效益、社会效益、生态效益相结合的综合评价体系。以国民生产总值和国内生产总值来衡量经济增长的速度、数量，以经济增长成本和经济增长的净收益来衡量经济增长的质量和生态效益。

3. 经济增长的动力要从要素驱动型转向创新驱动型

我国传统的数量型增长是一种要素驱动型经济增长，这种经济增长的形成机制是通过投入规模扩大,从而实现产出增长的机制。要实现经济增长的数量、质量和效益的统一,必须实现由要素投入驱动向创新驱动的转型,创新驱动的机制是提高效率、降低成本。实现经济增长动力从要素驱动型转型创新驱动型的路径在于:

(1) 以产业创新形成新型产业体系。20世纪60年代初,世界主要发达国家的经济重心就开始转向服务业,产业结构呈现出"工业型经济"。要通过创新驱动来实现经济增长数量、质量和效益的统一首先要进行产业创新,产业创新的目标是,构建以高端制造、创新驱动、品牌引领、低碳发展为特征的新型产业体系。

(2) 以科技创新形成完备技术创新体系。我国经济发展技术含量不高,很多关键技术和核心技术受制于人,先导性战略高技术领域科技力量薄弱,重要产业对外技术依赖程度依然较高,影响自主创新的诸多体制机制障碍依然存在。要通过创新驱动来实现经济增长数量、质量和效益的统一也要进行科技创新,科技创新的目标是:大力推动自主创新,实现从模仿创新到自主创新的转型,形成完备的技术创新体系。

(3) 以制度创新保证制度创新。一是促进行政管理制度创新,建立科学的政府决策机制。要鼓励政府行为长期化,"政府行为长期化重在转变经济增长方式",在此基础上建立科学合理的政府决策机制。二是促进科技和教育制度创新,为改善供给和经济增长质量提供知识、技术和人才支持。通过科技制度创新鼓励在经济发展的关键技术领域和前沿核心技术领域进行创新,努力形成一批拥有自主知识产权的关键技术。通过教育体制的创新,培养高素质的人才,优化教育结构,推行素质教育,扩大教育资源,加快创新人才的培养。三是促进收入分配体制的创新,完善各项社会保障制度。加强政府对收入分配的调节职能,调节过大的收入差距;规范分配秩序,合理调节少数垄断性行业的过高收入。扩大中等收入者比重,提高低收入者的收入水平,保障城镇贫困阶层和农村贫困人口的基本生活。

(4) 以战略创新形成具有自主知识产权的协同创新体系。战略创新实质上是通过发展战略的调整来统筹各方面资源,进而达到协同创新。实现经济增长数量、质量和效益的统一的战略创新的目标是:提高创新能力,根据比较优势形成自己的产业链以增强国际竞争力。

4. 经济增长的结构要从多元化转向高级化

在这种产业体系和结构背景下,经济增长数量快,而质量和效益低。在未来中国经济增长中要实现数量、质量和效益的统一,就必须使经济结构从多元化转向高级化。

(1) 提高企业自主创新能力,促进科技成果向现实生产力的转化,同时应注重企业的人力资源积累,引导人力资本、知识和技术在部门产出增长发挥真实作用。

(2) 加快传统部门改造,加大传统部门技术和人力资源投入,同时要促进产业结构升级,促使企业或整个行业从原先的资本驱动或劳动驱动型增长向知识驱动型转变,实现产业结构从传统规模报酬不变或者递减转化为规模报酬递增。

(3) 产业结构的调整要从结构多元化向高级化转型,积极推动中国产业结构向合理化和高级化演进、加快现代化产业体系的形成,增强产业结构的转化能力,使中国未来经济增长的主要方向从结构多元化求增长速度转向以结构高级化求增长质量。

(4) 培育更多的新的经济增长点,坚持以市场为导向,形成以高技术产业为先导、基础产业和制造业为支撑、服务业全面发展的产业新格局。

5. 经济增长的体制要由速度数量型体制转向质量效益型体制

造成经济增长方式难以转变,经济增长的数量、质量和效益不相统一的深层次原因在于经济体制。各级政府和企业热衷于铺摊子、偏好数量和产值增长的行为和方式是现行体制的正常反应。因此,要实现经济增长的数量、质量和效益的一致性,就必须实现由速度数量型经济体制转向质量效益型体制。

(1) 在行政管理体制改革中,一方面改变单纯以数量增长和产值为核心的官员考核标准以及由该标准而引起的晋升激励,把质量和效益指标纳入考核体系中,形成质量激励和效益激励;另一方面正确处理政府和市场的关系。要追求有质量和效益的增长,就要通过深化改革,正确处理政府和市场的关系,最大限度地消除扭曲的体制性因素对经济增长的影响,在经济平稳增长的基础上实现数量、质量和效益的有效统一。

(2) 在投融资体制改革中,解决投融资行业部门化和地方行政化体制,改变现有行业部门和政府管投资的体制,建立投融资市场化机制,实现投融资资本化行为的市场化,使经济主体按照市场需求和效益原则进行投融资。

(3) 在社会主义市场经济体制完善中,是经济主体的决策和行为面向市场需求,通过市场的外在压力促使企业进行技术创新、管理创新,建立起经济增长中数量、质量和效益相统一的体制机制,发挥市场作用。彻底打破行业、地区和部门垄断,改变市场行为的扭曲,发挥竞争机制在资源配置中的作用,促进资源的合理流动与有效配置,以解决产业趋同以及由此引起的产能过剩。(4)在科技体制的改革中,充分发挥市场机制在科技资源配置中的基础性作用、企业在科技创新中的主体作用、大学的基础和生力军的作用,形成科技创新的整体合力。努力形成以企业为主体、以市场为导向、产学研相结合的技术创新体系,建设科学研究与高等教育有机结合的知识创新体系。

第三节 经济效益、社会效益、生态效益相统一

一、经济效益的含义

经济效益,是通过商品和劳动的对外交换所取得的社会劳动节约,即以尽量少的劳动耗费取得尽量多的经营成果,或者以同等的劳动耗费取得更多的经营成果,是资金占用、成本支出与有用生产成果之间的比较。它有两种含义:一是在社会再生产过程中,劳动占用和劳动消耗同劳动成果的比较。劳动占用包括物化劳动量及必需的原材料储备。劳动消耗是指生产过程中实际消耗的劳动量,包括活劳动的消耗与物化劳动的消耗。二是人们通常所说的净收益和纯收益,主要是指企业在总收入中扣除物化劳动消耗和包括活劳动消耗在内的全部消耗后剩下的余额,前者叫净收益,后者叫纯收益。

经济效益的第一种含义是一个比值,而第二种含义是一个绝对数,不管是哪一种含义,最终都可派生出一些其他指标来表示经济效益的大小。所有这些指标的内涵,都包含利润与成本的关系,或者说在商品经济的条件下,利润愈高,成本愈低,经济效益就愈高。经济效益主要应从价值形态上去考查,但也不能无视使用价值,而使用价值反映的主要是社会效益的一部分。我们考查的是二者相统一的经济效益,即社会经济效益。

1. 提高经济效益的意义

第一,提高经济效益,才能充分利用有限的资源创造更多的社会财富,意味着生产更多产品和劳务,从而有利于人民不断增长的物质和文化生活需要的满足。

第二,提高经济效益,有利于增强企业的市场竞争力,意味着增加企业盈利和国家收入,增加资金积累,增强综合国力,从而有利于国民经济和社会的

发展。

第三，提高经济效益，意味着提高投资效益和资源利用效益，从而有利于缓解中国人口多与资源相对不足、资金短缺的矛盾，提高经济增长的速度。

2. 提高企业经济效益的途径

第一，依靠科技进步，采用先进技术，用现代科学技术武装企业，提高企业职工的科学文化水平和劳动技能，使企业的经济增长方式由粗放型向集约型转变。

第二，采用现代管理方法，提高企业经营管理水平，提高劳动生产率，以最少的消耗，生产出最多的适应市场需求的产品。

第三，企业兼并重组和企业破产。企业兼并重组，指的是由经济效益好的优势企业，吞并那些长期亏损甚至资不抵债的劣势企业的经济现象。进而组建跨地区、跨行业、跨所有制和跨国经营的大企业集团，这样可以实现优势互补，优化资源配置，降低生产成本，提高劳动生产率，促进先进技术的研究和开发，达到扩大市场占有份额、获取更大经济效益的目的。企业破产，指的是对那些长期亏损、资不抵债而又扭亏无望的企业，按法定程序实施破产结算的经济现象。企业破产制度的建立，可形成优胜劣汰的竞争机制，及时淘汰落后产能，达到资源的合理配置和实现产业结构的合理调整。总之，企业兼并重组和企业破产制度可以有效地提高企业经济效益，强化了企业的风险意识，激发了企业的活力，使企业在破产风险的压力下改善管理，改进技术，提高劳动生产率。企业兼并重组和企业破产也是价值规律作用的具体体现，其目的是优化资源配置，增强企业竞争力，最终提高经济效益。

二、社会效益的含义

社会效益是指社会再生产过程中满足社会对物质和精神财富需求程度及其满足需求以后的后续社会后果。一般讲，满足需求度以使用价值的生产总量指标、人均指标来衡量。所以，满足需求度是社会效益的数量指标，表达的是某项社会财富的使用价值量的发展速度。社会效益的另外一层意思是满足某种程度需求的后果。作为社会和物质财富来说，这又是一种质量标准，其有效成分是否危害人的生命、生活和生产过程，是否破坏生态环境，是否有害于社会的精神文明程度等等。相比之下，这是更为重要的社会效益。如粮食生产中大量使用化肥农药，导致土壤污染，粮食作物中的各种有害物质超标，给人类的生产生活造成重大损失和不可量化的社会后果，就谈不上社会效益问题。从精神层面上讲，黄、赌、毒等危害人类精神文明建设和发展的消费品，也不能仅以使用价值是否满足人的需求来衡量其社会效益，而应该从"后果"上来衡量其社会效益。

社会效益与生态效益的最大区别在于后者是自然再生产过程的"有用性"度量标准，而前者则主要是社会有用性及其后果的度量标准，是社会再生产过程的产物，是由社会及经济系统生产出来，而又面向社会的使用价值及其消费的后果。

三、生态效益的含义

生态效益是指人们在生产中依据生态平衡规律，使自然界的生物系统对人类的生产、生活条件和环境条件产生的有益影响和有利效果，它关系到人类生存发展的根本利益和长远利益。生态效益的基础是生态平衡和生态系统的良性、高效循环。农业生产中讲究生态效益，就是要使农业生态系统各组成部分在物质与能量输出输入的数量上、结构功能上，经常处于相互适应、相互协调的平衡状态，使农业自然资源得到合理的开发、利用和保护，促进农业和农村经济持续、稳定发展。

生态效益是从生态平衡的角度来衡量效益的。生态效益与经济效益之间是相互制约、互为因果的关系。在某项社会实践中所产生的生态效益和经济效益可以是正值或负值。最常见的情况是，为了更多地获取经济效益，给生态环境带来不利的影响，此时经济效益是正值，而生态效益却是负值。生态效益的好坏，涉及全局和长期的经济效益。在人类的生产、生活中，如果生态效益受到损害，整体的和长远的经济效益也很难得到保障。因此，人们在社会生产活动中要维护生态平衡，力求做到既获得较大的经济效益，又获得良好的生态效益。

生态效益和经济效益综合形成生态经济效益。在人类改造自然的过程中，要求在获取最佳经济效益的同时，也最大限度地保持生态平衡和充分发挥生态效益，即取得最大的生态经济效益。这是生态经济学研究的核心问题。长期以来，人们在社会生产活动中，由于只追求经济效益，没有遵循生态规律，不重视生态效益，致使生态系统失去平衡，各种资源遭受破坏，已经给人类社会带来灾难，经济发展也受到阻碍。从事某项生产建设项目，以单纯的经济观点来衡量，其个别的、一时的经济效益可能很高，但往往存在着对生态资源的掠夺和破坏，如森林过伐、酷渔滥捕、陡坡开荒、草场超载过牧等。这种只看当前、不顾长远的开发利用方式是错误的。客观现实要求人们树立生态经济效益的观点。所以，人们在社会生产活动中，要对建设项目产生的生态效益进行评价，考虑项目在生态环境方面的可行性与价值，来进行可行性分析，在此基础上决定是否开始项目，以求得经济效益与社会效益的统一。

四、经济效益、社会效益、生态效益相统一

1. 经济效益与社会效益相统一

经济效益和社会效益本应该是相统一的，应该是共同发展的。我国自改革开放以来，经济快速发展，取得了举世瞩目的成绩。随着经济效益提高，更多的老百姓开始关注社会效益。社会效益是民生问题，也就是人民群众最关心、最直接、最现实的利益。若经济效益的获得要以社会效益为代价，就违背了人民群众的根本利益，就违背了以人为本的发展观，就违背了社会主义本质。为了我国又好又快地发展，经济效益和社会效益必须兼顾起来。

首先，政府应该出台一些政策来引导社会。比如，制定污水废气排放指标，限制噪声污染的时间，等等。有关部门还应该加大对企业的监督力度，对违反规定的企业要严肃处理，触犯法律的要追究刑事责任。尽快建立有效的社会管理机制，从根本上解决经济效益和社会效益的矛盾。

其次，企业本身要严格自律，把社会效益也当作是企业发展的目标。在取得经济效益的同时兼顾社会效益。企业必须依靠科技进步，加紧环保的科技创新，不仅要把科技应用在提高经济效益上，还应该应用到社会效益的保护上。让企业不仅成为推动经济的力量，而且成为推动社会全面进步的主要力量。

再次，市场经济是法制经济，要完善健全有关社会效益的法律制度和体系。把社会效益纳入法制保障，做到有法可依。保障社会效益随着经济效益不断提高。

最后，社会效益的最终落实还得靠人的操作。政府领导人应该改变传统发展观念，把只看GDP变成看社会全面进步，把只关注经济指标变成还要关注民生动态，树立以人为本、以民为本的观念。公民应该主动学习有关法律，做到知法、懂法、用法。这样不仅能维护自己的权利，也能监督政府和企业的行为。

科学发展观，建设全面的小康社会和建设和谐社会等的思想，明确指出社会发展应该是全面发展，应该是经济与社会的协调发展，应该是可持续发展。为我们维护并提高社会效益指明了方向。我们应该坚决地贯彻落实这些思想，把我国建设成为经济现代化、社会现代化的国家。

2. 经济效益与生态效益相统一

人们进行经济活动是以取得最大经济效益为目的的。不产生经济效益的经

济活动，不仅会造成社会再生产过程的中断，而且会危及人类的生存和发展。

经济效益是人们进行经济活动所取得的结果，而经济活动的生产环节又是整个经济活动的基础，决定着分配、交换、消费等环节。生态效益是指生态环境中诸物质要素，在满足人类社会生产和生活过程中所发挥的作用。在社会生产过程中，处于主体地位的是劳动者，处于客体地位的是生态环境提供的阳光、空气、水、土地、动植物、矿石等物质要素。在单位时间内的主客体相结合转化过程中，如果在劳动者耗费的劳动量和科技水平一定的条件下，生态环境提供的物质要素质量好、数量多，既可产生较好的生态效益又可产生较高的经济效益。反之，生态环境提供的物质要素质次量少，不仅会使劳动者数量减少、能力下降，所耗费的劳动量锐减，而且会直接影响生产的产品质量和数量，进而使经济效益下降。经济效益所受生态效益的制约表明，人们的经济活动不能脱离一定质量和数量的生态环境物质要素的支持，经济效益必须以生态效益为基础。

生态环境之所以能产生生态效益，这是由构成生态环境诸多物质要素的功能决定的。人们以什么方法充分利用生态环境诸物质要素的功能，又采用何种方式使生态效益转化为经济效益，这是由生产力发展水平和与之相适应的经济条件决定的。随着科学技术的进步和商品经济的发展，人类一方面不断利用科学技术充分发挥生态环境中诸物质要素的功能，另一方面则通过商品交换的方式，把生态环境中物质要素的使用价值转化为价值，从而实现经济效益。据测算，一棵生长50年的树，产生氧气的价值为31200美元，吸收有害气体、防止大气污染的价值为62500美元，涵养水源的价值为37500美元，为鸟类及其他动物提供栖息繁衍场所的价值为31250美元，生产蛋白质的价值为32500美元；扣除花果和木材的价值，各项经济效益的总和达到196000美元。

生态环境中的诸多物质要素之间是相互联系、相互促进、相互制约的统一整体。人们的物质生产活动，虽然是在不同的时间、不同的地域，运用不同的手段，主要利用生态环境中的部分物质要素功能，但也会引起其他物质要素的变化，使生态平衡状况处于不断地变动之中。毁林垦荒、围湖造田、乱排"三废"、过量使用化学制品、捕杀野生动物，虽然可给人类带来经济效益，但也仅是眼前的、局部的、短期的经济利益得以满足；而由上述行为造成的植被破坏、水土流失、土壤沙化、环境污染、食物链中断、物种减少、资源短缺、使生态失衡灾害不断，给人类全局的、长远的、持久的经济利益带来了严重的损失。

发展经济和保护生态环境是相统一的。只要在生产经营者和生态环境相结合进行经营活动中,突出其三个特征,就一定能获得比较好的经济效益和生态效益。

一是突出其社会性,要从微观入手严格宏观调控。发展经济保护生态环境是每个人的事情,可以说生态经济是全民经济。在社会经济活动中,一方面要求人人树立环境保护意识,从自身做起保护和促进生态平衡,使社会再生产在良好的生态环境中发展,具有广泛的群众基础;另一方面要求国家密切关注微观经济动态,及时采取有力措施,严格调控人们的利益关系,预防和制止某些利益群体在谋求自身经济利益的过程中,出现破坏生态环境的行为。

二是突出其历史性,要在发展生态经济过程中,继承前人优秀成果,探索新的办法注重不断创新。人类已积累了不少经济与环境协调发展的经验,我们应该认真借鉴和利用;但是,随着生产力的发展,人们又必须充分利用新的科技成果去解决当代经济发展中出现的新问题,善于创新才能推动人类社会不断进步。

三是突出其科学性,充分利用经济规律和自然规律的综合作用,走可持续发展道路。人类的社会再生产活动,是以生态环境为载体、以取得经济效益为目的的。因而必须顺应自然规律和经济规律的要求,才能达到预期目的。这两个规律虽然发挥作用的领域和形式不同,但都共同影响着人们生产的物质成果的质量和数量。因此,人们在进行经济活动中绝不可忽视这两个规律的共同作用,只追求一时的经济效益而忽视长远的生态效益。人类在总结无数次自然界的惩罚中,终于在20世纪70年代,找到了符合自然规律和经济规律要求的可持续发展道路,从而使世界各国掌握了如何发展经济的科学依据。目前,各国正结合本国以及全球生态变化的实际,制定和实施可持续发展战略。从此,人类将在新的认识指导下,去创造全面、持久的经济效益。[①]

第四节　国有企业效益分析和评价

一、国有企业的混合所有制改革

中国的改革开放表明,如果不对公有制进行改革,即使市场调节的范围在

[①] 关于经济增长速度与结构、质量、效益相统一,以及与社会效益、生态效益的统一,参见许崇正,韩喜平,朱巧玲,等.人的发展经济学教程——后现代主义经济学[M].北京:科学出版社,2016:399-408.

不断地扩大、价格机制在一定的范围内发挥着作用，经济的整个运行仍然难以摆脱传统的计划经济模式。因此，只有把公有产权制度的实现形式在理论和实践两个层面加以解决，才能真正推动中国特色社会主义经济的发展。在社会主义初级阶段，混合所有制是基本经济制度的重要实行形式。

改革开放40多年来，我国国企改革历经了三个阶段：第一，国企改革的开始阶段。20世纪80年代初受启于农村土地联产承包的经验，政府对国企简政放权、放权让利，实施两轮承包经营，激发企业活力。第二，国企改革的持续阶段，20世纪90年代政府对国企抓大放小，有进有退，明晰新的市场定位，推动多种经济成分竞相发展。第三，国企改革的深化阶段，进入21世纪后，国企改革推进大面积的股份制改造，构建法人治理结构，推行现代企业制度。十八届三中全会抓住了这样的一个关键点，开启新思路，寻求新突破，国企活则经济活，主体强才能市场旺，以此推动经济转方式、调结构，真正打造中国经济升级版。

之所以要走混合所有制形式的路子是因为发展混合所有制，可以使投资主体多元化，有效地促使政企真正分开，使企业完全面向市场，成为自主经营、自负盈亏、自我约束、自我发展的法人实体和市场竞争主体。混合所有制之所以具有促进生产力发展的作用，在于它开放性与兼容性的基本特征。第一，开放性。混合所有制经济是一种开放型的经济，可以吸纳各种所有制形式并从中产生出新的财产所有结构。在微观企业层面，混合所有制的典型形式股份制兼容了各种财产所有制，既包括国有控股的企业，也包括了民营资本控股的企业，促进了大规模财产组织的形成和规范运作。第二，兼容性。混合所有制能够兼容私有产权和公有产权，在市场经济中不断发展出新的财产产权结构。无论在何种经济形态下，所有权运行的规律都是一种所有权对另一种所有权的排斥。这必然出现闲置经济要素的现象。而混合所有制无疑有效地解决了这一矛盾，它的功能在于使公有产权和私有产权在一种更广的范围内实现了统一，从而创造了消除公有产权和非公有产权对立的社会化产权的制度形式。

在宏观层次上，由单一的公有制经济发展为以公有制经济为主体，多种所有制经济相互并存、共同发展的基本格局；在微观企业层次上，多种经济成分之间相互渗透、相互融合，股权多元化的混合所有制企业正逐步形成和推行。混合所有制经济包括两重含义：一是指整个社会的多种所有制形式和经济成分并存的格局；二是指不同所有制性质归属的资本在同一企业中的"混合"。由于所有制结构的变化在宏观上和微观上表现为不同的特征，混合所有制经济的形成也就从两个不同的层次上展开。在经济转型时期，对原有公有制特别是国有制进行改革的同时，允许体制外非公有制经济发展，是一项非常成功的增量改革。非国有经济特别是非公有制经济成分的生成和发展，是中国混合所有制经济形成的前提条件。在此基础上，才有不同所有制性质和资本在企业中的"混合"。因此，由中国特殊的经济条件所决定，不同所有制经济的并存和混合是一个从宏观到微观的演变过程。

二、国有企业在改革中提高经济效益

产权是所有制的核心，国家保护各种所有制经济产权和合法利益。国有企业的产权改革直接关系到混合所有制发展和企业治理绩效，最终影响着国有企业经济效益。提高国有企业经济效益的基本逻辑。

1. 通过资本运营实现国有资产保值增值

作为社会主义基本经济制度的核心力量，公有制经济的主要表现形式就是国有资产和国有资本。国资改革的核心方向是国有资产资本化。探索国有资产监管与经营的有效形式，深化国有企业改革是推进混合所有制发展的重要任务。提升资本运营水平，实现企业国有资产保值增值，既是现代企业制度建设的核心内容，又是国有企业改革的方向与重点。从管理资产向管理资本转变，有效地运营国有资本，实现收益的最大化，也是国有资产监管机构和经营主体共同的目标。

2. 打破垄断、引入民营，发挥国有经济杠杆作用

由于垄断行业几乎都是国有企业，因此，推进垄断行业改革，可以大大提高资源配置和利用效率，是现阶段中国改革红利的重要源泉。按照毫不动摇地巩固和发展公有制经济，毫不动摇地鼓励、支持、引导非公有制经济发展的原则，鼓励民营经济进入垄断行业，成为混合所有制经济的重要动力。垄断行业改革的主要内容是"打破垄断，促进竞争，重塑监管"。改革方式需要采取增量改革与存量重组相结合的方式。所谓"增量改革"，就是通过放松市场准入，在发展潜力大、具有全局性影响的领域放开其他企业特别是民营企业进入，进而形成多企业有竞争的市场结构。所谓"存量重组"，就是对那些方向看得准、条件已具备的产业，下决心继续推进存量重组改革，以形成有利于公平有效竞争的市场结构。无论是"增量改革"，还是"存量重组"，最重要的是竞争机制的引入。

3. 完善现代企业制度

建设现代企业制度是国有企业改革的基本方向，完善现代企业制度是深化

国有企业改革的主要任务。建设和完善现代企业制度也是坚持社会主义基本经济制度的必然要求。只有加快完善现代企业制度，才能提高国有企业发展的质量和效益，才能进一步激发国有企业活力和创造力，奠定经济发展方式转变和长期可持续发展的基础，从而推动基本经济制度和社会主义市场经济体制不断完善。从这个层面讲，国有企业改革也是我们可以用好的最大红利。现代企业制度是国有企业改革的方向，能否建成比较完善的现代企业制度，对国有企业改革目标的顺利实现，对国有企业活力和竞争力的提升，进而对坚持和完善基本经济制度都会产生重要影响。

4. 规范公司法人治理结构

在完善现代产权制度的基础上，建立有效的公司法人治理结构，是现代企业制度建立的关键问题。发展混合所有制经济的目的之一，就是要吸引国内外投资者、提高企业经营管理效率、提升企业竞争力，建立、完善法人治理结构是重要的一环。要健全协调运转、有效制衡的公司法人治理结构。我国作为一个经济转型国家，特有的经济体制和经济运行大环境以及企业自己的生态条件，决定了照抄照搬国外公司治理的经验和模式不可能奏效。因此，只有完善公司治理的法律规则，改善公司治理的市场环境，建立合理的内部治理结构，才能使我国的公司治理结构不断完善。

第五节　我国民营企业发展中的人口红利与土地红利

一、中国人口红利

无论从绝对量还是相对量来看，我国民营企业的利润总额都有快速增长，我国民营企业一段时间暴利能力的大幅提升和利润总额的快速增长离不开我国的人口红利和土地红利。

联合国人口基金会（UNFPA）在《1998年世界人口状况报告》中首次使用了"demographic bonus"一词，用来描述一些欠发达地区未来20年将出现一个劳动年龄人口相对于老人和少儿临时增长突出的阶段，它向这些国家提供了经济增长的机会。如果这些拥有知识的青年自由地进入劳动力市场，为经济发展贡献力量，那么这些国家将收获"人口红利"的成果。联合国人口基金会把人口年龄结构中间大两头小的阶段称为人口红利，并认为人口红利只是提供了机会，而收获人口红利则需要以充分就业为前提。此后，众多学者接受了人口红利概念。

人口再生产类型转变使人口年龄结构变化依次形成从高少儿、低老年型的高人口抚养比，到低少儿、低老年型的低人口抚养比，再到低少儿、高老年型的高人口抚养比的三个不同阶段。在第二个阶段，劳动年龄人口比重高，人口抚养负担轻，人口生产性强，社会储蓄率高，有利于经济增长。这一人口年龄结构最富生产性的过渡时期通常被称为人口红利期，人口年龄结构对经济增长的这种潜在贡献就是人口红利。人口年龄结构如果对经济增长作出了真实的贡献，那么这就是真实的人口红利。如果一个国家或社会，仅仅劳动年龄人口比重高，社会抚养比比较低，而高比例的劳动年龄人口没有对经济增长作出真实的贡献，那么这不能算作真实的人口红利，而只能叫作潜在的人口红利。潜在的人口红利对经济增长没有帮助，但是，如果在一定条件下，潜在的人口红利转化为真实的人口红利，那就将对经济增长有很大帮助。

人口抚养比的不断降低意味着中国在改革开放以来一直处于人口年龄结构变化的第二个阶段，劳动年龄人口比重高，人口抚养负担轻，人口生产性强。这表明中国在改革开放以来一直处于人口红利期，存在着巨大的人口红利。虽然中国的人口抚养比，早在20世纪60年代中期就开始下降，但劳动年龄人口总量迅速增长并且比重大幅度提高，从而人口抚养比显著下降，主要开始于20世纪70年代中期。这说明中国从20世纪70年代中期开始就已经处于人口红利期，并逐渐拥有了规模巨大的人口红利。只不过这种规模巨大的人口红利在改革开放前由于政策、制度等因素的制约，长期得不到实现。因此这种人口红利只能被称作是潜在的人口红利。最明显的例子就是在中国的农村和城市的国有企业中，劳动的边际生产力接近于零，有时甚至为负值，这意味着在这些地方存在着大量的隐性失业人口，也说明存在着巨大的潜在人口红利。一旦制约人口红利实现的政策、制度等因素得到改变，潜在的人口红利得到实现，中国经济就会快速增长。

根据美国经济学家弗兰科·莫迪利安尼的生命周期理论，消费者总是要估算一生的总收入并考虑在长期中如何最佳分配自己的收入支出，以获得整个生命周期中消费的最佳配置。因此，一般说来，年轻时家庭收入总体偏低，这时候消费会超过收入；随着人们进入壮年，收入日益增加，这时消费低于收入，一方面偿还青年时欠下的债务，一方面积些钱以备老年用；一旦年老退休，收入下降，消费又会超过收入。根据这种理论，如果社会上年轻人和老年人的比例增大，则储蓄倾向会下降；如果社会上中年人比例增大，则储蓄倾向上升。中国社会显著的青壮年特征必然会使整个社会的储蓄率不断提高。中国在改革开放后，人口红利的实现过程中，由于存在着大量的青壮年人口，社会的总体储蓄倾向大幅上升。

巨大的人口红利存在，一方面，意味着中国必然要出现很高的储蓄率；另一方面，巨大的人口红利也说明中国的劳动力资源非常充足。刘易斯在其二元经济理论中对发展中国家在经济发展过程中出现的人口流动现象给予了很好的说明。改革开放后，农村普遍实行家庭联产承包责任制，农业生产效率得到很大提高。农村中以前隐藏的大量剩余劳动力开始出现。这些剩余劳动力迫切需要转移到生产效率更高的部门中去。随着国家对人口自由流动控制的放松，这些剩余劳动力开始向边际产出更高从而劳动价格也更高的城市流动。按照刘易斯的二元经济理论模型，在农村剩余劳动力完全流出之前，农村劳动力的价格不会提高，流到城市中的劳动力的工资也不会提高。在这一过程中，由于劳动价格一直处于非常低的水平，所以，资本的价格也即资本的利润率将会一直非常高。当然，中国的经济发展过程并不与该理论模型完全相同。中国的特殊之处在于，改革开放前，中国不仅农村存在大量潜在剩余劳动力，中国城市中的国有企业也存在着大量潜在剩余劳动力。在改革开放后，特别是在国有企业改革后，这些国有企业中以前存在的剩余劳动力开始流向市场，在市场中寻找生产效率更高的部门，这里主要是指中国的民营经济部门。所以，中国经济发展过程中，不仅农村的剩余劳动力向城市中流动，城市中国有企业中存在的剩余劳动力也开始向生产效率更高的部门流动。根据二元经济理论模型，在剩余劳动没有完全转移之前，劳动的工资水平不会提高。这与中国的经济发展过程十分一致，中国在20世纪90年代之后，劳动的实际工资水平基本上保持不变，直到最近几年，农村和城市的剩余劳动完全转移后，也就是中国的人口红利开始出现拐点后，中国的劳动工资水平才开始出现上涨。

在剩余劳动力开始按照市场经济规律向生产效率更高从而工资也更高的部门流动后，一直到剩余劳动流动基本结束，劳动工资水平开始上涨这一段时间，劳动工资水平一直保持在非常低的水平，从而使得劳动在最终的产品分配中所占比重比较小，而资本在最终产品分配中所占比重很高，也即资本的利润率很高。

以上两个方面就是中国巨大的人口红利对中国经济的影响，一方面，巨大的人口红利使得中国存在很高的储蓄率；另一方面，巨大的人口红利被民营所吸纳也意味着中国的资本利润率比较高。民营企业、民营经济快速增长，但随着人口红利的逐渐消失，我国民营企业的经济效益也必然受到影响逐步降低。

二、土地红利

土地红利的概念界定，可以归纳为以下特征：①土地资本化所得的红利；②土地农业用途与非农用途的转变是土地红利产生的基础；③土地农业用途与非农用途的价格差异是土地红利形成的源泉；④土地红利的产生意味着土地所有权主体的变化，即农民集体所有的土地由政府通过土地征收程序变更为国有建设用地，再以"招拍挂"或者协议出让方式出让给城市土地使用者。

综上分析，本书认为在城市发展过程中，农村土地被各级政府征用，以高出几十倍甚至上百倍的价格出让给城市土地开发者，这种资源配置的土地价格差异就称为"土地红利"。土地红利是有限的土地资源在不同利用方式下产生的增值收益，城镇化和工业化带来的土地利用价值的提升是土地红利产生的根本原因。特别是农村土地产权制度和利用方式的变化，极大地提高了土地资源的合理配置水平，更实现了土地利用效率的最大化。

1. 中国城乡土地资源利用的变化趋势及其影响

长期以来"土地红利"对中国经济低成本扩张起着重要作用。可以说，土地红利是中国近40年经济增长的另一个奥秘。如：1979年至2008年间中国经济出现了持续高速增长的局面，GDP平均增长率为9.8%，在2006年和2007年甚至达到了12%。2002年下半年以来，中国经济增长的投资主导型特点更加突出。中国经济靠物质资本、人力资本和自然资本（包括土地）大量投入为特征的"粗放式"增长模式明显。据统计，1978年我国城市化率仅为18%，2007年已经上升到45%。1978年至2004年间，全国约有497.78万公顷的耕地转变为非农利用，平均每年占用耕地18.44万公顷。

在过去的近40年，中国的土地资本化由政府主导，即政府垄断土地转让权。这种形式解决了经济发展过程中的投资协调、启动成本和外部性等问题，为区域经济的起飞提供了固定投入基金，催化了工业化和城市化的快速发展，但是也滋生了很多弊端，经济发展进入工业化中后期阶段，土地资源的日益短缺，各种因土地收益分配而导致的社会矛盾日趋尖锐。

目前，我国各地正积极探索土地管理制度创新，为今后土地资源的合理利用提供重要的体制机制保障。各地纷纷围绕土地开展一系列尝试和试验，主要集中在加强土地的宏观管理和统一规划，建立完善科学的土地收益分配机制，增强土地供应调控能力，建立和完善土地价格形成机制和土地市场交易机制，探索农村集体建设用地流转，改革征地补偿制度等。但是，从长远来看，把开发利用土地红利作为中国未来长期经济发展的重要增长点，过度依赖土地、劳动力等要素的大规模投入来发展经济，实际上走的是一条老路。如果今后中国不能有效摆脱依靠物质资本、人力资本和自然资本（包括土地）大量投入为特征的"粗放式"增长模式的束缚，走出一条集约型的新路径，顺利实现经济转轨，中国很可能会陷入"后发优势"陷阱而不能自拔。

2. 土地财政

土地财政、高房价等现象愈演愈烈是土地红利在中国表现最为突出的问题，其中土地财政尤其值得我们关注。所谓"土地财政"是指中国现有的体制造成的地方财政过度依赖土地所带来的相关税费和融资收入的非正常现象，即一方面通过划拨和协议出让土地等方式招商引资，促进制造业、房地产业和建筑业超常规发展，以带来营业税、企业所得税等地方税的大丰收；另一方面通过招、拍、挂等方式收取土地出让金，并以土地使用权和收益权获得土地融资，以此带动地方经济发展。

土地财政在给地方政府带来巨大资金来源的同时也产生了很多问题。我国的国情是人多地少，单纯依靠"土地财政"对地方经济发展的贡献是不可持续的。虽然"土地财政"在城市建设初期，政府主导的土地经营模式可以形成房地产市场和土地市场互相带动的双赢局面，很多城市凭借收取的土地出让金完成了最初的原始积累。但"土地财政"绝不应该成为我国财政的常规模式。这种模式已经造成了我国许多城市税收超常规增长，产业结构畸形，各地对房地产行业依赖严重。另外，土地财政产生的"驱赶效应"容易导致地方政府将收入的重点由依靠企业的预算内收入转到依靠农民和土地的预算外和非预算收入，由侧重工业化转到侧重城市化，由此一步影响中国工业化的进程和经济转轨的顺利实现。[1]

---

[1] 关于国有企业效益分析、评价和中国土地、人口红利，参见许崇正，韩喜平，朱巧玲，等．人的发展经济学教程——后现代主义经济学[M]．北京：科学出版社，2016：317-327．

第四篇　和谐经济篇

第十六章 经济的可持续发展

第一节 可持续发展的主要因素和主要内容

当代经济学家们，在追叙可持续发展理论中人类全面发展思想和学说时，国内外首先提到的是1971年，发展学者德尼·古莱（Denis Goulet）从人的角度研究了发展的本质问题，指出发展包含三个核心内容，即生存、自尊和自由。[①] 1983年，法国经济学家和社会学家佩鲁在《新发展观》一书中提出了"整体的""内生的""综合的"新发展理论。[②] 这种新发展观综合了"人的发展第一"和"基本需求战略"等观点，强调社会的真正发展就是要把"人的个性"潜能解放出来，各种文化价值在经济增长中起着根本性的作用。真正合理地发挥人的潜能，在于人必须有一种美好的"文化价值"。1987年，挪威首相布伦特兰领导的世界环境与发展委员会发表的长篇报告《我们共同的未来》，正是从人类发展的角度比较系统地提出了"可持续发展"战略，标志着新发展观的基本形成。20世纪80年代末，人们开始把人类自身的发展作为经济发展的重要手段。联合国发展计划署（UNDP）1990年首次提出人类发展这一概念，该机构从1990年起，每年发表一份《人类发展报告》，通过建构人类发展指数（HDI），旨在用一种简单的复合指数来度量在人类发展的基本领域中所取得的平均成就，并由此对各国进行排序，对世界的各国的人类发展状况进行评估和比较。人类发展这一概念在学术界逐渐流行起来。该机构发表人类发展报告的目的是要使国际学术界和各国领导人把发展的目标从单纯的经济增长转到人类发展上来。发展观已经跨入人类发展观的阶段。1992年联合国环境与发展大会

[①] 参见古莱. 痛苦的抉择：发展理论的新概念[M]. 上海：上海三联书店，1989.

[②] 参见佩鲁. 新发展观[M]. 张宁，丰子义，译. 北京：华夏出版社，1987.

通过《里约热内卢宣言》和《21世纪议程》两个纲领性文件。许多学者认为，它是可持续发展由理论走向实践的转折点，是人类诀别传统发展开拓现代文明新发展观的里程碑，是可持续发展观正式诞生的标志。人类发展强调人类自身的发展，认为增长只是手段，而人类发展才是目的，一切以人为中心。有了经济增长，不等于就自动地导致人类发展。《1996年人类发展报告》的主题是讨论经济增长与人类发展的联系。该报告指出了五种有增长而无人类发展的情况：一是无工作的增长（jobless growth），主要指经济增长却没有导致就业率的同步增长。二是无声的增长（voiceless growth），主要指经济增长没有促进民主与自由的同步发展。民众参与和管理公共事务，自由地表达自己的意见和观点，是人类发展的一个重要方面。但是，经济增长并不始终伴随着民主和自由的扩大。有些国家经济增长很快，但还远不是民主和自由的。三是无情的增长（ruthless growth），意思是说经济增长反而导致贫富差距增长。四是无根的增长（rootless growth），是指经济增长缺乏本土文化的支撑或以传统文化是现代化和发展的累赘为借口，压制少数民族的文化，强迫少数民族和种族接受标准的文化和语言。五是无未来的增长（futureless growth），主要指经济增长导致了自然资源耗竭和毁灭生物多样性，使得人类居住环境恶化。从而使人类发展观主要关心的是人的物质生活、社会生活和精神生活的全面发展。它的提出使对发展过程的质量的关注从事物转变到对人本身的关心，把人不仅作为发展的手段，而且也作为发展的目的进行探讨。[①] 1998年诺贝尔经济学奖获得者阿马蒂亚·森又在《以自由看待发展》一书中，提出了一种特定的发展观——自由发展观。他认为，经济发展就其本性而言是自由的增长，即发展可以被看作扩展人们享有的真实的自由的一个过程。这种聚焦于人类的自由发展观认为，自由是发展的首要目的，自由也是促进发展的重要手段。[②]

不可否认，上述这些学者、经济学家对人的发展理论与可持续发展理论以及相关关系的研究探讨做出了重大的贡献。但是科学、客观、公正地说，上述这些学者、经济学家的思想和论述，早在150多年前马克思就已经做了相当深入和精辟的论述，并形成了一套完整的人的自由全面发展理论，并且在这一理论中各个方面都包含、揭示着可持续发展的思想，或称包含着揭示人的自由全面发展的与可持续发展关系的思想。

---

① 参见阿恩特. 经济发展思想史[M]. 唐宇华，吴良健，译. 北京：商务印书馆，1997. 郭熙保. 论发展观的演变[J]. 学术月刊，2001（9）：47-52，89.

② 参见森. 以自由看待发展[M]. 任赜，于真，译. 北京：中国人民大学出版社，2002.

马克思可持续发展思想体现在他关于人的自由全面发展的一系列论述上。人的自由全面发展理论也是马克思学说的核心组成部分。从《德意志意识形态》到《资本论》，马克思（包括他的战友恩格斯）对人的自由全面发展进行了一系列论述，形成了一个完整的理论，构成了一个完整的理论体系，从而使人的全面发展的思想，由空想真正变成了科学，成为马克思主义伟大科学真理的一个重要的组成部分。我们研究发现，马克思人的全面发展理论早已体现了丰富的可持续发展思想。但是长期以来一直未引起国内外经济学界的重视，被国内外经济学界严重忽视了。

第一，从马克思人的全面发展的科学含义看。在《资本论》及其《1857—1858年经济学手稿》中，马克思对人的自由全面发展的含义，较之《德意志意识形态》和《共产主义原理》又做了更加科学、具体的表述。他进一步指出，全面发展的人，就是"把不同的社会职能，当作互相交替的活动方式的人"。①在法文版《资本论》中，马克思又更加明确地指出：所谓"全面发展的个人……也就是用能够适应极其不同的劳动需求并且在交替变换的职能中只是使自己先天的和后天的各种能力得到自由发展的个人来代替局部生产职能的痛苦的承担者"。② 至此，我们可以看出，马克思、恩格斯人的自由全面发展的含义，实际上包括了三个层次（三层含义）：第一个层次，亦即最基本的层次，是指人能够适应不同的劳动需求，把不同的社会职能当作互相交替的活动方式。而这一点，显然又是和旧式分工的消灭紧密相关的。这就是说，第一个层次（基本的层次）里，无疑包含着旧式分工的废除（消灭）。由此，进一步引申到它的第二个层次，即在交替变换的职能中，人的先天和后天的各种能力得到了自由的发展。人们由于将不同的社会职能当作互相交替的活动的方式，从而在这种交替变换的职能中，必然使人们的各种能力——先天能力（潜能）和后天能力，都得到自由充分的发展。正如马克思指出的：全面的活动，才能使我们的一切天赋（潜能）得到充分的发挥，从全部才能的自由发展中必然产生"创造性的生活表现"。而由于人们具备了一定的创造力，能把不同的社会职能当作互相交替活动的方式，从而人所具有的"沉睡的潜能"，就能得到挖掘和发挥。这就是说，人的自由全面发展正是人的创造力得以产生的源泉、潜能得到挖掘的手段。第一、第二个层次基本上是从具体形态上——全面发展的个人形态上说的，第三个层次即第三层含义则是指社会全体成员的才能得到全面发展。这

---

① 马克思.资本论（第1卷）[M].北京：人民出版社，1975：534.
② 马克思.资本论：第1卷（法文版）[M].北京：中国社会科学出版社，1983：500.

个层次是从广阔的意义（形态）上说的，它也是第一层次的引申和目标。由于消灭了旧式分工，结果不再是个别人的才能得到全面的发展。所以，这个层次，比第一、第二层次具有更广阔的意义。

第二，从人的全面发展是历史的过程和历史的产物看可持续发展。这一认识的飞跃是在《资本论》及其《1857—1858年经济学手稿》中才完成的。在《资本论》的第一个手稿中，马克思正式提出："全面发展的个人——他们的社会关系作为他们自己的共同的关系，……不是自然的产物，而是历史的产物"①，它的出现是一个历史的过程。在人类发展的早期，单个人表现出一种原始的全面性，那是因为人的生产力只是在狭窄的范围内和孤立的地点上发展着，他还没有形成自己丰富的关系，并且这种关系也没有作为独立于他之外的社会权力和社会关系同他自己相对立。这种原始的全面性与人类的蒙昧和野蛮相伴随，是生产力水平低下的标志。到了资本主义社会，人的"原始的全面性"被否定，它在形成普遍的社会物质交换和全面的社会关系的同时，将整个工人阶级变成了机器的附庸，将资本家阶级变成了金钱的奴隶，总之，都异化为片面的人。这就暴露了资本主义发展的限制：一方面它力求全面地发展生产力，一方面又把人这个生产力的主体推向片面的发展，"资本在具有无限度地提高生产力趋势的同时，又在怎样的程度上使主要生产力，即人本身片面化，受到限制等等"。② 然而也只是那种生产条件，能够为把每一个人都有完全的和自由的发展作为根本原则的高级社会形态，形成现实的基础。人类才能的这种发展，虽然在开始时要靠牺牲多数的个人，甚至牺牲整个阶级，但是最终会克服这种对抗，而同每个人全面发展相一致。这是因为，大工业的发展，要求工人有全面的流动性，不断从一个生产部门投到另一个生产部门。生产力的普遍发展和世界交往的普遍性，客观上成了个人全面发展的基础，而个人从这个基础出发的实际发展是对上述限制的不断消灭。资本再也不能控制它自身产生的巨大生产力，从而也不能阻止人类向全面发展的历史进程。与资本的意愿相反，在它自身的矛盾运动中，为个人的全面发展，创造了一系列必要的客观条件。马克思的阐述充分说明了，人的全面发展是历史的过程和历史的产物，是人类社会一代又一代发展累积的过程，是人类社会一代又一代连续发展的必然趋势，人的

---

① 马克思恩格斯全集（第46卷：上）[M]. 中共中央马克思恩格斯列宁斯大林著作编译局，译. 北京：人民出版社，1979：108-109.

② 马克思恩格斯全集（第46卷：上）[M]. 中共中央马克思恩格斯列宁斯大林著作编译局，译. 北京：人民出版社，1979：410.

全面发展既是人类社会可持续发展的结果，又为人类社会可持续发展提供了正确方向和最终目的、目标。

第三，从人的全面发展必须具备和已经具备的客观条件看可持续发展。人必须全面地发展，这是客观的趋势。但是，这并不是说，实行人的全面发展，就不需要一定的前提条件了。马克思恩格斯同时还认为，要使人能全面的发展，又必须具备一定的前提条件。这一认识的飞跃也是在《资本论》中完成的。在《资本论》中，马克思的认识更进了一步。《资本论》还通过大量的分析和论证，为我们揭示了人的全面发展已经具备的客观经济条件和可能性。马克思根据近代大工业的发展，认为实现人的全面发展已经具备的客观经济条件主要表现在以下几个方面：一是，市场的扩大、交往的普遍性为人的全面发展提供了可能性。全面发展的个人必须具有物质和精神的全面需要和消费。这一点已经通过生产力的发展、市场的扩大、交往的普遍性在社会主义下成为可能。二是，大工业的发展，使自由劳动时间增多，从而为个人全面发展创造了另一方面的条件。随着大工业和科学技术的飞速发展，财富的尺度已不再是劳动时间，而是可以自由支配的时间。那时，与此相适应由于给所有的人腾出了时间和创造了手段，个人会在艺术、科学等方面得到发展。因此，自由时间实际上是指个人得到充分发展的时间。如果不是这样，还仍然是以劳动时间作为财富的尺度，这只能是表现财富的本身是建立在贫困的基础上。三是，大工业的发展使新兴工业不断兴起，劳动变换加速，从而要求人必须全面地发展。由于大工业的技术基础本身是革命的，它由机器、化学过程及其他各种方法，使劳动者的职能、使劳动过程和社会结合，随同生产的技术基础而不断发生革命，因此，它必然使社会内部的分工不断发生革命，使大量的资本和大群的工人不断从一个生产部门投到另一个生产部门。从而要求劳动有变更，职能有流动，工人有全面的流动性，这样人的全面发展也就成为必须和可能。《资本论》里的进一步分析，实际上也说明了经过资本主义的大发展，人的全面发展及其可持续发展不仅是人类社会进步的内在要求，也是具有一定现实基础的。

第四，从人的全面发展对社会发展、特别是对物质生产力的巨大反作用看可持续发展。马克思认为人的全面发展虽然必须建立在一定的生产力发展的基础上，但是，反过来，人的全面发展必然对社会的发展，特别是对物质生产力的发展也有巨大的反作用。在《资本论》及《1857—1858年经济学手稿》中马克思指出了人的全面发展对劳动（物质）生产力有巨大的促进作用，并且在一定的条件下、一定的时期是物质生产力能否进一步大发展的决定因素。如马克思提出：建立在资本基础上的生产发展本身要求造就全面发展的人，只有这样的人才能使资本主义生产的进一步发展成为可能，这是一种客观趋势。这就是说，资本主义生产的发展，已经使人的全面发展成为生产进一步发展的一个条件，社会主义时期更是如此，人的全面发展同样决定着物质生产力能否进一步地发展，如马克思指出：在社会主义、共产主义社会，物质生产力的限制，取决于物质生产对于个人的完整发展的关系。在这个转变中，表现为生产和财富的宏大基石的，……是社会个人的发展。"真正的财富就是所有个人的发达的生产力。"[1] 这就告诉我们，社会主义大工业和科学技术的发展，也同样由它激烈的变动本身，已经把能否造就全面发展的人，能否让劳动者多方面发展，当作生死存亡的问题。在社会主义下，个人的全面发展已经成为生产和财富的宏大基石，是真正的财富，是生产力的最高发展。"真正的财富就是所有个人的发达的生产力。"[2] 因此，社会主义时期，社会生活过程，应该按照个人全面发展的需要对这一过程实行改造。而个人的这种发展，同样也将作为一种最伟大的生产力反过来影响劳动生产力。在马克思看来，人的全面发展是社会物质生产力可持续发展的重要条件。

综上所述，充分证明马克思经济理论和学说中有着十分丰富的可持续发展思想，特别是关于人的自由全面发展的一系列论述，都早于西方发展经济学和增长经济学100多年，并且马克思可持续发展思想始终是和人的全面自由发展联系在一起的。马克思当之无愧应该是可持续发展理论学说的奠基人和最伟大的贡献者。我们必须还历史以本来面目，客观公正地看待并承认这一点，这才是科学的态度。

第二节 自然资源的作用与可持续发展

马克思的可持续发展思想还体现在他对自然资源作用的系统阐述上。马克思《资本论》正是从自然物质具有使用价值或效用的角度阐述了自然资源的作用。马克思认为，自然界中的阳光、空气、河流、湖泊、海洋、土壤等都具有

---

[1] 马克思恩格斯全集（第46卷：下）[M]．中共中央马克思恩格斯列宁斯大林著作编译局，译．北京：人民出版社，1980：218．

[2] 马克思恩格斯全集（第46卷：下）[M]．中共中央马克思恩格斯列宁斯大林著作编译局，译．北京：人民出版社，1980：222．

某种使用价值。他说:"一个物可以是使用价值而不是价值。在这个物并不是由于劳动而对人有用的情况下就是这样。例如,空气、处女地、天然草地、野生林,等等。"① 又说:"如果一个使用价值不用劳动也能创造出来,它就不会有交换价值,虽然作为使用价值,它仍然具有它的自然的效用。"② 马克思这里讲的使用价值和效用是指自然物对人类的有用性,它包括两个方面:一是指劳动生产所必需的自然资源,如土地、矿山、森林等。二是指纯粹的自然力,如水力、风力、太阳能等。马克思认为在社会生产中"形成产品的原始要素,从而也就是形成资本物质成分的要素,即人和自然,是同时起作用的"③。因此,在人类社会发展的历史进程中,人的社会劳动生产与自然界的自然资源是同样起作用的,社会生产力表现为人与自然物质变换过程中自然资源的效用存在和发挥与人的劳动生产力相互作用的结果,是自然资源的效用和社会劳动生产力的结合体。社会生产建立在自然资源的基础之上。

接着马克思对自然资源如何发挥作用做了进一步阐述,他明确说:"劳动生产力是由多种情况决定的,其中包括:工人的平均熟练程度,科学的发展水平和它在工艺上应用的程度,生产过程的社会结合,生产资料的规模和效能,以及自然条件。"④ 自然条件的优劣在很大程度上影响着劳动生产率的高低。"劳动的不同的自然条件使同一劳动量在不同的国家可以满足不同的需要量,因而在其他条件相似的情况下,使得必要劳动时间各不相同。"⑤ 也就是说,自然资源会影响劳动生产率的高低,这种影响是由于自然资源的不同会增加或减少必要劳动时间而发生的。马克思又把自然资源分为两类,他说:"撇开社会生产的不同发展程度不说,劳动生产率是同自然条件相联系的。这些自然条件都可以归结为人本身的自然(如人种等等)和人的周围的自然。外界自然条件在经济上可以分为两大类:生活资料的自然富源,例如土壤的肥力、渔产丰富的水等等;劳动资料的自然富源,如奔腾的瀑布、可以航行的河流、森林、金属、煤炭等等。在文化初期,第一类自然富源具有决定性的意义;在较高的发展阶段,第二类自然富源具有决定性的意义。"⑥

在马克思看来,自然资源对社会生产力,进而对人类生存和发展所起的作

---

① 马克思. 资本论(第1卷)[M]. 北京:人民出版社,1975:54.
② 马克思. 资本论(第3卷)[M]. 北京:人民出版社,1975:728.
③ 马克思. 资本论(第1卷)[M]. 北京:人民出版社,1975:662.
④ 马克思. 资本论(第1卷)[M]. 北京:人民出版社,1975:53.
⑤ 马克思. 资本论(第1卷)[M]. 北京:人民出版社,1975:562.
⑥ 马克思. 资本论(第1卷)[M]. 北京:人民出版社,1975:560.

用至少表现在以下四个方面：第一，自然资源直接给人类提供生活资料。马克思说："一般剩余劳动的自然基础，即剩余劳动必不可少的自然条件是：只要花费整个工作日的一部分劳动时间，自然就以土地的植物性产品或动物性产品的形式或以渔业等产品的形式，提供出必要的生活资料。农业劳动（这里包括单纯采集、狩猎、捕鱼、畜牧等劳动）的这种自然生产率，是一切剩余劳动的基础，因为一切劳动首先而且最初是以占有和生产食物为目的的。（动物同时还提供兽皮，供人在冷天保暖；此外，还有供人居住的洞穴等等。）"① 人如果不从自然界中获取生活资料，人类将无法生存。人类从大自然中获取的生存资料的多少和质量，直接取决于自然环境的状况，取决于自然生态环境是否有利于人类的生存与发展。自然条件愈好，人类可获得的生存资料就愈丰富，人本身的脑力与体力就愈发达；反之，自然再生产能力愈弱，劳动者获取的生存资料就愈贫乏，人本身的能力就愈弱。如果自然生态环境遭到了人类的严重破坏，劳动者从中获取的生存资料就会危害人类的健康，甚至会危及人类的生存和发展。

第二，自然资源给人类提供劳动对象。马克思说："在采掘工业中，劳动对象是天然存在的，例如采矿业、狩猎业、捕鱼业等等中的情况就是这样（在农业中，只是在最初开垦处女地时才是这样）。"② 而且，马克思认为人类社会对自然界提供天然劳动对象的依赖是一直存在的，他说："正如劳动过程最初只是发生在人和未经人的协助就已存在的土地之间一样，现在在劳动过程中也仍然有这样的生产资料，它们是天然存在的，不是自然物质和人类劳动的结合。"③ 因此，如果自然生态环境良好，自然界给人类提供的劳动对象数量充足、质量优越，就能促进经济发展。相反，如果一个地区的自然环境遭到了人类的破坏，自然界所能提供的劳动对象的数量减少、质量下降，当地的经济发展就会受到严重的制约。

第三，自然资源给人类提供劳动工具。马克思十分注重劳动工具在社会经济发展中的作用。他说："各种经济时代的区别，不在于生产什么，而在于怎样生产，用什么劳动资料生产。劳动资料不仅是人类劳动力发展的测量器，而且是劳动借以进行的社会关系的指示器。"④

这里的劳动资料是指劳动工具。马克思还从用什么劳动资料生产的角度，

---

① 马克思. 资本论（第3卷）[M]. 北京：人民出版社，1975：712-713.
② 马克思. 资本论（第1卷）[M]. 北京：人民出版社，1975：205-206.
③ 马克思. 资本论（第1卷）[M]. 北京：人民出版社，1975：208.
④ 马克思. 资本论（第1卷）[M]. 北京：人民出版社，1975：204.

把社会经济时代划分为石器、青铜器、铁器和机器四种经济时代。人类最初的劳动工具都直接来源于自然物，如石刀、弓箭、农具等等。由于自然条件的差异，形成了劳动工具的形态和功能的差别。随着社会的发展和科学技术水平的提高，劳动工具不断改进、不断发展。但是，一切劳动工具，无论是石器、青铜器、铁器、大型机械，还是电子计算机，都直接或间接地来自自然物。

第四，自然资源是人类产生、生存和发展的重要条件。马克思认为，人类本来就产生于自然界，是自然界的一部分。他指出："自然界，就它自身不是人的身体而言，是人的无机的身体。人靠自然界生活。这就是说，自然界是人为了不致死亡而必须与之处于持续不断的交互作用过程的人的身体。所谓人的肉体生活和精神生活同自然界相联系，不外是说自然界同自身相联系，因为人是自然界的一部分。"① 所以，自然界中自然资源和生态环境的状况，必然直接影响着作为社会生产力中最主要因素的人的生存和发展，影响着人本身的自然状况。"任何人类历史的第一个前提无疑是有生命的个人的存在。因此第一个需要确定的具体事实就是这些个人的肉体组织，以及受肉体组织制约的他们与自然界的关系。"② 马克思说："农业劳动的生产率是和自然条件联系在一起的，并且由于自然条件的生产率不同，同量劳动会体现为较多或较少的产品或使用价值。"③ 良好的自然生态环境也是人的全面发展的空间。马克思说："良好的自然条件直接给予他的是许多闲暇时间。"④ 闲暇时间与人的全面发展有着密切的联系，它实质上是对人类自身动物性生存的超越，是人类全面发展自身潜能的空间和前提。"时间实际上是人的积极存在，它不仅是人的生命的尺度。而且是人的发展的空间。"⑤

从马克思关于自然资源作用的系统阐述不难发现，自然资源对于人类的生存、社会经济发展乃至人类自身发展都极其重要，合理利用与保护自然资源对社会生产力和经济可持续发展极其重要。如果自然生态及其结构受到社会生产的削弱或破坏，就会出现社会生产的萎缩。如果人类强行、盲目、无节制地对自然界索取，就会导致经济发展的自然基础遭受更大破坏。如果自然资源对人类的使用价值丧失殆尽，再生产的自然基础就将被葬送，可持续发展的能力也

---

① 马克思. 经济学—哲学手稿［M］. 何思敬, 译. 北京：人民出版社, 2000：56.
② 马克思恩格斯全集（第1卷）［M］. 北京：人民出版社, 1972：24.
③ 马克思恩格斯全集（第3卷）［M］. 北京：人民出版社, 1975：922.
④ 马克思恩格斯全集（第1卷）［M］. 北京：人民出版社, 1975：563.
⑤ 马克思恩格斯全集（第47卷）［M］. 北京：人民出版社, 1975：532.

就消失了。因此，马克思提出要"再生产整个自然界"①，在发展社会生产力的同时，要使自然资源的作用得到保持。

正因为自然资源对人类的作用如此重要，人类对自然界的各种影响，也是马克思十分关注的。对于人类对自然界的各种影响，马克思在《资本论》中就资本主义生产方式经营的工业和农业给人和自然都带来了灾难有具体的阐述，但我们认为马克思的挚友恩格斯在《自然辩证法》中做了更为集中而且精辟的阐述。他说："到目前为止存在过的一切生产方式，都只在于取得劳动的最近的、最直接的有益效果。那些只是在以后才显示出来的、由于逐渐的重复和积累才发生作用的进一步的结果，是完全被忽视的。"② 这里"进一步的结果"主要是指人类对自然界的消极影响。"美索不达米亚、希腊、小亚细亚以及其他各地的居民，为了想得到耕地，把森林都砍完了，但是他们想象不到，这些地方今天竟因此成为荒芜不毛之地，因为他们使这些地方失去了森林，也失去了积聚和贮存水分的中心。阿尔卑斯山的意大利人，在山南坡砍光了在北坡被十分细心地保护的松林，他们没有预料到，这样一来，他们把他们区域的高山畜牧业的基础给摧毁了；他们更没有预料到，他们这样做，竟使山泉在一年中的大部分时间内枯竭了，而在雨季又使更加凶猛的洪水倾泻到平原上"。③ 恩格斯明确告诫："我们必须时时记住：我们统治自然界，绝不像征服者统治异民族一样，绝不像站在自然界以外的人一样，——相反地，我们连同我们的肉、血和头脑都是属于自然界、存在于自然界的；我们对自然界的整个统治，是在于我们比其他一切动物强，能够认识和正确运用自然规律。"④ 因此，人类对自然界的统治绝不意味着人与自然的分离，而是在正确认识和运用自然规律的基础上实现人类对自然界的利用，使人与自然和谐共存并更好地融为一体，从而展现人类所具有的比其他一切动物都强大的创造力。恩格斯进一步指出："事实上，我们一天一天地学会更加正确地理解自然规律，学会认识我们对自然界的惯常行程的干涉所引起的比较近或比较远的影响。特别是从21世纪自然科学大踏步前进以来，我们就愈来愈能够认识到，因而也学会支配至少是我们最普通的生产行为所引起的比较远的自然影响。但是这种事情发生得愈多，人们愈会重新地不仅感觉到，而且也认识到自身和自然界的一致，而那种把精神和物质、人

---

① 马克思恩格斯全集（第42卷）[M]. 北京：人民出版社，1975：97.
② 马克思恩格斯全集（第3卷）[M]. 北京：人民出版社，1972：519.
③ 马克思恩格斯全集（第3卷）[M]. 北京：人民出版社，1972：517-518.
④ 马克思恩格斯全集（第3卷）[M]. 北京：人民出版社，1972：517.

类和自然、灵魂和肉体对立起来的荒谬的、反自然的观点,也就愈不可能存在了"。①

马克思、恩格斯还从制度分析的角度,把资本主义生产对环境的野蛮破坏看作是资本主义的罪恶。资本主义及以前的一切生产方式都存在着局限性,即都只在于取得劳动最近的、最直接的有益效果,统治阶级的利益就成为生产的推动因素。恩格斯说:"支配着生产和交换的一个一个的资本家所能关心的,只是他们的行为的最直接的有益效果。不仅如此,甚至就连这个有益效果本身——只就所制造的或交换来的商品的效用而言——也完全退居次要地位了;出售时要获得利润,成了唯一的动力。"② 因此,人类学会认识生产行动的比较远的自然影响,就有可能去支配和调节这种影响,实行这种调节需要对现有的生产方式以及和这种生产方式连在一起的整个社会制度实行完全的变革。

我们认为,马克思对自然资源在人类社会发展中的作用的论述以及恩格斯关于人类对自然界特别是资本主义对自然界的破坏及其后果的阐述,充分证明了合理地保护自然资源对人类社会发展乃至经济可持续发展的重要性。

第三节 人和自然的关系与可持续发展

马克思可持续发展思想体现在他关于人和自然的关系的论述上。在《资本论》中马克思首先从劳动入手,阐述了人和自然的物质变换关系、社会生产力与自然生产力的关系。马克思说:"劳动首先是人和自然之间的过程,是人以自身的活动来引起、调整和控制人与自然之间的物质变换的过程。"③ 劳动过程"是制造使用价值的有目的活动,是为了人类的需要而占有自然物,是人和自然之间的物质变换的一般条件,是人类生活的永恒的自然条件,因此,它不以人类生活的任何形式为转移,倒不如说,它是人类生活的一切社会形式所共有的。因此,我们不必来叙述一个劳动者与其他劳动者的关系。一边是人及其劳动,另一边是自然及其物质,这就够了。"④ 按照马克思理论,人与自然界之间的物质变换是指人通过自己有目的地改造自然的劳动过程从自然界有所获取,使自

---

① 马克思恩格斯全集(第3卷)[M]. 北京:人民出版社,1972:518.
② 马克思恩格斯全集(第3卷)[M]. 北京:人民出版社,1972:520.
③ 马克思. 资本论(第1卷)[M]. 北京:人民出版社,1975:201-202.
④ 马克思. 资本论(第1卷)[M]. 北京:人民出版社,1975:208-209.

然界为人类生产和生活提供必需的物质资料。同时，人和自然之间的物质变换过程也是使用价值的生产过程，是人为了在对自身生活有用的形式上占有自然物质，使他身上的自然力包括体力和脑力作用于他身外的自然，使自然物质变换为能满足人类需要的使用价值的过程。使用价值是经过形式变化而适合人的需要的自然物质，是人和自然之间物质变换产生的结果。马克思说："任何一种不是天然存在的物质财富要素，总是必须通过某种专门的、使特殊的自然物质适合于特殊的人类需要的、有目的的生产活动创造出来。"① 可见，使用价值是自然物质和劳动这两种要素结合的产物。人和自然之间的物质变换只能是物质的形态变化，使特殊的自然物质适合于特殊的人类需要。"人在生产中只能像自然本身那样发挥作用，就是说，只能改变物质的形态。"② 一切财富的产生，不论是由人手创造的，还是天然形成的，都只是由某种物质发生形态变化而来的。不仅如此，物质形态的改变还经常离不开自然力的帮助，人类"在这种改变形态的劳动过程中还要经常依靠自然力的帮助。因此，劳动并不是它所生产的使用价值即物质财富的唯一源泉"。正像威廉·配第所说，"劳动是财富之父，土地是财富之母。"③ 这就是说，劳动和自然界一起才是财富的源泉，自然界为劳动提供生产资料，劳动使生产资料变为财富。在人和自然的物质变换过程中，人在改变自然的同时，也改变人自身的自然。马克思说："为了在对自身生活有用的形式上占有自然物质，人就使他身上的自然力——臂和腿、头和手运动起来。当他通过这种运动作用于他身外的自然并改变自然时，也就同时改变他自身的自然。他使自身的自然中沉睡着的潜力发挥出来，并且使这种力的活动受他自己控制。"④ 也就是说，劳动不仅使自然物发生形式变化，同时还在自然物中实现人类自己的目的。使人的潜力得到发挥，人自身得到发展。马克思的分析表明，劳动离不开自然，劳动和自然界一起成为财富的源泉，劳动在改造自然中得以发挥并改造人类。人类不能失去自然，失去自然，劳动将失去目的，使用价值将失去源泉，人类也失去控制。

接着马克思揭露了资本主义条件下人和自然之间物质变换的社会制度障碍。马克思认为，劳动作为人与自然界之间的物质变换关系本应是永恒的，他说："劳动作为使用价值的创造者，作为有用劳动，是不以一切社会形式为转移的人

---

① 马克思．资本论（第1卷）[M]．北京：人民出版社，1975：56．
② 马克思．资本论（第1卷）[M]．北京：人民出版社，1975：56．
③ 马克思．资本论（第1卷）[M]．北京：人民出版社，1975：56-57．
④ 马克思．资本论（第1卷）[M]．北京：人民出版社，1975：202．

类生存条件，是人和自然之间的物质变换即人类生活得以实现的永恒的自然必然性。"① 从这句话也可以说，人类可持续发展本应是永恒的。但是，在资本主义社会制度下，由于一味追求剩余价值的绝对规律的作用，物质生产和经济活动的一切动力，无非为了获取利润。资本主义社会制度下的劳动过程，或者说资本主义性质的物质变换过程，使资本家只顾赚钱，不惜牺牲甚至破坏自然。资本主义生产方式经营的工业和农业给人和自然都带来了灾难。资本主义条件下社会生产资料的节约主要是对工人在生产过程中人身安全和健康的设备系统的掠夺。马克思说："在这里我们只提一下进行工厂劳动的物质条件。人为的高温、充满原料碎屑的空气、震耳欲聋的喧嚣等等，都同样地损害人的一切感官，更不用说在密集的机器中间所冒的生命危险了。这些机器像四季更迭那样规则地发布自己的工业伤亡公报。社会生产资料的节约只是在工厂制度的温和适宜的气候下才成熟起来的，这种节约在资本手中却同时变成了对工人在劳动时的生活条件系统的掠夺，也就是对空间、空气、阳光以及对保护工人在生产过程中人身安全和健康的设备系统的掠夺，至于工人的福利设施就根本谈不上了。"② 资本主义农业中劳动生产力的提高更是对劳动力的掠夺和对土地资源的破坏。马克思说："在现代农业中，也和在城市工业中一样，劳动生产力的提高和劳动量的增大是以劳动力本身的破坏和衰退为代价的。此外，资本主义农业的任何进步，都不仅是掠夺劳动者的技巧的进步，而且是掠夺土地的技巧的进步，在一定时期内提高土地肥力的任何进步，同时也是破坏土地肥力持久源泉的进步。一个国家，例如美利坚合众国，越是以大工业作为自己发展的起点，这个破坏过程就越迅速。因此，资本主义生产发展了社会生产过程的技术和结合，只是由于它同时破坏了一切财富的源泉——土地和工人。"③ 因此，资本主义生产方式经营的农业对劳动者和自然土地造成了双重破坏。马克思又说："劳动生产率也是和自然条件联系在一起的，这些自然条件所能提供的东西往往随着由社会条件决定的生产率的提高而相应地减少。……我们只要想一想决定大部分原料数量的季节的影响，森林、煤矿、铁矿的枯竭等等，就明白了。"④ 这里我们可以发现，马克思不仅揭露了资本主义生产方式对人类自身和自然界造成的现有掠夺和破坏，而且已经对人类未来自然资源的枯竭表现出极大的担忧。

---

① 马克思. 资本论（第1卷）[M]. 北京：人民出版社，1975：56.
② 马克思. 资本论（第1卷）[M]. 北京：人民出版社，1975：466-467.
③ 马克思. 资本论（第1卷）[M]. 北京：人民出版社，1975：552-553.
④ 马克思. 资本论（第3卷）[M]. 北京：人民出版社，1975：289.

马克思对当时资本主义现实社会制度的批判，揭发了资本主义制度造成了对人和自然的双重破坏，进而对未来社会生产的破坏，也揭发了资本主义制度对人类社会可持续发展造成的破坏。

既然发现了问题，就要解决问题。马克思就如何合理调节人和自然之间的物质变换关系提出了革命性途径。首先，变革不合理的社会关系，实行生产资料的社会占有。这就是所有制问题，马克思到底要建立什么样的所有制，学术界一直争论不休，但毫无疑问的是，马克思主张变革所有制的目的就是消除由资本主义经济制度造成的人和自然之间物质变换的人为障碍，消除由不可持续的生产方式和消费方式造成的资源和产品的浪费和破坏。马克思说："一旦生产关系达到必须改变外壳的程度，这种权利和一切以它为依据的交易的物质源泉，即一种有经济上和历史上存在理由的、从社会生活的生产过程产生的源泉，就会消失。从一个较高级的社会经济形态的角度来看，个别人对土地的私有权，和一个人对另一个人的私有权一样，是十分荒谬的。甚至整个社会，一个民族，以及一切同时存在的社会加在一起，都不是土地的所有者。他们只是土地的占有者、土地的利用者，并且他们必须像好家长那样，把土地改良后传给后代。"① 马克思又说："社会的控制自然力以便经济的加以利用，用人力兴建大规模的工程以便占有或驯服自然力，——这种必要性在产业史上起着最有决定性的作用。"② 其次，采取可持续的生产方式，合理开发和利用自然，依靠消耗最小的量来进行人和自然之间的物质变换。马克思说："社会化的人，联合起来的生产者，将合理地调节他们和自然之间的物质变换，把它置于他们的共同控制之下，而不让它作为盲目的力量来统治自己；靠消耗最小的力量，在最无愧于和最适合于他们的人类本性的条件下来进行这种物质变换。"③ 最后，消除城市和乡村对立，实现人的自由全面发展。这实际上是重点解决人类同代人代内公平的问题。在人和自然的物质变换过程中，人在改变自然的同时会改变人自身的自然，使人自身的体力和脑力发挥出来，从而使人本身得到自由全面的发展。城市和乡村的分离，破坏了人和土地之间的物质变换，同时也破坏了人自身的全面发展。消除城乡对立，既能协调人和土地之间的物质变换，又能使人的体力和脑力得到充分发展。马克思说："资本主义生产使它汇集在各大中心的城市人口越来越占优势，这样一来，它一方面聚集着社会的历史动力，另一方

---

① 马克思. 资本论（第3卷）[M]. 北京：人民出版社，1975：875.
② 马克思. 资本论（第1卷）[M]. 北京：人民出版社，1975：561.
③ 马克思. 资本论（第3卷）[M]. 北京：人民出版社，1975：926-927.

面又破坏着人和土地之间的物质变换,也就是使人以衣食形式消费掉的土地的组成部分不能回到土地,从而破坏土地持久肥力的永恒的自然条件。这样,它同时就破坏城市工人的身体健康和农村工人的精神生活。但是,资本主义生产在破坏这种物质变换的纯粹自发形成的状况的同时,又强制地把这种物质变换作为调节社会生产的规律,并在一种同人的充分发展相适合的形式上系统地建立起来。"[1] 如果人类不能将自然物质变换成适合人们需要的经济物质,人类难以生存和发展。因此,人类必须善待自然。善待自然是保证人和自然之间物质变换关系持续良性发展的前提,因而也是善待人类自己。

我们认为,上述马克思对人和自然的物质变换关系的阐述,十分明显,包含着丰富的可持续发展思想。130年前的马克思通过他的潜心研究和论述,不仅早已为可持续发展思想提供了科学的理论基础,而且早已为我们揭示了可持续发展的内涵、作用、重大意义等。

第四节 资本循环周转的理论与经济可持续发展

马克思可持续发展思想体现在他关于资源配置理论的阐述中。

第一,马克思的资本循环理论和资本周转理论揭示了市场经济可持续发展的客观规律。按照马克思的理论,社会总资本的再生产实际上是由多个单个资本的不断循环、不断周转有机构成的。我们认为,这种社会总资本的不断循环、不断周转就构成了市场经济的可持续发展。

马克思首先分析了资本循环。什么叫资本循环?企业的投资,在生产经营中离开出发点,经历购买阶段、生产阶段和销售阶段,又回到原来的出发点的运动,就叫资本循环。从货币形式出发的资本循环过程,经历三个阶段,采取三种形式,即货币资本形式、生产资本形式、商品资本形式。而每一种形式的转变,实际上就是生产要素的流动和结合。在马克思那里,生产要素被概括为人的要素和物的要素,也就是劳动力和生产资料,马克思认为这是一切生产社会形式下的共性。货币资本形式向生产资本形式的转变,就是为了生产一定商品,把生产这种商品必需的劳动力和生产资料准备好。生产资本形式向商品资本形式的转变,就是通过劳动力与生产资料结合并发生相互作用,生产出预定

---

[1] 马克思. 资本论(第1卷)[M]. 北京:人民出版社,1975:552.

的商品。而商品资本形式向货币资本形式的回归则是通过使生产的商品变成新的生产消费资料或生活消费资料的同时获得相应的货币积累。这三种形式之间的循环变化是通过完成三种职能实现的，即货币资本向生产资本的转化是通过购买实现的，生产资本向商品资本的转化是通过生产实现的，商品资本向货币资本的回归则通过销售实现。很显然，资本循环过程中的三种职能，除生产职能是在企业内部完成的，其余的两种职能只能在市场环境中完成，或者说这两种职能的进行就形成市场。正是从这个角度讲，企业是构成市场的利益主体，某一区域内企业之间的购销活动就形成这一区域的市场，某一国家内的企业间交易就构成某一国的国内市场，而超过国界的企业之间的交易就构成国际市场乃至全球市场。资本循环的过程，对某一个企业来说，就是企业进入市场购买生产要素，将购得的生产要素进行整合、加工后再以商品所有者的身份进入市场销售的过程。因此，无论在企业内部，还是企业之间；无论在地区之间，还是在国家之间，都存在经济资源通过市场配置转化为生产要素，进而形成满足社会需要的商品的内在要求，也就是资本循环的要求。而所有资本循环的过程，就构成全社会所有经济资源通过市场配置的过程。很显然，资本循环的过程是一个连续不断的过程，从社会经济的角度看，也是一个持续发展的过程。

在分析了资本循环之后，马克思提出了资本周转的概念，形成了资本周转理论。什么是资本周转呢？企业的投资，经过一定时期的反复循环，带着盈利又回到生产经营者手中的运动，叫资本周转。我们认为，马克思资本周转理论的内涵主要是在资本循环的基础上引入时间概念，从而引导出资本循环效率的含义。由资本周转产生的周转速度，一年中预付资本总周转的次数等概念，实质上就是讲资本循环效率。如前所述，资本循环的过程就是经济资源通过市场配置的过程，因而资本循环效率就是指经济资源的配置效率。如果说，资本循环理论告诉我们经济资源的转换和配置不应中断，而应该持续的话，那么，马克思资本周转理论要告诉我们，这种经济资源的转换和配置的持续性还应该是有效率的。上升到人类社会的高度，全社会资源转换和配置的持续和有效，就是经济的可持续发展的基本内容和题中之义之一。

第二，马克思关于两大部类的原理，揭示了简单再生产和扩大再生产得以持续的前提，也揭示了社会经济可持续发展的前提。特别是揭示了满足人类需要的生活资料消费以及由此产生的生产消费是社会再生产得以持续，从而经济发展得以持续的根本前提。马克思在对资本主义再生产进行剖析时，曾按产品的最终用途把社会生产分为两大部类。第一部类是生产资料的生产部类（用符号Ⅰ表示)。它是指必须进入或至少能够进入生产消费的产品及其生产部门。例如采掘、冶炼、煤炭、动力、机器制造、水泥、化肥等部门和其他生产原料的部门。第二部类是消费资料的生产部类（用符号Ⅱ表示)。它是指提供生活消费品的生产部门。例如，食品、纺织、药品、造纸等部门和其他生产生活消费品的部门。在把社会生产划分为两大部类的基础上，马克思又通过把商品从价值构成的角度，即任何商品的价值都是由不变成本（C)、可变成本（V)和剩余价值（M)组成的，详细探讨两大部类之间的比例关系。

首先社会总资本简单再生产必须以三方面的交换完成为条件。也就是说如果要保持全社会的原有规模的简单再生产在下一年继续进行，必须完成三方面交换：一是第Ⅰ部类的4000C，即价值4000的生产资料，在本部类内部进行交换，以解决本部类的各生产部门的次年所需要的生产资料；二是第Ⅱ部类的500V+500M，即价值1000的消费资料，在本部类内部进行交换，以解决本部类的各生产部门次年所需要的消费资料；三是第Ⅰ部类中的1000V+1000M，即价值2000的生产资料，和第Ⅱ部类的2000C，即价值2000的消费资料相交换，以解决第Ⅰ部类次年所需的消费资料和第Ⅱ部类次年所需的生产资料。这三个方面交换完成，从而各种商品的价值得以实现，就是要全社会生产的商品即6000的生产资料和3000的消费资料通过交换，都进入消费即生产和生活消费，社会简单再生产在第二年才得以继续。因此，从简单再生产的分析，已可以得出结论，产品完成交换，从而实现消费是再生产的前提，也是社会简单再生产在第二年得以持续的前提。马克思立足于19世纪中叶资本主义经济发展的客观实际，在批判地继承资产阶级古典经济学理论，特别是"斯密教条"和魁奈理论的基础上，从社会再生产的高度运用科学的抽象法对优化资源配置做了系统分析，并含有丰富的经济可持续发展思想。马克思认为再生产在一切社会经济形态中都存在，他指出"不管生产过程的社会形式怎样，它必须是连续不断的，或者说，必须周而复始地经过同样一些阶段。一个社会不能停止消费，同样，他也不能停止生产。因此，每一个社会生产过程，从经常联系和它不断更新来看，同时就是再生产过程"[1]。总之，再生产为一切社会经济形态所共有。我们认为，马克思这里所讲的生产过程"连续不断""周而复始"显然包含了可持续发展的含义。

接着马克思对社会总资本扩大再生产进行了详尽的分析，马克思在分析简

---

[1] 马克思.资本论（第1卷）[M].北京：人民出版社，1975：621.

单再生产后，认为扩大再生产必须有多余的生产资料为前提。同时，扩大再生产除了要有多余的生产资料外，还需追加消费资料。也就是说，两大部类都要积累和扩大，才具备社会总资本扩大再生产的实现条件。同时，多余的生产资料和追加的消费资料也必须实现三个方面的交换，社会扩大再生产才得以进行。从马克思扩大再生产必须完成的三方面交换不难看出，两大部类都要既追加生产资料，又追加消费资料，同时保持两大部类各自内部各部门之间以及两大部类之间的交换完成，才是构成社会总资本扩大再生产的实现条件。不仅原有规模的商品全部完成交换，实现消费，而且为扩大再生产追加的全部商品也要完成交换，并实现消费，扩大再生产才能得以持续。

综观马克思对简单再生产和扩大再生产的详细分析，可以发现，市场经济形态下的社会再生产离不开各部门及两大部类之间的顺利交换。无论对某一部类，还是某一部类中的某一部门或某一商品生产单位，只有其生产的商品完成了交换，才能顺利进行下一年的简单再生产或扩大再生产，否则再生产难以持续。这种交换的目的，最终是通过现实市场交易活动使全部商品都得以消费，不是生产消费，就是生活消费。如果是生产消费，实际上是商品已作为生产要素为生产新的商品在发挥效用；如果是生活消费，实际上是商品为满足人的需要和人的发展在发挥效用。所有这些消费的进行，也就是社会再生产的运行。全社会的消费与社会再生产是同一的过程。如果某一商品的消费停止，与这一商品消费相关的再生产必然中断；如果全社会的消费停止，整个社会再生产必然中断。同时，从两大部类之间交换的前后联系看，我们还发现，第I部类为第II部类提供的物质，是为了生产满足人们需要的生活资料；而第I部类从第II部类接受的物质，是为了满足第I部类内部人的需要和人的发展。在这里，生产消费的目的是提供用于生产生活消费资料的物质基础，生活消费则完全是为了满足人们的需要。马克思的两大部类原理，充分说明了满足人类需要的生活消费以及由此产生的生产消费是社会再生产得以持续，从而经济发展得以持续的根本前提。

总之我们必须看到，马克思对自然资源作用的论述、对人与自然物质交换关系的论述、对资本循环周转的论述以及对人的全面自由发展的论述，其最终目的，就是要通过变革资本主义的不合理生产关系，新建一种可持续发展的方式，合理开发和利用自然资源，实现人与自然界物质交换关系的和谐发展，最终实现人的自由全面发展。过去，我们传统地一直认为马克思论述资本主义的不合理以及推翻资本主义，主要是因为资本主义存在着对工人的残酷剥削。通过对马克思可持续发展经济思想和人的全面发展关系的研究,现在我们的思想必须重新修正,必须重新认识马克思揭露和推翻资本主义的动机和目的。十分明显,研究马克思可持续发展经济思想,使我们不能不认识到,马克思不仅仅是从剥削角度揭露资本主义的暂时性、腐朽性,更重要的是从人的发展的角度,从人类社会可持续发展的角度揭露和论证资本主义的危害性和暂时性,以及被新的合理社会形态(人与自然和谐发展,人得到全面发展的社会形态)所代替的必然性、合理性。使人类社会持续发展、使人和自然和谐发展共存,从而使人得到全面自由的发展,正是马克思毕生追求的。消灭剥削或称消灭阶级剥削并不是马克思思想的全部。马克思理论占主导的应该是他的合理开发、利用保护自然资源、人和自然和谐共存、发展,人得到充分自由发展的可持续发展经济思想。而正是这一点恰恰被我们长期忽视了。今天,认真深入地研究探讨马克思的可持续发展经济思想,对于我们更好地重新认识、宣传、坚持和发展马克思主义理论意义更是十分巨大。

第五节 生态环境、人类健康和经济的健康可持续发展[①]

在当前社会经济发展过程中,在自然生态环境不断恶化的局面下,人体健康越来越被世人所关注和重视。健康是人类生命存在和社会发展的最基本前提,在经济发展过程中以牺牲人的健康去换取利润,环境污染所带来的对人类健康乃至生命的威胁,都让人不得不慎重地思考经济发展到底是为了什么,为什么要牺牲人的健康来换取那些物质财富,那些物质财富存在的理由是什么。这都是在经济发展过程中需要考虑的问题。有些学者可能会认为只要经济总量增长了,环境保护好了,这些问题就自动解决了,但结果未必如此。在现实生活中,很多问题不能够仅仅依靠经济总量的增加而自动解决,比如,现在比较关注的公平问题、医疗保障问题,经济增长不是这些问题的自动解决器。同样,仅仅被动地保护自然生态环境也不能解决人的健康问题。原始社会自然生态环境总的说来是好的,但是当时人的健康问题仍然很严重,短寿、疾病持续困扰着人

---

① 生态环境、人类健康和经济的健康可持续发展,参见许崇正,杨鲜兰,等.生态文明与人的发展[M].北京:中国财政经济出版社,2011:109-116.并参见许崇正,韩喜平,朱巧玲,等.人的发展经济学教程——后现代主义经济学[M].北京:科学出版社,2016:229-233.

类。有些健康问题是由经济发展带来的，有些健康问题是由环境污染带来的，而更多的健康问题却是这两者综合而成的。因此，关注人的健康问题不仅是人的全面需求理论中的一个方面，也是经济可持续发展的工具性手段，更是人类社会发展的根本目的之一。在这样的基础上，我们提出了"生态环境·人的发展·经济"三维协调发展论，在原有的实现"生态和经济双赢"的基础上，把人的发展内生化，从而实现"生态环境、人的发展、经济的多赢"。

"生态环境·人的发展·经济"三维协调发展的实质是经济社会再生产的总需求和生态再生产的总供给的互相均衡协调发展的理论。

四种再生产分别是指：①物质再生产，指满足人们物质生活需要的生活资料以及为此必需的生产资料的生产；②精神再生产，指满足物化在物质生产技术和人的大脑中所需要的"知识形态"产品的生产；③人口再生产或人的再生产，指满足经济发展所需的劳动力数量和质量的再生产，包括现有劳动力的生产和后备劳动力的生产；④自然再生产或生态再生产，指满足经济发展和人类生活所需的自然资源环境的再生产。

现代经济社会发展实践表明，当代世界系统中人与自然、人与经济、经济社会与生态自然之间的相互依存关系越来越复杂，相互作用关系越来越深化，从而使四种再生产之间的相互适应关系愈来愈密切，相互协调关系愈来愈强化。因此，四种再生产的协调成为"生态环境·人的发展·经济"三维协调的实质。从经济发展的视角来看，"生态环境·人的发展·经济"三维协调的内涵就是把生态再生产和人的再生产（这里主要指人体健康）纳入物质再生产模型中去。让生态环境、人体健康内生化，让它们由外生变量转变为内生变量①。当今的经济活动对自然界产生了越来越大的影响，对人体健康也产生了越来越大的影响，人化的自然②和自然的人化③越来越明显，人化的自然界对人体健康的影响也越来越显著。因此现在的环境、健康都不是由经济运行之外的过程所决定的，

---

① 在经济模型中，内生变量指该模型所要决定的变量，而外生变量指由模型以外的因素所决定的已知变量，它是模型据以建立的外部条件。

② 关于人"人化"的定义，马克思在《1844年经济学哲学手稿》中是这样指出的：人化的自然和自然的人化，就是有意识、有目的的人的活动给自然界留下的印记——人的视野、足迹、实践和影响所及，自然界按照人的目的不同程度地、不同性质地发生了变化。此时，变化了的自然界对人来说是"人化"了的自然，对自然来说，这部分又是自然的人化。

③ 自然的"人化"则是指自然在实践中不断地变为属于人的存在、为人的存在和在对人有用的形式上占有的自然物。

而是更多地受经济运行过程的影响。原来经济再生产模型没有把生态因素纳入进去，那是因为当时自然界受经济再生产的干扰很小，甚至可以忽略不计，所以可以生态环境作为经济再生产的外生变量。而当今生态环境再生产越来越受到经济再生产的影响和制约，经济高速发展总是而且正在以改变人类生存环境为代价。这些改变严重地扰乱了生态环境的自然发展进程，不同物质的自然发生比率不再不受影响，人造物质被引入了那些不会自然地产生它们的环境中去。如果经济再生产对环境做出的反应漠不关心，经济运行将付出更加沉重的代价，因此在经济运行过程中考虑生态环境这一重要因素就成为必然。同样，如今的经济再生产对人的再生产——人体健康的影响越来越大：一方面，前面论述的经济再生产带来了环境污染，环境污染通过损害人体生态健康间接地对经济增长施以"报复"，像空气污染、水污染、臭氧层空洞对人体生态健康都造成严重的伤害；另一方面，人力资本理论中的一个非常重要的因素——健康对经济持续发展的作用也越来越被学术界所重视，T. W. 舒尔茨曾经说过这样的话："人类的未来是敞开的，它不取决于土地、农田和拥有多少资源，而取决于人本身……人口质量和知识投资在很大程度上决定了人类未来的前景。"因此无论从哪方面讲，生态环境、人体健康都应该纳入经济发展模型中去，从而实现"生态环境·人的发展·经济"三维协调可持续发展。

一、物质再生产、生态环境再生产和人的再生产协同运动与协调发展

传统再生产理论隐含着这样一个基本假定，即生态环境可以无限地供给自然资源和消纳废物。因此人类在"人化"自然的过程中只需要按照人的尺度来改造自然，而不用遵循自然界的尺度。这种观念导致了人类实践活动的失控，破坏了生态环境再生产运动过程，使物质再生产和生态环境再生产不相协调，导致了环境污染和生态破坏等严重后果。因此物质再生产与生态再生产不协调就成为全球性的极其尖锐的重大问题，阻碍着经济可持续发展的实现。物质再生产与生态再生产从极不协调发展走向协调发展是历史的必然，这是因为物质资料再生产的前提首先是生态的再生产，只有良好的生态环境，经济社会才能源源不断地创造出物质产品。因此，生态环境再生产是物质再生产的前提；同时物质再生产则为生态环境再生产提供条件，对生态环境的补偿和修复需要物质资料，可见只有两种再生产协同运动才能实现持续的经济发展。

两种再生产相互交织的思想早在马克思、恩格斯的著作《关于费尔巴哈的提纲》和《德意志意识形态》中就闪烁着光芒，著作中明确指出"环境是由人

来改变的"①。其后马克思在《〈政治经济学批判〉导言》里对环境的生产和再生产做了论述："物质资料的生产实际上有它的条件和前提，这些条件和前提构成生产的要素。这些要素最初可能表现为自然发生的东西。通过生产过程本身，它们就从自然发生的东西变成历史的东西，并且对于一个时期表现为生产的自然前提，对于前一个时期就是生产的历史结果。"②"经济的再生产过程，不管它的特殊的社会性质如何，在这个部门内，总是同一个自然的再生产过程交织在一起。"③ 这些论述表明，环境是人类通过世世代代的劳动创造出来的，是人类生产的历史结果。因而，生态环境再生产理应纳入社会生产的范畴。过去谁都不谈的社会生产的"生态因素"曾是微不足道的。如今"生态因素"不以我们的愿望转移成为整个社会发展的强大要素，不仅如此，已经到了生态因素变成"生态决定因素"，不能简单地不负责任地对待它的时候了。因此我们必须把经济和生态之间的敌对状态转变为它们的合作与统一，必须考虑到生态环境改变对社会经济的决定作用。

由此看出，经济再生产和生态环境再生产相互交织协同运动和协调发展的状况已经存在于整个经济生产与再生产过程之中了，生态环境生产与再生产，已经成为整个社会生产与再生产最重要的组成部分。因此"生态环境·人的发展·经济"三维协调是物质再生产和生态环境再生产的协调发展。

在这里，人的再生产主要是指人力资本的再生产，包括健康④、教育等方面的再生产。"生态环境·人的发展·经济"三维协调发展要求物质再生产和人体健康再生产协调发展。这是因为：一方面，物质再生产是人维持生命生产的基础。没有物质资料生产，就不会有人的生产，没有吃穿住行等必需的物质生活资料，人就无法生存，更谈不上健康的再生产。正如马克思所讲："第一个历史活动就是生产满足这些需要的资料，即生产物质生活本身。"另一方面，人体健康再生产是物质再生产的前提，人力资本理论把健康这一生产要素显化出来，成为经济持续发展的源泉。没有人口的生产，更准确讲，没有良好的身体，就不会有劳动者的存在和延续，这是健康再生产对劳动力数量供给方面的贡献。同样如果没有健康再生产，就不会有劳动效率的提高和劳动时间的延长，就不

---

① 马克思恩格斯选集（第1卷）[M]．北京：人民出版社，1995：55．
② 马克思恩格斯选集（第2卷）[M]．北京：人民出版社，1995：15．
③ 马克思恩格斯全集（第24卷）[M]．北京：人民出版社，1979：620．
④ 根据已有文献，前人对教育再生产研究颇多，而对健康再生产的研究颇少，故此本书重点研究健康再生产。

会推动经济产出的增长,这是健康再生产对劳动力质量供给方面的贡献。舒尔茨指出,由健康投资所带来的预期寿命的延长,会使更重要的人力资本教育投资有利可图,从而大幅度提高劳动者的素质和技能,取得更大的经济效益。劳动者是生产力中最活跃的因素,在生产力中处于主导地位,没有劳动者健康的体魄,物质资料的生产就不可能进行。正如马克思所说:"人本身是他自己的物质生产的基础,也是他进行的其他各种生产的基础。"因此,"生态环境·人的发展·经济"三维协调发展是物质再生产和人的再生产的协同运动与协调发展。

二、生态环境再生产、人的发展和经济再生产协同运动与协调发展

前面讲过,生态环境再生产是指自然的"人化"。即人类通过劳动改变自然界,使自然界为自己服务,把自然界改造出对人类经济活动有利的一面。就是说,人类不断再生产出符合人类需要的环境。但是如果生态系统再生产偏离了人类发展的状态,那么长时间后,自然生态环境将变得越来越不利于人类的生存,即人类生存会受到威胁。恩格斯讲过,人类过分陶醉于自己一时的胜利,就会遭到自然的报复,人与自然互伤互损,这种人对自然的作用和自然对人的作用的相互异化关系,即人的反自然化和自然的反人化。这样双向否定关系的集中体现就是人在物质再生产过程中以消耗自然资源、破坏生态环境来换取经济增长,而环境污染、生态破坏反过来对人体健康造成严重的伤害,如水污染、大气污染、垃圾污染等。一方面,人来自自然界,尽管人具有社会属性,但人首先是自然界的产物,人的生存离不开自然界,离不开生态环境的再生产。以前人类对物质的狂热追求已经降温,取而代之的是对生态的需求。人首先要生活在一个良好的环境当中才可以有其他的追求,因此生态环境再生产是人体健康再生产的一个基本条件;另一方面,人体健康再生产也促进了生态环境的再生产。人类凭借智慧和劳动对自然要素重新组合——在对人有用的形式上占有自然物,以创造出能够适合人类生存的环境条件,因此人的再生产是生态环境再生产的驱动力,即人类进行生态环境再生产,是从人的自身需要出发的,是为了维持和再生产自己的生命、健康。于是人与环境、人的生产和环境生产是相互依存、休戚与共的关系,人类为了维护和再生产自己的生命,必须"调节他们和自然之间的物质变换",并"通过运用和开发自动发生作用的自然力来提高人的劳动力",还要使自然界最适于人类本性、最适于"人类能力的发展"[①]。

---

① 马克思恩格斯选集(第25卷)[M].北京:人民出版社,1974:926-927.

在经济人理念所决定的增长范式指导下,几乎人类的一切经济活动和生产行为都是围绕着一个共同的,甚至可以说是唯一的目标进行,就是单一物质资本"一维"自利追求,即一味追求物质财富的无限增长。在这种片面理论的指导下,工业经济社会的生产与再生产全过程,始终是以大量消耗自然资源和牺牲人体健康来尽可能地生产更多的物质产品,而对其他再生产却弃之不理的过程。换言之,工业经济时代的社会再生产模式,基本上是物质产品的生产、流通、分配、消费运动模式,因而是一种片面的社会再生产模式。

但是随着经济社会的高速发展,这种增长范式指导的社会再生产模式越来越凸显出经济社会发展的不和谐、畸形,最终阻碍了经济的持续发展。集中表现在四种再生产过程的不协调发展,即人的再生产与生态环境再生产的不协调,物质再生产和生态环境再生产的不协调,我们一般概括为人与自然的不和谐、人与人的不和谐。为了解决经济发展过程中的这些不和谐因素,追求经济的可持续发展,就需要转变经济增长模式,达到四种再生产的协同运行和协调发展,即经济社会生产不仅要关注经济系统中物质再生产的发展和需要,而且要关注经济系统以外的其他系统再生产的发展和需要,那就是生态环境再生产、人体健康再生产和精神再生产作为一个有机整体的全部生产和再生产的理论。即由单一的物质资本"一维"自利追求变为物质资本、生态资本、人力资本"三维"自利追求,关键是让生态资本和健康人力资本成为"经济人"的直接自利追求。这就是终极的可持续发展模式。

"人和自然组成的世界系统,在基本层次上可以概括为三种生产[①]——物质生产、人的生产和环境生产——的联系。""这三种生产的关系呈环状结构,任何一种生产不畅即会危害世界系统的持续和发展。"因此,人和自然组成的这个系统的畅通程度取决于三种生产之间的和谐程度。因此,不管经济运行如何高度发展,人类经济增长依然始终离不开对自然界的依赖,离不开与生态环境的相互作用,离不开对生物圈的依赖和改造。人类只有将自己与整体自然界协调起来才能永续存在和发展。这就要求人类再生产不能像动物那样只是按照自身肉体的需要来进行生产,即只按照自身所属的那个物种需要的一个尺度来进行生产,而是要按照社会和人的全面发展的需要进行生产,摆脱那种只是为了肉体的物质需要而进行的生产,即人类生产不仅要按照人的尺度生产,而且也按照物(自然界)的尺度来生产,这才是真正意义上的生产。

---

① 在这里把精神生产纳入了人的生产里,即人的生产不仅包括人的种的繁衍,而且包括人的素质的提高,即人力资本的生产。

人类应该结束四种再生产相对立的局面，让四种再生产过程相互交织与相互融合而浑然一体，达到自然、人、社会协同运动与协调发展。因此，"生态环境·人的发展·经济"三维协调发展理论指导下的综合再生产不仅是人类开发、利用和索取自然，保证满足人类生存发展需要的再生产，而且是人类保护、建设、补偿自然，保证满足生态自然演化发展需要的再生产。前者是人对自然的关系，包含了人与人的关系；后者是自然对人的要求，同样也包含了人与人的关系，这是人与自然、人与人的"三维"双向运动与协调发展的生态经济社会统一运动过程。"生态环境·人的发展·经济"三维协调发展理论就是"人的再生产、物质再生产、精神再生产和生态再生产相互适应与协调发展的生态经济理论。这是我国社会再生产理论发展史上一次质的飞跃"①。也是经济持续健康发展的应有之内容。

三、"生态环境·人的发展·经济"三维协调发展模型②

（一）基本假设

假设在一个生态经济系统中存在两个部门，一个是最终产品部门，一个是健康人力资本产出部门。产出部门只生产一种产品，为使问题简化，假定人口增长为常数并标准化为1，每个人既是消费者又是生产者，人均产量就是总产量。由于本书主要研究的是健康人力资本对产出的影响，因此暂不考虑人力资本其他部分对产出的影响。

（二）生产函数

健康状况是决定人力资本拥有量的关键因素（Mankiw Romers 和 Weil，1992）。广义的人力资本包括：①有形人力资本，即把儿童抚养到工作年龄的消费支出；②教育投资；③健康投资；④研究和发展投资。①为有形资本，②③④为无形资本。②③构成狭义的人力资本。那么，劳动或简单劳动就限定于以成年人体力为基础的基本生产能力。在此以上通过教育、保健、研发形成的人类生产能力就成为狭义的人力资本③。因此本书假设最终产品的生产取决于物

---

① 刘思华. 生态马克思主义经济学原理（修订版）[M]. 北京：人民出版社，2014：254.
② 参见：许崇正，杨鲜兰，等. 生态文明与人的发展 [M]. 北京：中国财政经济出版社，2011：121-133. 并参见许崇正，韩喜平，朱巧玲，等. 人的发展经济学教程——后现代主义经济学 [M]. 北京：科学出版社，2016：237-245.
③ 张帆. 中国物质资本和人力资本估算 [J]. 经济研究，2000（8）：65-71.

质资本存量 K、健康人力资本存量 H、环境质量存量 E，而且健康人力资本和环境质量之间不存在统计上的相关性，即它们之间在生产上是相互独立的。这就保证了生产函数中自变量之间的互不相关的假设条件，同时生产最终产品的技术为不受事件影响的柯布-道格拉斯技术。

根据效率工资理论，健康状况好的劳动力具有高的工作效率，而工作效率高则意味着产出多，所得的单位工资就高。这样，健康状况的好坏就会直接影响到劳动的效率或产出。因此，效率工资理论通过建立健康和"时间效率"之间的联系，把健康和产出联系在了一起。

假定生产者将以一定的比例时间 μ 来从事生产，如果生产者劳动和闲暇的时间为一个单位的话，劳动力就将以 $1-\mu$ 的比例时间来从事健康人力资本投资（如休息、锻炼等）。运用这一假定，健康人力资本的变化率可以写作：

$$\dot{H} = (1-\mu)H - \partial H \tag{12-1}$$

这里 $(1-\mu)H$ 是健康的积累，∂ 是健康折旧率。折旧率是外生的，但随着年龄的变化而变化。在这里，μH 是投入生产中的健康资本量。从长期来看，一个人投入生产中的劳动时间是跨期不变的，即我们可以把一个人一生劳动的时间均等地投入每一期的生产中，因此可以假定，长期而言，一个人投入生产中的健康资本量是不变的，即 μH 是个常数。

如前所述，把健康资本和生产函数联系在一起的是效率工资理论。逻辑如下：生产者从事生产的时间 μ 可以被区分为"时钟时间"和"效率时间"。一个效率高的劳动力在给定的"时钟时间"内，会生产出较多的"效率时间"。单位"时钟时间"内生产的"效率时间"依赖于劳动力的健康状况，如果用 μ_e 表示"效率时间"，它可以被表示为"同质性"和"异质性"两个部分（张车伟，2002）。H 是一组影响到"效率时间" μ_e 的人力资本变量，如健康、教育等方面的指标，在本书中就是健康资本变量。$h(\cdot)$ 为效率时间方程，$h'>0$，$h''<0$，它代表了生产时间的"异质性"部分，μ 是实际中观察到的时钟劳动时间，它代表了效率时间的"同质性"部分。

$$\mu_e = h(H) \cdot \mu \tag{12-2}$$

健康人力资本变量在生产函数中的作用可以被认为是通过使劳动时间发挥更大的效率而实现的（张车伟，2002），即健康人力资本和劳动时间对产出的共同贡献可以被表示为：

$$\mu \cdot e^{h(\cdot)} \tag{12-3}$$

因此，生产函数的具体形式为：

$$Y(t) = A_t K_t^\alpha \mu^\beta e^H E^{1-\alpha-\beta} \tag{12-4}$$

（三）环境质量与污染排放

随着产品数量不断增加，污染物也不断增加。为了简化研究，假定产品生产过程只生产一种产品，而且只产生一种污染物。本书只考虑生产过程中产生的污染物，对消费产生的污染物暂时不予考虑。根据 Stokey（1998）、Aghion 和 Howitt（1992）的文献研究，污染流是产出水平和污染强度的函数①，因此生产过程产生的污染物数量可用污染物排放函数表示。污染物的排放函数为：

$$P(Y, z) = Yz^\gamma \tag{12-5}$$

其中 Y 是总产出；$z \in (0, 1)$ 是污染强度，就是每单位产出的污染物排放量；γ 是污染程度指数（$\gamma>1$），它保证了 $P_{zz} = Y_\gamma (\gamma-1) z^{\gamma-2} > 0$，即污染的边际成本递增。

环境质量 E（尽管从原则上看环境有很多维度，但我们用 E 表示总的环境质量指标）受到三种影响：一是污染物排放量的影响，前面讲过，污染函数为环境质量的变化率。二是环境可能的最大再生速度，又叫环境的自净率。我们把环境 E 视为一种资本品，随着环境污染会耗尽，但其也有再生能力，用 θ 表示。三是人类的环境保护，人类经济系统可以通过对环境保护的投入来改善环境。令 I_E 是环保投入，同时假定环保投入和治理比例 τ 与当期产出 Y 有关，为了得到系统的收敛解，进一步假定 I_E 是 τ 的凸函数，则有：②

$$I_E = (b_0 + b_1 \tau^b) Y \tag{12-6}$$

式中，b_0，b_1，b 为常数，b_0，$b_1 \in [0, 1]$，$0 < \tau < 1$，$0 < b_0 + b_1 < 1$。环保收入对环境改善的贡献为 R（I_E），R'（I_E）>0，而且环境保护对环境质量的改善没有上限，则 $\lim\limits_{I_E \to \infty} R(I_E) = +\infty$。

由于本书在此没有考虑技术的进步，因此可以假定环保投入的技术水平也不变，即环保投入对环境改善的边际贡献率 $\dfrac{R'(I_E)}{E}$ 也为常数。

阿吉翁和霍依特（1998）在《内生增长理论》一书中详细介绍了环境质量的假定条件，假设环境质量存在一个上限值，只有当所有生产活动都被无限期

---

① 在本部分模型中污染排放表现为流量，环境质量是存量，污染函数为环境质量的变化率。

② David L. On environmental Kuznets curves arising from stock externalities [J]. Journal of Economic Dynamics & Control, 2003, 27 (5): 1367-1390.

停止时，环境质量才能达到上限值。为了研究方便，我们将环境质量 E 定义为实际的环境质量与上限值之差，从而 E 恒为负值。同时，还假设环境质量存在一个下限值，在该值之下，意味着环境遭遇不可逆的毁灭性灾难，故我们可以得到一个临界生态阈值 E^{min}，根据如上分析，我们假设 E 遵循如下约束条件：

$$E^{min} \leq E \leq 0$$

因此综合以上分析可以得出环境质量变化的运动方程为：

$$\dot{E} = -Yz^{\gamma} - \theta E + R(I_E) \tag{12-7}$$

（四）物质资本积累

在这个系统中，最终产品的生产函数采取变化的 C-D 函数，总物质资本存量是 K，同时，消费和环保投入将消耗掉一部分产出，假定没有资本折旧，因此物质资本积累方程为：

$$\dot{K} = F(K, H, E) - C - I_E \tag{12-8}$$

其中，C 是社会消费，I_E 是环保投入消耗的资本。

（五）社会福利

在传统经济理论中，社会福利是物质消费的函数，社会福利最大化就是消费或产出的最大化。从传统经济学意义上讲，让消费或产出指标最大化本无可厚非，但是仅仅对物质产品消费最大化并不能带来人们的最大福利，不能代表社会的进步，因此需要更好地代表社会全面进步、人全面发展的指标来衡量。世界银行用人类发展指数来衡量社会福利，人类发展指数（HDI）是 GDP、人均寿命和识字率的线性组合，但是达斯古普塔等（Dasgupta. et. al）认为 HDI 没有将未来考虑在内，缺乏可持续性，因此提出用"财富"作为衡量跨代或跨时期福利的指标。财富包括制造业资本（如建筑、机器和道路）、知识和人力资本（如技能和健康）、自然资产（如生态系统、矿产和森林）以及制度（如政府、公民社会、法律规则、合同规则）的价值。可见经济学发展到现在，已经突破了传统经济学单单追求经济增长的窠臼。本书用"E-H-E"[①]三维协调发展综合效用指标衡量社会福利。它是指包括物质产品消费指标、人

[①] "E-H-E" 是由环境、健康、经济三个词的第一个英文字母组成的，以后用"E-H-E"代表生态环境、健康、经济。

体健康状态指标①、环境质量指标三方面综合的指标。这就是"生态环境·人的发展·经济"三维协调发展的数量化阐述。这三个指标组成的社会福利函数最大化才能保证实现最优经济可持续发展路径达到稳态。

假定存在一个社会决策者,决策者倾向于在整个时期内生态经济社会福利最大化,即决策者既考虑当代人的福利,也考虑后代人的福利。由于时间偏好,后代人福利将按贴现率 $\rho>0$ 贴现。因此在规划期 $[0, \infty]$ 内,"E-H-E"三维协调发展模型的基本形式如下:

$$\varphi = \int_0^\infty e^{-\rho t} U(C, H, E) dt$$

φ 是规划期内经贴现的总福利;U 是福利函数,它受到消费、健康和环境质量的影响。福利函数的形式可以用瞬时(instantaneous)效用函数表示,如下:

$$U(C, H, E) = \frac{C^{1-\sigma}}{1-\sigma} + \frac{H^{1-\omega} - 1}{1-\omega} - \frac{[(-E)^{1+\eta} - 1]}{1+\eta}, \sigma < 0, \omega < 0, \eta > 0$$

(12-9)

其中,σ 是边际效用弹性参数,ω 是健康意识参数,η 是公众的环境意识参数。

"E-H-E"三维协调发展理论指导的经济发展就是追求在最优状态下的经济可持续增长、人体健康和良好的环境质量,用数学表示就是跨期福利最大化。这样就建立了一个时间连续条件下同时考虑消费、人体健康和环境质量的动态模型。

目标函数: $\max\varphi = \max \int_0^\infty e^{-\rho t} [U(C, H, E)] dt$,ρ 为跨期效用体现率。

s.t. $\dot{K} = F(K, H, E) - C - I_E$

$\dot{E} = -Yz^\gamma - \theta E + R(I_E)$

$\dot{H} = (1-\mu)H - \partial H$

$E \geq E^{\min}$

其中,C、I_E 和 μ 是控制变量,K、H 和 E 是状态变量。

---

① 在经济学中,产品是能够增加人们效用水平的东西。健康显然能够增加人们的效用水平,能够给人们带来幸福。因此从这个意义上讲,健康可以理解为一种产品,这种产品的数量表现在人生某个时点上的健康状况,在人生任何一个时点上的健康状况的改善对以后人生的健康都产生影响。如果通过采取某种医疗措施使得人的健康得以改善或健康存量增加则对以后相当一段时期甚至终身都带来收益。因此我们可以把健康理解为一种耐用消费品(durable good),就像住房、汽车、教育一样。

（六）模型求解

现代经济增长理论研究发现，多数国家的长期增长过程具有稳态的特征，即长期增长过程中所有人均变量的增长率都是常数。这一发现使得在假设增长具有稳态时，数学处理变得很方便，因此本书也假设长期增长是稳态的。该动态优化问题可以利用庞特里亚金极大值方法处理，为此做如下的 Hamilton 函数。

$$H = U(C, H, E) + \lambda_K(A_t K_t^\alpha \mu^\beta e^H E^{1-\alpha-\beta} - C - I_E)$$
$$+ \lambda_H[(1-\mu)H - \partial H] + \lambda_E[-AK^\alpha \mu^\beta e^H E^{1-\alpha-\beta} z^\gamma - \theta E + R(I_E)]$$

假设 $\lim_{t\to\infty}\lambda_K K e^{-\rho t}=0$，$\lim_{t\to\infty}\lambda_E E e^{-\rho t}=0$，$\lim_{t\to\infty}\lambda_H H e^{-\rho t}=0$，这些条件确保经济的路径不发散。

这里 λ_K，λ_H，λ_E 分别为物质资本、健康人力资本和环境质量的影子价格。经整理，得到三个控制变量的一阶条件为：

$$C^{-\sigma} = \lambda_K \qquad (12\text{-}10)$$

$$\lambda_K = \lambda_E R'(I_E) \qquad (12\text{-}11)$$

$$\beta\mu^{\beta-1}AK^\alpha e^H E^{1-\alpha-\beta}(\lambda_K - \lambda_E \cdot z^\gamma) = \lambda_H H \qquad (12\text{-}12)$$

三个状态变量的欧拉方程为：

$$-\dot\lambda_K + \lambda_K\rho = \alpha\lambda_K AK^{\alpha-1}\mu^\beta e^H E^{1-\alpha-\beta} - \alpha\lambda_E AK^{\alpha-1}\mu^\beta e^H E^{1-\alpha-\beta}z^\gamma \qquad (12\text{-}13)$$

$$-\dot\lambda_H + \lambda_H\rho = H^{-\omega} + \lambda_K AK^\alpha \mu^\beta e^H E^{1-\alpha-\beta} - \lambda_E AK^\alpha \mu^\beta e^H E^{1-\alpha-\beta}z^\gamma$$
$$+ \lambda_H(1-\mu-\partial) \qquad (12\text{-}14)$$

$$-\dot\lambda_E + \lambda_E\rho = -(\bar{E})\eta + (1-\alpha-\beta)\lambda_K AK^\alpha \mu^\beta e^H E^{-(\alpha+\beta)}$$
$$- (1-\alpha-\beta)\lambda_E AK^\alpha \mu^\beta e^H E^{1-\alpha-\beta}z^\gamma - \lambda_E\theta \qquad (12\text{-}15)$$

在稳态增长条件下，各变量的增长率为常数，且 z 为常数，把变量 x 的增长率记作 g_x，即 $g_{\lambda_k} = \dfrac{\dot\lambda_k}{\lambda_k}$，$g_k = \dfrac{\dot K}{K}$，$g_{\lambda_H} = \dfrac{\dot\lambda_H}{\lambda_H}$，$g_H = \dfrac{\dot H}{H}$，$g_{\lambda_E} = \dfrac{\dot\lambda_E}{\lambda_E}$，$g_E = \dfrac{\dot E}{E}$。

由 (12-11) 式有：

$$\frac{\dot\lambda_K}{\lambda_K} = \rho - \alpha AK^\alpha \mu^\beta e^H E^{1-\alpha-\beta}(1 - z^\gamma \cdot \frac{\lambda_E}{\lambda_K})$$

由前面假定可知，环保投入的技术水平不变，即 $R'(I_E)$、$\dfrac{R(I_E)}{E}$ 都为常数，因此由（12-11）式可知，$\frac{\lambda_E}{\lambda_K} = \frac{1}{R'(I_E)}$，对式子求时间的导数可得：

$$g_{\lambda_E} = g_{\lambda_k} \tag{12-16}$$

又因为 $\frac{\dot{\lambda}_K}{\lambda_K} = \rho - \alpha AK^\alpha \mu^\beta e^H E^{1-\alpha-\beta}(1 - z^\gamma \cdot \frac{\lambda_E}{\lambda_K})$ 是个常数，所以 $\alpha AK^\alpha \mu^\beta e^H E^{1-\alpha-\beta}(1 - z^\gamma \cdot \frac{\lambda_E}{\lambda_K})$ 是常数，对它求时间的导数，可得：

$$(\alpha - 1)g_k + g_H + (1 - \alpha - \beta)g_E = 0 \tag{12-17}$$

由（12-12）式可得：

$$\beta \mu^{\beta-1} AK^\alpha e^H E^{1-\alpha-\beta} = \frac{\lambda_H H}{(\lambda_K - \lambda_E \cdot z^\gamma)} \Rightarrow g_{\lambda_H} + g_H = g_{\lambda_K} + g_K \tag{12-18}$$

同理推出以下式子：

$$g_H = 1 - \mu - \partial \tag{12-19}$$

$$\alpha \cdot z^\gamma g_k + z^\gamma g_H + [(1 - \alpha - \beta)z^\gamma + 1]g_E = 0 \tag{12-20}$$

由（12-17）、（12-19）、（12-20）式推出：

$$g_K = \frac{1 - \mu - \partial}{(1 - \alpha - \beta)z^\gamma + 1 - \alpha} \tag{12-21}$$

把（12-12）式带入（12-14）可得：

$$g_{\lambda_H} = \rho - \frac{H^{-\omega}}{\lambda_H} - \frac{\mu H}{\beta} - (1 - \mu - \partial) \tag{12-22}$$

μH 是投入生产中的健康资本量，如前假定，一个人投入生产中的健康资本量 μH 是常数。$\frac{H^{-\omega}}{\lambda_H}$ 是消费者在购买健康上花费的最后一元钱所带来的边际效用。

由以上假定，从（12-22）式可以推出：

$$-\omega g_H = g_{\lambda_H} \tag{12-23}$$

结合（12-12）和（12-15）式可以推出：

$$g_{\lambda_E} = \rho + \frac{(-E)^\eta}{\lambda_E} - \frac{(1 - \alpha - \beta) \cdot \lambda_H}{E \cdot \beta \cdot \lambda_E}\mu H - \theta \tag{12-24}$$

假定 $\frac{(-E)^\eta}{\lambda_E}$ 不变，这个假定成立的理由是：$\frac{(-E)^\eta}{\lambda_E}$ 表示公众在对环境意识程度上，最后一单位货币所带来的边际效用不变，这就是效用最大化的均衡条件之一。因此这个假定是成立的。那么，从（12-24）式推出：

$$g_{\lambda_H} = g_E + g_{\lambda_E} \tag{12-25}$$

又因为假定 $\dfrac{(-E)^\eta}{\lambda_E}$ = 常数，对其两边求时间的导数，可得：

$$\eta \cdot g_E = g_{\lambda_E} \tag{12-26}$$

结合（12-23）、（12-25）、（12-26）式，得出：

$$g_E = \dfrac{-\omega(1-\mu-\partial)}{\eta} \tag{12-27}$$

根据（12-10）、（12-18）、（12-19）、（12-21）、（12-23）式，得出：

$$g_C = \dfrac{1}{\sigma}\left[-(1-\mu-\partial)(1-\omega) + \dfrac{1-\mu-\partial}{(1-\alpha-\beta)z^\gamma + (1-\alpha)}\right]$$

其中，$(1-\alpha-\beta)z^\gamma$ 可以被理解为环境资本的污染物边际产出，即经济活动利用环境资本的损耗。

为了保证社会最优路径上的可持续增长，我们得到消费、物质资本、环境质量、健康资本的稳态增长率：

$$g_C = \dfrac{1}{\sigma}\left[-(1-\mu-\partial)(1-\omega) + \dfrac{1-\mu-\partial}{(1-\alpha-\beta)z^\gamma + (1-\alpha)}\right]$$

$$g_K = \dfrac{1-\mu-\partial}{(1-\alpha-\beta)z^\gamma + 1-\alpha}$$

$$g_H = 1-\mu-\partial$$

$$g_E = \dfrac{-\omega(1-\mu-\partial)}{\eta}$$

（七）结果分析

1. 经济可持续发展的必要条件

经济可持续发展要求产出 Y 在长期无限增长，根据环境质量运动方程 $E = -Yz^\gamma - \theta E + R(I_E)$，为了保证 $E \geq E^{\min}$，污染密度 z 在长期应该趋近于零，那么对于消费的增长率 g_C 而言，在稳态条件下，消费增长可能为正，只要 $(1-\omega) < \dfrac{1}{1-\alpha}$ 即可。进一步地，如果 $\omega > 1$（ω 是健康意识参数），那么无论资本弹性取什么值，都能保证消费增长率为正，说明公众越关注健康，就越能保证物质资本积累和消费可以实现长期增长。因此经济可持续发展的必要条件是：

$$(1-\omega) < \dfrac{1}{(1-\alpha-\beta)z^\gamma + (1-\alpha)}, \quad \dfrac{1}{\sigma} \text{ 表示跨期替代弹性。}$$

2. 生态环境、健康和经济增长三者的良性互动分析

命题1：环境质量改善和对健康投资是保证物质消费持续增长的必要条件。

$$g_C = \frac{1}{\sigma}[-(1-\mu-\partial)\times(1-\omega)+\frac{1-\mu-\partial}{(1-\alpha-\beta)z^\gamma+(1-\alpha)}]$$

对上式稍加变形得：

$$g_C = \frac{1}{\sigma}(1-\mu-\partial)[\frac{1}{(1-\alpha-\beta)z^\gamma+(1-\alpha)}-(1-\omega)]$$

实现物质消费增长的必要条件之一是在$(1-\mu-\partial)$和$(1-\omega)$不变的情况下，减小$(1-\alpha-\beta)z^\gamma$和$(1-\alpha)$的值。因为$(1-\alpha-\beta)z^\gamma$和$(1-\alpha)$的值越小，则物质消费增长率越高；反之，则越低。其中，$(1-\alpha-\beta)z^\gamma$可以被理解为环境资本污染物排放的边际产出，即经济活动利用环境资本的损耗。

首先分析$(1-\alpha-\beta)$，如果环境资本的边际产出$(1-\alpha-\beta)$比较小，那么经济增长环境有两种情况。一种情况是经济发展水平较低的农业社会。由于生产技术水平较低，人类社会产出的增加主要依靠自然界，因此主要的生产要素是环境资本（包括环境质量和自然资源）。在这种情况下，经济社会进步缓慢，人类对自然界的干扰较小，环境资本作为一种不稀缺资源的边际贡献率比较低，因此物质消费增长率的提高主要依靠环境资本，如果风调雨顺，则社会产出就增长；如果遇上自然灾害，则社会产出就减少。另一种情况是经济发展水平较高的知识型社会。由于实行清洁型、环保型的生产技术，注重环境质量的改善，这时环境质量不是稀缺性资源，同时对环境资源的利用率非常高，则排出的污染物非常少。根据边际收益递减规律，环境质量的边际贡献率在降低，即$(1-\alpha-\beta)z^\gamma$的值在减小，这样就保证了物质消费的可持续增长。而当前以破坏环境换取经济总量增加的增长方式会造成环境质量成为稀缺的生产要素，提高了环境质量的边际产出，即增加了$(1-\alpha-\beta)$的值，这种增长方式放慢了物质消费的增长率。因此，要想使物质消费增长率保持稳态增长，一方面要改善环境质量，降低环境资本的稀缺性；另一方面则要采取环保型的技术水平，提高资源利用率，这两种方式同时使用则是保证物质消费稳态高速增长的必要条件。

其次对于$(1-\alpha)$而言，它是健康人力资本和环境质量的边际产出，如果要提高物质消费增长率，在其他条件不变的情况下，就要降低$(1-\alpha)$，即降低健康人力资本和环境质量的产出弹性。而根据边际收益递减规律，健康人力资本和环境质量越不稀缺，它们的产出弹性就越小。这说明社会中的健康资本存量高，并且保持了优良的环境质量，而出现这一结果则需要加大健康资本和环境

资本的投资。

因此无论从哪方面讲，优良的环境质量和较高的健康人力资本存量是实现物质消费增长的必要条件。

命题2：环境质量是保证物质资本增长、健康存量增加的基本前提条件。从环境质量增长率 g_E 的表达式可以看出，g_E 可正、可负，也可为零。

(1) 如果 $g_E>0$，则 $(1-\mu-\partial)<0$ 意味着以下三点：第一，由于 E 恒为负值，在这种条件下，$\dot{E}<0$，说明这时环境质量在变坏；第二，恶化的环境会使健康存量减少，这反映在 $\dot{H}<0$，即 $(1-\mu-\partial)<0$；第三，恶化的环境会使物质资本存量减少，我们看到 $g_K = \dfrac{1-\mu-\partial}{(1-\alpha-\beta)z^\gamma + 1-\alpha}$，由于 $(1-\alpha-\beta)>0$，因此分母恒为正数，那么物质资本的增长率的符号就由分子决定，即由 $(1-\alpha-\beta)$ 决定。因此如果 $g_E>0$，则 $(1-\mu-\partial)<0$，那么 $g_K<0$，这时物质资本减少将使经济不可持续。

(2) 如果 $g_E<0$，则 $(1-\mu-\partial)>0$，同样意味着三点：第一，环境质量在改善，即 $\dot{E}>0$；第二，改善的环境会给人提供优美的环境享受，因此健康存量会增加，这时 $\dot{H}>0$，即 $(1-\mu-\partial)>0$；第三，改善的环境质量会使物质资本增加，因为如果 $g_E<0$，则 $(1-\mu-\partial)>0$，物质资本增长率的分母恒为正数，那么在分子为正数的情况下，物质资本增长率就为正，即在平衡增长路径上，物质资本会增加，这就保证了经济增长的需要。

(3) 如果污染密度 z 在长期趋近于零，那么对于物质资本增长率 g_K 而言，在稳态条件下，g_K 会增大。$g_K = \dfrac{1-\mu-\partial}{(1-\alpha-\beta)z^\gamma + 1-\alpha}$，当 $z \to 0$，$g_K = \dfrac{1-\mu-\partial}{1-\alpha} > \dfrac{1-\mu-\partial}{(1-\alpha-\beta)z^\gamma + 1-\alpha}$，因此如果实行清洁生产，则物质资本积累速度将加快。

以上分析表明了环境质量对健康存量、物质资本存量的影响变化过程。如果改善环境，那么这不仅对经济可持续发展产生正的影响，同时也对健康产生正的影响，而增加的健康存量又促进了经济的进一步发展，这就是环境改善、经济增长、健康改进的良性互动过程，也是本章节所要阐述的重要内容。

第十七章 绿色低碳经济

第一节 相关文献综述

低碳经济是一场涉及生产模式、生活方式、价值观念和国家权益的全球性革命，它的最终目标是要保证人类社会具有长期持续的发展能力。国内外关于低碳经济的研究汗牛充栋。但是，大多数此类研究关注的是低碳经济建设与全国乃至全球的生态保护、气候变迁、可持续发展战略的关系。

部分学者关注了低碳经济建设和生态文明、人的发展的关系这些重大理论问题。笔者的两本专著《人的发展经济学概论》（2010）、《生态文明与人的发展》（2011），都有若干章节论述人的发展与生态文明、低碳经济建设的关系，笔者在这两本书中，曾多次指出：人的发展是生态文明、低碳经济建设的终极目标，离开这一终极目标，生态文明、低碳经济建设将成为无源之水。许崇正、焦未然（2009），探讨了建设生态文明与人的发展之间的关系。许崇正、焦未然（2013），关注并研究探讨了低碳建设、生态文明与新型城镇化的关系。

部分学者关注了低碳经济的产业分析。如涂正革（2012），从8个部门碳排放量的指数分解展开讨论；周南等人（2013）从工业部门、建筑和电气设备部门、电力部门、消费和废弃物管理部门、交通运输部门、农业和林业部门出发对区域低碳发展战略进行讨论。另有一些研究者重点关注低碳产业建设与城市发展的关系，这主要包括如下几个方面：城市碳排放的综合构成；低碳导向的城市密度和城市空间；城市低碳发展的政策支持，等等。例如，罗乐娟（2010）认为：产业结构调整是低碳城市发展的基础；低碳金融是低碳城市发展的有力支持。

针对很多研究者忽略了我国的经济发展与低碳减排间的矛盾问题。有部分学者提出了反思。例如，谢藏娥、白宏涛（2013）就指出低碳经济的目标还有很多值得商榷的领域；同时，推行低碳经济应当量力而行。谭永生（2010）重点探讨了经济低碳化对中长期就业的影响。但是，这种反思在目前的研究文献中是明显的少数派。

杜莉、丁志国、李博（2012）基于欧盟碳交易市场数据，证明了碳交易对一国产业结构升级的积极作用。研究表明碳金融不仅能有效发挥价格发现作用，而且可以充分利用市场手段激励企业调整战略，从而优化整个社会的产业结构。王倩、双星、黄蕊（2012）从理论和实证两个角度探讨了碳金融对低碳经济的作用。理论上来说，碳金融借助其风险管理、融通资金、传递信息等功能对低碳经济的发展具有重要推动作用；在实证上，基于欧盟面板数据的固定效应模型更有力地说明了碳金融可以有效提高碳生产率。赵俊英（2012）对农村金融支持低碳农业进行了可行性论证，并指明农村金融支持低碳农业的路径。杜莉、李博（2012）阐述了我国碳金融的发展对贯彻产业政策的重要促进作用，指出构建以碳金融为主导的金融体系是实现我国产业结构升级的必要举措。杨大光、刘嘉夫（2012）利用我国十省份碳减排面板数据模型分析碳金融对各省份产业结构的影响，结果表明单位GDP碳减排量对产业结构升级的影响是显著的，即碳金融对低碳经济的发展具有重要的促进作用。

有关低碳城市与低碳城市规划的研究文献已开始涌现。方伟坚（Fang，2007）等认为碳排放与城市形态结构存在着一定关系，提倡紧凑城市的空间发展模式；格莱泽和卡恩（Glaser, Kahn, 2008）研究了碳排放量与土地利用的关系，认为对土地利用的限制和约束越严格，居民生活的碳排放量水平越低，例如高密度中心区的人均碳排放量要比低密度郊区的少；克劳福德和弗伦奇（Crawford, French, 2008）探讨了英国空间规划与低碳目标之间的关系，认为实现低碳目标的关键是转变规划管理人员和规划师的观念，应该在空间规划中重视低碳城市理念和加强低碳技术的运用。

关于低碳问题提出的背景。全球气候变暖日益引起国际社会的普遍关注，近些年来，逐渐演变成了国际政治、经济领域绕不开的热点问题。根据联合国政府间气候变化专门委员会（IPCC）的预测，未来100年这种全球变暖的趋势还会进一步加剧，而且会对自然系统和社会经济产生更为显著的负面影响。从适应和减缓气候变化的成本来说，综合报告主要结论认为，要想把温室气体浓度稳定在一个较低水平上，这个经济成本并不是太高。要尽早采取措施，减少温室气体的排放来减缓全球气候进一步变暖趋势，减少对自然和经济系统的影响。该报告认为，越早采取对策，未来变暖趋势越可能得到一定的减缓，损失会越小。该报告特别强调，未来温室气体排放取决于发展路径选择，可以以较低的宏观经济成本把大气中温室气体浓度稳定在较低水平。尽管气候变化在科学上还存在许多不确定性，但 IPCC 第 4 次评估报告作为国际科学界和各国政府在气候变化科学认识方面形成的共识性文件，已经成为国际社会应对气候变化的重要决策依据。

IPCC 最新研究发现，在 1906—2005 年的 100 年时间里，全球地表平均温度升高了 0.74℃，预计到 21 世纪末仍将上升 1.1℃~6.4℃，海平面或升高 0.18~0.59 米。全球气候变暖带来的影响广泛，其导致的海平面上升、极端气候事件趋强趋多、农业生产日趋不稳定、水资源日益短缺、冰川不断退缩、海平面上升、生物多样性遭破坏等负面影响，严重威胁了人类的生存与发展。美国 Thomas 以近 1000 年的温度变化为研究对象，发现工业革命以前气候由太阳辐射和火山爆发等自然因子所控制，而工业革命以后，人为碳排放是气候变暖的主因。结合南极 42 万年的温度和 CO_2 曲线来看，人类对现代的全球气候变化负有十分重要的责任。世界气象组织监测数据表明，自工业化以来，5 种温室气体引起的辐射强度达到了峰值，自 1850 年以来，全球共排放碳 345Pg，1950 年和 1990 年以来的累计碳排放量分别为 285Pg 和 132Pg，是总累计碳排放量的 83% 和 38%。从图 17-1 中可以看出，自 20 世纪初以来全球排放增速明显加快，尤其是 20 世纪 50 年代以后，以中国为代表的发展中国家的快速工业化，使全球碳排放量急剧增加。改革开放 30 年来，我国社会转型并进入工业化、城市化快速发展阶段，能源消耗和相应的 CO_2 排放总量也快速增加。从 2006 年起我国超过美国成为世界上碳排放量最大的国家。

在这些研究的基础上，大多数学者均认为，气候变化以及人为因素导致了气候变化都已经成为既定的科学事实。

应对气候变化，全球合作和制度建设也在不断推进。1990 年联合国大会决定启动国际气候公约谈判；2005 年 2 月 16 日《京都议定书》生效，要求主要工业发达国家在 2008—2012 年期间将温室气体排放量在 1990 年的基础上平均减少 12%；2005 年 12 月蒙特利尔气候会议决定启动后京都谈判；在 2007 年年初的达沃斯世界经济论坛年会上，气候变化超过恐怖主义、阿以冲突、伊拉克问题成为压倒一切的首要问题；2007 年 4 月联合国大会首次对气候变化与安全问题进行了讨论；2007 年 6 月，气候变化再次成为八国集团峰会的首要议题。2007 年 9 月的联合国大会、亚太经济合作组织（APEC）会议，11 月的中欧首脑会议、12月在印度尼西亚巴厘岛举办的联合国气候变化框架公约第13次缔约方会议，都专题讨论了应对气候变化的国际协定。但是，自此之后，由于各种原因国际气候问题的谈判并没有取得太大的进展。

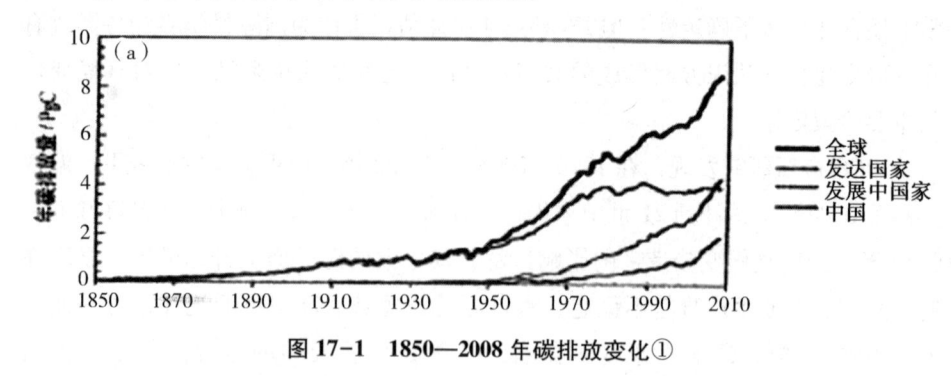

图 17-1　1850—2008 年碳排放变化①

关于低碳经济、循环经济、生态城市的关系。在生态文明建设和全球气候变化的背景下，学界、政界、产业界先后提出了生态城市、循环经济生态城市、低碳生态城市等概念。这些概念，在公众心里并没有太大区别。但是，作为一项严肃的研究，必须严格地区分三者，厘清三者的关系。

这三个概念提出的时间是不一样的，生态城市是20世纪70年代才明确提出的概念，循环经济发展模式是20世纪90年代提出的，而低碳发展模式是进入21世纪后才提出的。生态城市的概念于1997年联合国教科文组织发起的人与生物圈（MAB）计划研究项目中首次明确提出，是指根据生态学原理，应用生态工程、系统工程、社会工程等现代高科技手段使城市既保持原有自然风貌又能发扬优点、克服不足，建设成社会、经济、自然可持续发展的人类住区。生态城市的实质是运用生态学原理，以社会、经济、自然组成的复合生态系统来认识城市，强调城市的发展是在复合生态系统平衡制约下的、经济社会生态环境的可持续发展。循环经济一词是对物质、能量闭路循环的简称，首次出现在1996年德国颁布的循环经济和废弃物管理法中。循环经济的核心是把物质、能量进行梯次和闭路循环使用。随着人们对循环经济的逐渐深入，提出了一系列诸如零排放、物质减量化、生命周期经济、延伸生产者的责任、为环境而设

---

① 将气候变化说成既定的科学是有风险的，目前仍有相当数量的科学家对气候变化持有异议。进一步地，即使气候变化是既定的科学，这种气候变化是否由人类行为引起也是有争议的。即使持此观点的科学家再少，也不应当忽略。但这已经跨出了经济学的范畴，不应当由本书来讨论。因此，本书在这里就接受了这种既定的科学，并以此为起点展开讨论。

计、生态效益、生态工业园区等体现循环经济思想的理念，凸显出循环经济的本质是把清洁生产、资源综合利用、生态设计和可持续消费等融为一体，运用生态学规律来指导人类的活动，本质上是一种生态经济。低碳经济发展模式是在全球气候变化的大背景下提出的，关注点是高能效、低能耗和低碳排放。低碳经济的发展目的是在不延缓人类发展步伐的前提下，延缓和解决因气候变化造成的对社会、经济、自然的复合生态系统的不可逆的负面影响。低碳经济已成为人类发展走向生态文明的不可逾越的途径。

生态城市的关注重点是人类社会、经济、自然复合生态系统的可持续发展；循环经济生态城市强调在生态城市建设中注入物质、能量的循环使用要素，使人类生态系统和自然生态系统更有机地协调；低碳生态城市在生态城市的基础上强调在城市发展中落实低碳发展模式，将碳减排作为生态城市发展的重要目标。这些概念的共同点是生态城市，其核心均是实现可持续发展，只是关注和强调的重点有所不同。主要内涵包括：以低碳经济作为城市经济的主导发展模式，在自身取得发展的同时为全球碳减排做出贡献；强调政府的主导地位，构建低碳社会；体现人类生存观念的根本性转变，倡导低碳生活方式；以保证人民生活水平提高和社会发展不断完善为前提，不排除社会、经济、自然复合生态系统的协调可持续发展，低碳城市不但使自身复合生态系统取得协调发展，还为全球减缓生态系统的破坏做出贡献。

本书所研究的低碳生态城市的实质是一种城市发展模式，涉及全社会生存和发展理念的根本转变。因此，低碳生态城市的发展是一个既紧迫又长远的过程，需要城市根据自身特点的发展，循序渐进地实现低碳生态的目标。

低碳城市的建设，在我国才刚刚起步，所以需要借鉴发达国家的经验。我们从起点上已经落后了，就需要加大努力才能赶上发达国家的水平。英国是最早提出"低碳"概念并积极倡导低碳经济的国家。前任伦敦市长利文斯顿于2007年2月发表《今天行动，守候明天》(Action Today to Protect Tomorrow)，宣布到2025年将二氧化碳减排降至1990年的60%。纽约为了自身的可持续发展，在2007年公布了"策划纽约"计划详情，并确定全球气候变化是纽约面临的一项重要的挑战，目标是到2030年，在2005年水平的基础上减少30%的温室气体排放。

近年来，我国在经济和城市化快速发展的背景下，开展低碳省区和低碳城市试点工作。低碳试点城市（Low carbon city）就是在城市实行低碳经济，包括低碳生产和低碳消费，建立资源节约型、环境友好型社会，建设成一个良性的可持续的能源生态体系。试点城市建设要以低碳经济为发展模式及方向、市民以低碳生活为理念和行为特征、政府公务管理层以低碳社会为建设标本和蓝图的城市，组织开展低碳省区和低碳城市试点建设工作。

关于推进低碳经济的政策支持的研究文献相对较多，主要集中于碳金融领域的研究，也有一少部分研究者关注了财政手段的研究。

易霞仔、王震（2012）认为从实质上看，碳金融就是以金融方法解决气候变化问题。碳金融应该涵盖以下三个方面：第一，基于碳减排的融资，包括直接融资和间接融资；第二，基于碳交易的投资工具，如碳期货、碳期权等；第三，基于碳排放的中介服务，如低碳项目咨询等。陈柳钦（2012）认为"碳金融"泛指所有服务于限制温室气体排放的金融活动。苏蕾、曹玉昆、陈锐（2012）和王玲（2012）都认为碳金融是关于低碳经济的投融资活动，是有关碳减排的各种制度设计和市场交易，是一切为碳减排服务的金融活动。卢志辉、杜黎霞（2013）认为碳金融包括市场环境基础上的绿色信贷创新和排放权交易基础上的金融创新。王曼怡、马妍娇（2014）把碳金融概括为：第一，属于环境金融的一个分支；第二，涉及低碳经济相关的财务问题；第三，开发相应的碳金融工具。

另外，国内外学者总结了中国碳金融体系存在的诸多问题，例如，笔者与笔者的博士生梅晓红博士曾发表论文（2015）指出：碳金融体系的构建和拓展对经济可持续发展的助推作用，主要有以下五个方面：推动减排成本的收益转化；为能源链转型提供融资；调整产业链，推动产业结构升级；促进国际贸易投资；管理和转移气候风险。并指出：低碳经济正逐步成为全球共识和潮流；低碳经济促进低碳交易市场机制的形成和碳金融的诞生。同时还从碳交易市场的首创、市场监管规则、区域经济三个角度梳理了中国碳市场的问题。在首创方面，七大交易所的制度设计还有待完善；在监管方面，缺乏市场准入限制，法律法规、监管、报告、核准机制的建立也存在困难，总量限制在地方上落实困难，地方和中央存在矛盾；在区域经济的考虑方面，区域发展不平等，省市之间资本竞争激烈，不发达地区限制更多。王雪磊（2012）将中国碳金融市场存在的问题归纳为：第一，低碳技术研发和应用融资比较困难，碳交易需求不足；第二，国内没有发达的碳金融体系，制度设计不足；第三，碳金融市场参与度低，缺少定价权。王玲（2012）也认为我国碳金融体系存在三大问题。第一，清吉发展机制项目方面缺乏定价权、交易成本过高、项目结构有待优化等；第二，碳交易市场方面缺乏碳资产的定性和计量、碳金融交易平台分割、风险监控机制不够；第三，碳金融中介服务方面缺少碳金融专业人才、发达的金融中介机构和碳金融产品和服务创新等。苏蕾、曹玉昆、陈锐（2012）分别从政府层面和市场层面分析了我国碳金融体系存在的问题。政府层面上表现为政府部门对碳金融业务了解不够、碳金融体系的政策和法律支持体系不完善；市场层面上表现为市场主体单一、没有统一的碳交易平台、产品创新不足、业务风险大等。涂永前（2012）指出我国在碳金融发展过程中仍存法律制度建设滞后、碳金融与 CDM 项目认识不足、经济结构制约等问题。劳艾（Loay）和豪斯（Howes，2013）指出国内碳市场的创建、形成和运作主要是由中央和地方政府负责，由一群宏观经济规划者、当地经济机构、国有金融机构、政府支持的商业组织支持。由于不利的经济环境、管理和政策条件，私人投资尚未充分和有效地调动起来，这些和国际碳市场构成显著差异。李虹、付飞飞（2013）从碳金融能否有效发挥资金配置功能的角度总结出我国区域碳交易市场存在的问题：第一，缺乏 CDM 项目定价权，国际融资潜力发挥不够；第二，碳金融创新不足，国内融资渠道受阻；第三，企业减排成本相差不大，资金配置效率不高。杜莉、张云、王凤奎（2013）将我国碳金融发展存在的问题概括为金融机构对碳金融的认识不足、碳金融的外部经济与金融机构的逐利目标的冲突、碳金融中介市场发育不足、节能减排法律和政策的不确定性。胡芳（2016）指出中国碳金融市场存在以下问题：第一，缺少法律政策支持体系，碳交易体系构建滞后；第二，国内碳交易市场缺少人才，经验、技术改进不足；第三，碳交易需求不足。王曼怡、马妍娇（2014）将我国碳金融存在的问题概括为：第一，碳交易市场不成熟，缺乏统一的碳交易平台；第二，激励约束机制不完善，低碳项目融资难、风险大；第三，碳金融产品创新不足，创新能力有待提高；第四，在国际上缺少碳交易话语权和定价权。王遥、王文涛（2014）认为目前国内碳金融发展还有着机制设计、市场供给及违规操作等方面的风险。其中机制设计风险包括配额供给、履约目标偏离、市场链接等风险；市场供给风险包括参与主体、产品供给、流动性、信息不对称等风险；违规操作风险包括以碳市场为工具和目标的犯罪行为和金融市场违规操作行为等风险。

  针对以上问题，学者给出了相应对策，如林立（2012）提出了碳金融风险管理的建议：第一，加强碳金融市场的制度建设，逐步放开市场准入制度，不断进行产品创新，通过开发不同的期货合约，帮助投资者更好地分散风险；第二，加强碳金融业务风险应对能力建设，从容应对未来数十年的气候变化挑战；第三，借鉴发达国家防范碳金融市场风险的宝贵经验，提升我国金融机构的风险识别能力；第四，商业银行通过创新金融模式吸引更多金融机构的参与，合理分担和分散风险。李锦霖（2012）提出财税金融支持我国城市低碳经济发展的路径：第一，健全碳交易市场体系；第二，落实政府绿色采购政策；第三，推进机动车排放费征收；第四，构建多层次金融支持体系。张晓艳（2012）认为应该重点从法律法规建设、碳交易制度完善、碳金融中介机构发展、碳金融产品创新等方面构建我国碳金融体系。葛晋（2012）给出了国内碳金融发展方略：第一，加强碳金融业务创新；第二，加快碳交易市场发展；第三，加强政府政策扶持力度。涂永前（2012）分别从短期、中期、长期三个角度提出了碳金融发展路径。即近期目标为金融资源的优化配置，中期目标为碳交易市场机制与中介组织的培育，长远目标为碳货币主导权的争取。王雪磊（2012）提出了构建我国碳金融体系的三步走战略。首先，注重制度安排，加快建成统一的碳交易市场；其次，坚持市场运作，建立激励约束机制；最后，参与国际合作，争取碳产品定价权。张善明（2013）也提出了构建我国碳金融体系的三部曲：首先，加快建设培育碳交易平台和机制，为碳金融发展创造环境；其次，加快碳金融创新步伐，满足多样化的碳金融需求；最后，拓展碳金融链条，谋求碳定价权和"碳货币"地位。张伟伟、张宇（2013）指出我国可以学习发达国家的财税金融主导、金融机构支持、资本市场融资、碳排放交易等低碳投融资模式，完善以财政政策为主导的多元化投融资模式，以撬动低碳经济的资金供给。胡芳提出以下建议：第一，完善法律体系，加强市场监管；第二，加快有关方面的人力资源培训；第三，引导金融机构参与，改善碳金融服务；第四，增加宣传教育，促进节能减排。王遥、王鑫（2013）从财政政策和金融政策两个角度给出了我国碳金融发展的政策支持建议。在财政政策方面，我国政府应调整税收政策、改革现有收费制度、合理利用转移支付等；在金融政策方面，地方政府应充分利用政策性引导工具、努力构建地方融资平台、鼓励金融工具的创新和应用、积极利用国际资金等。王曼怡、马妍娇（2014）认为应充分发挥金融在低碳经济发展中的引导和推动作用，拓宽融资渠道，分散风险，建立创新性的碳金融体系。具体包括：第一，做好顶层设计，构建统一的碳交易市场平台；第二，加强政府的政策支持，解决低碳项目融资难问题；第三，创新碳金融产品，完善碳金融服务；第四，建立健全碳金融市场的风险防范机制，防范非系统性风险。尹硕、张耀辉（2014）提出应对全球碳交易市场不确定性的对策建议：第一，加强顶层设计，确立市场偏向型低碳发展战略；第二，结合国情，构建国内碳交易市场；第三，完善碳金融体系，提升国际碳定价权；第四，深化在国际碳金融领域的合作，提升碳话语权。

有许多学者关注了碳金融本土化研究。例如，笔者和笔者的研究生李丛刚博士在《中外社会科学》杂志（2015）上发表了关于碳金融本土化的论文。又如，谢守红、邵珠龙、丁卉（2012）计算了无锡市各行业的碳排放量并分析了碳排放量与工业产值的相关性。结果表明，电力等7个行业属于高排放高相关行业。据此提出无锡工业碳减排的路径，即加快低碳技术的开发应用、增加高排放行业的减排力度、提高清洁能源使用比例、健全低碳经济的法律体系、努力开展碳金融的试点等。张湧泉（2012）分析了建立滨海新区碳交易中心的必要性和可行性，并提出了滨海新区碳交易中心从地方走向区域最后发展成为全国碳金融中心的"三步走"战略。卢志辉、杜黎霞（2013）对甘肃的碳金融发展进行了有益的探讨，重点分析目前甘肃发展碳金融的优劣势，并提出甘肃碳金融发展路径：形成激励约束机制、加强产业规划指导、建立碳交易机制和融资机制、培养专门人才、加强合作与交流等。孙晓娟（2014）也以甘肃为例，从商业银行、资本市场、碳交易市场、财税政策四个方面分析了甘肃碳金融发展现状，提出了加大商业银行碳金融创新力度、加快碳交易市场建设、建立健全资本市场体系和财税政策体系的具体路径选择。李文江、李林军、黄水平、邱国玉（2014）结合国外成功经验和具体国情，提出深圳市支持节能减排企业的融资政策：节能减排项目融资政策、节能减排债务融资政策、股权融资政策、碳金融创新融资政策。

而国外的相关研究多集中在一些发展中国家的项目运作上，如普顿（Purdon. M，2012）对坦桑尼亚、乌干达和摩尔多瓦在CDM项目的表现进行比较研究，结果表明当项目作为国家发展战略实施时减排效果明显，此时，国家机构是组织实施的关键。乌干达和摩尔多瓦CDM项目的表现比在坦桑尼亚更有效，因为前者政府更积极参与项目实施，而后者CDM项目被丢给私营部门和非政府组织。随着国际气候变化越发复杂而不能过度依赖纯市场机制时，最不发达国家或许可以在低碳经济发展方面发挥建设性作用。欧文（Ervine K，2013）指出面对全球碳市场的严重危机，自从CDM项目成本必须预先融资，项目增加了债务和风险。碳市场危机和发展不平衡揭示了非常不平等的权力关系，借此北方的生态债务从物质上和经济上转移到南方去了。菲利普斯和纽维尔（Phillips J，Newell P（2013）表明印度在清洁能源技术领域的显著成就有力地证明了CDM的作用。而CDM能在多大程度上促进减排和可持续发展则依赖于更广泛的制度环境和政治经济领域的能源政策。布里安和艾伦斯（Burian M，Arens C，2014）

发现自 CDM 项目注册以来扩张迅速，这导致大量资金和技术从附件 1 国家流向非附件 1 国家。然而，CDM 在非洲却发展缓慢。通常认为有两个原因：第一，非洲大陆减排潜力小；第二，非洲国家制度框架薄弱。文章通过新的经验数据证明了非洲有着很大的减排潜力，但薄弱的制度框架限制了 CDM 在非洲的发展。作者认为创新 CDM 融资机制将是克服制度约束的重大举措。索内和拉胡尔（Sawhney A, Rahul M, 2014）认为印度是一个 CDM 发展较为领先的国家，但 CDM 项目都集中在 10 个一级行政区。笔者使用解释变量自然潜力、经济状况和政府政策研究造成这种特有区域分布的各种因素。结果发现国家实施财政激励措施和 CDM 利益分享是最重要的因素，且它们也是从 CDM 项目中生成核证减排量的最重要因素。

第二节 绿色经济的内涵与时代特征

"绿色经济"一词源自英国环境经济学家皮尔斯于 1989 年出版的《绿色经济蓝图》一书。环境经济学家认为经济发展必须是自然环境和人类自身可以承受的，不会因盲目追求生产增长而造成社会分裂和生态危机，不会因为自然资源耗竭而使经济无法持续发展，主张从社会及其生态条件出发，建立一种"可承受的经济"。发展绿色经济以应对经济衰退、生态退化、环境恶化和气候变化等多重危机，已经成为世界各国的普遍共识。在绿色经济模式下，环保技术、清洁生产工艺等众多有益于环境的技术被转化为生产力，通过有益于环境或与环境无对抗的经济行为，实现经济的可持续增长。绿色经济的本质是以生态、经济协调发展为核心的可持续发展经济，是以维护人类生存环境，合理保护资源、能源以及有益于人体健康为特征的经济发展方式，是一种平衡式经济。发展绿色经济，是对工业革命以来几个世纪的传统经济发展模式的根本否定，是 21 世纪世界经济发展的必然趋势。

但人们对于绿色经济的内涵的理解尚未取得一致。为了推动绿色经济发展，需要对绿色经济概念进行梳理和辨析，建立一个比较清晰的绿色经济概念体系；在此基础上，阐述发展绿色经济的重要意义。

一、绿色经济的内涵及外延

（一）绿色经济的内涵

联合国环境规划署（UNEP）为"绿色经济"定义的概念为：绿色经济是

促成提高人类福祉和社会公平,同时显著降低环境风险和生态稀缺的经济。由此可见,发展绿色经济不仅要增长物质财富,降低环境风险和生态风险,还要解决社会公平问题。绿色经济是经济系统、生态系统和社会系统三者的综合。

(二) 绿色经济的外延

按照绿色经济是能同时产生环境效益和经济效益的人类活动的定义,可以看到,绿色经济的外延由两部分组成:一是对原有经济系统进行绿化或生态化改造。它包括开发新的生产工艺、减少或替代有毒有害物质的使用、高效和循环利用原材料、减少污染物的产生量、对污染物进行净化治理等。这些活动都能减轻对环境的压力,并通过节约资源而获得经济效益,对传统产业都是适用的。实际上,现代工业已经在很大程度上做到了低排放甚至零排放,所以尽管产业是传统产业,但属性上已属于绿色经济。二是发展对环境影响小或有利于改善环境的产业。它包括生态农业、生态旅游、有机食品、可再生能源、服务业、高新科技、植树造林等,称为绿色产业,其特点就是天生对环境友好,不必投入过多资源进行污染防治和生态保护。这些产业并不都是新兴产业,有些是属于传统产业的,而且有些产业有着数千年的悠久历史,例如我国传统的农耕生产方式中有些做法充分运用了资源循环利用的原理,充满了生态文明的智慧。目前联合国环境规划署倡导的绿色投资主要是要求各国把资金投入这些既能增加就业、拉动消费又减少排放的经济活动中去,包括清洁技术、可再生能源、生态系统或环境基础设施、基于生物多样性的产业(如有机农业)、废物及化学品管理、绿色城市、绿色建筑和绿色交通等,可以看到与上述绿色产业也是基本一致的。

绿色经济、循环经济、低碳经济、生态经济等都是当前被广泛使用的概念,厘清它们之间的关系也很有必要,这样可以使人们在不同的层面和语境下使用,避免概念之间互相干扰而扰乱认识。绿色经济是最大的概念,它包含了循环经济、低碳经济和生态经济,其中循环经济主要是解决环境污染问题的,低碳经济主要是针对能源结构和温室气体减排而言的,生态经济主要是指向生态系统(例如草原、森林、海洋、湿地等)的恢复、利用和发展的(例如发展生态农业等)。这种划分有其合理性,大致上使每个概念各归其位,清晰有序。当然,也有学者认为生态经济应该等同于绿色经济,而不是从属于绿色经济。这样,绿色经济与生态经济是同一的,绿色经济就是生态经济,它包含了循环经济和低碳经济。发展绿色经济,就是发展低碳经济与循环经济等这些具体的经济运行

331

方式。

二、人的发展与中国绿色经济的发展道路研究

本章从"人的发展"这一视角出发,着重研究在中国推行绿色经济,走低碳发展道路的必要性、紧迫性和可行性;探讨了实现绿色 GDP 与绿色产业革命的途径,及其对中国目前生态形势的理论与现实意义。中国应大力推进绿色产业革命,以绿色产业革命带动生态文明建设,实现人的自由全面发展。在此基础上,本章重点探索"实现生态发展与人的发展相协调"的中国绿色经济发展之路。

人类在创造现代文明的活动中,面临着一种两难的境地。人们依靠科技进步、对自然前所未有地开发实现了经济增长,拥有了巨大的物质财富;然而,与此同时,人类却把自己置于全球性的生态危机之中,资源枯竭、环境污染、气候灾难性变化。人的全面发展遇到了前所未有的挑战。在这种两难境地里建设生态文明、发展绿色经济似乎是我们唯一的选择。

(一)绿色经济是人类在与自然和谐共处中发展

人的全面发展就意味着人存在于一种和谐的自然生态环境中,人与自然实现了和谐共处。换言之,人与自然的和谐是人的全面发展的必要条件。正因为这种必要性,马克思主义始终把实现人与自然的和谐作为现实世界面临的两大任务之一。从这种关系的角度讲,马克思学说是人的解放和自然的解放相统一的学说。工业化进程中发生的生态环境问题,尤其是 20 世纪下半叶以来开始的全球生态环境危害,强化了自然生态对人的内在意义。生态发展也成为人的全面发展的重要表现和基本条件,生态环境问题,绝不是一个单纯的自然发展问题,而是一个极其深刻的、全面的人与社会发展问题。

从人类发展的历史上看,把人与自然的和谐作为人的全面发展的重要属性是一个历史的产物。原因在于,自然条件在各个历史时期所起的作用不同。从采猎业文明、农业文明到工业文明,自然条件所起的作用是一个日益递减的过程。但是,这一递减过程在当代发生了逆转。20 世纪 70 年代以来,生态环境作为制约经济增长的要素日益引起重视。这种逆转,是以一种生态危机的形态出现的,是从生态环境对人的全面发展的负面的制约角度表现出来的。工业社会之前,一种新的文明取代旧的文明从来都不是因为旧的文明形态出现了环境问题。而只有到了工业文明时代,工业文明的快速发展遭遇了资源、能源和环境的巨大压力和挑战。对经济增长的片面追求导致了对自然资源掠夺式的开发。人试图成为自然界的主宰，无度地向自然界索取，而同时也在破坏人类自身生存与发展的基础，单纯的经济增长并不能给人们带来普遍的福祉，相反，它还同时引发了生态恶化。

在这种视角下，生态环境事实上已从人类生产要素，转变为社会意义上的人类生存的一票否决的因素。人们终于发现自己不能对自然界为所欲为。因此，当今语境下的"人与自然的和谐"与其他文明形态语境下对应物已不可同日而语了。人的全面发展的自然生态之维第一次成为人类必须考虑的现实因素。相应的，建设生态文明、发展绿色经济成为追求人的全面发展的必由之路。

（二）建设绿色经济、推动绿色产业发展是中国的发展方向

绿色经济是以对自然资源不损害和保护而取得最大化收益为目的，在实现人类社会发展的同时达到人与自然和谐相处的一种经济形式。单从字面上看，这与传统的投入产出分析没有太大的区别。但其实不然，传统的投入产出分析是以局部均衡为出发点的个体最大化，而绿色经济是不同代际间的人类的总体最大化。因此绿色经济在考虑人的自身发展时，不仅考虑人对自然的利用能力，而且更会考虑人与自然和谐相处的能力，促进人的全面发展。人的发展不可能是一个孤立的过程，而只能是在各种关系中完成，这其中人与自然的和谐关系就是必要条件。

这就不难看出，我国要建设和谐社会就不得不推进绿色经济的建设；建设绿色经济是推动科学发展、提高可持续发展能力的内在要求。同时，我国作为负责任的大国，更要关注目前的全球气候变化。实际上，我国已经在这方面做出了巨大的努力，把节约资源、保护环境作为基本国策，把实现可持续发展作为国家战略。因此，可以毫不夸张地说，建设绿色经济、推动绿色产业发展是中国的发展方向。

但是，上文的论述并不意味着推行绿色经济会一帆风顺，恰恰相反，绿色发展之路时不时遇到阻力。目前，最大的阻力就是我国庞大的传统产业如何转型的问题，以及由此带来的就业压力问题。换言之，就是如何实现向绿色经济平稳过渡的问题。这里需要指出两点。

其一，产业结构的调整是中国目前面临的不得不过的门槛，即使没有环境问题，产业结构调整也是中国经济持续发展的必经之路。长期以来，我国以石化、钢铁、汽车、建筑为重点产业的发展模式对资源的依赖程度偏高，环境保

护的压力不断加大,因而,这些产业也遇到了自身发展的一些瓶颈。不进行产业结构调整,这些产业很难健康发展。而我国很多地方正在进行的"加快产业结构调整,致力于产业结构的调优、调高、调轻"举措,本身就是与绿色产业革命的要求相符合的。因此,传统产业转型的阻力不能成为我国推行绿色产业革命的障碍。其二,绿色产业发展带来的就业压力其实在很大程度上是一个假命题。环境政策对就业产生负面效应的观点是没有事实根据的。遵守环境法律法规对大多数部门而言不是什么难事,工厂倒闭、生意转向海外以及大量岗位流失等言论最终被证明是夸大或失实的。相反,严格的环境立法对就业的长期影响应该是正面的。在这里,我们不光要看到那些被淘汰产业的失业问题,更要看到绿色产业对新就业岗位的创造作用。长期地看,绿色产业革命与人类以往的历次产业革命一样,会创造生成出多于过去的就业机会和经济增长机会。

(三) 中国推动绿色产业发展的政策路径

怎样才能迅速推进中国的绿色产业革命呢?我们认为,推进绿色产业革命是一项极其复杂的系统工程,任何单一的政策主张均难以奏效,它需要一系列的政策主张来实现目标。为此我们提出下列亟待实施的政策建议。

1. 加强低碳经济领域的立法

近年来,我国已经加强了低碳经济领域的立法,加大了应对全球气候变化的工作力度,制定了涵盖影响气候变化各个领域的法律法规,制定和实施了《应对气候变化国家方案》,将节能减排和提高森林覆盖率作为国家中长期发展规划的约束性指标。

但是,需要指出的是,目前我们所做的立法工作还很不够。一方面,我国作为负责任的发展中大国,在应对气候变化问题、节约资源和保护环境方面理应做出一个大国的表率;另一方面,加快立法可以在环保标准的确立上获得一定的话语权,占得未来国际竞争的先机。

2. 征收碳排放税

征收碳排放税的政策主张由来已久,但鲜有产生实际效能的举措。在这方面最积极的法国,曾打算从2010年1月1日开征碳排放税,因准备不充分而暂时搁浅。这反映了各国所面临的一个普遍问题——开征全新税种是牵一发而动全身的系统工程。一旦开征碳税,将会影响到社会生活的每一个细胞、国际国内经济格局乃至日常生活都会发生深刻的转变。开征碳税将阻力重重,其难度超出预想。因此,从全球来看,征收碳税的设想还仅仅是在国家内部实行,其目的是监督和督促本国企业和民众节能减排。但是问题并不这么简单。在可预见的将来，碳排放税一定会演变成碳排放关税，成为一种贸易保护手段。一旦发达国家陆续开征碳排放税，既对进口产品征收也对国内企业产品征收。那么，其他国家亦会渐次开征。这是一种具有负外部性的策略替代博弈过程，博弈的纳什均衡是所有国家都开征碳排放税。中国亦必将被动地全面开征碳排放税，这对中国目前的制造业是极为不利的。所以，中国的政府和企业需要未雨绸缪，抓紧首先在国内开征碳排放税，先行在国内优胜劣汰，提高企业竞争力，以此应对正在到来的绿色保护主义。

3. 加快产业结构调整，努力建设新能源产业

作为制造业大国，中国传统的产业结构弊端仍然十分明显。加快产业结构调整，已经是非常迫切的事情了。如果不能抓住此次全球范围内的绿色产业革命契机，那么，我们将再次落后。反过来，若中国抓住这次机遇，在国内扶持一大批绿色产业达到规模经济，则可以在国际上形成影响，进而制定行业标准。首先应该扶持的绿色产业就是新能源产业。事实上，无论是在生产、还是在需求上，中国都是能源大国。

4. 用权利资本思想对碳排放实施有效监督

推进中国的绿色产业革命，政府应当起到引导作用。但是，这种引导不能越俎代庖，市场力量才是实现绿色产业革命的主导力量。而要让市场发挥主导性作用，对绿色产业的产权保护是必要条件。事实上，如果我们将碳排放权、排污权作为一种权利，并且让这种权利在交易所挂牌交易，那么这种权力就可以和物质资本一样具备收益性，成为一种"权力资本"。

众所周知，产权包括一个人或其他人受益或受损的权利。人的行为的基本动力和目的是追求自身利益和满足某种需要，而对产权的保障是这一目的的实现的一项基本条件。在物质资本里，公众理解这一点并不难，已有的法律框架也极容易做到。但是，作为一项非物质的权利——碳排放指标，则需要我们在立法、政策上给予格外的关注。如果不能使碳排放权像物质资本一样流转、获益，则节能减排就会永远停留在政府文件上，而不会成为市场的行为。我国政府在以往的治理污染问题时的监督不力，恰恰反映了这一问题。一方面是监督成本太高，另一方面是监督者永远没有违规者多。如果不能变监督为市场自觉行为，则上述问题就会变成一个无解的困局。而反过来，如果我们能够保护碳排放权这一"权利资本"，不仅能起到对碳排放的低成本监督，而且能解决一些其他附带的社会问题。例如，随着政府政策的进一步向农村倾斜，大量碳排放指标会

掌握在农民手中，保护碳排放权这一"权利资本"的过程就是促进农村经济健康发展的过程，这一发展将是可持续的，从而可以持续地解决中国的三农问题，从而带动整个国民经济的良性发展。

总之，人的全面发展是建设生态文明、发展绿色经济的必由之路和终极目标。正因为如此，在实现三者良好互动的意义上，政府所起的作用主要是引导，主要是将被扭曲、误导的市场机制恢复到生态可持续发展的轨道上来。那种完全由政府主导的绿色经济是很难生存的，也不可能成为真正的绿色产业革命。生态文明、绿色经济是经济学在新时代的又一个核心命题，这也是中国经济社会面临的又一个重大挑战。我们坚信这一在发展中出现的问题，还是应该由发展——绿色的发展——"人的发展"来克服，舍此别无他途。

绿色经济的顺利实施需要技术创新、制度创新、组织创新和管理创新加以保证。以制度创新为例，绿色投资、绿色金融、环境税、环境标准、环境会计、环境统计、环境保险、环境行政合同、排污权交易制度、公众参与制度等都是各个国家在实践绿色经济的历程中的行之有效的制度。比如，实施好绿色经济，要置绿色投资于经济刺激计划的核心，给绿色投资在政府常规预算中留一席之地，创建公私结合的绿色融资机会，创造有利的国内政策环境和国际环境。并且，绿色经济不仅仅是政府的事情，还需要企业和消费者全面参与。作为企业，可以参加类似"全球契约"的国际组织，自愿承诺遵守包括应对环保问题在内的十大原则，从而规范约束自己的行为。作为消费者，也要提倡所谓负责任的"绿色消费"，可以通过采买绿色产品和绿色服务等消费方式促进企业向绿色转型。

第三节　绿色经济与人的发展

目前，在全球范围内，关于绿色经济、低碳经济、生态经济的讨论日益普遍。同时关于人的发展的经济学也日益成为学术研究的热点。但是，关于建设生态文明、发展绿色经济与人的发展经济学的关系问题的研究还有待大力开展。更进一步，建设生态文明、发展绿色经济的微观动机尚是一个未能解决的问题。本书正是希望通过分析建设生态文明、发展绿色经济与人的全面发展三者之间的关系，在人的全面发展的基础上构建建设生态文明、发展绿色经济的微观动机。

人类在创造现代文明的活动中，面临着一种两难的境地。人们依靠科技进步、对自然的前所未有的开发实现了经济增长，拥有了巨大的物质财富；然而，与此同时，人类却把自己置于全球性的生态危机之中，资源枯竭、环境污染。在这种两难境地里建设生态文明、发展绿色经济似乎是我们唯一的选择。

一、人的全面发展与绿色经济的关系

人的全面发展与绿色经济的关系可以体现在如下几个方面。

绿色经济对于促进人的发展主要表现在以下六个方面。第一，它能有效更新人的观念，提高人的综合素质。绿色经济要求人与自然和谐发展，这就要求人类必须正确处理自身同自然界的相互关系，纠正和克服那种对自然界一味索取的错误做法，从而采取改造和保护相结合的原则，以人与自然的和谐为核心提升人的素质。第二，它能有效推动全社会的科技事业，提高人们的科技素质水平，并对科技发展提供人文价值的导向。就技术层面而言，绿色经济依赖于资源节约和替代技术、能量的梯级利用技术、延长产业链技术、相关企业链接技术、零排放技术、有害材料替代技术、回收处理技术、绿色再造技术等相关技术，这都具有相当高的技术含量。因此，绿色经济必将激发人们的科学研究和技术攻关能力，提高社会的整体科技水平。同时，由于绿色经济以人与自然和谐发展的生态伦理作为自己的价值导向，这也为科学技术绿色化奠定了人文基础。第三，绿色经济将提升人与人之间的和谐境界，促进人的道德境界的升华。绿色经济遵循的理念是：此时此地此人之利，也是彼时彼地彼人之福。所以这些不但在个人与个人之间，也在地区与地区之间、国家与国家之间营造出和谐的氛围，使人们在生态环境一体化的前提下善待他人、善待自然，使人由"道德境界"向"天地境界"升华。第四，绿色经济将提高社会和人的各方面协调能力。绿色经济紧密关联着社会各个阶层、各个职业的活动，调动全社会的力量促进人与自然的和谐。这将使全社会更加协调、更加有机、更加系统化，从而促进全社会的良性发展和人的各种能力的提高。第五，绿色经济可以提高就业率，使人力资源优势得到更充分的发挥。绿色经济的突出特征是延长生产链，而延长生产链的直接效果是增加就业。研究表明，再制造、再循环业每产生100个就业，采矿业和固体废弃物处理业就失去13个就业。两者相比，绿色经济可以净增87个单位就业机会。第六，绿色经济可以直接提高经济效益，为人的全面发展提供现实的物质基础。绿色经济将3R原则，即减量化（Reduce）、再利用（Reuse）、再循环（Recycle）贯穿于生产的全过程与产品的整个生命周期，形成"资源—产品—再生资源"闭合绿色的经济模式，通过对资源的循环利用，既节约了资源又减少了污染，从而提高了社会经济效益，这也就为人的全面发展提供了物质基础。工业化进程中发生的生态环境问题，尤其是20世纪下半叶以来开始的全球生态环境危害，强化了自然生态对人的内在意义。生态发展也成为人的全面发展的重要表现和基本条件，生态环境问题，绝不是一个单纯的自然发展问题，而是一个极其深刻的、全面的人与社会发展问题。

另外我们还应看到，人的全面发展的需要是建设生态文明、发展绿色经济的终极目标。一切经济理论的精髓都应该是以人为本。而以人为本就是以人的需要为经济发展的方向。在人类社会发展的进程中，人类的活动源于人的需要，人类的需要推动着社会的发展。而人类的所有需要，或曲折或直接的，都是以对自然界的需要为基础的。因此，人的需要的扩张，就一定不可避免地伴随着对自然资源的更深层的利用。所以，分析人类目前所面临的生态困境，更不能脱离人的需要来进行。我们并不要人类克制自己的需要，也不想就此陷入禁欲主义者的泥潭。而只是说，人类应该更加有策略地安排自己的需要结构，满足人的全面发展的需要。否则会顾此失彼、因小失大。建设生态文明、发展绿色经济的终极目标就是要满足人的全面发展的需要。坚持生产发展、生活富裕、生态良好的文明发展道路，建设资源节约型、环境友好型社会，实现速度和结构质量效益相统一，经济发展与人口资源环境相协调，使人民在良好生态环境中生产生活，实现经济社会永续发展。

从我国目前的实践来看，实现人的全面发展与生态文明建设和发展绿色经济的良好互动关系的关键有两点。

一是变革现行的生产方式、生活方式，构建生态与经济和谐与协调可持续发展模式。换言之，建设生态文明，就是要建设以尊重自然、保护自然为核心价值的生产和消费模式。绿色经济的增长方式与工业文明时代的经济增长方式有着本质的区别。绿色经济利用技术手段和管理手段来提高资源的利用率和降低废品的产生量，产生的废品一方面可以通过无害化处理返回大自然，另一方面通过再资源化进入加工环节。如前所述，我们要确立一种观念，即对自然的尊重，就是间接地对人的尊重。唯其如此才能实现人的全面发展，否则在失去自然生态之维后的人的发展是片面的，并将最终危及人类的生存。

二是落实以人为本的理念。我们要正确理解个人与社会的关系，将社会的利益与每个人的利益结合起来，在"以人为本"的基础上着力构建和谐的社会关系。这一点在我国的国情背景下，尤其重要。我国有长期计划经济的历史，在计划经济条件下，我们实际上实行的是以国为本，不重视人的个性的发展，甚至在主观上是反对个性发展的。而市场经济是另一个极端，极端注重人的个性的发展。从这个意义上讲，离开市场经济体制人的全面发展是无法实现的。但是，当代世界的生态危机的制度背景恰恰就是市场经济。因此，以人为本、人的全面发展必须以市场机制为基础，但又不能完全以市场机制为基础。这就需要我们挖掘市场机制中有益于绿色经济、人的全面发展的因素，引导市场向这些因素的方向加以发展。

发展绿色经济依赖于人的发展，人的发展是绿色经济的前提和保证。首先人的能动性的提高是人全面发展的一个重要内容，而能动性的提高有利于进一步促进绿色经济的发展。全球性的生态环境危机的出现，并不意味着人的能动性发挥到了顶点，而是说明人类在发挥其能动性时没有处理好能动性与受动性的关系，即没有相应地推进对于人自身无法摆脱的受动性的认识，没有充分地认识到真正的自觉能动性的发挥是以对受动性的认识为前提条件的，从而导致人们不合理地片面地发挥人的能动性。从能动性本身来讲，它包括两个方面：在认识自然中表现的能动性和在改造自然中的能动性，二者互为前提，不可分割。如果后者不以前者为基础，能动性就可能超越受动性而变成一种带有盲目性的意向和活动，在急功近利的价值取向引导下，能动性就会摆脱人的受动性而盲目膨胀，表现为对自然资源的掠夺式开发和无节制的耗费，最终会造成生态环境危机而祸及自身。因此，只有充分发挥人的能动性，处理好它与受动性的辩证关系，才能积极调整自然生态平衡，促进人与自然的和谐，保证绿色经济的良性运行。

发挥人的能动性有两个重要的表现，一个表现是科学技术水平的提高，而另一个表现是生态价值观的形成和发展。人类科学技术水平的提高，有利于加速提高利用自然的工艺水平，实现变废为宝。高新技术在以自身价值和功能影响人类及其社会的同时，对人和自然的协调发展产生了巨大的积极作用，尤其是环境科学技术的诞生和迅速发展，是人类文明的一大进步，它标志着人和自然的协调发展开始或已经迈向了一个新的台阶，为绿色经济的发展开辟了新的途径、提供了卓有成效的方法和手段。而生态文明建设可以促进人与自然的协调与和谐。发展绿色经济，实现社会的可持续发展，可以为人的全面发展提供良好的生活环境和生态环境。要实现人的全面发展就要树立正确的自然观、社会观和发展观；正确处理经济增长与环境保护的矛盾，短期利益和长期效益的矛盾；正确处理经济发展同人口、资源、环境的关系，努力探索一种有利于经济和社会协调发展、资源节约和合理利用、环境优化、人口增长与社会经济相协调、生活质量不断提高的经济模式,这种经济模式就是绿色经济的模式。所以说绿色经济为人的全面发展提供了坚实保证,而人的全面发展也为绿色经济提供精神上的支持。

发展绿色经济有利于树立适度消费的观念。这种消费观念认为,消费者在消费时不仅要考虑自身效用的最大化,而且要考虑他人利益乃至社会的利益;不仅要考虑当代人的利益而且要考虑子孙后代的利益,体现了人类的理性精神和道德自律,符合现代社会经济发展的要求。

这就是说,发展绿色经济还有利于树立可持续消费观。可持续消费观是一种环保理念,也是一种新的经济概念和文化概念,其着眼点是为一个民族、社会保护其自然资本和文化资本,而创造了一个生态安全的环境则是保证社会和谐稳定的重要前提。可持续消费方式立足的原则是:承认地区资源的有限性和后代人的消费权利,当代人的消费不以破坏后代人的生存条件为前提。英国著名的经济学家舒马赫指出,人的需要无穷尽,而无穷尽只能在精神王国里实现,在物质王国里永远不能实现。因此,要彻底解决人类面临的生存危机,唯一的出路是实现人的价值观念的转变,发展绿色经济有利于人们实现价值观念的转变,从而促进公平理念的实现和公平环境的成熟。

另外,发展绿色经济有利于树立新的生产观。传统工业经济的生产观念是最大限度地开发利用资源,最大限度地创造社会财富,最大限度地获取利润。传统的工业化道路是"先发展,先污染,后治理"或者是"边发展,边污染,再治理",19世纪英国的"雾都"就是这样形成的。新型工业化道路是从绿色意义上发展经济,用清洁生产、环保要求从事生产。清洁生产是循环经济的生产理念。清洁生产不但是指生产场所清洁,而且包括生产过程对自然环境没有污染,生产出来的产品是清洁产品和绿色产品。

绿色经济的生产观念是要充分考虑自然生态系统的承载能力,尽可能地节约自然资源,不断提高自然资源的利用效率,并且是从生产的源头和全过程充分利用资源,使每个企业在生产过程中少投入、少排放、高利用,达到废物最少化、资源化、无害化。上游企业的废物成为下游企业的原料,实现区域或企业群的资源最有效利用,并且用生态链条把工业与农业、生产与消费、城区与郊区、行业与行业有机结合起来,实现可持续生产和消费,逐步建成循环型社会。这就要求企业在进行生产时,最大限度利用可循环再生的资源替代不可再生的资源。例如,更多地利用太阳能和风能;尽可能多地利用科学技术手段,对不可再生资源进行综合开发利用；用知识投入来替代物质资源投入，努力使生产建立在自然资源生态良性循环的基础之上。

西方经济学的一个基本假设是人是理性的，理性人从事经济活动的目的是追求自身利益的最大化——消费者追求效用最大化，生产者追求利润最大化，经济学家们则研究如何充分地把资源投入使用（full employment），如何最大限度地增加国民财富，如何提高经济增长率。效用最大化、利润最大化、产量最大化和成本最小化，是西方经济学传统的经济观。

绿色经济学的经济观是把西方经济学的"最大化"发展为"最优化"：优化人与自然的和谐相处，优化资源，优化自然资源的利用，优化自然生态环境；人类在组织生产和从事经济活动时，不但要考虑生产成本，还要考虑生态成本和环境成本。绿色经济不是单纯地把效用最大化看作来自产品和服务的消费，而是把优美和谐的环境也看作人们获取效用的来源。绿色经济发展的目标是实现人与自然的可持续发展，实现经济与社会的可持续发展。这就要求我们转变经济增长方式，走依靠技术进步来促进经济增长的发展道路。为了达到上述的最优化，绿色经济要求在生产和消费过程中贯彻"3R"原则。因此，绿色经济是要求先进的生产技术、替代技术、减量技术和共生链技术以及废旧资源利用技术、"零排放"技术等支撑的经济，而不是传统的低水平物质循环利用方式下的经济。这就要求在建立绿色经济的支撑技术体系上下功夫。

最后，传统经济的价值观是把自然环境看作独立于人的经济活动之外的，大自然仅仅被看作人类的衣食之源。大自然为人类服务，向人类的经济活动提供自然资源，人类活动的目的是向大自然索取，是要征服自然。这种价值观在西方主流经济学中的反映就是在单个厂商的生产函数或总量生产函数中，一般不考虑自然环境对（总）产出的影响。

绿色经济的价值观把人与自然环境的关系看作相互依存、相互影响的，人和人类的经济活动不能脱离自然环境，而是融入自然环境之中；人类不能简单地向大自然索取，而是要保护自然，维持自然生态平衡；人类不能仅仅把大自然看作可利用的资源，而是要维持自然生态系统的良性循环；绿色经济在考虑科学技术时，不仅考虑其对自然的开发能力，而且要充分考虑到它对生态系统的维系和修复能力，要使之成为有益于环境的技术；人类发展科学技术的目的是和谐发展和共同发展，这是绿色经济的最终目的。

绿色经济在本质上是以人的全面发展为最终目的的。绿色经济促进经济、社会和资源、环境的协调发展，其根本目的正是我们人类自身的长远发展和根本利益，满足我们人类的长远需要和根本需要，使人类更好地、更持久地得到发展。这一点揭示了绿色经济的本质，即为了满足人的需要，维护人类自身的利益。但另一方面，绿色经济也需要通过人的全面发展来实现，人的素质高低直接关系到绿色经济的运行。当今社会在其发展过程中经济、环境、生态等方面所面临的严重问题，究其最终原因而言，都是由人的自身引起的，是人的素质的问题，人的文化价值观问题。因此，只有实现人的全面发展，努力提高人的素质，才能使经济、社会可持续发展能力不断增强，生态环境得到根本改善，资源利用效率显著提高，从而使人和自然环境得到和谐发展。

二、人的全面发展与自然关系的新时代

在人类文明的发展历程中，人与自然的关系一直是人类面临的一个基本问题。在人类文明早期，人类还不了解自然界的规律，饥饿、寒冷、猛兽、疾病、死亡威胁着人类，人类必须本能地同自然界斗争。火的发明和使用，工具的出现与普及，是人类生产力历程上的重要进步，也是人类改造自然能力的强化。"不管自然展示和发出什么力量——严寒、猛兽、洪水、大火——来反对人，人也精通对付它们的手段，而且是从自然界取得这些手段，运用这些手段对付自然本身的。"[1] 这种改造能力既是控制能力的增强，也是破坏能力的增强。不过由于人类文明的早期生产力水平十分低下，人类对自然界的破坏力是十分有限的。历史学家汤恩比认为："对自然界的这种初期的损害还只不过是局部的。限于当时人类的技术能力，对于自然界的破坏有一半是无意中受到了限制。"[2]

自文艺复兴以来，西方工业文明发展突飞猛进。以蒸汽机为代表的近代科学技术成功将人类推进到工业文明的时代。新的蒸汽机替代了水磨推动的机器，新的大工业生产替代了旧的工场手工业，从生产方式、生活方式到社会结构都发生了根本的改变。技术的进步、制度的变化、思想的传播、观念的普及，一步步将人类带入过去时代难以想象的"文明"时代，人类的生产力水平也达到了前所未有的高度和水平。正如马克思所说："资产阶级在它不到一百年的阶级统治中所创造的生产力，比过去一切时代创造的全部生产力还要多、还要大。自然力的征服，机器的采用，化学在工业和农业中的应用，轮船的行驶，铁路的通行，电报的使用，整个大陆的开垦，河川的通航，仿佛用法术从地下呼唤

---

[1] 黑格尔. 自然哲学 [M]. 梁志学, 薛华, 钱广华, 译. 北京: 商务印书馆, 1980: 7.
[2] 汤因比, 池田大作. 展望二十一世纪——汤因比与池田大作对话录 [M]. 北京: 国际文化出版公司, 1985: 31.

出来的大量人口，过去哪一个世纪能够蕴藏有这样的生产力呢？"①

如果说在人类文明早期乃至于农业时代，人类必须要依赖自然、利用自然，那么，到了工业文明时代，人类与自然的关系便发展成为改造自然、征服自然。"生产力"的概念是人类对自然的态度和观念改变的一个缩影，它反映了人类进入工业时代的思维方式：越是能够征服自然，人的发展程度就越高；越是能够改造自然，人类的发展程度就越高。人是征服者，人是改造者，是凌驾于自然界的力量。当人类过分强调征服自然和改造自然物质力量的时候，他与自然就成为一种对立的关系。

伴随着人类从一个从属于自然、依附于自然的状态，转变为征服自然、改造自然的状态，自然被看作一个机器，一个人类可以任意摆布的机器；自然也被看作一个可以无穷索取的原料库、一个无限容纳工业废弃物的垃圾箱。进入20世纪之后，全球性的生态失衡和人类生存环境恶化突然使得人类意识到，工业文明一方面带给了人类优越的生活条件和工作条件，另一方面也给自然界造成了空前严重的伤害，使得人类面临着深刻的危机。

由于人类对自然的态度和做法违背了自然的规律，超出了自然界能够承受的限度。自然界向人类敲响了警钟。如同恩格斯在19世纪所指出的那样："我们不要过分陶醉于我们人类对自然界的胜利。对于每一次这样的胜利，自然界都对我们进行报复。每一次胜利，起初确实取得了我们预期的结果，但是往后和再往后却发生完全不同的、出乎意料的影响，常常把最初的结果又消失了。"② 工业文明在带给人类物质财富和精神享受的同时，也带来了生态失衡、环境污染，以及全球性的温室效应、臭氧层破坏，它们正一步步将人类推向深渊，从而在一定程度上破坏了人类赖以生存的基础。

工业文明打破了人与自然的平衡，并逐渐走向全面失衡，人与自然对立了起来。卡逊的研究详尽描述了人与自然的平衡被打破后产生的严重后果，她的研究引发了人类重新认识人与自然关系的思潮。1986年，在意大利人贝切伊的倡议下成立了"罗马俱乐部"，对人类当前和未来困境的问题开展研究。他们进行了关于生态危机问题的首次国际性研讨，提出了"人类困境"和"人类全球王国时代"的概念。贝切伊认为，人在地球上的状况发生了变化，技术的根本性改变引起人对自然的新作用。但是，人类没有意识到这种新作用，以及它对

---

① 马克思恩格斯选集（第1卷）[M]. 北京：人民出版社，1995：277.
② 马克思恩格斯选集（第4卷）[M]. 北京：人民出版社，1995：383.

人类命运的影响，由此出现了人类文明的全球性危机。

罗马俱乐部专家发表了10多份研究报告，对当代社会人口、粮食、能源、资源和环境问题进行综合研究。其中，最为著名的是米都斯（Tennis L. Meadows）于1972年发表的《增长的极限》一书。该书运用系统动力学方法建立世界模型，提出"增长极限"和"全球平衡"等概念。该书的出版引起了全球的关注，并引发热烈的争论。朱利安·西蒙曾发表《没有极限的增长》一书，针锋相对展开讨论。同样在20世纪60年代后期，美国学者肯尼斯·鲍尔丁提出了"宇宙飞船经济理论"。他认为，地球与太空中的飞船一样，好比宇宙中的一个孤立无援的系统，两者的共同特征都是不断消耗其内部的有限资源，一旦资源消耗殆尽，就会毁灭。为了生存，飞船必须不断重复利用自身的有限的资源，才能延长运转寿命……因此，应当运用市场经济机制控制人口，调节消费品分配，合理开发资源，防止污染，保证地球能够持续运转。

在生态危机的打击下，人类不得不对人与自然的关系进行重新反思。把人与自然的关系限定在"人征服自然"是靠不住脚的，人与自然的关系必须寻求新观念的支撑。米萨诺维克（Mesarovic）认为："这场全球性危机程度之深、克服之难，对迄今为止指引人类社会进步的若干基本观念提出了挑战。这些基本观念在过去为人类进步铺平了道路，但也最终导致了目前的这种状况。目前，人类正处在转折点上，必须做出选择，是沿着老路继续走下去，还是开辟一条新的道路。如果人类要探索新的发展道路，那么必须对旧的观念进行重新评价。"[1]

进入20世纪70年代，环境问题不单停留在对原有的"人与自然关系"的检讨上，它更是沿着推进"人与自然和谐相处"的方向迈进，并从学术讨论进入政治领域，构成国际社会高度关注的话题。

在这一转变过程中，环境问题得到前所未有的重视，更重要的是，一些基本理念得到认同和接受。比如，承认生命的多样性和内在价值的观念开始逐渐成为国际公约的有机组成部分。1972年，在瑞典斯德哥尔摩召开的联合国人类环境会议通过了《人类环境宣言》。[2] 1979年，通过了《保护欧洲野生生物与自然栖息地公约》。公约指出："野生动植物构成具有美学、科学、文化、创造性、

---

[1] 米萨诺维克，帕斯托尔. 人类处在转折点——罗马俱乐部研究报告[M]. 刘长毅，李永平，孙晓光，译. 北京：中国和平出版社，1987：9.

[2] 中国环境报社. 迈向21世纪——联合国环境与发展大会文献汇编[M]. 北京：中国环境科学出版社，1992：156-160.

经济和内在价值的自然遗产，必须保存它们并将之传给后代。"1982年，联合国大会通过《世界自然宪章》。宪章指出："每种生命形式都是独特的，无论对人类价值如何，都应得到尊重，为了承认其他有机体的内在价值，人类必须受行为道德准则的约束。"它还指出，"人类是自然的一部分"，人类不再被视为自然界之上或之外，而是与自然界相互联系、相互依赖的一部分。"人类的文化必须建立在对自然的极度尊重上，具有与自然一致的观念，并认识到人类的事务必须在与自然的和谐平衡中进行。"

这些具有约束力的公约和宪章开始把人与自然的和谐看作公约和宪章的组成部分，它们承认环境的内在价值，而不再把人类看作自然的征服者。这些公约和宪章的颁布表明，人和自然关系必须进入协调和平衡的时代。人类不能外在于自然，更不能凌驾于自然之上，而应该是"自然的一部分"，是和自然界相互联系、相互依赖的一部分。在这样的时代中，我们不是自然的征服者，而是自然的一部分。

1987年，联合国世界环境与发展会议在《我们共同的未来》报告中，提出了"可持续发展"概念，将其定义为"既满足当代人的需求，又不对后代人满足其需要的能力构成危害的发展"。"可持续发展"概念的提出，是环境保护和人类环境研究新征程的一个重要起点，它提出并倡导一种能够将环境问题与社会发展密切结合的发展方式——可持续发展。"可持续发展"概念提示我们，不仅应当追求同一代人的环境公平，而且还必须考虑代与代之间的环境公平。换言之，当代人与后代人之间的环境公平。1992年，在巴西的里约热内卢召开的联合国环境与发展大会上，通过了《里约环境与发展宣言》和《21世纪议程》。"可持续发展"成为大会的主题，围绕着"可持续发展"的行动依据、目标、活动和实施手段等方面提出的议程方案得到许多国家的认同。大会希望将这些议程变为现实，推动将环境保护与人类社会发展紧密结合，号召"建立促进可持续发展的全球伙伴关系"。同时，大会也明确了可持续发展的定义：既符合当代人的需求，又不会损害后代子孙满足其需要的能力的发展。2002年8月，在约翰内斯堡召开的可持续发展首脑会议再一次深化了人类对可持续发展的认识，确认人的发展、经济发展、社会进步与环境保护相互联系、相互促进，共同构成了可持续发展的四大支柱。目前，可持续发展理论已被世界各国广泛理解和认同，越来越多的国家已制定和实施了可持续发展战略。

作为人类面临的一个基本问题，人与自然关系一直是人类文明发展历程的重大议题。从20世纪下半叶全球环境保护的实践和观念转变来看，在新的有关人与自然关系的议题中，人类作为自然保护者的义务和责任将进一步突出，成为21世纪重要的主题之一。

建立在责任基础上的对自然的利用，才是合理的利用。意识到人类对自然的责任，这种对自然的开发才是人实现全面发展的需要，才有可能是建设性的而不是破坏性的。这种建立在人类对自然的责任上的开发，也是人类自身走向成熟的标志。它表明一个新的时代——人与自然的关系已经进入协调关系的新时代：人类是人与自然关系的协调者、责任的担当者，他能够通过调整自身的行为，力求正确认识和运用自然规律，通过相互影响实现与自然界的和谐相处和协调发展。

人的自由全面发展与自然的关系的新时代即将到来。更为重要的一点是，保护自然也应当包含在人与自然的关系中。将保护自然纳入人与自然关系的认识，是一百年来思维方式的一个重要转变，也是人对于自身认识的重要转变。在生态危机的压力下，为了子孙后代，为了我们自己，我们必须重新探讨人在自然界中的位置，重新确立人与自然的关系。我们必须认识到，保持地球上的基本生态过程和生命维持系统，就是保护人类生存和发展所必需的基本资源和生存条件。自然界不仅是人类实践的对象和一切物质财富的源泉，而且是每个人不可缺少的生存条件。从这一角度看，保护环境也是人实现全面发展的需要。

"认识自然、利用自然、改造和保护自然"，是实现人与自然和谐相处的基石。"认识自然"为科学地处理人与自然关系确立了基础，"利用自然"和"改造自然"是改善人类物质和精神条件的重要保证，"保护自然"则确立了人类的义务和责任，为人与自然的和谐相处提供了基本的原则。对自然的基本态度应是协调而不是征服。只有这样人们才能实际运用那些在理论上被接受的观点，即人是自然界不可分割的一部分。

马克思根据社会发展和人的发展的内在联系，把人的发展过程分为三个基本历史阶段：第一阶段是人的依赖关系占统治地位的阶段，在这一阶段中，个人没有独立性，直接依附于一定的社会共同体；第二阶段是以物的依赖关系为基础的独立阶段；第三阶段则是建立在个人的全面发展和他们共同的社会生产能力成为他们的社会财富这一基础上的自由个性的阶段。而绿色循环经济所提倡的人与自然的协调则可以使我们摆脱传统经济模式中人对资源的依赖，使人类从第二阶段向第三阶段迈进。

总之，建设生态文明、发展绿色经济以对自然资源最小化损害取得最大化收益为目标，在实现人类社会发展的同时达到人与自然和谐相处。其落脚点必然是人类社会以及人自身的发展，它的经济目标同社会、生态目标在根本上是统一的。绿色经济在考虑人自身发展时，不仅考虑人对自然的征服能力，而且更重视人与自然和谐相处的能力，促进人的全面发展。在这一过程中，与自然的和谐相处仍然服务于人的全面发展这一目标。人的全面发展不是一个孤立的过程，而只能是在各种关系中完成的，主要表现为人的社会关系的和谐和人与自然关系的和谐，只有在这种双重的和谐中，人的全面发展才是现实的。

第四节　绿色发展是 21 世纪人生存发展的基本战略

21 世纪是生态文明与绿色经济时代。在生态文明与绿色经济时代，一个大国的崛起必须要在生态上崛起。在继承和发展马克思主义关于人与自然和谐发展的生态文明思想的基础上，把它提升到发展中国特色社会主义的战略地位，要促进人和自然的协调与和谐，使人们在优美的生态环境中工作和生活。因此，绿色和谐发展论是促进人与自然相和谐的绿色发展思想，是科学发展的核心理念，而绿色发展战略也是 21 世纪人生存发展的基本战略。

我国要在资源环境瓶颈的严格约束下实现"稳增长"，必须大力发展绿色经济，通过"绿色转型"实现人口、资源和环境的协调发展。我们要把发展绿色经济作为我国推动可持续发展实现人的发展的有效途径，需要采取以下六条措施，积极探索发展绿色经济的有效模式。

（一）利用利益引导机制，培育绿色新兴产业

要完善资源环境价格形成机制，发挥价格机制的引导作用，通过投资审批、土地供应、融资支持、财政补贴和税费优惠等政策工具，改变绿色生产的成本收益结构，积极引导企业培育和发展绿色新兴产业。要加强绿色产业集聚区建设，依托现有高新区、经济开发区，营造良好的软环境，推广资源节约和环境友好的两型产业，推动绿色产业集群化。要根据产品工艺和生产工序的内在联系，在多个企业或产业间进行工业生态的链接，增强相关企业或产业之间的关联度，延伸产业链条，提高产品的附加值，形成多产业横向扩展和资源深加工纵向延伸相结合的绿色产业链。

（二）加强绿色技术研发，培育发展绿色产业的人才

要加强政府、企业、高校、科研院所和社会中介组织之间的分工协作，广

泛建立并优化产学研合作体系。政府要加大对绿色技术的公共研发投入，构建利益补偿机制和风险分担机制，可设立专项基金用于支持绿色经济企业的自主技术创新，推进引进、吸收和集成技术创新；企业同科研院所、高等院校要联合建立研发机构、产业技术联盟等技术创新组织，形成支持自主创新的企业、高校、科研院所的合作生态，共同面向绿色技术进行科技创新活动；行业学会协会等社会组织也要发挥其中介优势，提供绿色技术交流平台和绿色技术引进渠道，促进绿色技术成果的扩散和商业转化。要完善绿色技术和产品的质量认证标准，淘汰对生态环境危害较大的企业，保留具备绿色生产能力、符合绿色生产标准的先进企业。绿色技术的学习和扩散必须建立在一定的知识积累和人才储备基础上。所以，要完善绿色创新人才的培养激励机制，建设绿色技术研发队伍。通过发现、评价、选拔、管理和激励等制度创新来培养一大批"顶天立地"的绿色经济技术领军人才和创新型企业家，借经济危机契机引进国内所稀缺的海外高端人才。

（三）要完善金融投融资渠道，发展绿色金融

绿色新兴产业对既有石化技术体系可能产生的颠覆性冲击和高投入长周期的特征使得对其的投融资面临很多风险和不确定因素，在一定程度上限制了其银行信贷的获取。股权投资具有市场筛选、产业培育、风险分散、资金放大、要素集成、促进合作等制度功能，是高新技术产业化的催化剂。支持绿色经济必须发展以"天使投资—风险投资—股权投资"为核心的投融资链，尽可能扩大其退出通道，吸引天使投资、风险投资和股权投资聚集对绿色经济领域的投资，扶持创新型绿色中小企业。除利用直接融资工具外，还要鼓励国家政策性金融机构对绿色产业进行重点扶持，针对可再生能源项目定向发放无息、低息贷款。要实施积极的绿色信贷政策，对商业银行实施信贷窗口指导。通过加强对节能减排、新能源研发企业的信贷支持，严格控制对高耗能、高污染和产能过剩行业的贷款和对污染企业实施惩罚性高利率等措施，引导金融机构将资金投入绿色经济领域。

（四）推动绿色生产和绿色消费良性互动

倡导绿色消费方式，有利于带动绿色产业发展，促进产业结构升级优化。我国绿色消费市场潜力巨大。有研究表明，80%以上的欧美国家消费者把环保购物放在首位，愿意为环境清洁支付较高的价格，而与国外相比，中国的绿色

消费人群要少10到20个百分点,绿色消费理念的形成将促进中国绿色消费市场的开发。倡导绿色消费要利用经济手段引导绿色消费,通过价格机制,加大对以节能环保为导向的绿色消费的补贴力度和信贷支持,刺激绿色生产和绿色消费。要加大政府采购对绿色产品的首购、订购力度,为新兴绿色产业产品打开市场,促进新兴绿色产业研发和产业化。要在消费者中加强绿色理念宣传,促进公民逐步树立绿色消费观,在全社会营造生态、适度、节俭的绿色消费氛围。要推进绿色建筑、绿色家庭和绿色交通建设,形成绿色消费与绿色生产的良性互动机制。

(五)要探索建立绿色政绩考核机制

目前,北京、浙江等省市已明确要求将绿色GDP纳入其经济统计体系,并致力于将此作为地方党政官员政绩考核的一部分。但受限于自然环境固有的非排他性和非竞争性特点,污染责任难以明晰,多数地区只是在GDP指挥棒上涂抹了一层"浅绿色"。为此,要通过明晰资源环境产权、确定资源环境价格来完善资源环境成本核算体系,实现绿色经济考核有据可依。要理顺绿色经济的监督管理体制,明确监督管理部门和其他相关部门的职责,从机制上做到权责一致、分工合理。根源上,要弱化着眼于地方经济总量的政绩考核机制,而把万元GDP能耗、水耗、主要污染物和二氧化碳的排放强度等环境绩效指标作为考核官员的硬约束性指标来督促地方发展模式的转型。对于生态环境重要但脆弱的地区要建立资源有偿使用和生态补偿机制综合试验区,增强全社会的可持续发展能力。

(六)要加快修订和制定绿色经济相关法律法规

发展绿色经济,实现绿色发展是一项复杂的系统工程,要着力加强多层次梯度立法和完善法律配套措施,为绿色经济发展提供体制机制保障。推动《绿色经济促进法》和《能源法》等相关法律的制定。鼓励各地在国家立法的框架内,结合本地特色和实际,制定适合地方需要、可操作性强的地方性法规、条例、规章和政策标准。要统筹考虑循环经济、低碳经济、清洁生产以及节能减排等与绿色经济相关的范畴,综合处理好《资源利用法》《能源法》《污染防治法》《自然资源保护法》等法律之间的关系,保证相关法律之间的衔接与协调,逐步构建系统、高效的绿色经济法律体系。法律的生命在于执行,特别要强化环境执法的重要地位。环境执法是实现绿色经济法律体系贯彻落实的保证。

资本主义市场经济与工业文明的高度发展，不仅创造了物质生产力的高度发展和高物耗的生活水平；同时也制造了以生态环境问题为主线的一系列"人类困境"，使人类生存与发展面临着一系列全球性危机的严重挑战。绿色经济是可持续经济的实现形态和形象概括。它的本质是以生态经济协调发展为核心的可持续发展经济。只有发展绿色经济，才能长期地保持自然生态的生存权和发展权的统一，使生态资本存量在长期发展过程中不至于下降或大量损失，保证后一代人至少能获得与前一代人同样的生态资本与经济福利。2011年，联合国环境署发布了《绿色经济报告》，报告中将绿色经济定义为可促成提高人类福祉和社会公平，同时显著降低环境风险与生态稀缺的经济。发展绿色经济对于生计和安全都依赖自然的贫困人群而言尤为重要。

实施绿色发展战略，是克服人类全球性生态危机、实现可持续发展的客观需要。现行的市场经济体制机制，以生态与经济相脱离为特征，其理论范式是以单纯追求利润最大化的传统市场经济学为基础。实施绿色发展战略，就是要以"生态化"引导市场经济体制机制的改革和完善，在体制机制上有效解决市场经济发展中外部不经济的问题，实现经济效益与生态效益、社会效益的有机统一，实现经济与生态、社会相互协调和可持续发展。[①]

[①] 有关绿色发展战略，以及绿色经济内涵与外延，参见许崇正，韩喜平，朱巧玲，等．人的发展经济学教程——后现代主义经济学 [M]．北京：科学出版社，2016：335，346-348．

第十八章　城镇、农村与环境发展相统一

构建社会主义和谐经济社会，需要从多方面同时展开，经济和谐发展是重中之重，只有经济和谐发展才能更好地实现社会和谐。但是，当前经济社会发展中存在着一系列矛盾和问题，导致经济发展的不和谐。这其中最为突出的就是资源、环境同经济社会发展的问题，特别是城镇与农村发展如何相统一的问题。

第一节　资源、环境与经济发展相统一

资源、环境同经济社会发展是相辅相成的。节约利用自然资源，完善资源综合利用的相关法律法规，保护环境，加强对环境保护的综合治理，保持三者在经济发展过程中的协调统一，才能促进经济社会全面、健康、可持续地发展。

一、资源同经济社会发展相统一

资源，广义来讲，是在人类社会经济发展过程中可以用来创造财富的一切有用要素。它既包括天然地存在于自然界的自然资源，如土地、森林、矿产、水资源等，也包括后天通过人类劳动创造而形成的人造资源，如人力资源、技术资源、物质资产、货币资本、人造的与自然资源种类和形态相同的资源等。在发展经济学中，资源一般被界定为其狭义的一面，即自然资源。

我国有960万平方千米陆地（包括内陆水域）和473万平方千米海域，自然资源丰富。截至2021年，我国人口数量为14.4亿，为世界第一人口大国。从资源总量看，我国是一个资源大国，品种丰富，一些重要资源拥有量位居世界前列。但从人均资源占有量看，我国又是一个"资源小国"，低于世界平均水平。我国人均资源偏少，所以我们必须节约资源，综合利用资源，提高资源的

利用效率，为经济和社会长期持续地发展留有余地。需要做好以下工作。

（1）节约利用自然资源。要建立节约型国民经济体系和资源节约型社会，形成有利于节约资源和保护环境的产业结构和消费方式。我国节约自然资源的潜力很大，节能大有潜力可挖。由于许多企业的技术水平不高，管理水平不足，对许多资源的利用效率都不高。这就要求我们依靠科技进步，加强管理，挖掘潜力。要逐步建立资源节约型的生产、运输和消费体系，减少资源消耗，并提高资源利用率。要加强宣传教育，树立节约资源、保护资源的意识。同时促进资源替代使用。这包括生产中的资源替代和消费中的资源替代。当一种相对丰富、相对廉价的资源能够替代某种相对稀缺、相对昂贵的资源时，这种替代就可使稀缺资源延长可供利用的时间。科学技术的发展，使我们有可能发现更多在生产中用一种物质替代另一种物质的方法。所以，要积极依赖科技进步，研究资源替代，最大限度节约稀缺资源。

（2）加强资源的综合利用。对于具有多种用途的自然资源，如矿产资源中的共生矿、伴生矿，一定要综合管理，设法综合开发、综合加工，努力发挥各种资源的利用潜力。要避免进行单一的某种资源的开发，而把其他有用资源作为废物摈弃。同时，对于生产和生活中排放到环境中的废物，也要努力加以利用，提高废旧物资的回收、综合利用率，变废为宝。要加强资源综合利用重点领域的技术创新和先进适用技术推广应用，提高资源综合利用的整体技术水平。鼓励扶持一批有条件的开发研究机构和企业联合，进行资源综合利用综合性、基础性、前沿性研究和开发。同时加强国际合作，积极引进利用国外技术和资金，引导企业或民间资本增加对资源综合利用的效率。

（3）善于利用国外资源。我国固然是资源大国，但是，资源的种类，各种资源的数量，与别国相比，既有相对丰富的，又有相对短缺的。因此，要善于利用国际资源。应当用国内相对丰富的资源及其制品，到国外换取国内紧缺的资源及其制品。要通过制定相应的法规，严格限制或禁止国内稀缺资源的出口。对于从国外换回的重要战略资源，要节约使用，注意保持必要的储备。

（4）全面推动技术进步。定期制订颁布《资源综合利用重点推广应用技术目录》和《资源综合利用产品目录》，运用市场机制和各种经济手段促进成熟、先进技术的推广应用，加快科技成果转化的步伐。加强对重点行业资源综合利用技术应用的引导。要制订和修订资源利用的技术与产品标准，建立资源综合利用基本资料统计制度以及资源综合利用信息库。

（5）完善资源综合利用的相关法律和法规。加强环境资源、粮食资源、水资源及各种主要矿产资源保护法的制定和完善；制定反对浪费的法律法规，为惩罚严重破坏环境资源者和严重浪费资源者提供法律依据；完善产权法律制度，规范和理顺产权关系，保护各种产权权益，并系统地研究制定有关资源综合利用的技术经济政策，提高资源使用效率；制定激励工业"三废"资源、再生资源和共伴生资源等综合利用的措施，使资源综合利用工作能够真正走上法制化轨道；完善产品质量和市场交易法律法规，严厉打击坑蒙拐骗以及制假售假行为，规范市场交易，减少资源损失。

二、环境同经济社会发展相统一

国家制定的环境保护规划必须纳入国民经济和社会发展计划。国家采取有利于环境保护的经济技术政策和措施，使环境保护工作同经济建设和社会发展相统一。改革开放以来，我国经济快速发展，但由于经济发展的模式比较粗放，加之对资源的不合理利用，导致生态遭受破坏，环境污染加剧。从总体上看，我国生态环境恶化的趋势已初步得到遏制，部分地区有所改善，但目前我国环境形势仍然相当严峻，不容乐观。严峻的环境形势迫使我们必须做出选择：是持续发展还是自我毁灭。毫无疑问，我们应当刻不容缓地采取有效措施，防治环境污染与破坏。否则，日益恶化的环境将使我们在其他领域中所取得的一切成就黯然失色。因此，在推进现代化建设中，我们在保持国民经济持续较快增长的同时，必须把环境保护放在突出的位置。我们应该认识到：保护和改善环境也是保护和发展生产力。要实现环境与经济社会的协调发展，必须积极采取以下措施。

（1）优化经济结构。发展经济要充分考虑自然环境的承载能力和承受能力，杜绝掠夺性采矿、毁灭性砍伐等掠夺、破坏自然环境的做法，建立人与自然环境相平衡的关系。要调整优化经济结构，探索发展循环经济的有效途径，积极发展生态农业、生态林业、生态工业和生态旅游，使经济系统与生态环境系统形成良性循环，使生态环境同经济社会建设实现协调发展。同时还需要调整产业结构和产品结构，减少高能耗、高污染工业的比重，大力发展节能、少污染的工业和第三产业，对于保护生态环境具有重要意义。要通过结构调整，坚决淘汰那些消耗高、性能差、污染严重、浪费资源的落后生产方法。

（2）调整生态环境的管理体制。建立有效的有权威的领导管理机构，加强领导，改变当前生态环境管理中政出多门互不协调的状态。统筹解决生态环境建设中的重要问题，协调部门、地区间的行动。明确部门和地区的职责，制订地区规划与部门实施方案，组织实施本地区、本部门的环境保护与生态建设任务，形成省、设区市、县（县级市区）分级管理、上下联动、务实高效的管理决策系统。

（3）依靠科技进步，实现清洁生产。企业要树立清洁生产意识。清洁生产是对生产过程和产品过程采取整体性的防治污染环境的措施，以尽量减轻生产过程和其产品对人类和环境的可能危害。推行清洁生产，既可以促进企业改善经营管理，改进产品设计、工艺过程和技术，妥善处理废物，又能充分利用能源和资源。清洁的工作和劳动环境，还有助于调动劳动者的积极性，不仅能取得良好的环境效益，还有利于提高经济效益。要积极推进国际环境管理标准，即ISO14000标准。同时要积极实施产品环境标识制度。环境标志可以表明一种产品对环境的影响程度。要求企业产品通过国家环保部门的检验，这既有利于消费者在购物时做出有利的选择，又可以促进企业从扩大产品销路的角度主动保护环境。让更多的企业创造条件，按照国际标准建立和实施环境管理体系。

（4）加强环境的综合治理。加强环境的综合治理对实现可持续发展具有重要的意义。保护生态环境要坚持强化管理、预防为主和谁污染谁治理、谁开发谁保护的原则，充分调动地方政府、企业及广大群众保护环境的主动性和积极性。要加强环境保护重要性的宣传与教育，增强人们保护环境的自觉性，使"爱护环境人人有责"的理念成为社会各界人士的共识和自觉行动。要坚持经济建设和环境建设同步规划、同步实施，尽快发展环保产业，引导一部分有条件的大中型国有企业参与环保产业，利用国有企业现有的人才、技术和管理优势发展壮大环保产业。政府和企业都要加强对环保设施建设的投入，社会各方面应密切配合，有效实施国家制定的统一综合治理规定。要严格执行国家的环境保护法，依法保护环境。

（5）坚持防范与治理相结合。立足于从源头上控制环境污染，加强污染治理、监测和监管，严格控制主要污染物排放总量，减少二氧化硫排放量，降低化学需氧量，建立完善以生态补偿为主要内容的利益补偿机制，着力解决影响人民群众健康安全的突出环境问题。全面实施对重要生态功能区抢救性保护、重点资源开发区生态环境强制性保护、生态环境良好区和农村生态环境积极性保护、风景名胜资源严格保护，维护生态平衡，保障生态安全。①

---

① 关于资源、环境与经济社会发展相统一，请参见许崇正，韩喜平，朱巧玲，等．人的发展经济学教程——后现代主义经济学［M］．北京：科学出版社，2016：410-412．

第二节 城镇、农村与生态环境发展相统一

本书借助于城镇化与生态保护之间的反馈环路理论分析了传统城镇化进程中带来的生态危机的原因，以及新型城镇化何以能避免生态危机的机制。本书在此基础上提出了新型城镇化实现过程中必须注意处理好的政府与市场的关系问题，以及以人为本的终极价值取向的落实问题。

一、以人为本找准城镇化与生态保护的平衡点

城镇化是指人口向城镇集中的过程。这一过程包含了两种含义。其一，意味着农业活动和非农业活动在人类经济活动中所占比重的此消彼长，表现为人口从农村向城市逐渐转移。其二，城镇化也包括既有城市经济社会的进一步社会化、现代化和集约化。

（一）以往城镇化进程中以人为本的缺失造成的生态危机

关于城镇化的研究可谓汗牛充栋，但是，近些年的研究却指出了以往研究存在很多被遗漏的领域。例如，城镇化与生态经济的关系，城镇化与人的全面自由的发展关系。这正是本书所关注的领域。显然，从逻辑上看，城镇化的每一阶段，都在对经济活动主体——人进行重新塑造。这种塑造从微观领域出发，继而在宏观层面上深刻地改变人类社会的组织方式、生产方式和生活方式。这种塑造还改变了人的全面自由发展的实现方式。从历史上看，以上逻辑被若干次地证明。这种改变的积极意义是毋庸置疑的，但本书所关心的还有另一面——传统意义上的城镇化带来的生态压力。

以笔者对苏北淮河沿海支流通榆河流域的调查为例，这种生态压力，随着周边地区城镇化的推进、城市的扩张、产业规模的扩大是不断加深的。通榆河南起南通九圩港，北达连云港赣榆，全长 415 千米，是江苏省东部沿海地区江水东引北调的水利、水运骨干河道。它对改造中低产田，开发沿海滩涂、拓宽航道、冲淤保港、调度排涝、改善水质具有重大战略意义。但是，这一工程建成后，它的战略意义就打了折扣。沿岸地区的城市和产业规模的双重扩张造成了较大的生态压力。前几年，随着城镇化的推进和人们生活水平的提高（在一定程度上，后者是前者的必然结果），工农业废水、生活污水迅猛增加，大量未

经处理的废水、污水排入通榆河。据盐城市水环境监测中心监测的资料，沿线9个县（市、区）废水排放总量为1527万 m^3，废水中化学需氧量（COD）排放总量为2929t/a，氨氮（NH3-N）排放总量为2417 t/a。主要污染因子为 NH3-N、溶解氧（DO）、COD 等。我们采用综合污染指数 p 值法以溶解氧、高锰酸盐指数、氨氮、五日生化需氧量为主要评价因子，对富安、东台、滨海、盐城、上冈、大丰、阜宁、堆根、响水 9 个主要监测断面年度综合污染情况，详情如表 19-1、表 19-2。

$$p = \sqrt{\frac{\left[\max\left(\frac{C_i}{C_{0i}}\right)^2 + \left(\frac{1}{k}\sum_{i=1}^{k}\frac{C_i}{C_{0i}}\right)^2\right]}{2}}$$

式中：p 为水环境质量综合污染指数；C_i 为地表水各种污染物测试浓度（mg/L）；C_{0i} 为地表水中各种污染物最高允许值；k 为污染因子个数。

表 19-1 各监测断面的年平均综合污染指数

监测断面	富安	东台	滨海	盐城	盐都	大丰	阜宁	堆根	响水
P 值	1.175	2.05	1.32	1.05	2.21	2.02	1.36	1.43	1.47

表 19-2 地表水环境质量综合指数分级表

分级	清洁	尚清洁	轻度污染	中度污染	重度污染	严重污染
级别	1	2	3	4	5	6
P 值	<0.5	0.5~1.0	1.0~2.0	2.0~5.0	5.0~10.0	>10.0

对照表 19-1 和表 19-2 可知，富安、滨海、盐城、阜宁、堆根及响水段的通榆河已达到轻度污染，而东台、盐都及大丰三段的污染达到中度污染。

从已有的监测指标看，石油类污染已经成为通榆河水系的主要污染源之一。沿河两岸有造纸、纺织、酿造、金属加工等重污染行业，这些工业企业每年排放的废水高达上亿吨，沿途接纳了大量的工农业生产废水和生活污水，水体水质很大程度上受到了影响。给通榆河及其支流带来了极巨大的环境压力。对环境污染较为明显的主要是石油化工厂、绝缘材料厂、农药厂、造纸厂、染料厂及热工仪器仪表厂，钢铁、焦化、煤气发生站、机械加工等工业部门。由于污水处理设施不足，污水处理能力较低，部分污水处理厂不能正常运转，工业尾水直接或间接地流入通榆河，对河流造成严重的污染。带入水体中的主要污染物是有毒的有机污染物和重金属离子如 Pb^{2+}、Cd^{2+}、Zn^{2+}、Cu^{2+}、Hg^{2+}、Co^{2+}、

Ni_{2+}、Mn_{2+}、As_{3+}、Cr_{6+}等。

正是这种生态压力，阻碍了人的全面自由的发展。人的全面发展就意味着人存在于一种和谐的自然生态环境中，人与自然实现了和谐共处。换言之，人与自然的和谐是人的全面发展的必要条件。正因为这种必要性，马克思主义始终把实现人与自然的和谐作为现实世界面临的两大任务之一。从这种关系的角度讲，马克思学说是人的解放和自然的解放相统一的学说。（伴随着城镇化的）工业化进程中发生的生态环境问题，尤其是20世纪下半叶以来开始的全球生态环境危害，强化了自然生态对人的内在意义。生态发展也成为人的全面发展的重要表现和基本条件，生态环境问题，绝不是一个单纯的自然发展问题，而是一个极其深刻的、全面的人与社会发展问题。人的全面发展的自然生态之维第一次成为人类必须考虑的现实因素。相应的，在城镇化的进程中考虑生态建设、注重以人为本的思维是追求人的全面发展的必由之路。

（二）促进人的全面发展的新型城镇化的轮廓

正是在这种有悖于人的全面发展的城镇化在我国已初露端倪的背景下，新型城镇化的理念被提上了议事日程。积极稳妥推进城镇化，着力提高城镇化质量。城镇化是我国现代化建设的历史任务，也是扩大内需的最大潜力所在，要围绕提高城镇化质量，因势利导、趋利避害，积极引导城镇化健康发展。要构建科学合理的城市格局，大中小城市和小城镇、城市群要科学布局，与区域经济发展和产业布局紧密衔接，与资源环境承载能力相适应。要把有序推进农业转移人口市民化作为重要任务抓实抓好。要把生态文明理念和原则全面融入城镇化全过程，走集约、智能、绿色、低碳的新型城镇化道路。

城镇化不是简单的城市人口比例增加和面积扩张，而是要在产业支撑、人居环境、社会保障、生活方式等方面实现由"乡"到"城"的转变。新型城镇化的"新"，是指观念更新、体制革新、技术创新和文化复兴，是新型工业化、区域城镇化、社会信息化和农业现代化的生态发育过程。"型"指转型，包括产业经济、城市交通、建设用地等方面的转型，环境保护也要从末端治理向"污染防治—清洁生产—生态产业—生态基础设施—生态政区"五同步的生态文明建设转型。

传统的城镇化，是城市优先发展的城镇化，而新型城镇化讲求城乡互补、协调发展。城乡一体化发展，绝对不能搞成"一样化"发展，不能把农村都变为城市，而是要走城乡协调发展的道路。推进新型城镇化，不能盲目克隆国外建筑，而是要传承自身的文脉，重塑自身的特色。没有自己的文脉，形不成自己的特色,自身优势就发挥不出来,就会千城一面。

生态城市是指在生态系统承载能力范围内去调整生产和消费方式、决策和管理方法,使人的创造力和生产力充分发挥,居民身心健康和自然生态系统得到充分保护。生态城市强调健全的生态服务功能。要求城市非工程开阔地表100%可渗水透绿,屋顶和立面绿化,绿地兼有湿地功能,湿地兼有生态给排水功能,社区内生态服务面积不低于建筑用地面积的3倍。生态城市强调健康的代谢环境。要求安全适宜的衣、食、住、行环境,低的热岛效应和灰霾日数,社区分散式污水处理、生活垃圾堆肥、生态用水保障和生态卫生设施齐备。生态城市强调合理布局。要求新区和产业园沿轻轨或大容量快速公交的"主动脉",呈"糖葫芦串"型布局,小区之间由生态服务用地隔开,生态交通网络覆盖人口超过城市人口的80%;要求生产、居住、商政和生态服务用地混合布局,1/3以上市民能就近上班。生态城市强调低能耗、低废弃、高效率。有条件的城市建筑空调和供热的能源80%靠地热、太阳能、生物质能、工业余热等可再生能源;80%以上生活垃圾能在家庭和社区尺度减量化和资源化。居民高峰期出行90%以上是公交、自行车或步行。

以上表述我们不难看出,那就是,城镇化一定要保证生态建设,一定要有利于人的全面发展;换言之,新型城镇化一定要以人为本。这些表述明确地显示新型城镇化不走传统城镇化的老路。

(三)新型城镇化建设是重要契机

在我们看来,新型城镇化为淮河流域的生态文明建设提供了一个良好的契机。而反过来,正是过去有悖于人的全面发展的城镇化,一定程度上造成了淮河流域的水资源环境冲突。

城镇化不是简单的城市人口比例增加和面积扩张,而是要在产业支撑、人居环境、社会保障、生活方式等方面实现由"乡"到"城"的转变。新型城镇化的"新",是指观念更新、体制革新、技术创新和文化复兴,是新型工业化、区域城镇化、社会信息化和农业现代化的生态发育过程。"型"指转型,包括产业经济、城市交通、建设用地等方面的转型,环境保护也要从末端治理向"污染防治—清洁生产—生态产业—生态基础设施—生态政区"五同步的生态文明建设转型。

从以上表述我们不难看出,城镇化一定要保证生态建设,一定要有利于人的全面发展;换言之,新型城镇化一定要以人为本。新型城镇化绝不能走传统城镇化的老路。有了这样的前提,我们在处理经济发展、城镇化与资源环境冲突的问题上就有了坚实的基础。就有了一个较好的顶层设计。否则，就会重蹈西方发达国家的城镇化进程所走的一条先污染后治理的路径。这同时也提示我们，对于淮河流域的水环境治理要有一个系统化的顶层设计，需要一个与工业化、城镇化相兼容的环境治理、生态建设的目标。那种为生态而生态的目标未必会被地方政府所接受，也未必会得到公众的理解，当然也就会成为无源之水。

（四）城镇化与生态环境的正负反馈

在这里我们看到了传统的城镇化进程都存在的一个特点，城镇化本身创造了巨大的需求，促进了地方经济发展。但是，地方经济的发展造成了衍生出来的污染，把一项惠民的工程打了折扣，或者干脆变成害民的工程。事实上，通榆河中段工程是一项南水北调工程，它的兴建对于加快江苏沿海的改革开放和经济建设步伐，增强农业发展后劲，发展根棉生产和高效农业，提高江苏沿海区域的国民经济的实力，发挥极其重要的作用。但是，污染降低了通榆河本身的经济辐射能力，甚至在某些河段，这种污染已经成为当地经济社会发展的负累。

这一现象反映出，在经济社会的发展中，经济子系统和环境子系统存在着多种复杂的关系。尤其是在加速城镇化这种经济急速扩张的背景下，关系的复杂性是呈几何级数增长的。这其中有正反馈系统，也有负反馈系统。依据本章的研究重点，我们将其结论归结为两种反馈，如（图 18-1）所示。

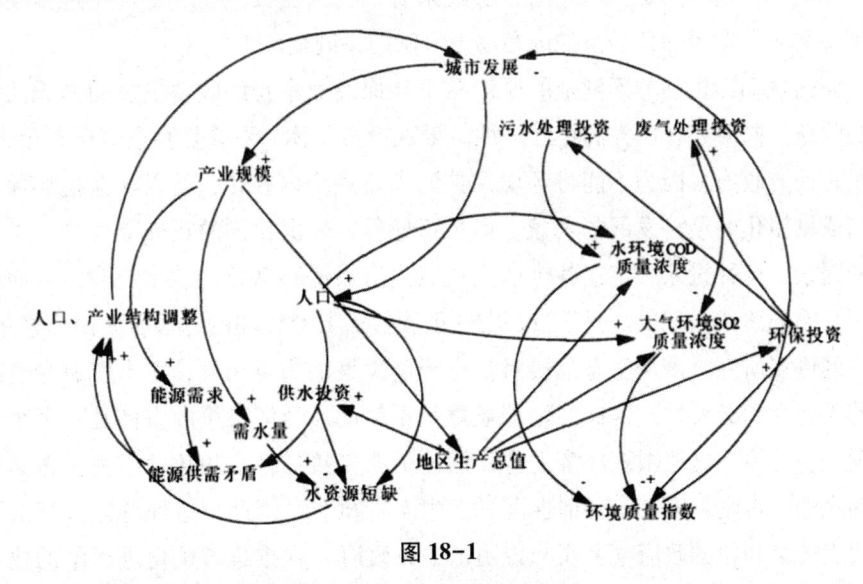

图 18-1

一种是正向的反馈：经济发展——推进城镇化——产业规模扩张——总产出增加——环保投资增加——生态环境改善——社会发展。

一种是负向的反馈：经济发展——推进城镇化——产业规模扩张——总产出增加——生态环境恶化、资源紧张——产业结构被迫调整——人去楼空——经济社会发展受限。

之所以会产生这两种不同的反馈方向，关键在于：在城镇化的进程中，是否有足够的生态环境保护的投入，以及如何看待这一投入的问题。按照传统经济学的思路，负反馈几乎是必然的。原因在于，传统理论认为，环保的投入本身会挤出其他领域的投资。在投资总量不变的情况下，此长彼消是必然的。这种观点在事实上将生产定位为对环境的掠夺。所以，资本主义前期的城镇化，总是伴随高环境代价、高社会代价。同样，长期以来，我国的高经济增长是以人的生产力和生态生产力的巨大牺牲为代价换取的物质财富增长，使我国的经济发展"反人性化"和"反生态化"问题日益严重。不注重环境保护问题，浪费资源、污染环境成为企业生产中相当普遍的现象。许多地方在推进城镇化时，只考虑局部利益，而不考虑环境资源这一类社会成本。这种忽视人与自然和谐发展的城镇化，后果是重大的生态危机、公共卫生安全问题频出。据估算，20世纪90年代以来，我国的GDP当中，至少有3%~7%是以牺牲自然资源和环境取得的。目前，我国进入了建设生态文明、发展绿色经济的大发展时期。但是，总的来看我国在生态建设和循环经济方面的投入还明显不足。这还只是问题的一个方面。更重要的是：从理论和实践来看，我国在城镇化、工业化进程中建设生态文明、发展绿色经济的内在动力机制的不健全。

而内在动力机制的不健全的原因在于环保产业本身的收益更多的是无法量化的收益、同时存在巨大的正外部性。微观行为主体，不管是企业，还是个人，甚至是地方政府，因为不能将环境保护的利益完全内在化，所以才会把环保投入当成城镇化、经济发展的负累。但长远地看，环保投入的正外部性是不可忽视的因素，这种投入必定在各个产业领域内造成潜移默化的效率提高，从而使得正反馈环路成为现实。只不过，在这里我们需要对以往的许多研究做出修正。以往的许多研究大多从生态危机对社会经济发展的影响出发，得出发展绿色经济的重要性和必要性，这样的论证显然是不够的。经济决策的主体是一个个的微观经济主体，这些微观经济主体显然是不能直接从社会的角度出发去考虑生态问题的，否则就不会有外部性问题、生态危机了。因此，这种论述只解决了能代表社会利益的政府（甚至只说明了中央政府）在推进城镇化进程中的建设生态文明的强烈动机问题。而在我们看来，只有在微观经济行为主体的层面上也把生态建设确立为城镇化的重点，才能算真正建立在城镇化、工业化进程中建设生态文明、发展绿色经济的内在动力机制。而引导微观经济个体的关键有两点：一是坚持人的全面发展的思想，二是坚持用市场机制引导，变革现行的生产方式、生活方式，构建生态与经济和谐与协调的可持续发展模式。

如何走好新型城镇化道路，学术界有诸多的讨论。结合本书所关注的领域，我们认为以下三点最重要。

（1）要有顶层设计。西方发达国家的城镇化进程，是在放任自由的市场经济体制下实现的，因此，走了一条先污染后治理的路径。显然，这说明了完全靠市场机制的局限性。中国城镇化进程要科学规划、合理布局，要使城镇规划在城市建设、发展和管理中始终处于提纲挈领的地位，从而解决城市建设混乱、小城镇建设散乱差、城市化落后于工业化等问题。我们应当清醒地看到，真正治本的办法，在于对城镇化有一个系统化的顶层设计。在于加强城镇化按照科学发展观的要求，严格工业项目建设的环保标准，坚持杜绝一些低水平、高污染的城市化，从源头上优化城镇化进程。这需要政府、职能部门、市场、企业、社会公众等多层面参与和合作。更重要的是，我们要建立通榆河流域水环境保护机制，就必须建立促进流域间共同发展的理念。

（2）途径多元化。这里所说的多元化，具有两个层面上的含义。其一，是指因地制宜的城镇化模式。其二，是指城镇化进程中政府与市场力量的参与比例要多样化。中国地域辽阔、情况复杂，发展很不平衡，在基本原则的要求下，中国城镇化实现的途径应当是多元的，这一点并不难理解。难点在于第二点。中国东中西部经济发展水平不一致，地方政府的工作效率也不在同一水平上，存在的生态压力也不一样。政府应当多大程度上介入城镇化的顶层设计和具体实施，这在不同地区是一个需要探索的问题，不能强调甚至只允许一种政府介入的方式。

（3）要以人为本，找准城镇化和生态建设的平衡点。在本书看来，传统的城镇化进程之所以出现巨大的生态危机，之所以缺乏建设生态文明的内在动力机制问题，完全是没有找准城镇化与生态建设的平衡点。事实上，找到这样的平衡点并不难，我们只需要搞清楚城镇化的终极价值取向，问题就一目了然了。我们不能为城镇而城镇，发展城镇的目的是为人服务。所以，城镇的一切应当围绕人来展开，要牢固树立人本思想，创造良好的人本环境，形成良好的人本气氛，产生良好的为人服务的功能。换言之，就是要使城镇化能够促进人的自由而全面的发展，舍此无他。我们要正确理解个人与社会的关系，将社会的利益与每个人的利益结合起来，在"以人为本"的基础上着力构建和谐的社会关系。这一点在我国的国情背景下，尤其重要。我国有长期计划经济的历史，在计划经济条件下，不重视人的个性的发展，甚至在主观上是反对个性发展的。而市场经济是另一个极端，极端注重人的个性的发展。从这个意义上讲，离开市场经济体制人的全面发展是无法实现的。但是，当代世界的生态危机的制度背景恰恰就是市场经济。因此以第三种资源配置手段：以人的全面发展资源配置手段机制为基础，才能实现以人为本，找准城镇化和生态建设的平衡点，并引导政府机制和市场机制向这些有利因素方向靠拢。

二、新中国建立以来我国城市与农村发展的历程

从新中国建立到目前为止，我国城市与农村发展大体经过了这样四个阶段。

第一阶段：城乡各自发展阶段（1949—1955年）。新中国成立后，政府把农村土地平均分配给农民，农民生产积极性高涨，农业生产有了较快发展。这段时期，城市与农村人口和物质资源可以在城乡之间自由流动，户籍制度并不限制农民进城。

第二阶段：城乡二元化发展现象明显，城市大力度吸收农村资源阶段（1956—1978年）。这阶段高举"总路线、大跃进和人民公社"三面红旗，农村推行"一大二公"的集体所有制，城市推行工业化急速发展战略，对农村资源实行了"一平二调"。在农民的财产权利受到极大损害的同时，强制推行了城乡分治的二元户籍制度。这个阶段，伴随着"文化大革命"，城乡发展不平等，社会剧烈变革，城乡收入差距拉大，城乡二元化发展格局形成。

第三阶段：改革发展，城乡互动，城镇资源对流，农民负担仍重，二元化格局初步解冻的阶段（1978—2006年）。1978年开始对一大二公的人民公社制度进行了改革，推行了家庭承包责任制。农民的生产积极性空前高涨，农产品产量大幅度增长，供给很快由"短缺"转向了"有余"，并出现了"卖粮难"问题。农村乡镇企业也发展起来了。农民开始向非农产业和城镇流动，从"离土不离乡"到"离土又离乡"；从"盲流"到"农民工""农民企业家"，城乡二元固化发展的格局出现"解冻"。但是这一阶段农民的负担日益加重，不断引发以减轻农民负担为主题的"深化改革"。

第四阶段：任重道远。随着农村劳动力的转移，农民的非农收入虽然增加了，但是农村公共事务的建设也缺乏青壮年农民了，农村虽然也盖了不少新房，但是正如人们说的"远看有新房，近看无新村"。因此，城乡二元分割发展的状况虽有一些逆转，但仍然没有形成根本质变的基础。这就是说，在城镇与农村发展相统一方面，在建设以人为本的新农村方面，我们还有漫长的路要走，任重而道远。

第五篇　历史篇

第二十章　人的发展经济学在中国的形成和发展

中国自古就有着天人合一、重义轻利的重视人的传统经济思想，但是当代中国在相当一段时期内，经济学界却忽视了对人的重视和研究。目前西方主流经济思想，新自由主义经济学片面鼓吹追求利润、金钱、效益最大化，而在中国经济学界也到处充斥着"经济人"思想。尽管如此，中国学界还是有相当数量的学者专家一直不懈地从事着人的发展经济学、人的发展与经济发展关系的研究。人的发展经济学作为一门新兴的研究领域和年轻的学科，在中国取得了长足的发展，基本上与改革开放后的中国同步成长。这既反映了我国经济发展进程中"人"的发展困境，同时，也为解决"人"的发展困境找到了新的路径。因此，系统地梳理和回顾人的发展经济学发展历程，不仅有利于从整体上掌握人的发展经济学演化脉络，而且，有利于站在新的历史起点上，促进人的发展经济学的进一步深化发展。

人的发展经济学作为一门新兴的研究领域和年轻的学科，是在马克思主义理论指导下不断发展和完善的，这是研究人的发展经济学的基本前提和理论共识。人的发展经济学的诞生既有理论发展的必然性，也有人类社会实践倒逼的因素，是理论和实践发展到一定阶段的历史产物。人类愈加发展，文明愈加进步，物质愈加繁荣，社会愈加现代化，人的发展经济学就显得愈加重要和紧迫。可以预见，随着西方经济学对现实解释能力的日渐减弱，在不远的将来，不仅人的发展经济学自身的理论建构、研究范式、学科体系会得到不断的丰富、完善和发展，而且人的发展经济学亦将会逐渐跻身于主流经济学的地位。正如诺贝尔经济学奖获得者加里·贝克尔曾指出的："经济学已经进入第三阶段，在第一阶段人们认为经济学仅限于研究物质资料的生产和消费结构，仅此而已（即传统市场等）。到了第二阶段，经济理论的范围扩大到全面研究商品现象，即研究货币交换的关系。今天，经济学研究的领域扩大到研究人类的全部行为及与其有关的全部决定。"而"研究人类的全部行为及与其有关的全部决定"就是人的发展经济学的终极目标和使命。应该说，人的发展经济学已经进入了历史最好的时候。

人的发展经济学最先是从资本主义社会内部产生的。资本主义社会是典型的生产资料所有制下的社会化大生产，其对人的剥削和异化、对环境和生态的破坏、对资源的掠夺和浪费等等一系列自身无法规避的矛盾和问题，促使理论界开始反思和审视发展的动机、发展的目标和发展的行为。在西欧和北美的发达资本主义国家，"非法操纵市场和股票交易、随意处置有毒化学物质、严重污染环境、生产有毒或危险产品、无视工人和顾客生命安全包括化学工厂有毒气体大爆炸"等败德丑恶行为给人的发展经济学研究带来了契机。在亚洲的日本，"保育费的减免和公费负担"和"终身学习"等问题的研究推动了人的发展经济学产生。

从理念和思想的维度看，人的发展经济学思想与新中国共同成长，在我国的发展历史较长，因为我国建立的社会主义国家就是为了解决人的发展问题的。但是，从学科建设的维度看，人的发展经济学在我国发展的历史相对较短，通常认为是从20世纪80年代开始发展的。人的发展经济学在我国形成和发展主要有以下几个方面的因素：第一，"中国经济社会发展问题的倒逼"；第二，"关注世界经济社会发展的影响"；第三，"坚持和发展马克思主义经济学的需要"；第四，"中国特色社会主义经济理论深化的推动"；第五，"传统经济学理论的拓展"，等等。这些因素共同作用，有效地推动了人的发展经济学的发展。这既反映了我国经济发展进程中"人"的发展困境，同时，也为解决"人"的发展困境找到了新的路径。

随着人类社会发展，人们对于人本身的关注日益突出，由此导致人的发展经济学研究形成与发展，并在理论界产生的影响越来越大，对于人类社会实践的指导也日益显著。我国经济学界关注人的发展经济学问题较早，特别是改革开放以来，在马克思主义理论指导下，我国加快了人的发展经济学的研究和建设，并取得了实质性的研究成果。总体来说，我国人的发展经济学主要经历了"人的发展经济学兴起与探索阶段""人的发展经济学发展阶段"和"人的发展经济学繁荣阶段"三个阶段。①

---

① 许崇正，韩喜平，朱巧玲，等.人的发展经济学教程——后现代主义经济学[M].北京：科学出版社，2016：48-49.

第一节　中国古代有关人的发展经济思想的渊源[①]

中国历史悠久，是世界上文明发展最早的国家之一。在中国古代历史上，有着十分丰富的经济思想，特别是关于人和经济发展关系的思想的论述耀眼烁目。主要有以下三个方面。

一、天人合一论

天人合一论是东方文化的精髓与核心，也是东方文化能够光耀于世界的根本所在。天即天地自然，人即人类。"天人合一"是中国哲学中占主基调的思想。历代哲学家大多是从人依存于自然、人必须遵从"天命"即自然规律和天与人遵循同一的运行规律的角度，来谈天人合一思想的。如老子说："人法地，地法天，天法道，道法自然。"《庄子·齐物论》中说："天地与我并生，而万物与我为一。"汉代董仲舒称："天人之际，合而为一。"宋代理学家程颐则认为，"天、地、人，只一道也"。这些观点基本上体现了中国古代哲学中人与自然合一的思想。

中国古代文化中这种天即是人、人即是天、一切人生尽是天命的天人合一思想，对中华民族整个人生观、自然观、消费观的形成都有重要影响，以致取之有利、用之有度、中庸守常等经济伦理思想能够在人们心中得到长期渗透。依今天的解释，天就是大自然，人就是我们人类。天人关系就是人与自然的关系。"天人合一"就是讲人是大自然的一个组成部分，人依赖于大自然而生存，人在与大自然相互调适中而获得发展。如果破坏自然规律，与大自然对抗，硬要把本属于大自然一员的人，凌驾于自然之上，最终就会受到大自然的惩罚。所以，天人合一论的宗旨是人类要同自然界交朋友，要节约使用资源，彼此同属自然家族中的成员，不可欺之太过，以致今天到处物种濒危、树种、草原、湿地……物物切需保护而犹恨晚不及。天人合一论是一种教导人们从整体中去把握个别，以一种自然整体观去看待人类发展与消费的普遍联系的哲学观。宋代哲学家张载说："爱必兼爱""物无孤立之理"，庄子说"万物一齐"，即万物

[①] 本节是作者 2007 年 9 月应邀在日本京都大学召开的"人的发展经济学"国际学术会议上演讲稿的一部分。

平等的思想，都体现了"万物同体，天地同根"的东方人特有的宇宙统一观。越来越多的事实证明，天人合一的东方文化思想是非常科学合理的，它对于人与自然的关系，保持人类与大自然的和谐统一，以及人类经济的持久发展，具有非常深远的意义。

二、关于重视人和尊重人的发展的思想

历史既是社会发展的历史，也是经济发展的历史，更是人的发展的历史。中国自古号称礼仪之邦，中华民族向来尊重人的价值，崇尚人的尊严，重视人的发展。在中国古代浩繁的经济思想中，不乏有关人的发展的论述。《诗经》中"辞（政治）之辑（缓和）矣，民之洽矣"（《大雅·板》），"维君子命，媚（爱）于庶人"（《大雅·卷阿》），以企"宜民宜人"（《大雅·假乐》）。上述思想反映了那个时代的统治者对农民劳动力的重视和保护，蕴含着"敬天保民"和惜民爱民思想，对促进生产力的发展有着积极意义。

在道家的经典著作《道德经》所包含的经济思想中，提出效法自然、无为、无欲和均富的主张。它反对过多地占有财产，反对重税和人对人的压迫，反对工艺技巧，推崇人的自然、自由发展。它说，"我无事而民自富，我无欲而民自朴。罪莫大于可欲，欲莫大于不知足，咎莫大于欲得。"表达了"无为""无欲"而人得其所的思想。对于社会贫富不均的现象，《道德经》提出了一整套见解，它说，"天地相合以降甘露，民莫之令而自均。"又说，"天之道，损有余而补不足；人之道则不然，损不足以奉有余。"道出了当时社会富人压榨穷人这种违背天道的反常现象，并痛责统治阶级"菜或囷于，是谓盗竽，非道也哉。"的强盗行径。极力向往那种能使人民"甘其食，美其服，安其居，乐其俗，邻国相望，鸡犬之声相闻，民至老死，不相往来"的"小国寡民"的理想境界。

与道家思想相比，儒家思想在整个封建时代乃至今天，影响更加深远。儒家学派的创始人孔丘，有着丰富的人的发展的经济思想，在其财富欲利观中，他说，"富而可求也，虽执鞭之士吾亦为之"认为求富之心为人性共有，又说，"富与贵是人之所欲也，不以其道得之，不处也。贫与贱是人之所恶也，不以其道得之，不处也。""君子喻于义，小人喻于利"。可见，在孔子看来，求富欲望是君子和小人所共有的，只不过他们由于地位不同，而相应地谋取经济利益的范围和方式也不相同，要求"义然后取"，取利必须合乎义的标准。在生产劳动观上，提出"富而后教"的观点，包含先物质后精神的成分，并在一定程度上折射出在强调物质生产的同时重视人力资源开发和促进人的发展的思想。他的

"使民以时"的主张,道出了要珍惜民力、保证民时,以促进生产力发展的思想。在分配与消费方面,他说:"丘闻有国有家者不患寡而患不均,不患贫而患不安。盖均无贫、和无寡、安无倾。"即不怕社会财富少而怕分配不均,贫与富是相对的,若能均匀分配便无所谓贫,只有"均",人们才能和睦相处,社会才能安定有序,当然这里的"均"是指社会各个阶层等级范围内的"均",而非全社会的"均",但可贵的是他已经注意到财富的分配情况会影响社会的和谐与人的发展程度。在其富民思想中,主张"敛从其薄",要求统治阶级立足长远利益,反对竭泽而渔。注意培养税源,限制和减轻剥削,保护劳动者利益,以提高劳动人民的生产积极性和发展生产力。孔子还认为,"博施与民而能济众",强调"因民之所利而利之""废山泽之禁"、使民"足富"等,饱含民裕惠民富民思想,充分体现了其关注人的发展的经济思想。另一位儒家杰出代表人物孟轲的民本主义,贯彻于其经济思想中,并构成其全部经济主张的基本内核。他说,"得天下有道:得其民,斯得天下矣。得其民有道:得其心,斯得民矣。得其心有道:所欲,与之聚之;所恶,勿施尔也。"这段话的基本逻辑揭示出,得民心者得天下,要得民心,须想民之所想,要"与之聚之"。孟子还提出统治者在施政中要"施恩于民"的主张,他说,"老吾老以及人之老,幼吾幼以及人之幼,天下可运于掌",并指出"故推恩足以保四海,不推恩无以保妻子"。可见,孟子十分强调民本的意义。另外,孟子在其分田制禄理论中,还具体提出了"为民制产"的民本经济思想。他说:"民只为道也,有恒产者有恒心,无恒产者无恒心。苟无恒心,放辟邪侈,无不为已。及陷乎罪,然后从而刑之,是罔民也。焉有仁人在位,罔民而可为也,是故君必俭礼下,取于民有制。"这就是为后人所称的"恒产论",要求统治者要为庶民置立永久的私有财产,体现了经济上以安民、富民为先的思想。

三、关于人性本善、重义轻利的经济思想

管子与孔子、孟子都是中国齐鲁大地哺育出来的伟大思想家,他们的思想对中国的历史和文化都产生过深远的影响。但一般人把管子划归为经济学家,把孔子、孟子划归为哲学家。从他们对历史的贡献和对后人的影响而言,这样的划分是有道理的。但是,管子的经济思想有着哲学根据,而孔子、孟子的哲学思想也表现在他们对经济活动的观点中。

管子相传是管夷吾,即管敬仲,是春秋初期的政治家。早年,他曾经商,后被齐桓公任为卿,历四十年,进行了政治制度和经济制度的改革,富国强兵,帮助齐桓公以"尊王攘夷"相号召,使其成为春秋时的第一个霸主。管子明确指出,财富起源于劳动和土地的结合。他说:"地非民不动,民非作力毋以致财。"又说:"力地而动于时,则国必富矣。"这同英国古典经济学的创始人威廉·配第关于"土地是财富之母,劳动是财富之父"的理论有异曲同工之妙。管子在其著名的《牧民》篇开场白中说:"凡有地牧民者,务在四时,守在仓廪。国多财则远来者,地辟举则民留处,仓廪实则知礼节,衣食足则知荣辱。"管子认为,政治的安定、道德的进步,都以物质生活的改善为前提,而物质生活改善后,就要追求礼节人格和道德行为规范。比较正确地阐述了社会存在和社会意识的相互关系这个哲学的基本问题。而管子在寻找经济发生和运行的根源时,提到了人性的问题。管子认为,人性就是趋利避害,所以,逐利是天然合理的。管子说:"夫凡人之情,见利莫能勿就,见害莫能勿避,其商人通贾,倍道兼行,夜以继日,千里而不远者,利在前也。渔人之入海,海深万仞,就彼逆流,乘危百里,宿夜不出者,利在水也。故利之所在,虽千仞之上,无所不上,深渊之下,无所不入焉。"这就是管子对经济运行论的表述。可见,在对人性的理解中,管子与西方经济学的逻辑起点"经济人"的假设比较相似。建立在人性"自私"这一哲学基础上的管子经济思想,有着明显的功利主义价值取向,否定了道义原则,或者说他用物质活动的有效性包容了经济的道义原则。由此可见,管子经济思想最显著的特点是把追求经济利益的实现作为活动的终极目标。这说明,管子把发展封建经济看成是人活动的终极目标,为当时法家农耕政策的合理性做了论证。

与管子的人性理论不同,孔孟是否定人性就是追求物质利益的。最典型的是孟子见梁惠王。"王曰:'叟!不远千里而来,亦将有以利吾国乎?'孟子对曰:'王!何必曰利!亦有仁义而已矣。'"孟子讲仁义,坚持人性本质是善的,孟子用每个人的直接经验举了一个例子:忽然看见小孩子要掉到井里去,人们会受惊而生恻隐(伤痛)之心,立刻奔过去救他,这时并没有想结交孩子的父母,也没有要别人称誉,同样也不是厌恶孩子的哭声,而是直觉地产生了救人的反应。孟子认为:"恻隐之心,仁之端也;羞恶之心,义之端也;辞让之心,礼之端也;是非之心,智之端也。人之有四端也,犹其有四体也。"人人都有四端,把这个四端扩大发展,就是仁义礼智四种道德,并且这些道德是天赋的。"仁义礼智非由外铄我也,我固有之也。"因此,人本性是善的(尽管从"恻隐之心人皆有之"这个前提推出"人性本善"的结论,在逻辑上存在着跳跃,这种证明是有缺陷的),但是,从这样一种人性论的哲学观点出发,只能产生追求精神第一和道义主义的经济思想而不是物质取向和功利主义的经济思想。在孔孟的经济思想中，仁义是第一位的，功利只能放在后面，经济目标如获利、财富等本身不能成为活动的目的。当然，孔孟也主张发展生产，但他们认为这些都是仁义的结果，是施仁政的结果和表现，而不是施仁政、讲仁义的目的。因此，孔孟的经济思想突出的是义和利的对立，强调的是"重义轻利"。后儒们对孔孟经济思想的这一特征有过许多的诠释和发挥。如汉代大儒董仲舒的"正其谊不谋其利，明其道不计其功"，以及宋明理学的"存天理灭人欲"等。这说明不同的经济思想有不同的哲学理论根据，反过来说，在不同的人性理论指导下，会形成不同的经济思想。管子积极肯定人性的经济逐利行为，高度重视由逐利行为产生的有效性结果，物质取向和效用原则就成了其经济思想的基本精神。孔孟从性善论出发，把重视人和尊重人的伦理道德作为经济活动的目标和评价标准，否定贬低人的经济逐利行为，把道义主义和精神追求作为他们思想的价值趋向，形成了不同于管子的基本特点。尽管前者以功利主义为哲学前提，后者以人的发展的道义主义为哲学前提，由此创立起来的经济思想各自以不同的方式影响着中国社会的历史进程，但经济学和哲学在他们的学说中是统一的。特别是儒家重视人和"重义轻利"、讲仁义道德的思想对几千年的中国发展影响很大。

第二节　当代中国人的发展经济学理论的形成和发展[①]

一、人的发展经济学在中国兴起与探索阶段（1983—1997）

伴随着改革开放的东风，社会主义市场经济的发展，引起了一系列道德观念、价值观念、道德评价和道德规范的变化。新价值观念与规范一方面推动了社会经济生活的发展，另一方面又对社会经济和人的发展带来不利。经济发展和人的发展的关系问题、经济发展和道德进步这一对矛盾到底如何解决，以及许多经济和道德问题，人的发展和经济发展谁是目的等问题，倒逼人们做出选择，而现实经济生活和道德原则的矛盾又常常使人们难以做出价值判断而陷于两难境地。诸如，经济发展和人的发展究竟是什么关系，"经济人"和"道德人"二者能相容吗？经济发展的目的、生产的目的和讲求经济效益能统一吗？

[①] 许崇正，韩я平，朱巧玲，等．人的发展经济学教程——后现代主义经济学［M］．北京：科学出版社，2016：42-48．

社会公正和效率原则哪个优先？评判经济行为的标准尺度是什么？经济发展了，人的生活质量是不是自然就提高了？等等。总之，类似经济发展和人的发展谁是目的，以及义和利的关系问题，不仅仍然困扰着人们的思想，同时直接影响着中国经济的发展方向，影响着中国经济能否健康、有序地发展。

针对上述这一系列困扰人们的问题，在马克思主义理论指导下，国内一些学者率先尝试对人与经济的关系开展学术研究，撰写了大量论文，出版了学术专著，并由此衍生出人的发展经济学这一门新兴的学科，从此开启了人的发展经济学研究和建构的漫长历程。在这一时期，在这方面代表的学者有厉以宁、许崇正、曾启贤、韩喜平教授等。

1984年，许崇正教授发表了长篇论文《培养人的创造精神是当代和未来教育的一项重要任务》（《教育研究》1984年第5期），就经济发展和人的潜能的挖掘、发挥以及人的创造力充分发展进行了初步的研究探讨。1985年许崇正又发表了近两万字的长篇论文《试论马克思恩格斯人的全面发展理论的萌芽和形成》（发表在《北京师范大学学报（社会科学版）》1986年第6期上），文章从经济学的角度，就马克思人的自由全面发展理论进行了系统、深入的考察、研究。随后其又陆续发表了《各尽所能和按劳分配关系的考察——从空想社会主义到马克思、恩格斯》《论人的全面发展与马克思的"重建个人所有制"》等近10篇论文，从不同方面和不同角度就经济发展和人的发展的关系进行了较深入的探讨和研究。1990年许崇正出版了学术专著《人的全面发展与社会经济——伦理经济学引论》（安徽教育出版社1990年7月出版）中以马克思关于人的自由全面发展理论为指导，较系统而又全面地阐述了人的自由全面发展与社会经济之间的关系。其认为，经济学必须将人和人的发展作为自己的主要研究对象，经济学如果不将人的发展问题作为研究对象，如果没有在高层次上与伦理学相结合，就不能使经济问题得到更完整、更完善的解决。经济学应该研究社会经济生活和人的自由全面发展的关系；研究直接产生于人们经济生活和经济行为中的道德观念，即社会经济生活和经济行为如何适应和满足人们的最高需求和欲望；研究如何适应和促进人的不断全面发展；研究人们如何应用符合经济行为的、不断促进人的自由发展的伦理去指导经济行为、指导经济生活。关于研究内容，许崇正以人的自由全面发展为中心线索，列举了十几个方面的内容，凡经济发展中的问题，经济学与伦理学连接点的问题均有所涉及。如人的自由发展与生产力，人的自由发展与分工，人的发展与社会经济形态，人的发展与所有制，人的发展与商品生产，人的发展与价格机制，人的发展与按劳分配，人的发展与生活质量，人的发展与公平竞争、机会均等、效率优先，以及人的欲望、需要与消费，等等。最后许崇正提出："社会主义经济学的主要原则和准则，即经济和物质生产力发展只是手段，人的发展才是目的。由这一基本理论原则出发又逻辑地引申出另一基本理论原则，人的自由全面的发展是最高宗旨。"从上述对书的内容的介绍可以看出，其当时在本书中试图以马克思的关于人的自由全面的发展作为建立一门人的发展经济学的主线，以马克思的关于人的自由全面发展作为建立一门人的发展经济学的价值标准。该书出版以后，立即被中国国内近10家报纸、杂志发表了评论（其中包括《新华文摘》1991年12期、《读书》杂志（1990年12月），《人民日报》1991年1月28日（理论版）、《光明日报》1990年12月3日（理论版）等），都给予了高度评价。客观地说当时在学术界产生了不小的影响，对于当时和今后的中国建立自由选择的社会主义市场经济体制做了一定的贡献。

厉以宁教授1986年在其专著《体制·目标·人：经济学面临的挑战》提出了：人是经济学研究的对象与经济研究的主体。"经济学不是单纯地研究物质财富的科学，而是研究如何增加财富并利用人们创造出来的财富来满足人们物质和文化需要的科学，是研究人与人之间关系的科学，是研究如何关心人和培养人的科学。"

1989年5月，武汉大学曾启贤教授在《经济研究》上发表《经济分析中的人》，提出"经济分析不应置人的研究于视野之外"，接着他考察、论述了西方"经济人"概念的提出和演进，以及西方经济学界对"经济人"的肯定和批评两种观点和几个流派；再接着他论述了"社会人"，认为"社会人"的经济行为与"社会人"的多种动机和需要结合起来，作为经济分析进一步深入的前提，是可取的途径。1997年，吉林大学许琳教授在《东疆学刊》上发表了《伦理道德的经济功能》。

总的来说，这一阶段中国经济学界对人和经济发展关系的研究，对人的发展经济学的研究是十分活跃的，探讨也是较深入的。有些观点、论点的提出，在国际上都是比较早的。当然，理论的探索难免会有挫折，在中国人的发展经济学兴起与探索阶段中，也不免会有一小段时期对人的发展经济学研究处于一个低潮期，20世纪90年代中期，由于中国高等教育，大量引进西方主流经济学、数理经济学，中国经济学研究主要出现了像西方经济学一样，以"经济人"的研究为主要研究对象；将经济学研究等同于数学研究，这两种主要倾向和思潮。所谓的数学模型和数学公式在经济学研究中泛滥，似乎经济学文献没有数学模型和数学公式就不叫经济学研究。极端者更是把经济学研究完全等同于数学研究。国内中国学界对于经济发展与人的发展关系的研究暂时处于一个停滞阶段。

二、人的发展经济学发展阶段（1998—2007）

1998年，长期从事经济学、伦理学、经济发展与人的自由研究的印度籍美国经济学家阿玛蒂亚·森获得了诺贝尔经济学奖，这对国内长期从事人的发展经济学研究的学者产生了重要影响，受此鼓舞，中国的学者开始重新审视和关注经济发展和人的发展的关系，重新重视对经济发展和人的发展关系的研究。这一时期人的发展经济学研究主要集中于关于人与经济发展关系、关于经济发展与人的发展以及关于研究人类贫困问题等方面。

关于人与经济发展关系的研究，这方面代表性的学者有许崇正、李宝元等。但关于经济发展与人的发展相关的研究成果。这方面成果主要体现在许崇正教授的研究成果上。许崇正教授2001年连续发表了《人的全面发展理论：马克思经济学对西方经济学的超越》（《经济学动态》2001年12期）和《伦理经济学与马克思主义经济学的发展》（《经济学家》2001年6期）两篇期刊。接着2006年、2007年又发表了《论分工与人的全面发展》《论人的全面发展与生产力发展的关系》。许崇正教授2007年又出版了学术专著《伦理经济再论经济选择与人的发展》和《伦理经济学与21世纪马克思主义经济学的发展》等相关论文，进一步阐述了关于经济选择与人的发展的密切关系、经济发展必须坚持人的自由选择和自由发展、自由选择对促进人的发展的极其重要性以及人的发展和经济发展关系的研究在经济学研究中的极其重要地位；经济发展必须坚持人与自然的和谐，必须以人的发展为目标、目的等观点。另外，有一些经济学家从传统伦理出发，研究了人的发展与物的发展的关系。此外，2006年4月许崇正等人在南京师范大学召开了第一届中日人的发展经济学国际研讨会，这之后该校每隔2年都召开一次的"人的发展经济学"国际学术研讨会，在国际上产生了一定影响，初步形成了我国国内研究人的发展经济学的重要研究基地和研究中心。

李宝元2006年出版了《人本发展经济学》一书，以现代经济学人本化新趋向为基本标度，提出了一切关于经济发展的理论学说，归根到底，其实都是关于人类自身发展这个根本性问题，即人在稀缺的资源环境约束下，如何在技术上挣脱自然压迫并与之和谐共处，通过制度创新建立和谐社会以与他人友好相处，并最终于内在的心智追求中获得自我超越，从而完满达成生存自由、社会自由和精神自由的总福利目标。

三、人的发展经济学繁荣阶段（2008年至今）

这一时期，受全球化下的经济危机、生态危机、环境污染、资源消耗与可持续、人类贫困等问题的持续影响，传统的西方主流经济学开始"失效"，人的发展与经济的发展，经济的发展与人的发展关系开始受到世界各国的越来越多的关注和重视。与此同时，国内越来越多的大学和科研机构的教授、专家、学者也开始纷纷参与到人的发展经济学领域的研究中，至此国内学界对人的发展经济学的研究步入了一个快车道，实现了跨越式的发展，呈现出一个全新的态势，百家争鸣，百花齐放。此外，自2008年起，先后召开了多次国际性的和全国性的人的发展经济学学术研讨会，包括：南京师范大学先后主办的"中日人的发展经济学"国际学术研讨会10次、全国人的发展经济学学术研讨会6次；广西大学与《改革与战略》杂志社在广西南宁召开的全国人的发展经济学学术研讨会；中国政法大学2009年在北京召开的全国人的发展经济学学术研讨会；中国石油大学在京召开的全国人的发展经济学学术会议；首都师范大学与光明网召开的全国人的发展经济学学术研讨会，西南财经大学与《改革与战略》杂志社在成都召开的全国人的发展经济学学术研讨会等，特别是2012年3月，"中国人的发展经济学学会成立"，这些都有力地推动和促进了中国国内人的发展经济学的学术研究。

随着人的发展经济学研究的推进，其研究队伍基本形成，进一步明确了人的经济学学科属性、研究的内容、框架、作用，以及因研究理论基础和学术倾向的差异而形成了不同的研究团队，形成了以许崇正教授、韩喜平教授、朱巧玲教授、巫文强研究员等为代表的一批研究团队。

1. 关于人的发展经济学研究对象

许崇正教授更明确地指出，人的发展经济学即是研究社会人、社会经济生活、经济活动、经济行为、经济运行与人的自由全面发展的关系。"并包含以下八个方面的内容："其一，经济的发展实质应该是人的发展，特别是人的自由程度（状况）的发展；其二，经济的发展程度如何制约、影响着人的自由全面发展程度；其三，人的自由发展水平如何影响、制约和决定着一个社会经济的发展程度；其四，人的自由发展如何作为最主要的生产要素来优化配置一个国家、一个社会的资源；其五，衡量一个社会、一个国家经济发展的最主要指标应该是人的自由发展的程度（状况）；其六，一个社会、国家经济发展的目的、目标应是人的自由发展；其七，人的自由发展如何作为经济发展的最重要、最主要的手段;其八,研究自由在发展中所起的"律构性作用"和"工具性作用","建立一门人的发展经济学是坚持和发展马克思主义经济学的迫切需要,是落实科学发展观、建设中国特色社会主义经济学理论体系的迫切需要,也是中国现实的迫切需要。"胡钧教授也认为"人的发展经济学是关于人的发展和经济发展相互关系的规律的学说,人的发展与社会的发展是同步的,人的发展只能是社会发展的结果,发展了的个人会反过来推动生产力的发展。生产力和生产关系的发展水平决定了人的发展水平。人的发展经济学的研究方法,不能从人出发,而必须从一定社会生产关系出发。指导我们思想的理论基础是历史唯物主义,而不是人本主义和人道主义。人的发展与经济社会的发展都是一种自然史过程,不以人们的主观意志为转移。人的全面自由发展不能只作为一种价值追求,价值观只有在它符合世界观和历史观的条件时,才是现实的。"

2. 关于构建人的发展经济学的必要性

韩喜平教授认为:"要构建富有解释力且避免异化发展的经济分析框架,必须考虑到人的社会性本质,强化经济学研究的伦理属性,唯有如此,经济学才能真正实现分析范式的科学性,进而实现人与经济的有机结合和统一。"常修泽教授 2008 年 5 月发表了《论当代中国人的自身发展问题》,指出,20 世纪 80 年代后,随着人权的兴起,人类发展又增添了更多的"人文关怀","幸福指数""人类发展指数"应运而生并受到普遍关注。60 余年来,由"物"到"人",由经济发展到社会发展、可持续发展、人自身的发展,这是当代世界人类文明发展的总体趋势。并提出:"当前应着眼于实现人民的政治权利,从政治方面促进人的自身发展,扩大社会主义民主,更好保障人民权益和社会公平正义。从实现人民政治权利角度分析,关键在于实现下列四个权利,即知情权、参与权、表述权、监督权。"韩喜平教授指出"中国社会主义建设的目的,科学发展观,以人为本的发展理念,把人自身的发展摆在主导和中心位置,以人的发展作为我国经济发展的指导思想和价值目标。只有确认以人为本的经济发展目标,才能使经济回归本质,没有伦理支持的"经济人"不但狭隘而且不符合人类的根本利益;缺乏人文关怀精神的经济发展,是一种畸形的发展。经济科学应该始终都包含着明确的社会伦理内涵和政治内涵,促进人的发展是物质进步的基本前提,这始终是经济科学坚持的核心伦理。"

3. 关于人的发展经济学学科研究的具体内容

"社会生产和分配的方式与人生存和发展条件的结合是人类追求自由全面发展的关键问题,也是人的发展经济学研究的重要内容。解决好这个问题要从理论到实践都做到：确立保障人生存和发展条件的思想并制度化为一种社会规定，把它作为经济发展必须遵循的原则，使人生存和发展的条件也是生产条件，并在生产成本中体现；让每一个参与社会生产劳动的人获得基本的生存和发展费用，在分配中实现其生存和发展条件的保障；让每一个有劳动能力的人都能够参加生产劳动并实现其自身的劳动力价值。"有的研究更为具体，如"城市公共建设是一项关乎民生的事业，与人的生存和发展密切相关，公共建设设施事故频发已经是城市最'伤不起'的事。城市公共建设水平与经济发展直接相关，但经济发展水平不决定城市公共建设水平，对人自身生存和发展保障的认识是城市公共建设水平的决定性因素。"

总之，中国当代和现代关于"人的发展经济学"的研究极其活跃，越来越多的经济学家和经济学者对此感兴趣，日益重视人的发展与经济发展关系的研究和"人的发展经济学"的研究。他们从不同的角度、不同的方面论证了"人的发展经济学"是一门科学。经济学的研究不能脱离对人的发展的研究，对人的发展研究应该是经济学研究的主线和指导思想。

人的发展经济学的形成与发展需要理论作支撑。一方面，既有的理论知识为人的发展经济学的生成及发展提供了思想和智力支持；另一方面，当代经济学及相关学科发展的困境呼唤人的发展经济学的发展。理论的呼唤和进步是人的发展经济学不可忽视的重要内容，促进人的发展经济学的发展，必须重视理论研究和建设问题。

当前，关于人的发展经济学问题的研究，已越来越引起重视，越来越多的经济学家和学者们都认为，经济发展不是目的，而是手段，人的发展才是目的，是最高的价值标准。经济学需要研究人，涉及一个价值准则问题，即建立人的某种类型的行为是否合宜的价值标准问题。把握经济行为的合理性趋向，并由此而提升到一个实践理性的原则，这无疑是对我们的经济理论研究提出了一个新的迫切任务。就经济学这门科学理论的本身来说，也需要与一定的人的发展经济思想相结合，才能使经济科学更加完善、完整。我们知道，经济学不仅要探讨经济发展自身的内在规律（比如市场的力量和机制、价值和价格的矛盾、生产要素与自然资源的有效合理配置等等），同时它还直接涉及经济行为的主体——人的发展、人的行为、思想、欲望、预期和需求。其实，对人的问题，一直是经济学的重要研究对象，这种要求生存和不断发展的意欲和需求，在马克思看来，恰恰是推动社会进步的重要杠杆之一。因此，对这种经济行为及行为规范要求的分析，必须由中国特色政治经济学，即人的发展经济学，必须和人的自由全面发展相结合才能完成它。

　　当然，传统经济学一直有一种观点，认为经济与人的自由全面发展二者是彼此冲突的。所谓冲突，即是如果人们静态地观察人的自由全面发展，站在一定旧的社会习俗的立场，却又动态地感受着经济活动的阵阵潮涌和新经济利益的不断诱惑；那么，人们无疑会得出经济与人的自由全面发展相互冲突的结论，并且认为冲突的结果，是以人的自由全面发展的牺牲、失范作为经济发展的必然代价。所以，18世纪伟大的启蒙思想家卢梭就曾叹喟：随着经济发展，科学与艺术的光芒在我们的天地升起，德行也就消失了。这种现象几乎在各个时代、各个地方都可以看到。

　　但是，如果我们转换一个视角来考察人的自由全面发展与经济，可以看到，人的自由全面发展与经济发展的各自价值内容中存有共性构成因素，人的自由全面发展与经济的价值同构主要表现在：因为，人类的生存发展有着两大基本需求——物质和文化，人类不断地创造着两大文明成果，并以之作为自身繁衍的条件。现实的经济活动所产生的物质生活资料，同人的不断全面自由发展，由于在根本意义上共同反映着人类的手段和目的的关系，故而二者成为人类始终的追求，只不过，一个是手段一个是目的。而且，经济活动本身表现着对人的全面自由发展的同构。一方面，从人们认识经济和人的经济行为来看，人们对经济规律的认识，不是纯然的事实描述，而是在其认识中渗入着主体的价值选择因素，渗入着认识者的伦理价值标准；并且，任何一个经济行为的选择，又都染上了主体对或善或恶的价值取向，具有一定的价值色彩；另一方面，从客观的社会经济过程来看，一定的生产方式又以其特定的历史形态，培养和选择它所需要的经济主体；并且，又以这一经济关系造就出它所需要的社会道德规范。

　　无论是古代还是现代，经济学和人的问题都是相互渗透、相互影响的。经济学作为一门社会科学，它不仅与人类协力谋生的努力有关，同时，它又与探究人的发展以及人类欲望和其他影响人类谋生方法变化的学科密切联系着。

　　作为一种思想体系，人的发展经济学具有方法论的功能。一般说来，经济学家在建构自己的经济学体系的时候，都渗透着各自的经济思想。这是因为，在多种经济体系的背后，都隐藏着（潜伏着）更为根本的因素，即主要是经济学家的哲学和方法论指导，正是这些因素的影响，决定着多种经济体系的本质和动态。比如，资产阶级上升时期风靡欧洲思想界的"人性自私论"和自由主义哲学，导致了经济领域中的个人主义和自由竞争的古典经济学。可见，经济学和人的发展的学说相结合，对于经济生活、社会发展的重要性。

主要参考文献

一、中文文献

1. 马克思. 资本论（第1~3卷）[M]. 2版. 中共中央马克思恩格斯列宁斯大林著作编译局，译. 北京：人民出版社，2004.

2. 马克思. 摩尔根《古代社会》一书摘要[M]. 中国科学院历史研究所翻译组，译. 北京：人民出版社，1978.

3. 马克思恩格斯全集：第46卷（上）[M]. 中共中央马克思恩格斯列宁斯大林著作编译局，译. 北京：人民出版社，1980.

4. 马克思恩格斯全集：第46卷（下）[M]. 中共中央马克思恩格斯列宁斯大林著作编译局，译. 北京：人民出版社，1980.

5. 马克思恩格斯全集：第24卷[M]. 中共中央马克思恩格斯列宁斯大林著作编译局，译. 北京：人民出版社，1972.

6. 中共中央马克思恩格斯列宁斯大林著作编译局. 马克思恩格斯文集：第6卷[M]. 北京：人民出版社，2009.

7. 马克思. 经济学—哲学手稿[M]. 何思敬，译. 北京：人民出版社，1957.

8. 斯密. 国民财富的性质和原因的研究[M]. 郭大力，王亚南，译. 北京：商务印书馆，1981.

9. 马歇尔. 经济学原理[M]. 朱志泰，译. 北京：商务印书馆，1964.

10. 萨缪尔森，诺德豪斯. 经济学[M]. 12版. 高鸿业，等译. 北京：中国发展出版社，1992.

11. 二宫厚美，成濑龙夫，等. 人的发展经济学[M]. 青木书店，1994.

12. 池上惇，二宫厚美，等. 人的发展经济学[M]. 樱井书店，2005.

13. 勒帕日. 美国新自由主义经济学[M]. 李燕生，译. 北京：北京大学出版社，1985.

14. 森. 以自由看待发展 [M]. 任赜，于真，译. 北京：中国人民大学出版社，2002.

15. 缪勒. 公共选择 [M]. 张军，译. 上海：上海三联书店，1993.

16. 米尔顿·弗里德曼，罗斯·弗里德曼. 自由选择 [M]. 胡骑，席学媛，安强，译. 北京：商务印书馆，1982.

17. 傅立叶选集（1~3卷）[M]. 赵俊欣，吴模信，徐知勉，译. 北京：商务印书馆，1979.

18. 阿瑞提. 创造的秘密 [M]. 钱岗南，译. 沈阳：辽宁人民出版社，1987.

19. 哈耶克. 自由秩序原理 [M]. 邓正来，译. 北京：生活·读书·新知三联书店，1997.

20. 卢兹，勒克斯. 人本主义经济学的挑战 [M]. 王立宇，栾宏琼，王红雨，译. 成都：西南财经大学出版社，2003.

21. 卢兹. 经济学的人本化：溯源与发展 [M]. 孟宪昌，译. 成都：西南财经大学出版社，2003.

22. 莫迪利亚尼. 关于稳定政策的争论 [M]. 冼国明，等译. 北京：北京经济学院出版社，1991.

23. 瓦格纳. 赤字中的民主 [M]. 刘延安，罗光，译. 北京：北京经济学院出版社，1989.

24. 罗西斯. 后凯恩斯主义货币经济学 [M]. 余永定，吴国宝，宋湘燕，译. 北京：中国社会科学出版社，1991.

25. 麦金农. 经济发展中的货币与资本 [M]. 卢骢，译. 上海：上海三联书店，1993.

26. 胡佛. 新古典主义宏观经济学 [M]. 郭建青，译. 北京：中国经济出版社，1991.

27. 格雷戈里，斯图尔特. 比较经济体制学 [M]. 林志军，刘平，等译. 上海：上海三联书店，1994.

28. 米尔达尔. 货币均衡论 [M]. 钟淦恩，译. 北京：商务印书馆，1982.

29. 布坎南. 民主过程中的财政——财政制度与个人选择 [M]. 唐寿宁，译. 上海：上海三联书店，1992.

30. 西蒙. 现代决策理论的基石 [M]. 杨砾，徐立，译. 北京：北京经济学院出版社，1991.

31. 霍尔，泰勒. 宏观经济学——运行理论和政策 [M]. 陈勇民，章仲阳，张蘅，等译. 北京：中国经济出版社，1988.

32. 庞巴维克. 资本实证论 [M]. 陈端，译. 北京：商务印书馆，1981.

33. 罗斯托. 经济成长的阶段——非共产党宣言 [M]. 国际关系研究所翻译室，译. 北京：商务印书馆，1963.

34. 琼斯. 现代经济增长理论导引 [M]. 郭家麟，许强，李吟枫，译. 北京：商务印书馆，1994.

35. 库兹涅茨. 现代经济增长 [M]. 戴睿，易诚，译. 北京：北京经济学院出版社，1989.

36. 麦金农. 经济自由化的顺序——向市场经济过渡中的金融控制 [M]. 李若谷，吴红卫，译. 北京：中国金融出版社，1993.

37. 休谟. 休谟经济论文选 [M]. 陈玮，译. 北京：商务印书馆，1984.

38. 杰文斯. 政治经济学理论 [M]. 郭大力，译. 北京：商务印书馆，1984.

39. 卡特，麦道克. 理性预期：80年代的宏观经济学 [M]. 杨鲁军，虞虹，译. 上海：上海译文出版社，1988.

40. 摩根. 货币学派与凯恩斯学派：它们对货币理论的贡献 [M]. 薛藩康，译. 北京：商务印书馆，1984.

41. 康芒斯. 制度经济学（上、下）[M]. 语速生，译. 北京：商务印书馆，1981.

42. 夏皮罗. 宏观经济分析 [M]. 杨德明，王文钧，闵庆全，等译. 北京：中国社会科学出版社，1984.

43. 罗宾逊. 凯恩斯以后 [M]. 虞关涛，等译. 北京：商务印书馆，1985.

44. 罗伯茨. 供应学派革命——华盛顿决策内幕 [M]. 杨鲁军，虞虹，李捷理，译. 上海：上海译文出版社，1989.

45. 贝纳西. 市场非均衡经济学 [M]. 袁志刚，王整风，孙海鸣，译. 上海：上海译文出版社，1989.

46. 巴斯夏. 和谐经济论 [M]. 王家宝，等译. 北京：中国社会科学出版社，1995.

47. 戈德史密斯. 金融结构与金融发展 [M]. 周朔，等译. 上海：上海三联书店，1990.

48. 希尔贝尔托, 莫门. 发展中国家的自由化 [M]. 陈江生, 译. 北京: 经济科学出版社, 2000.

49. 希克斯. 经济学展望——再论货币与增长论文集 [M]. 余皖奇, 译. 北京: 商务印书馆, 1986.

50. 谢林. 微观动机和宏观行为 [M]. 谢静, 邓子梁, 李天有, 译. 北京: 中国人民大学出版社, 2005.

51. 米塞斯. 人的行为: 上下册 [M]. 台北: 台北远流出版公司, 1991.

52. 贝克尔. 人类行为的经济分析 [M]. 王业宇, 陈琪, 译. 上海: 上海三联书店, 1995.

53. 富尔. 学会生存 [M]. 北京: 人民出版社, 1982.

54. 多亚尔, 高夫. 人的需要理论 [M]. 汪淳波, 张宝莹, 译. 北京: 商务印书馆, 2008.

55. 马斯洛, 林方. 人的潜能和价值——人本主义心理学译文集 [M]. 北京: 华夏出版社, 1987.

56. 弗洛姆. 人的呼唤——弗洛姆人道主义文集 [M]. 王泽应, 刘莉, 雷希, 译. 上海: 上海三联书店, 1991.

57. 马尔库塞. 单向度的人——发达工业社会意识形态研究 [M]. 刘继, 译. 上海: 上海译文出版社, 2008.

58. 科斯, 阿尔钦, 诺斯. 财产权利与制度变迁——产权学派与新制度学派译文集 [M]. 中译本. 上海: 上海三联书店, 1991.

59. 弗鲁博顿, 芮且特. 新制度经济学: 一个交易费用分析范式 [M]. 姜建强, 罗长远, 译. 上海: 上海三联书店, 2006.

60. 诺思. 制度、制度变迁与经济绩效 [M]. 刘守英, 译. 上海: 上海三联书店, 1994.

61. 布坎南. 自由市场和国家: 20世纪80年代的政治经济学 [M]. 吴良健, 桑伍, 曾获, 译. 北京: 北京经济学院出版社, 1988.

62. 帕金森. 官场病（帕金森定律）[M]. 陈休征, 译. 上海: 上海三联书店, 1982.

63. 施蒂格勒. 产业组织和政府管制 [M]. 潘振民, 译. 上海: 上海三联书店, 1996.

64. 温特劳布. 当代西方经济思想 [M]. 卢欣, 译. 北京: 商务印书馆, 1989.

65. 卡普拉. 转折点：科学、社会兴起中的新文化［M］. 冯禹, 向世陵, 黎云, 编译. 北京：中国人民大学出版社, 1989.

66. 艾尔斯. 转折点——增长范式的终结［M］. 戴星翼, 黄文芳, 译. 上海：上海译文出版社, 2001.

67. 米都斯, 等. 增长的极限——罗马俱乐部关于人类困境的报告［M］. 李宝恒, 译. 长春：吉林人民出版社, 1997.

68. 萨卡. 生态社会主义还是生态资本主义［M］. 张淑兰, 译. 济南：山东大学出版社, 2008.

69. 福斯特. 马克思的生态学——唯物主义与自然［M］. 刘仁胜, 肖锋, 译. 北京：高等教育出版社, 2006.

70. 瑟尔沃. 增长与发展［M］. 郭熙保, 译. 北京：中国财政经济出版社, 2001.

71. 谭根林. 循环经济学原理［M］. 北京：经济科学出版社, 2006.

72. 于光远. 政治经济学社会主义部分探索（一、二、三、四卷）［M］. 北京：人民出版社, 1988.

73. 厉以宁. 体制·目标·人——经济学面临的挑战［M］. 哈尔滨：黑龙江人民出版社, 1986.

74. 厉以宁, 吴易风, 李懿. 西方福利经济学述评［M］. 北京：商务印书馆, 1984.

75. 何炼成. 中国市场经济理论与实践［M］. 西安：西北大学出版社, 1993.

76. 朱绍文. 经典经济学与现代经济学［M］. 北京：北京大学出版社, 2000.

77. 傅殷才. 经济学基本理论［M］. 北京：中国经济出版社, 1995.

78. 赵靖. 中国古代经济思想史讲话［M］. 北京：人民出版社, 1986.

79. 许崇正. 中国金融市场创新论［M］. 北京：中国财政经济出版社, 1996.

80. 许崇正, 等. 欧元货币一体化与国际资本市场研究——兼论欧元与国际货币和外汇市场以及建立亚元［M］. 北京：中国财政经济出版社, 2004.

81. 许崇正. 中国金融市场创新再论［M］. 北京：中国财政经济出版社, 2006.

82. 许崇正. 马克思主义政治经济学原理［M］. 合肥：安徽大学出版社,

1999.

83. 许崇正. 马克思主义政治经济学原理修订本 [M]. 合肥：安徽大学出版社，2000.

84. 许崇正. 中国资本形成与资本市场发展论——未来时代中财富的集聚与获得 [M]. 北京：经济科学出版社，1999.

85. 许崇正. 人的全面发展与社会经济——伦理经济学引论 [M]. 合肥：安徽教育出版社，1990.

86. 许崇正. 伦理经济学再论——经济选择和人的发展 [M]. 北京：中国财政经济出版社，2001.

87. 周文文. 伦理 理性 自由——阿马蒂亚·森的发展理论 [M]. 上海：学林出版社，2006.

88. 周小亮. 市场配置资源的制度修正——引入制度变量下对新价格理论的再讨论 [M]. 北京：经济科学出版社，1999.

89. 刘红红. 价值·发展：人本主义经济理论 [M]. 北京：经济科学出版社，2008.

90. 薛华. 自由意识的发展 [M]. 北京：中国社会科学出版社，1983.

91. 李哲良. 潜能与人格 [M]. 上海：上海文化出版社，1989.

92. 罗节礼. 现代西方主要经济思潮 [M]. 重庆：西南师范大学出版社，1988.

93. 盛松成，施兵超，陈建安. 现代货币经济学——西方货币经济理论研究 [M]. 北京：中国金融出版社，1992.

94. 刘军宁，王炎，贺卫方. 市场社会与公共秩序 [M]. 北京：生活·读书·新知三联书店，1996.

95. 李建珊. 循环经济的哲学思考 [M]. 北京：中国环境科学出版社，2008.

96. 许崇正. 人的发展经济学概论 [M]. 北京：人民出版社，2010.

97. 刘思华. 生态马克思主义经济学原理（修订版）[M]. 北京：人民出版社，2014.

98. 厉以宁. 关于经济问题的通信 [M]. 上海：上海人民出版社，1984.

99. 韩庆祥. 马克思主义人学思想发微 [M]. 北京：中国社会科学出版社，1992.

100. 许崇正，杨鲜兰，等. 生态文明与人的发展 [M]. 北京：中国财政经济出版社, 2011.

101. 袁贵仁. 马克思主义人学理论研究 [M]. 北京: 北京师范大学出版社, 2012.

102. 张檀琴, 李敏. 需要、欲望和自我——唯物论和辩证观的需要理论 [M]. 北京: 经济科学出版社, 2012.

103. 蔡俊生. 人类社会的形成和原始社会形态 [M]. 北京: 中国社会科学出版社, 1988.

104. 朱巧玲. 产权制度变迁的多层次分析 [M]. 北京: 人民出版社, 2007.

105. 涂尔干. 社会分工论 [M]. 渠东, 译. 北京: 生活·读书·新知三联书店, 2000.

106. 盛洪. 分工与交易——一个一般理论及其对中国非专业化问题的应用分析 [M]. 上海: 上海三联书店, 1992.

107. 陆忠伟. 非传统安全论 [M]. 北京: 时事出版社, 2003.

108. 秦麟征. 破损的世界 [M]. 哈尔滨: 东北林业大学出版社, 1996.

109. 张秀生, 曾国安. 政治经济学（社会主义部分）[M]. 武汉: 武汉大学出版社, 2007.

110. 樊亢, 宋则行, 池元吉, 等. 主要资本主义国家经济简史 [M]. 北京: 人民出版社, 2001.

111. 洪远朋, 李慧中, 陶友之, 等. 利益关系总论——新时期我国社会利益关系发展变化研究的总报告 [M]. 上海: 复旦大学出版社, 2011.

112. 木志荣. 中国私营经济发展研究 [M]. 厦门: 厦门大学出版社, 2004.

113. 李晶. 人类发展的测度方法研究——对HDI的反思与改进 [M]. 北京: 中央财政经济出版社, 2009.

114. 马怀礼, 华小全, 李颖. 农民主体强化之路——欠发达地区农民主体弱化问题及其对策研究 [M]. 合肥: 安徽人民出版社, 2013.

115. 池上惇. 人的发展经济学在日本的产生、发展和未来 [J]. 改革与战略, 2011, 27 (6).

116. 许崇正. 人的发展经济学研究对象、理论体系及其意义 [J]. 学术月刊, 2009, 41 (2).

117. 许崇正. 重温亚当·斯密理论与对中国经济学未来发展的思考 [J]. 经济评论, 2005 (2).

118. 韩喜平, 闵凯. 经济学研究伦理属性的学说史考察 [J]. 中共中央党校学报，2014（1）.

119. 许琳，韩喜平. 伦理道德的经济功能［J］. 东疆学刊（教育版），1997（1）.

120. 韩喜平. 西方经济学研究中的伦理视角及启示［J］. 长白论丛，1997（4）.

121. 许崇正. 培养人的创造精神是当代和未来教育的一项重要任务［J］. 教育研究，1984（5）.

122. 许崇正. 试论马克思恩格斯人的全面发展理论的萌芽和形成［J］. 北京师范大学学报（社会科学版），1985（6）.

123. 曾启贤. 经济分析中的人［J］. 经济研究，1989（5）.

124. 许崇正. 伦理经济学与马克思主义经济学的发展［J］. 经济学家，2001（6）.

125. 许崇正. 人的全面发展理论：马克思经济学对西方经济学的超越［J］. 经济学动态，2001（12）.

126. 许崇正. 重温亚当·斯密：对中国经济学未来发展的思考［J］. 学术月刊，2005（8）.

127. 许崇正. 论分工与人的全面发展［J］. 学术月刊，2006（5）.

128. 许崇正. 论人的全面发展于生产力发展的关系［J］. 社会科学辑刊，2007（5）.

129. 许崇正. 马克思可持续发展经济思想与人的全面发展［J］. 经济学家，2007（5）.

130. 许崇正. 论马克思人的全面发展与生产力增长［J］. 社会科学，2008（1）.

131. 许崇正. 人的发展经济学的研究对象、理论体系及其意义［J］. 学术月刊，2009（12）.

132. 韩喜平. 西方经济学研究中的伦理视角及启示［J］. 长白论丛，1997（4）.

133. 韩喜平. 构建"马克思主义伦理经济学"初论［J］. 贵州师范大学学报（社会科学版），1997（4）.

134. 杨鲜兰. 论马克思的需要动力思想［J］. 哲学研究，2011（5）.

135. 张晓波. 人性假定：经济学视角下的解读［J］. 生产力研究，2013（3）.

136. 汝秀梅. 马克思的需要理论：关于和谐社会理念的先声 [J]. 理论探讨, 2010 (1).

137. 王全宇. 人的需要即人的本性——从马克思的需要理论说起 [J]. 中国人民大学学报, 2003 (5).

138. 许崇正. 马克思智慧生产力理论和生产力概念的反思 [J]. 当代经济研究, 2009 (1).

139. 薛永应. 生产力因素论 [J]. 经济研究, 1984 (8).

140. 林剑. 关于旧式分工范畴理解上的几个问题 [J]. 哲学研究, 1988 (7).

141. 马保华. 我国的生态公正及其实现研究 [J]. 天中学刊, 2007 (2).

142. 张谊浩. 西方主流经济学的范式危机 [J]. 经济学家, 2009 (8).

143. 孙正聿. 当代人类的生存困境与新世纪哲学的理论自觉 [J]. 社会科学辑刊, 2003 (5).

144. 张帆. 中国物质资本和人力资本估算 [J]. 经济研究, 2000 (8).

145. 许崇正. 论中国"人的发展经济学"研究的历史和现状 [J]. 改革与战略, 2008 (7).

146. 赵学增. 《资本论》中的消费理论 [J]. 求索, 1983 (3).

147. 胡钧, 施九青. 人的发展经济学建立的根据 [J]. 改革与战略, 2011 (8).

148. 胡钧, 巫文强, 施九青. 关于人的发展经济学理论基础和实践途径的讨论 [J]. 改革与战略, 2010 (2).

149. 曲夏夏. 生活质量提升与和谐社会构建 [J]. 理论学刊, 2013 (11).

150. 许崇正. 论价格的基本职能 [J]. 江淮论坛, 1986 (5).

151. 许崇正. 论我国资本项目管理的策略选择 [J]. 金融研究, 2000 (7).

152. 安静. 企业和企业家的道德意识及社会责任感 [J]. 发展, 2006 (12).

153. 梁坚. 《资本论》中的经济效益观及其启示 [J]. 江西社会科学, 1990 (1).

154. 邵源. 关于"土地财政"与财税体制改革问题综述 [J]. 经济研究参考, 2010 (24).

155. 陈林, 唐杨柳. 混合所有制改革与国有企业政策性负担 [J]. 经济学家, 2014 (11).

156. 方时姣. 论社会主义生态文明三个基本概念及其相互关系 [J]. 马克思主义研究, 2014 (7).

157. 朱巧玲. 人的发展指标的构建——基于马克思主义人的自由全面发展理论的分析 [J]. 改革与战略, 2011 (9).

158. 朱巧玲, 杨威. 对马克思关于"人的发展"理论的再认识 [J]. 改革与战略, 2009 (10).

159. 万资姿: 人的全面发展指标体系研究论纲 [EB/OL]. 人民网, 2009-11-09.

160. 苏明. 城乡经济社会统筹发展机制和宏观政策研究 [J]. 地方财政研究, 2006 (2).

161. 许崇正. 人的全面发展: 马克思经济学的创新发展 [N]. 光明日报 (理论版), 2007-07-03.

162. 朱巧玲. 产权制度构建是社会主义市场经济与人协调发展的关键 [N]. 光明日报, 2014-12-08 (7版).

二、英文文献

1. Lawrrence S. Ritter, William L. Silber. Principles of Money, Banking and Financial Markets [M]. Basic Books press, 1986. [专著以此条为例]

2. John G. Gurky, Edward S. Shaw. Money in A Theory of Finance [M]. The Brooking Institution, Washington, D. C., 1960.

3. James E. Meade, The intelligent radical's guide to Economic policy [M]. George Allen & wnwin Itd, London, 1975.

4. John Hicks. Economic perspectives Furtner Essay on Money and growth [M]. New York: Oxford University press, 1977.

5. Milton Friedman. A program for Monetary stability [M]. New York: Futer Hamiu University press, 1960.

6. S. Kerry Cooper, Donald R. Fraser. The Financial Market place [M]. Addison-wesley Publishing Company, 1982.

7. Kevin D. Hoover. The New classical Micro Economics [M]. A Sceptical inquiry Basil Blacknell Ltd, 1988.

8. J. Harrey, Morden Economics [M]. London: The Macmillan press ltd, 1977.

9. Lioyd G. Reynolds. Micro Economics Analysis and Policy [M]. Richard

d. Irwin, Inc, 1979.

10. Lioyd G. Reynolds. Micro Economics Analysis and Policy [M]. Richard d. Irwin, Inc, Revised Edition, 1979.

11. Llord B. Thomas, Jr, Money, Banking and Economic Activity [M]. Prentice-hall, in New lergery, 1986.

12. The Essence of Friedman Edited by kurt R. Leube [M]. Hoover Institution press, 1987.

13. Knut Wicksell: Lectures on political Economy [M]. George Routledge and sons. ltd, London Reprinted, February 1946.

14. Joseph A. schumpcte, Hispory of Economic Analysis [M]. Oxford University press, 1980.

15. Afred Marshall, Money Credit And Commerce [M]. Macmillan & Co. London, 1929.

16. Laurence S. Copeland, Exchange Rate and International Finance [M]. Addison-wesley Pubishing Company, 1989.

17. James Edward Meade, The Balance of payments [M]. oxford University press, 1956.

18. Milton Friedman, Capitalism And Freedom [M]. The University of Chicago press, 1962.

19. Raymond W. Goldsmith, Financial Stucture and Development [M]. Yale University Press, 1969.

20. Edward. S. Shaw, Financial Deepening in Economic Development [M]. oxford University press, 1973.

21. Paul · De · Grauwe: Economics of Monetary Union [M]. Oxford University Press.

22. Petri · Minkkinen & Heikk · Patomaki: The policies of Economic and Monetary Union [M]. Kluwer Academic Publisher.

23. Association for the Monetary Union of Europe [J]. Paribas, June 1997.

24. Carsten · Detken and Philipp · Hartmann: The Europe and International Capital Markets [J]. European Central Bank Working Paper, No19, April, 2000.

25. Michael · B · Devereux, Charles · Engel: The Optimal Chikce Of Exchange Rate REGIME: Price-setting Rules And Internationalized Production [J]. NBER

Working Paper NO. 6992, 1999. 3.

26. Jeffrey · A. Frankel, Eduardo Fajnzylber, Sergio · L. Schmuckler, Luis Serven: Verifying exchange rate regimes [J]. Journal of Development Economics, 2001.

27. Zhichao Zhang: choosing an exchange rate regime during economic transition The case of China [J]. China Economic Review 2001. 12.

28. Rasmussen: Credibility, cost of reneging and the choice of fixed exchange rate regime [J]. Economics letters 2002. 76.

29. C. H. Kwan. The theory of Optimum Currency Areas and ten Possibility of Forming a Yen Bloc in Asia [J]. Journal of Asian Economics, 1998, 9 (4).

30. Lewis · Jeffrey: Asian vs. International: Structuring an Asian Monetary Fund [J]. Harvard Asia Quarterly, 1999, 4

31. Willamson. John (1999): "Exchange Rate Regimes For Emerging Markets: Reviving the Intermediate Option" [R]. IIE Working Paper.

32. Kenen · P: "The Theory of Optimum Currency Areas: An Eclectic View", in: Mundell, R & Swoboda, A. (eds), Monetary Problems of the International Economy [M]. The University of Chicago Press, 1969.

33. Tetsuji · Murase (2002): "Regional Surveillance and Policy Coordination: Experience of Europe and Lessons For East Asia" [R]. Kobe Project Working Paper, 7.

34. Robert · Mundell (2000)," Currency Areas, Exchange Rate Systems and International Monetary Reform" [J]. Paper delivered at Universidad CEMA, Buenos Aires, Argentina, on April 17, 2000.

35. Rajan (2000): "Currency Basket Regimes For Southeast Asia: The Worst System With the Exception of A 11 Others" [R]. CIES Policy Discussion Paper No. 0028, June.

36. Obstfeld · M & Rogoff · K: "The Mirage of Fixed Exchange Rate" [J]. Journal of Economic Perspectives. 1995, 94 (73-96).

37. Grance · John, Paolo · Mauro: Long-Run Determinations of Exchange Rate Regimes: A Simple Sensitivity Analysis [R]. IMF Working Paper WP/02/104, 2002. 6.

38. Narayana · Kocherlakota and Thomas · Krueger: Why Do Different Countries Use Different Currencies [R]. Authorized for distribution by Peter Isard IMF Working Paper 98/17, 1998.

39. Frederic · S. Mishkin: The Economics of Money [J]. Banking and Financial Markets.

40. Alchian, A. A. and Demsetz, H., Production, Information Cost and Economic Organization [M]. the American Economic Review, 1972

41. Stephen R. Munzer, A Theory of Property [M]. Cambridge, 1990

42. Morris Cohen in Cornell Law Quarterly 13, 1927, 1

43. Marcella Corsi. Division of Labour, technical change, and economic growth [M]. Berlin: Wissenschaftszentrum Berlin, 1986.

44. David L. On environmental Kuznets curves arising from stock externalities [J]. Journal of Economic Dynamics & Control, 2003, 27 (5).

45. Gary Snyder, A Place in Space [M]. Washington, D. C.: Counterpoint, 1995.

46. Giovanna Ricoveri. Culture of the Left and Green Culture [J]. Capitalism, Nature, Socialism, vol. 4, No. 3, 1993.

47. Lester Brown, et al. The State of the World [M]. New York: w. w. Norton, 1996.

48. The Group of Twenty Annual Meeting's Summit [R]. Inclusive, Green and Sustainable recovery, 2009. [报告以此为例]

49. Daly, H. E. Operationalizing sustainable development by investing in natural capital [M]. Island Press, 1994.

50. Costanza R, etal. The value of the world ecosystem services and natural capital [J]. Nature, 1997 (386).

51. Adelman, I., and Morris. C. T. Society, Politics and Economic Development: Aquantitative Approach [M]. Baltimore. Md,: Johns Hopkins University Press. 1967.

52. Ambuj D. Sagar et al., he Human Development Index: a critical review [J]. Ecological Economics, 1998, 25.

53. Carlucci, F. and S. Pisani, A Multiattribute Measure of Human Development [J]. Social Indicators Research, 1995.

54. Clark, A., Sen's Capability Approach and the Many Spaces of Human Well-being [J]. The Journal of Development Studies, Vol. 41, No. 8, 2005.

55. Elzabeth Anne Stantion, Inquality and the Human Development Index [D]. Submitted to the Graduate School of the University of Massachusetts Amherst in partial

fulfillment of the requirements for the degree of Doctor of Philosophy, 2007.

56. Emes, J., etal., Measuring Development - An Index of Human Progress [J]. Public Policy Sources, 2001, 36.

57. Desmod Mcnieil, "Human Development": The Power of the idea [J]. Journal of Human Development and Capabilities [J]. 2009, 10 (3).

58. Gasper, D., Is Sen's Capability Approach an Adequate Basis for Considering Human Development? [J]. Review of Political Economy, No. 14 (2002).

59. Gustav Ranis, Human Development and Economic Growth [J]. Center Discussion Paper No. 887 (May, 2004).

60. Gustav Ranis etal., Human Development: Beyond the HDI [J]. Center Discussion Paper No. 916 (June, 2005).

61. Lind, Niels, Values Reflected in the Human Development Index [J]. Social Indicators Research, No. 66, 2004.

62. Mazumdar, Krishna, Measuring the Well-bing of the Developing Countries: Achievement and Improvement Indices [J]. Social Indicators Research, No. 47, 1999.

63. Ogwang, T., et al., The Choice of Principal Variables for Computing Some Measures of Human Well-being [J]. Social Indicators Research, No. 64, 2003.

64. Sabina Alkire, Dimensions of Human Development [J]. World Development, 2002, 30 (2).

65. Singer, H·W, Social development: Key Growth Sector [J]. International Development Review (1), 1965.

66. Streeten, Paul, Human Development: Means and Ends [J]. The American Economic Review, 1994, 84 (2).

67. Suman Seth, Inequality, Interactions, and Human Development [J]. OPHI Working Paper No. 23 (Aug. 2009).